◎主　编 黄　丹 姚　丹
◎副主编 马　歆 李汉丹

重庆大学出版社

## 内容提要

本书以近年来国家大力简政放权为背景，结合最新的报关改革，保证了报关知识的时效性。在内容安排上，每章以真实的案例为引入点，给学生以更加真实形象的感性认识，让学生带着问题学习，章节中间和课后实训部分也会安排相关案例、小贴士或案例实训指导，帮助学生提高兴趣并能学以致用。本书立足理论联系实际，较多使用表格、流程图等方式，使报关知识更加清晰形象、通俗易懂。

本书可以作为涉外经贸类专业的本科院校、高职高专院校学生使用和作为参考书目。

**图书在版编目(CIP)数据**

报关理论与实务/黄丹，姚丹主编. —重庆：重庆大学出版社，2017.1（2024.7 重印）

高等院校财经类专业应用型本科系列教材

ISBN 978-7-5689-0327-1

Ⅰ.①报… Ⅱ.①黄…②姚… Ⅲ.①进出口贸易—海关手续—中国—高等学校—教材 Ⅳ.①F752.5

中国版本图书馆 CIP 数据核字(2016)第 309020 号

高等院校财经类专业应用型本科系列教材

**报关理论与实务**

主 编 黄 丹 姚 丹

副主编 马 歆 李汉丹

策划编辑：范 莹

责任编辑：李桂英 版式设计：范 莹

责任校对：邬小梅 责任印制：张 策

*

重庆大学出版社出版发行

出版人：陈晓阳

社址：重庆市沙坪坝区大学城西路 21 号

邮编：401331

电话：(023) 88617190 88617185(中小学)

传真：(023) 88617186 88617166

网址：http://www.cqup.com.cn

邮箱：fxk@cqup.com.cn (营销中心)

全国新华书店经销

POD：重庆新生代彩印技术有限公司

*

开本：787mm×1092mm 1/16 印张：24.25 字数：546 千

2017 年 2 月第 1 版 2024 年 7 月第 5 次印刷

印数：7 001—7 500

ISBN 978-7-5689-0327-1 定价：59.00 元

---

# 前言 PREFACE

报关是我国进出口贸易中非常重要的环节，直接关系一国对外贸易和对内贸易的发展。随着我国贸易便利化程度的不断提高和海关通关作业改革的不断深入，以及通关管理模式的不断创新，我国通关效率得到了逐步提高，企业的通关成本也逐步降低。

本书是在国家提倡简政放权、便利通关的大背景下编写而成的，具有很强的时效性和实用性。在编写的过程中，本书力求体现应用型人才的培养目标和培养模式，体现报关理论与实践相结合，注重培养学生的动手能力。

本书根据海关最新的通关作业改革，相比于之前的报关规范和报关流程，增加、删除或更改了一些内容：

(1)增加了报关企业“一地注册，全国报关”的内容，删除了报关企业跨关区异地报关的注册申请内容。

(2)增加了海关对企业新的认证标准内容，删除了已经废止的海关企业分类的相关内容，并作了两种企业管理标准的过渡说明。

(3)报关流程上介绍了一次汇总缴税的新模式，一体化通关改革的新内容，无纸化通关改革，属地申报、口岸验放的流程，加工贸易内销选择性缴税试点相关内容等。

(4)2016 年 9 月 1 日取消商务主管部门对加工贸易合同审批和加工贸易保税进口料件或制成品转内销审批，相关报关流程作了更改。

(5)新的报关单内容的填制也作了相关介绍。

本书由黄丹、姚丹担任主编，黄丹负责全书的章节和内容设计，并编写了第 3 章、第 4 章、第 5 章、第 6 章内容，姚丹负责全书的后期修改和课件制作，李汉丹参与编写第 1 章、第 2 章内容，马歆参与编写了第 7 章、第 8 章、第 9 章内容。同时，本书编写过程中得到了长期从事贸易物流事务的工作人员的支持和帮助。

本书可以作为国际贸易专业、报关与国际货运专业、物流专业、商务英语专业的报关课程教材或参考用书。

由于编者水平有限，时间较为仓促，不足之处在所难免，敬请读者积极批评指正。

编　者

2016 年 9 月

# 目录 CONTENTS

## 第3编 报关技术编

# 第 1 编

# 报关理论编

# 第1章　报关与海关管理

**案例导读 1-1**

一扇对外开放和贸易兴衰的窗口
——中国海关博物馆见闻

浅灰色的水泥挂板加玻璃幕墙，配上将阳光引进室内的玻璃斜坡屋顶，在北京市建国门桥西南侧，一座新建成的泛着古城墙韵味的博物馆正迎来各地的参观者。而在博物馆中，从古代化石、瓦当，到近代同文馆、大龙邮票，再到金属探测器、高科技集装箱检查系统，这些看似毫不相关的物品在同一时空集中展现，而将这一切囊括其中的便是近日向社会免费开放的中国海关博物馆。

走入博物馆，首先映入眼帘的是由一把钥匙与商神手杖交叉组成的海关关徽及中国海关博物馆几个大字，室内分为上下两层，由千秋古关、近代海关和现代海关三个部分组成。乘扶梯来到二楼，可以看到几块关于古代"关津、市舶和榷关"的展板上记录着古代"海关"演变历程，展板赭灰色的基调弥漫出一种历史的厚重感和沧桑感。

在千秋古关展区，一片圆形汉代篆体"关"字瓦当静静躺在展柜里，破损的边缘及附着在上面的斑驳黄土记载了历史沧桑。这片瓦当是汉代函谷关门楼的建筑构件之一。函谷关是当时丝绸之路东起点（洛阳）的第一个关卡。可以说，这片瓦当既是古代关卡起源的有力证据，也见证了古代丝绸之路往来贸易的繁荣。

千秋古关展厅还复原了由城墙、城门组成的古代关卡场景，砂岩墙上的浮雕有长城、丝绸之路上的骆驼商队、郑和下西洋的宝船等内容，代表了海关发展的几个重要节点。

穿过千秋古关展区，迎来的近代海关展区明显增添了一股西洋之风。如果说汉代篆体"关"字瓦当见证了古代中外贸易的兴起，那么近代海关展区则从一个侧面记录了清王朝被西方坚船利炮敲开国门后所经历的一段屈辱历史。

作为历史的记忆，近代海关展区墙上挂着许多老照片，记者注意到，在一张 1934 年江汉关华洋职员合影照片中，第一排多为洋员，华员则位于后三排，反映出近代海关华、洋职员身份、待遇的不平等。

此外，一件有多处破洞和缝补痕迹的邮袋尤其引人注目，这是中国近代海关的第二任总税务司（相当于今天的海关总署署长）赫德曾使用过的邮袋。

据了解，赫德凭借其直属于总理衙门以及外籍总税务司的特殊身份，并利用中国海关驻伦敦办事处这个平台，逐渐成为清政府的洋务外交顾问。赫德先后参加了《烟台条约》《中法新约》《中英藏印条约》《中葡条约》《辛丑条约》等不平等条约的谈判、签订，极力为西方列强谋取利益；他还促成清政府派出斌椿（山西退休县令、总税务司署汉文文案）使团于1866年出访欧洲，成为我国第一个政府出国考察团。

与千秋古关和近代海关两个展区不同，现代海关展区实物明显增多，雪豹标本、东北虎皮、象牙工艺品、名牌手表、各类枪械以及价值连城的字画，在展示着海关打击走私各项成果的同时，也从侧面记录我国改革开放背景下不同时期走私活动的特点。随着我国加入WTO，逐步降低关税水平，促进了民族自主品牌的发展，以往泛滥的香烟、汽车等走私逐步减少，目前，在部分原材料走私、高档消费品走私仍然存在的同时，毒品、枪支、文物、濒危动植物及其制品等非涉税物品成为走私热点。

在现代海关展区，记者还发现一件特殊电子设备——H986集装箱检查系统。该系统利用先进的X光扫描成像查验技术，机检一辆货柜车只需要几分钟，而人工掏箱则需要几倍几十倍的时间，大大提高了通关效率，有效促进了经济发展。

参观完三个主要展区后，记者来到“海关902”艇专题展厅。透过玻璃窗可以看到，在海天一色的背景画和泥塑海浪的映衬之下，一艘缉私艇仿佛正在大海里破浪前行。1992年邓小平南方谈话时，前往深圳迎接邓小平来珠海的，就是这艘缉私艇。

“世界上任何一个国家的海关，都不像中国海关这样跟国家的历史联系得那么紧密。”中国海关博物馆馆长倪云称，“海关见证了国家的兴衰与荣辱，承载着民族的光荣与梦想，一部海关史就是中国历史的见证与缩影。海关博物馆就是要留下这些珍贵的文化记忆”。

（资料来源：经济参考报，2014年4月21日，记者：赵东东）

**知识目标**

1.掌握报关的概念、分类、基本内容。

2.了解海关总署、海关的职能、权力。

3.掌握报关单位的概念、分类、注册登记手续、法律责任与报关企业的义务。

**技能目标**

1.熟悉报关单位的注册登记流程。

2.能为报关单位进行注册登记。

## 1.1 报关概述

### 1.1.1 报关的含义

报关是指进出口货物收发货人、进出境运输工具负责人、进出境物品所有人或者他们的代理人向海关办理货物、物品或运输工具进出境手续及相关海关事务的过程，包括向海关申报、交验单据证件,并接受海关的监管和检查等。报关是履行海关进出境手续的必要环节之一。

小贴士 1-1

**海关报关的由来**

公元前5世纪中叶,古希腊城邦雅典出现了世界上最早的海关。到11世纪以后,西欧威尼斯共和国成立以"海关"命名的机构即威尼斯海关。资本主义发展前期(17—18世纪),海关执行保护关税政策,重视关税的征收,并建立一套周密烦琐的管理、征税制度。19世纪,为发展对外贸易,欧洲各国先后拆除内地的关卡,废止内地关税,并且基本停止出口税的征收。

中国海关历史悠久,早在西周和春秋战国时期,古籍中已有关于"关和关税之征"的记载。秦汉时期对外贸易发展,西汉在合浦等地设关。宋、元、明时期,先后在广州、泉州等地设立市舶司。清政府于1684—1685年首次以"海关"命名,先后设置粤(广州)、闽(厦门)、浙(宁波)、江(上海)四海关。直至1949年后,中华人民共和国政府对原海关机构和业务进行彻底变革,逐步完善海关建制。

### 1.1.2 报关的分类

#### 1)按照报关的对象,可分为运输工具报关、货物报关和物品报关

由于海关对进出境运输工具、货物、物品的监管要求各不相同,报关可分为运输工具的报关、货物的报关和物品的报关三类。

其中,进出境运输工具作为货物、人员及其携带物品的进出境载体,其报关主要是向海关直接交验随附的、符合国际商业运输惯例、能反映运输工具进出境合法性及其所承运货物、物品情况的合法证件、清单和其他运输单证,其报关手续较为简单。

进出境物品由于其非贸易性质,且一般限于自用、合理数量,其报关手续也很简单。

进出境货物的报关就较为复杂,为此,海关根据对进出境货物的监管要求,制定了一系列报关管理规范,并要求必须由具备一定的专业知识和技能的专业人员代表报关单位专门办理。

#### 2)按照报关的目的,可分为进境报关和出境报关

由于海关对运输工具、货物 、物品的进境和出境有不同的管理要求,运输工具、货物、物品根据进境或出境的目的分别形成了一套进境报关和出境报关手续。另外,由于运输或其他方面的需要,有些海关监管货物需要办理从一个设关地点运至另一个设关地点的海关手续,在实践中产生了"转关"的需要,转关货物也需办理相关的报关手续。

**3)按照报关的行为性质,可分为自理报关和代理报关**

进出境运输工具、货物、物品的报关是一项专业性较强的工作,尤其是进出境货物的报关比较复杂,一些运输工具负责人、进出口货物收发货人或者物品的所有人,由于经济、时间、地点等方面的原因,不能或者不愿意自行办理报关手续,而委托代理人代为报关,从而形成了自理报关和代理报关两种报关类型。《中华人民共和国海关法》对接受进出境物品所有人的委托,代为办理进出境物品报关手续的代理人没有特殊要求,但对于接受进出口货物收发货人的委托,代为办理进出境货物报关手续的代理人则有明确的规定。

我们通常所称的自理报关和代理报关主要是针对进出境货物的报关而言的。

自理报关。进出口货物收发货人自行办理报关业务称为自理报关。根据我国海关目前的规定,进出口货物收发货人必须依法向海关注册登记后方能办理报关业务。

代理报关。代理报关是指接受进出口货物收发货人的委托代理其办理报关业务的行为。我国海关法律把有权接受他人委托办理报关业务的企业称为报关企业。报关企业必须依法取得报关企业注册登记许可并向海关注册登记后方能从事代理报关业务。

根据代理报关法律行为责任承担者的不同,代理报关又分为直接代理报关和间接代理报关,如表1-1所示。

**表1-1 代理报关的属性与法律责任**

| 行为责任<br>报关企业 | 代理方式 | 行为属性 | 法律责任 |
| --- | --- | --- | --- |
| 代理报关 | 直接代理 | 委托代理行为 | 以委托人的名义办理报关业务,法律后果直接作用于被代理人(委托人),报关企业也承担相应的法律责任 |
| | 间接代理 | 视同报关企业自己报关 | 以报关企业自身的名义向海关办理报关业务,报关企业承担委托人自己报关时所应承担的相同的法律责任 |

直接代理报关是指报关企业接受委托人(即进出口货物收发货人)的委托,以委托人的名义办理报关业务的行为。

间接代理报关是指报关企业接受委托人的委托以报关企业自身的名义向海关办理报关业务的行为。

在直接代理中,代理人代理行为的法律后果直接作用于被代理人;而在间接代理中,报关企业应当承担与进出口货物收发货人自己报关时应当承担的相同的法律责任。目前,我们报关企业大都采取直接代理形式代理报关,间接代理报关只适用于经营快件业务的国际货物运输代理企业。

### 1.1.3 报关的基本内容

按照法律规定,所有进出境运输工具、货物、物品都需要办理报关手续。

**1)进出境运输工具报关**

进出境运输工具是指用以载用人员、货物、物品进出境,并在国际间运营的各种境内或境外船舶、车辆、航空器和驮畜等。

《中华人民共和国海关法》规定进出境运输工具到达或者驶离设立海关的地点时,运输工具负责人应当向海关如实申报,交验单证,并接受海关监管和检查。停留在设立海关的地点的进出境运输工具,未经海关同意,不得擅自驶离。进出境运输工具从一个设立海关的地点驶往另一个设立海关的地点的,应当符合海关监管要求,办理海关手续,未办结海关手续的,不得改驶境外。

进出境船舶、火车、航空器到达和驶离时间、停留地点、停留期间更换地点以及装卸货物、物品时间,运输工具负责人或者有关交通运输部门应当事先通知海关。运输工具装卸进出境货物、物品或者上下进出境旅客,应当接受海关监管。货物、物品装卸完毕,运输工具负责人应当向海关递交反映实际装卸情况的交接单据和记录。上下进出境运输工具的人员携带物品的,应当向海关如实申报,并接受海关检查。

**2)进出境货物报关**

进出境货物是指一般进出口货物,保税货物,暂准进出境货物,特定减免税货物,过境、转运和通用及其他进出境货物。

《中华人民共和国海关法》规定进口货物自进境起到办结海关手续止,出口货物自向海关申报起到出境止,过境、转运和通运货物自进境起到出境止,应当接受海关监管。进口货物的收货人、出口货物的发货人应当向海关如实申报,交验进出口许可证件和有关单证。国家限制进出口的货物,没有进出口许可证件的,不予放行,具体处理办法由国务院规定。进口货物的收货人应当自运输工具申报进境之日起 14 日内,出口货物的发货人除海关特准的外应当在货物运抵海关监管区后、装货的 24 小时以前,向海关申报。进口货物的收货人超过前款规定期限向海关申报的,由海关征收滞报金。

**3)进出境物品报关**

进出境物品是指进出境的行李物品、邮递物品和其他物品。以进出境人员携带、托运等方式进出境的物品为行李物品;以邮递方式进出境的物品为邮递物品;其他物品主要包括享有外交特权和豁免的外国机构或者人员的公务用品和自用物品等。

个人携带进出境的行李物品、邮寄进出境的物品,应当以自用、合理数量为限,并接受海关监管。进出境物品的所有人应当向海关如实申报,并接受海关查验。海关加施的封志,任何人不得擅自开启或者损毁。

进出境邮袋的装卸、转运和过境,应当接受海关监管。邮政企业应当向海关递交邮件路单。邮政企业应当将开拆及封发国际邮袋的时间事先通知海关,海关应当按时派员到场监管查验。邮运进出境的物品,经海关查验放行后,有关经营单位方可投递或者交付。

经海关登记准予暂时免税进境或者暂时免税出境的物品，应当由本人复带出境或者复带进境。过境人员未经海关批准，不得将其所带物品留在境内。享有外交特权和豁免的外国机构或者人员的公务用品或者自用物品进出境，依照有关法律、行政法规的规定办理。

**案例导读 1-2**

### 境外购物超 5 000 元需办海关通关手续

武汉海关发布境外购物提醒，超出 5 000 元人民币的进境居民旅客行李物品，以及国家规定应当征税的 20 种商品要依法纳税；超出合理、自用数量的物品，须依法办理通关手续。

武汉海关提醒，居民旅客境外购物免税额为 5 000 元，建议携带在境外获取的个人自用物品入境时，若购买物品总值在 5 000 元人民币以上的，应主动申报；海关审核确属自用的，海关仅对超出部分的个人自用进境物品征税，对不可分割的单件物品，全额征税。

正值 iPhone 6s 首发，由于手机属于国家规定的应当征税的 20 种商品之一，因此对境外购买的手机，需按照 10%行邮税率进行征税。此外，如果进出境旅客携带人民币现钞超过 20 000 元，或外币现钞折合超过 5 000 美元，须向海关书面申报。因为人民币属于我国限制进出境物品，如果需要携带超额外币现钞出境，必须凭外汇管理局制定银行或外汇管理局出具《携带外币出境许可证》，海关才能放行。

（资料来源：长江日报，2015 年 10 月 10 日，作者：汪文汉）

（1）进出境行李物品的报关

世界大多数国家都规定旅客进出境采用“红绿通道制度”，我国也采用“红绿通道制度”。

①“绿色通道”（无申报通道）是指带有绿色标志的通道，适用于携运物品在数量上和价值上均不超过免税限额，且无国家限制或禁止进出境物品的旅客。

②“红色通道”（申报通道）适用于携运有应向海关申报物品的旅客。对于选择红色通道的旅客，必须填写申报单，如图 1-1 所示。

③海关在对外开放口岸实行新的进出境旅客申报制度：

A.进出境旅客没有携带应向海关申报物品的，无须填写申报单，选择“无申报通道”通关。

B.除海关免于监管的人员以及随同成人旅行的 16 周岁以下的旅客外，进出境旅客携带有应向海关申报物品的，须填写申报单。

（2）进出境邮递物品的报关

寄件人填写“报税单”（小包邮件填写“绿色标签”），“报税单”和“绿色标签”随同物品通过邮政企业或快递公司呈递给海关。

**中华人民共和国海关**
**进境旅客行李物品申报单**

**请先阅读背面的填表须知，然后在空格内填写文字信息或划√**

1. 姓名　拼音　中文正楷
2. 出生日期　年　月　日
3. 性别　男　女
4. 进出境证件号码
5. 国籍(地区)　中国　(香港　澳门　台湾)　外国
6. 进境事由　公务　商务　旅游　学习　定居　探亲访友　返回居住地　其他
7. 航班号/车次/船名　8. 同行未满16周岁人数

**我(我们)携带(有)：**

9. (居民旅客)在境外获取的总值超过人民币5,000元的物品　是　否
10. (非居民旅客)拟留在中国境内的总值超过人民币 2,000元的物品　是　否
11. 超过1,500毫升酒精饮料(酒精含量12度以上)，或超过400支香烟，或超过100支雪茄，或超过500克烟丝　是　否
12. 超过20,000元人民币现钞，或超过折合5,000美元外币现钞　是　否
13. 动植物及其产品、微生物、生物制品、人体组织、血液及其制品　是　否
14. 无线电收发信机、通信保密机　是　否
15. 中华人民共和国禁止和其他限制进境的物品　是　否
16. 分离运输行李　是　否
17. 货物、货样、广告品　是　否

**我已阅知本申报单背面所列事项，并保证所有申报属实。**

携带有9-15项下物品的，请详细填写如下清单：

| 品名/币种 | 数量 | 金额 | 型号 | 海关批注 |
|---|---|---|---|---|
| | | | | |
| | | | | |
| | | | | |
| | | | | |

旅客签名　　　　年　月　日

图 1-1　进境旅客行李物品申报单

(3)进出境其他物品的报关

①暂时免税进出境物品。个人携带进出境的暂时免税进出境物品,须由携带者向海关作出书面申报,经海关批准登记,方可免税携带进出境,应由本人复带出境或者复带进境。

②享有外交特权和豁免权的外国机构或者人员进出境物品,主要包括以下几种:

A.外国驻中国使馆和使馆人员,以及外国驻中国领事馆、联合国及其专门机构和其他国际组织驻中国代表机构及其人员进出境的公务用品和自用物品。

B.外国驻中国使馆和使馆人员进出境公用、自用物品应当以海关核准的直接需用数量为限。

公务用品:指使馆执行职务直接需用的进出境物品。

自用物品:指使馆人员和与其共同生活的配偶及未成年子女在中国居留期间的生活必需用品。

C.使馆和使馆人员因特殊需要携运中国政府禁止或者限制进出境物品进出境的,应事先获得中国政府有关主管部门的批准。

有下列情形之一,使馆和使馆人员的有关物品不准进出境:

a.携运进镜的物品超出海关核准的直接需用数量范围的;

b.未依照规定向海关办理有关备案、申报手续的;

c.未经海关批准,擅自将已免税进境的物品进行转让、出售等处置后,再次申请进境同类物品的;

d.携运中国政府禁止或者限制进出境物品进出境,应当提交有关证件而不能提供的;

e.违反海关关于使馆和使馆人员进出境物品管理规定的其他情形。

D.使馆和使馆人员首次进出境携运公用、自用物品前,应向主管海关办理备案手续,按规定以书面或者口头方式申报,填写"中华人民共和国海关外交公/自用物品进出境申报单",向主管海关申请,并提交有关材料。

**小贴士 1-2**

**物品和货物的区别**

1.物品的非贸易性。

2.物品适用的税率与货物适用的税率不一样。

3.进出境物品的进境应以自用、合理数量为原则。

## 1.2 海关概述

海关是依据本国(或地区)的法律、行政法规行使进出口监督管理职权的国家行政机关。

### 1.2.1 海关的组织架构

中华人民共和国海关是国家的进出境监督管理机关,实行垂直管理体制,在组织机构上分为 3 个层次:第一层次是海关总署;第二层次是广东分署,天津、上海 2 个特派员办事处,41 个直属海关和 2 所海关学校(上海海关学院和秦皇岛海关学校);第三层次是各直属海关下辖的 562 个隶属海关机构。此外,在布鲁塞尔、莫斯科、华盛顿以及中国香港等地设有派驻机构。中国海关现有关员(含海关缉私警察)48 000 余人。如今,共有国家批准的海、陆、空一类口岸 253 个,此外还有省级人民政府原来批准的二类口岸近 200 个。

小贴士 1-3

**海关的含义**

英语 Customs 一词，最早是指商人贩运商途中缴纳的一种地方税捐，带有“买路钱”或港口、市场“通过费”“使用费”的性质。这种地方税捐取消后，Customs 一词则专指政府征收的进出口税，the Customs 是征收进出口税的政府机构，即海关，是对出入国境的一切商品和物品进行监督、检查并照章征收关税的国家机关。

中国海关实行“依法行政，为国把关，服务经济，促进发展”的工作方针和“政治坚强、业务过硬、值得信赖”的队伍建设要求。中国海关精神是“忠诚公正，兴关强国”。

中国海关实行关衔制度。关衔设五等十三级。分别为一等：海关总监、海关副总监；二等：关务监督（一级、二级、三级）；三等：关务督察（一级、二级、三级）；四等：关务督办（一级、二级、三级）；五等：关务员（一级、二级），如图 1-2 所示。

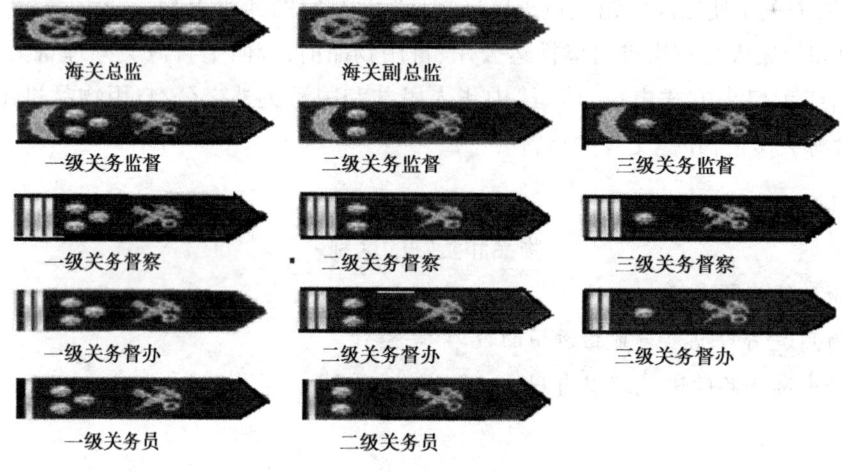


图 1-2　中国海关官衔

中国海关不断优化通关模式、监管体系、管理机制和队伍素质。在通关模式方面，实行以企业守法管理为基础的分类通关，进一步提高通关效率；在监管体系方面，着眼提高海关监督管理整体效能，理顺三级事权，发挥一线监管、后续管理、打击走私等各方面力量的作用，加强与外部的沟通协作，建立起与“大通关”相适应的，综合性、整体性海关大监管体系；在管理机制上，建立起规范有序、运作顺畅、监督有效的工作运行机制，完善海关决策指挥、组织协调、督办落实、考核评估、监督检查、责任追究等管理制度；在队伍素质方面，提升各级领导干部驾驭复杂局面、掌控管理风险和解决实际问题的能力，强化广大关员的责任心、工作技能和抵御风险的能力。

### 1.2.2　海关的职能

根据《中华人民共和国海关法》规定，中国海关职能有 4 项：监管、征税、查私和编制海关统计。

#### 1）监管

监管是海关是最基本的任务，海关依据一系列管理制度和规定，对进出境的运输工具、货物、物品等实施备案登记、审核单证、查验放行、后续管理等措施。

监管作为海关最基本的职能，是海关其他三项基本职能的基础，为了维护国家利益，海关的监管职能也包括监督执行我国对外贸易管理制度的实施，从政治、经济、文化、环境、卫生等全方位维护我国人民的利益。

#### 2）征税

海关税收是国家财政收入的重要来源，也是国家实施宏观调控的重要工具。根据法律规定，中国海关总署除担负征收进出口关税任务外，还负责对进口货物征收进口环节增值税、消费税和船舶吨税等。关税交由中央金库，进口环节海关代征税由国税局征收。

#### 3）查缉走私

查缉走私是海关依照相关法律赋予的权力，在各监管场所和设关地附近的沿海、沿边规定地区，为发现、制止、打击、综合治理走私活动而进行的一种调查和惩处活动，是海关为了保证顺利完成监管和征税等任务而采取的保障措施。

我国实行联合缉私、统一处理和综合治理的缉私体制，海关是查缉走私的主管机关，另外，公安、工商、税务等也有查缉走私的权力，但这些部门查获的走私案件，必须按法律规定，统一处理。

### 案例导读 1-3

#### 2015 缉私十大典型案例公布

记者蔡岩红　海关总署今天公布 2015 年十大典型案例，涉及农产品、香烟、成品油、毒品、濒危动植物等，其中湛江、南宁海关侦办的“7・16”系列走私卷烟案，多地海关与海警部门联合侦办的“3・25”走私成品油案，以及广州海关侦办的“4・27”走私冻品案，案值均在 10 亿元以上。

2015 年，全国海关深化缉私业务改革，创新打击方式，加强实际监管，始终保持打击走私高压态势，围绕农产品、重点涉税商品、毒品枪支、濒危动植物、“洋垃圾”组织开展“五大战役”，有效遏制重点领域、重点商品的走私势头，切实维护国家经济安全、社会安全和生态安全。2015 年，全国海关立案侦办走私犯罪案件 2 241 起，案值 493.2 亿元。其中立案侦办毒品走私犯罪案件 354 起，缴获各类毒品 8.4 吨；同时，还立案侦办了一批走私濒危物种、“洋垃圾”案件。

十大典型案例分别是：湛江、南宁海关立案侦办“7・16”系列走私卷烟案；多地海关与海警部门联合侦办“3・25”走私成品油专案；广州海关立案侦办“4・27”走私冻品案；海口海关立案侦办走私无烟煤系列案；拱北海关侦办团伙走私奶粉食品系列案；深圳、大连海关联合立案侦办走私奢侈品案；南宁海关立案侦办“GN 1511”走私大米案；深圳海关缉私局“正义 02”缉毒行动；宁波姜某团伙走私木炭案；南京海关立案侦办走私濒危植物案。

（资料来源：法治日报，2016 年 1 月 16 日，记者：蔡岩红）

#### 4）编制海关统计

根据《中华人民共和国海关法》规定，编制海关统计是中国海关总署的一项重要业务。海关统计是国家进出口货物贸易统计，负责对进出中国关境的货物进行统计调查和分析，科学、准确地反映对外贸易的运行态势，实施有效的统计监督。中国海关总署按月向社会发布中国对外贸易基本统计数据，定期向联合国统计局、国际货币基金组织、世界贸易组织及其他有关国际机构报送中国对外贸易的月度和年度统计数据，数据发布的及时性居世界领先地位。中国海关总署定期编辑出版《中国海关统计》月刊和年鉴，积极为社会各界提供统计信息资料和咨询服务。

### 1.2.3 海关的权力

海关权力是国家为了保证海关依法履行职责和完成法定任务，通过相关法律法规赋予海关对进出境的运输工具、货物、物品及相关实务实施监督管理所具有的支配、管理、指挥的权能。海关权力属于公共行政职权，其行使受一定范围和条件的限制，并接受执法监督。

#### 1）海关权力的特点

海关权力的特点除了一般行政权力的单方性、强制性、无偿性等基本特征外，还具有特定性、独立性、效力先定性、优益性。

（1）特定性

特定性指行使主体特定——海关，适用范围特定——进出关境监督管理领域，不适用其他场合。即只有海关才具有进出境监督管理权，其他任何机关、团体和个人都不具备行使此项权力的资格，同时，海关的权力只能行使于进出境监督管理领域。

（2）独立性

依法独立行使职权，只对法律和上级海关负责，不受地方政府、党政机关单位或个人的限制和干预。

（3）效力先定性

海关行政行为一经作出，就应推定其合法而必须遵照执行，即海关行政行为在没有被国家有关权力机关宣布为违法或无效之前，即使管理相对人认为海关的行政行为侵犯其合法权益，也应遵守和服从。

（4）优益性

优益性指行政受益权和行政优先权。行政受益权指享受国家提供的各种物质优异条件，行政优先权指在执法遭到暴力抗拒时，公安机关和武装警察部队必须予以协助。

2）海关权力的内容

根据《中华人民共和国海关法》第六条规定，海关在执行职务过程中，其权力包括以下几个方面。

(1)行政许可权

海关对于行政管理相对人的申请，通过颁发许可证件或证明的形式，依法赋予其从事某项活动的资格，主要包括对报关企业注册登记的许可，对从事海关监管仓库的仓储、转关运输货物的境内运输、加工贸易备案、变更和核销业务的许可等。

(2)税费征收权

税费征收权主要包括"征、减、免、补、追"几个方面。海关依法强制对进出境货物、物品征收关税及其他税费；依据相关法律法规，对特定地区、特定企业或有特定用途的进出境货物减税或免税；对经海关放行后的有关进出境货物、物品，发现有少征或者漏征税款的，海关依法予以补征、追征税款。

(3)行政检查权

行政检查权是保障海关职能履行的基本权力，具体包含检查权、查验权、查问权、查阅复制权、查询权、稽查权等，如表1-2所示。

表1-2 海关的行政检查权

| 行政检查权 | 具体权力 |
|---|---|
| 检查权 | 海关有权检查进出境运输工具，走私嫌疑人的运输工具和有藏匿走私货物、物品的场所，检查走私嫌疑人的身体 |
| 查验权 | 海关有权查验进出境货物、物品。海关查验货物认为必要时，可以径行提取货样 |
| 查问权 | 海关有权对违反《海关法》或者其他法律、行政法规的嫌疑人进行查问，调查其违法行为 |
| 查阅复制权 | 海关有权查阅进出境人员的证件，查阅、复制与进出境运输工具、货物、物品有关的合同、发票、账册、单据、记录、文件、业务函电、录音录像制品和其他有关资料 |
| 查询权 | 在调查走私案件时，经直属海关关长或其授权的隶属海关关长批准，可以查询案件涉嫌单位和涉嫌人在金融机构、邮政企业的存款、汇款等 |
| 稽查权 | 自进出口货物放行之日起3年内或在保税货物、减免税进口货物的海关监管期限内及其后的3年内，海关可以对与进出口货物直接相关的企业、单位的会计账簿、凭证、报关单证以及其他资料和有关进出口货物实施稽查 |
| 施加封志权 | 海关有权对所有未办结海关手续，处于海关监管状态下的进出境货物、物品及运输工具施加封志 |

其中，在检查权的实施过程中，应根据表 1-3 内容进行。

**表 1-3　检查权行使的具体内容**

| 检查对象 | 检查区域 | 检查权限 |
| --- | --- | --- |
| 进出境运输工具 | “两区”内 | 海关有关部门可以直接行使 |
| | “两区”外 | |
| 有走私嫌疑的运输工具 | “两区”内 | 海关有关部门可以直接行使 |
| | “两区”外 | 须经直属海关关长或其授权的隶属海关关长批准方可由海关有关部门行使 |
| 有藏匿走私嫌疑货物、物品的场所 | “两区”内 | 海关有关部门可以直接行使 |
| | “两区”外 | 1.不能对公民住所实施检查<br>2.当事人在场，若无，则需有见证人在场<br>3.须经直属海关关长或其授权的隶属海关关长批准方可由海关有关部门行使 |
| 走私嫌疑人 | “两区”内 | 海关有关部门可以直接行使 |
| | “两区”外 | 无权检查，不能行使 |

注：“两区”是指海关监管区和海关附近沿海、沿边规定地区。

(4) 行政强制权

行政强制权主要体现在行政强制措施和行政强制执行两个方面，如表 1-4 所示。

**表 1-4　行政强制权的两个方面**

| | | |
| --- | --- | --- |
| 行政强制措施 | 限制公民人身自由 | 经直属海关关长或其授权的隶属海关关长批准，在两区内可以扣留走私犯罪嫌疑人，扣留时间不得超过 24 小时，在特殊情况下可延长至 48 小时 |
| | | 个人违抗海关监管逃逸的，海关可以继续追至海关监管区和海关附近沿海沿边规定地区以外，将其带回 |
| | | 受海关处罚的当事人或其法定代表人、负责人在出境前未缴清罚款、违法所得和依法追缴的货物、物品、走私运输工具的等值价款，又未提供担保的，海关可通知出境管理机关阻止其出境 |

续表

| | | |
|---|---|---|
| 行政强制措施 | 扣留财务 | 对违反海关法的进出境货物、物品、运输工具以及与之有牵连的合同、发票、账簿、单据、记录文件、业务函电等资料,可以扣留 |
| | | 经直属海关关长或其授权的隶属海关关长批准,可以扣留两区内有走私嫌疑的运输工具、货物、物品 |
| | | 在两区外,对有证明有走私嫌疑的运输工具、货物、物品,可以扣留 |
| | | 有违法嫌疑的货物、物品、运输工具不便或无法扣留的,当事人未提供等值担保的,海关可以扣留当事人等值的其他财产 |
| | | 海关不能以暂停支付方式实施税收保全措施的,可以扣留纳税义务人其价值相当于应纳税款的货物及其他财产 |
| | | 进出口货物的纳税义务人、担保人自规定纳税期限届满之日起超过3个月未缴纳税款的,海关可以扣留其价值相当于应纳税款的货物或其他财产,经直属海关关长或其授权的隶属海关关长批准才能实施 |
| | | 对涉嫌侵犯知识产权的货物,海关可以依申请扣留 |
| | 冻结存款汇款 | 当进出口货物的纳税义务人在规定的纳税期限内有明显迹象证明其转移、藏匿其应税货物以及其他财产,不能提供纳税担保时,经直属海关关长或其授权的隶属海关关长批准,海关可以通知纳税义务人开户银行或其他金融机构暂停支付纳税义务人相当于应纳税款的存款 |
| | 封存货物或账簿单证 | 海关发现被稽查人的进出口货物有违反海关法和其他法律法规嫌疑的,需经直属海关关长或其授权的隶属海关关长批准,可以封存有关进出口货物 |
| | | 海关发现被稽查人有可能篡改、转移、藏匿、毁弃账簿和单证等资料的,在不妨碍被稽查人正常的生产经营活动的前提下,可以暂时封存其账簿单证等有关资料 |
| | 其他强制措施 | 对进出境运输工具违抗海关监管逃逸的,海关可以继续追至海关监管区和海关附近沿海沿边规定地区以外,将其带回 |
| | | 对海关监管货物,海关可以施加封志 |

续表

<table>
<tr><td rowspan="9">行政强制执行</td><td rowspan="2">加收滞纳金</td><td>对逾期缴纳税款的情况，海关向进出口货物的纳税义务人征收滞纳金</td></tr>
<tr><td>因纳税义务人违反规定，造成对进出口货物和海关监管货物少征或漏征税款的，海关可予追征并加征滞纳金</td></tr>
<tr><td>扣缴税款</td><td>自规定的纳税期限届满之日起超过 3 个月未缴纳税款的，经直属海关关长或其授权的隶属海关关长批准，海关可以书面通知进出口货物的纳税义务人、担保人的开户银行或其他金融机构从其暂停支付的存款中扣缴税款</td></tr>
<tr><td rowspan="5">抵缴、变价抵缴</td><td>当事人逾期不履行海关的处罚决定又不申请复议或提起诉讼的，海关可以将其保证金抵缴或者将其被扣留的货物依法变价抵缴</td></tr>
<tr><td>进口货物的收货人自运输工具申报进境之日起超过三个月未向海关申报的，其进口货物由海关依法变卖处理</td></tr>
<tr><td>确属误卸或溢卸的进境货物，原运输工具负责人或货物的收发货人逾期未办理退运或者进口手续的，由海关提取依法变卖处理</td></tr>
<tr><td>进出口货物的纳税义务人、担保人自规定的纳税期限届满之日起超过 3 个月未缴纳税款的，经直属海关关长或其授权的隶属海关关长批准，海关可以依法变卖应税货物，或依法变卖其价值相当于应纳税款的货物或其他财产，以变卖所得抵缴税款</td></tr>
<tr><td>海关以扣留方式实施税收保全措施。进出口货物的纳税义务人在规定的期限内未缴纳税款的，经直属海关关长或其授权的隶属海关关长批准，依法变卖所扣留货物或其他财产，以变卖所得抵缴税款</td></tr>
</table>

（5）其他海关权力

除了上述权力外，为履行海关职能，国家还赋予海关配备武器权、连续追缉权、行政裁定权和行政奖励权。

## 案例导读 1-4

### “双随机”：杜绝“任性”执法检查

“看谁不顺眼就检查谁，和谁关系好就不查谁。”一些领域存在的检查任性和执法扰民，降低了效率，伤害了公正，损害了国家利益。

如何终结“任性”检查？

1.电脑“做主”，打破寻租交易空间

“双随机”，这个最早发端于海关执法检查现场的专业名词，正在因李克强总理的赞许和国务院常务会议的推广而热起来。那么到底什么是“双随机”？

2015 年 7 月 31 日，中国（广东）自由贸易试验区南沙新区片区报关大厅内，某公司向海关申报出口一票货物。10 秒钟后，该票货物被海关计算机系统随机抽中需要实施查验；几乎同一时间,海关查验部门收到查验指令,系统立即自动派单给被计算机随机抽中的两名查验关员,对该票货物实施查验。

这是广州海关隶属南沙海关实际应用"双随机"抽查机制的一个场景。

"双随机"是"随机选择布控、随机派员查验"抽查机制的简称,具体做法是利用计算机系统预设好的参数,随机抽取查验对象、随机选派查验人员,是加强事中、事后监管的一项重大改革。这项监管制度的创新,不仅增强了监管科学性和执法公正性,也为政府转变职能提供了重要启示。

2.全程留痕,克服"任性"检查

"双随机"彻底堵死了验"人情货"的路子。过去,哪一批货被布控检查,哪一个关员来实施检查都由人为因素决定,存在"表面检查"和"人情监管"的情况,不利于维护公平公正的市场秩序,而且有可能纵容走私等违法犯罪行为。实施"双随机"杜绝了企业"走后门""拉关系"的可能性,让企业不知道自己的货物是否需要查验,也不知道谁负责查验,不敢心存侥幸。

"双随机"使被抽中的企业机会均等,严格按规则办事就不怕查;让检查人员被抽中的机会均等,可以有效排除"特定关系人"的人情干扰,增强责任心。而且用电脑代替人工"做主",减少对布控查验的人工干预的同时,也自动记录作业信息,全程留痕,让责任追溯更加方便。

3.改革无死角,做好"机制链条"建设

国务院办公厅近日印发《关于推广随机抽查规范事中事后监管的通知》,提出大力推广随机抽查监管的具体措施,要建立"双随机"抽查机制。海关等执法部门直接面对事中事后监管第一线,涉及巨大的经济、政治与社会利益,实行"双随机"机制,有利于加强监管制度建设,优化监管机制。

事实证明,"双随机"的实施不仅使海关的检查更加公正透明,而且也提高了海关检查的工作效率。根据估算,由电脑随机分派单据,每票单据可以节省半小时。据统计,天津新港海关目前98%的出口单据在24小时内就可以通关放行。提高工作效率,就是对企业最好的服务。"双随机"在为企业节约时间的同时还为企业降低了成本。以进口货物为例,一票有20个集装箱的货物,因为随机布控后,检查比例由1/3下降为1/4,能为企业节约2 000元的成本。

在肯定"双随机"这一制度创新重要意义的同时,要发挥好"双随机"机制,还需要从"事前、事中、事后"整个监管过程视角,做好"机制链条"建设工作,即事先"列清单",事中"双随机""适度查",事后"用结果",从而让机制创新作用得到高效发挥。

(资料来源:凤凰网 http://news.ifeng.com/a/20150815/44434115_0.shtml)

# 1.3 海关对报关的管理

## 1.3.1 报关单位的含义

报关单位是指依法在海关注册登记的收发货人和报关企业。报关单位一般需达到两个要求:一是完成海关报关注册登记手续,取得报关资格;二是境内的法人或组织,能独立承担相应的经济和法律责任。

海关法明确规定,对向海关办理进出口货物报关手续的进出口货物收发货人、报关企业实行注册登记管理制度,如表1-5所示。

**表1-5 2015年全国及各关区报关单位、收发货人和报关企业的数量统计** 单位:个

| 2015年 | 报关单位 | 收发货人 | 报关企业 |
|---|---|---|---|
| 全国 | 823 490 | 812 350 | 11 140 |
| 北京 | 35 432 | 35 012 | 420 |
| 天津 | 23 335 | 22 769 | 566 |
| 石家庄 | 22 608 | 22 438 | 170 |
| 太原 | 3 460 | 3 445 | 15 |
| 满洲里 | 1 825 | 1 728 | 97 |
| 呼和浩特 | 3 702 | 3 542 | 160 |
| 沈阳 | 7 942 | 7 818 | 124 |
| 大连 | 20 979 | 20 117 | 862 |
| 长春 | 6 674 | 6 581 | 93 |
| 哈尔滨 | 7 890 | 7 693 | 197 |
| 上海 | 81 850 | 80 231 | 1 619 |
| 南京 | 99 213 | 98 567 | 646 |
| 杭州 | 83 602 | 83 243 | 359 |
| 宁波 | 26 682 | 26 269 | 413 |
| 合肥 | 13 851 | 13 763 | 88 |
| 福州 | 13 436 | 13 308 | 128 |
| 厦门 | 33 188 | 32 931 | 257 |
| 南昌 | 9 523 | 9 484 | 39 |
| 青岛 | 56 466 | 55 354 | 1 112 |

续表

| 2015年 | 报关单位 | 收发货人 | 报关企业 |
| --- | --- | --- | --- |
| 济南 | 23 393 | 23 293 | 100 |
| 郑州 | 14 176 | 14 094 | 82 |
| 武汉 | 11 164 | 11 042 | 122 |
| 长沙 | 7 584 | 7 518 | 66 |
| 广州 | 32 639 | 32 287 | 352 |
| 黄埔 | 21 912 | 21 437 | 475 |
| 深圳 | 75 096 | 73 769 | 1 327 |
| 拱北 | 11 760 | 11 627 | 133 |
| 汕头 | 6 764 | 6 694 | 70 |
| 海口 | 2 434 | 2 390 | 44 |
| 湛江 | 1 830 | 1 791 | 39 |
| 江门 | 4 225 | 4 189 | 36 |
| 南宁 | 8 792 | 8 573 | 219 |
| 成都 | 11 407 | 11 270 | 137 |
| 重庆 | 8 026 | 7 960 | 66 |
| 贵阳 | 2 856 | 2 837 | 19 |
| 昆明 | 6 532 | 6 406 | 126 |
| 拉萨 | 395 | 387 | 8 |
| 西安 | 6 655 | 6 597 | 58 |
| 乌鲁木齐 | 9 000 | 8 739 | 261 |
| 兰州 | 2 167 | 2 149 | 18 |
| 银川 | 2 251 | 2 236 | 15 |
| 西宁 | 774 | 772 | 2 |

### 1.3.2 报关单位的分类

根据报关单位性质的不同,可以将报关单位分为:进出口货物收发货人和报关企业。

#### 1)进出口货物收发货人

进出口货物收发货人是指依法直接进口或直接出口货物的中华人民共和国关境内的法人、其他组织或个人。一般情况下,进出口货物收发货人是依法向对外经贸主管部门或其委托机构办理备案登记的对外贸易经营者,即拥有进出口贸易经营权的企业或单位。

但对一些未取得对外贸易经营者备案登记表但按照国家有关规定需要从事非贸易性进出口活动的单位,如境外企业、新闻机构、经贸机构、文化团体等依法在中国境内设立的常驻代表机构,少量货样进出境的单位,国家机关、学校、科研院所等组织机构,临时接受捐赠、礼品、国际援助的单位,国际船舶代理企业等,在进出口货物时,海关也视其为进出口货物收发货人。

一般而言,我国的进出口货物的收发货人主要有贸易型、生产型、仓储型的企业等。这些企业一般都有进出口经营权,进出口货物收发货人经海关注册记,取得报关资格后,只能为本企业的进出口货物办理报关纳税等事宜。我们称这些报关单位为自理报关企业。因此,自理报关企业具有以下特征:

①进出口收发货人到外贸主管部门备案登记可以获得外贸经营资格,随后到海关备案而非获得行政许可,从而获得报关权;

②未取得备案登记但需从事非贸易性进出口活动的单位,在进出口货物时也视其为收发货人,但非严格意义上的进出口货物收发货人;

③只能为本单位进出口货物报关,属自理报关。

**2)报关企业**

报关企业是指按照《报关单位注册登记管理规定》经海关准予注册登记,接受进出口货物收发货人的委托,以进出口货物收发货人名义或以自己的名义,向海关办理代理报关业务,从事报关服务的境内企业法人。

报关企业有两类:

①报关公司、报关行。主要业务就是替他人报关,报关后由货主自行或找人租船订舱。

②货代或船代。它们仅能为自己承揽承运的货物报关,并具有以下特征:

A.货代主要业务是揽货,并代货主租船订舱,报关是其从属业务。

B.船代属于船公司,只能为自己的船找货,找到货物后代替货主报关。

两种单位的报关比较如表1-6所示。

**表1-6 两种报关单位的比较**

| 报关种类\项目 | | 主营业务 | 经营审批 | 报关或代理报关范围 |
|---|---|---|---|---|
| 进出口货物收发货人 | | 对外贸易经营 | 对外贸易主管部门 | 自行进出口货物报关,也可委托报关企业报关 |
| 报关企业 | 专业报关企业 | 报关纳税服务 | 海关总署 | 受各进出口货物收发货人的委托报关纳税 |
| | 代理报关企业 | 国际货物运输 | 对外贸易主管部门和交通主管部门 | 在本企业承揽承运范围内受各进出口货物收发货人的委托报关纳税 |

### 1.3.3 报关单位的注册登记

报关单位的注册登记主要有进出口货物收发货人注册登记、报关企业注册登记和临时注册登记三种类型，并遵循《中华人民共和国海关报关单位注册登记管理规定》。

**小贴士 1-4**

**报关单位注册登记的新变化**

2014 年 3 月 13 日，海关总署发布了新修订的《报关单位注册登记管理规定》，该规定的变化主要体现在：取消报关员的注册登记，改为以报关企业名义对其所属从业人员进行备案；取消报关企业分支机构注册登记行政许可，进一步方便企业并降低企业成本；降低报关企业注册门槛，取消注册资本、报关员人数等条件限制；简化报关企业注册登记程序，将报关企业行政许可与注册程序合二为一，同时减少审批层级；大幅简化报关企业注册提交材料。

**1）进出口货物收发货人的注册登记**

海关对进出口货物收发货人的报关注册登记采取的是备案制，由进出口收发货人向所在地海关办理报关备案登记的手续，并向海关提交以下材料：

①企业法人营业执照副本复印件（个人独资、合伙企业或者个体工商户提交营业执照）；

②对外贸易经营者登记备案表复印件（法律、行政法规或者商务部规定不需要备案登记的除外）；

③企业章程复印件（非企业法人免提交）；

④税务登记证书副本复印件；

⑤银行开户证明复印件；

⑥组织机构代码证书副本复印件；

⑦《报关单位情况登记表》《报关单位管理人员情况登记表》；

⑧其他与注册登记有关的文件材料。

外商投资企业办理注册登记时还应当提交《中华人民共和国外商投资企业批准证书》。

注册地海关依法对申请注册登记材料齐全、符合法定形式的申请人核发《中华人民共和国海关进出口货物收发货人报关注册登记证书》，报关单位凭以办理报关业务证书长期有效。

有下列情形之一的，应当以书面形式向注册地海关报告。海关在办结有关手续后，应当依法办理注销注册登记手续：

①破产、解散、自行放弃报关权或者分立成两个以上新企业的；

②被工商行政管理机关注销登记或者吊销营业执照的；

③丧失独立承担责任能力的；

④进出口货物收发货人的对外贸易经营者备案登记表或者外商投资企业批准证书失效的；

⑤其他依法应当注销注册登记的情形。

#### 2)报关企业的注册登记

##### (1)报关企业的申请条件和注册登记步骤

由于报关服务的专业性、技术性较强，因此，海关对报关企业的注册登记实行行政许可制，并设立了具体的申请条件，报关企业办理注册登记前，必须获得报关企业注册登记许可，其具体申请条件为：

①具备境内企业法人资格条件；

②法定代表人无走私记录；

③无因走私违法行为被海关撤销注册登记许可记录；

④有符合从事报关服务所必需的固定经营场所和设施；

⑤海关监管所需要的其他条件。

具备上述条件的企业可以申请成为专业报关企业，并向海关办理报关企业登记许可，具体步骤如下：

第一步：申请人向海关递交材料(具体材料如下)。海关向申请人出具《受理单》或不予受理决定书。

①《报关企业注册登记许可申请书》；

②《报关单位情况登记表》，如表1-7、表1-8所示。

③企业法人营业执照副本复印件以及组织机构代码证书副本复印件(若提交载有18位统一社会信用代码的企业法人营业执照，可不提交企业组织机构代码证书副本复印件)；

④报关服务营业场所所有权证明或者使用权证明；

⑤其他与申请注册登记许可相关的材料。

以上提交复印件的，应当同时向海关交验原件。

第二步：所在地海关受理申请后，应当根据法定条件和程序进行全面审查，直属海关未授权隶属海关办理注册登记许可的，隶属海关应当自受理之日起20个工作日内审核完毕，提出审核意见，将企业申请材料同审核意见报直属海关审核。

第三步：直属海关未授权隶属海关办理注册登记许可的，应当自收到所在地海关报送的审查意见之日起20个工作日内作出决定；直属海关授权隶属海关办理注册登记许可的，隶属海关应当自受理或者收到所在地海关报送的审查意见之日起20个工作日内作出决定。

第四步：向申请人送达作出准予注册登记许可的书面决定，同时核发《中华人民共和国海关报关单位注册登记证书》。证书有效期为2年。

**表 1-7 报关单位情况登记表(填写示范)**

| 海关注册编码 | （首次登记的不填） | 组织机构代码 | 888888888<br>（9 位）<br>（没有的不填） | 注册海关 | 天竺海关 |
|---|---|---|---|---|---|
| 中文名称 | 北京市大福来实业有限公司 | | | | |
| 工商注册地址 | 北京市××区××路 888 号 | | | 邮政编码 | 100000 |
| 营业执照注册号 | 1234567890123 | 工商登记日期 | 2015 年 1 月 1 日 | 进出口企业代码 | 1234567890321 |
| 行政区划 | 123456 北京市顺义区 | 经济区划 | 06 综合保税区 | 经济类型 | 123 国有企业 |
| 经营类别 | 1 进出口货物收发货人 | 组织机构类型 | 12 公司 | 行业种类 | 1234 制糖 |
| 法定代表人（负责人） | 张三丰 | 法定代表人（负责人）身份证件类型 | 身份证 | 法定代表人（负责人）身份证件号码 | 123456789012345678 |
| 海关业务联系人 | 李靖 | 移动电话 | 13888888888 | 固定电话 | 65198888 |
| 上级单位名称 | 中国大福来实业有限公司 | 上级单位组织机构代码 | 123456789 | 与上级单位关系 | 母/子公司 |
| 序号 | 出资者名称 | | 出资国别 | 出资金额/万 | 出资金额币制 |
| 1 | 中国大福来实业有限公司 | | 中国 | 100 万元 | 人民币 |
| 2 | 李靖 | | 中国 | 100 万元 | 人民币 |
| 3 | 李渊 | | 中国 | 100 万元 | 人民币 |
| 本单位承诺，我单位对向海关所提交的申请材料以及本表所填报的注册登记信息内容的真实性负责并承担法律责任。<br>（单位公章）<br>2016 年 3 月 8 日 | | | | | |

表 1-8 报关单位情况登记表
（所属报关人员）

| 所属报关单位海关注册编码 | | | | |
|---|---|---|---|---|
| 序号 | 姓名 | 身份证件类型 | 身份证件号码 | 业务种类 |
| 1 | 李民 | 身份证 | 123456789012345678 | ■备案 □变更 □注销 |
| 2 | 李元 | 身份证 | 123456789012345679 | ■备案 □变更 □注销 |
| 3 | | | | □备案 □变更 □注销 |
| 4 | | | | □备案 □变更 □注销 |
| 5 | | | | □备案 □变更 □注销 |
| 我单位承诺对本表所填报备案信息内容的真实性和所属报关人员的报关行为负责并承担相应的法律责任。<br>（单位公章）<br>2016 年 3 月 8 日 | | | | |

## 案例导读 1-5

### 海关总署解读“一地注册，全国报关”

一、什么是“一地注册，全国报关”

从 2015 年 12 月 28 日起，我国全面实现报关企业在一个直属海关注册登记后，无须再设立跨关区分支机构，就可以到全国所有海关、所有口岸和海关监管集中的地点，从事报关服务，实现“全国 42 个海关如同一关”的格局。（上海关区因通关系统与其他关区不同，正在修改中，异地报关企业暂不能在上海申报）

二、海关取消了哪些异地报关限制

（1）预录入系统申请条件取消。

报关企业无须任何条件，即可向注册登记地海关申请 QP 系统（上海关区为 EDI 系统）客户端。

（2）客户端异地申报限制取消。

改革前，报关企业在海关申报报关单时，要求报关单的申报地海关必须和预录入客户端注册海关为同一直属海关，否则不接受报关。改革后没有限制。

（3）操作权限限制取消

改革前：异地报关企业操作员 IC 卡必须经过海关授权后才能录入及申报报关单。改革后无须授权。

(4)预录入编号预分配限制取消。

改革前,企业必须实现获取申报地海关的预录入编号才能申报。改革后,无须提前获取,系统自动生成(上海海关除外)。

三、企业申请并安装 QP 客户端应注意事项

(1)安装 QP 客户端前应提前向当地中国电子口岸数据分中心申请激活码。

(2)QP 客户端安装包目前可由网站直接进行下载。

(3)先安装预录入系统客户端基础安装包,再安装预录入系统 4.0 改进版客户端程序。(除南京、宁波、拱北地区企业需在本地服务器下载,其他地区企业均在全国统一下载地址进行下载)

(4)企业所下载的预录入系统客户端基础安装包内含有详细操作步骤的《安装说明》,请按照安装说明内的操作步骤进行安装操作。

(资料来源:中华人民共和国中央人民政府.http://www.gov.cn/xinwen/2016-09/01/content_5104494.htm)

(2)报关企业注册登记许可的变更、延续和注销

报关企业名称、法定代表人或企业注册资本发生变更的,应当持"报关单位情况登记表""中华人民共和国海关报关单位注册登记证书"、变更后的工商营业执照或者其他批准文件的复印件,以书面形式到注册地海关申请变更注册登记许可。注册地海关应当参照注册登记程序进行审查,经审查不符合注册登记许可条件的,海关不予变更其注册登记许可。

报关企业应在注册登记证书有效期满 40 日前向海关提出申请延续,同时提交申请报关企业注册登记许可时相同的文件材料,依照海关规定提交复印件的,还应当同时交验原件。从而办理换领"中华人民共和国海关报关单位注册登记证书"手续。报关企业未按照规定的时限提出延续申请的,海关不再受理其注册登记许可延续申请。

有下列情形之一的,海关应当依法注销注册登记许可:

①有效期届满未延续的;

②报关企业依法终止的;

③注册登记许可依法被撤销、撤回,或者注册登记许可证件依法被吊销的;

④因不可抗力导致注册登记许可事项无法实施的;

⑤法律、行政法规规定的应当注销注册登记许可的其他情形。

(3)进出口货物收发货人和报关企业向海关注册登记的不同

综合上面的分析,进出口货物收发货人和报关企业向海关注册登记的不同点,具体如表 1-9所示。

表 1-9　进出口货物收发货人和报关企业的不同

| 比较项目\报关单位 | 进出口货物收发货人 | 报关企业 |
| --- | --- | --- |
| 报关注册登记条件不同 | 备案制 | 行政许可制 |
| 委托对象不同 | 只为本单位进出口货物报关 | 接受进出口货物收发货人的委托为其代理报关。 |
| 注册登记换证手续不同 | 证书有效期满前 30 天到海关办理换证手续 | 证书有效期满 40 天前到海关办理换证手续 |
| 证书有效期不同 | 长期有效 | 2 年 |

**3)临时注册登记**

临时注册登记的单位向海关申报前,应当向所在地海关办理备案手续,特殊情况下可以向拟进出境口岸或者海关监管业务集中地海关办理备案手续;办理临时登记,应当持本单位出具的委派证明或者授权证明及非贸易性活动证明材料。临时注册登记的,海关可以出具临时注册登记证明,但是不予核发注册登记证书。临时注册登记有效期最长为 1 年,有效期届满后应当重新办理临时注册登记手续。

### 1.3.4　海关对报关单位的管理

为了鼓励企业诚信、守法自律,提高海关管理效能,保障进出口贸易的安全与便利,2011 年海关总署颁布了《中华人民共和国海关企业分类管理办法》。根据此办法,海关根据企业遵守法律、行政法规、海关规章、相关廉政规定和经营管理状况,对在海关注册登记的进出口货物收发货人、报关企业进行评估,按照 AA,A,B,C,D 五个管理类别进行差别管理,其中 AA 类和 A 类企业适用相应的通关便利措施,B 类企业适用常规管理措施,C 类和 D 类企业适用严密监管措施,全国海关实行统一的企业分类标准、程序和管理措施。

为进一步优化企业信用管理制度,根据国家《社会信用体系建设规划纲要 2014—2020》总体要求和海关管理需要,海关改革了企业分类管理制度,于 2014 年 12 月 1 日正式实施《中华人民共和国海关企业信用管理暂行办法》,原海关企业分类管理办法废止。

海关根据企业信用状况将企业认定为认证企业(高级认证和一般认证)、一般信用企业和失信企业,按照诚信守法便利、失信违法惩戒原则,分别适用相应的管理措施。

**1)海关认定的认证企业**

认证企业的管理措施,是中国海关对报关单位管理措施实现与国际接轨的一项标志性改革。认证企业即"中国海关经认证的经营者"(AEO),中国海关依法开展与其他国家或地区海关的 AEO 互认,并给予互认 AEO 企业相应的通关便利。我国海关按照 WCO 所倡导的 AEO 制度的要求,借鉴国际海关 AEO 制度的先进做法,建立了企业认证制度,制定了包括内部控制、财务状况、守法状况、贸易安全等方面的《海关认证企业标准》。该认证标准分为高级认证企业标准和一般认证企业标准。(详见附件一和附件二)

#### 2)海关认定为一般信用企业的情形

企业有下列情形之一的,海关认定为一般信用企业:

①首次注册登记的企业;

②认证企业不再符合《海关认证企业标准》规定的条件,且未发生失信企业所列情形的;

③适用失信企业管理满 1 年,且未再发生失信企业所列情形的。

#### 3)海关认定为失信企业的情形

企业有下列情形之一的,海关认定为失信企业:

①有走私犯罪或者走私行为的;

②非报关企业 1 年内违反海关监管规定行为次数超过上年度报关单、进出境备案清单等相关单证总票数千分之一,且被海关行政处罚金额超过 10 万元的违规行为 2 次以上的,或者被海关行政处罚金额累计超过 100 万元的;

③报关企业 1 年内违反海关监管规定行为次数超过上年度报关单、进出境备案清单总票数万分之五的,或者被海关行政处罚金额累计超过 10 万元的;

④拖欠应缴税款、应缴罚没款项的;

⑤上一季度报关差错率高于同期全国平均报关差错率 1 倍以上的;

⑥经过实地查看,确认企业登记的信息失实且无法与企业取得联系的;

⑦被海关依法暂停从事报关业务的;

⑧涉嫌走私、违反海关监管规定拒不配合海关进行调查的;

⑨假借海关或者其他企业名义获取不当利益的;

⑩弄虚作假、伪造企业信用信息的;

⑪其他海关认定为失信企业的情形。

#### 4)海关终止认证的情形

企业有下列情形之一的,海关应当终止认证:

①发生涉嫌走私或者违反海关监管规定的行为被海关立案侦查或者调查的;

②主动撤回认证申请的;

③其他应当终止认证的情形。

**5)海关对企业信用状况的认定结果实施动态调整**

海关对高级认证企业每3年重新认证一次,对一般认证企业不定期重新认证。认证未通过重新认证适用一般信用企业管理的,1年内不得再次申请成为认证企业。

高级认证企业未通过重新认证但符合一般认证企业标准的,适用一般认证企业管理。

适用失信企业管理满1年,且未发生其他海关认定为失信企业的情形,海关应当将其调整为一般信用企业管理。

失信企业被调整为一般信用企业满1年的,可以向海关申请成为认证企业。

**6)海关对各类企业的管理原则和措施**

(1)高级认证企业

高级认证企业除适用一般认证企业管理原则和措施外,还适用下列管理措施:

①在确定进出口货物的商品归类、海关估价、原产地或者办结其他海关手续前先行办理验房手续;

②海关为企业设立协调员;

③对从事加工贸易的企业,不实行银行保证金台账制度;

④AEO互认国家或者地区海关提供的通关便利措施。

(2)一般认证企业

一般认证企业适用下列管理原则和措施:

①较低进出口货物查验率;

②简化进出口货物单证审核;

③优先办理进出口货物通关手续;

④海关总署规定的其他管理原则和措施。

(3)失信企业

失信企业适用海关下列管理原则和措施:

①较高进出口货物查验率;

②进出口货物单证重点审核;

③加工贸易等环节实施重点监管;

④海关总署规定的其他管理原则和措施。

(4)其他管理规定

①高级认证企业适用的管理措施优于一般认证企业;

②因企业信用状况认定结果不一致导致适用的管理措施相抵触的,海关按照就低原则实施管理;

③认证企业涉嫌走私被立案侦查或者调查的，海关暂停适用相应管理措施，按照一般信用企业进行管理；

④企业名称或者海关注册编码发生变更的，海关对企业信用状况的认定结果和管理措施继续适用；

⑤有下列情形之一的，按照以下原则作出调整：

A.企业发生存续分立，分立后的存续企业承继分立前企业的主要权利义务的，适用海关对分立前企业的信用状况认定结果和管理措施，其余的分立企业视为首次注册企业；

B.企业发生解散分立，分立企业视为首次注册企业；

C.企业发生吸收合并，合并企业适用海关对合并后存续企业的信用状况认定结果和管理措施；

D.企业发生新设合并，合并企业视为首次注册企业。

#### 7）企业分类管理与企业信用管理的过渡措施

为确保《企业分类管理办法》与《企业信用管理暂行办法》的顺利衔接，海关总署明确了过渡办法，如图1-3所示。

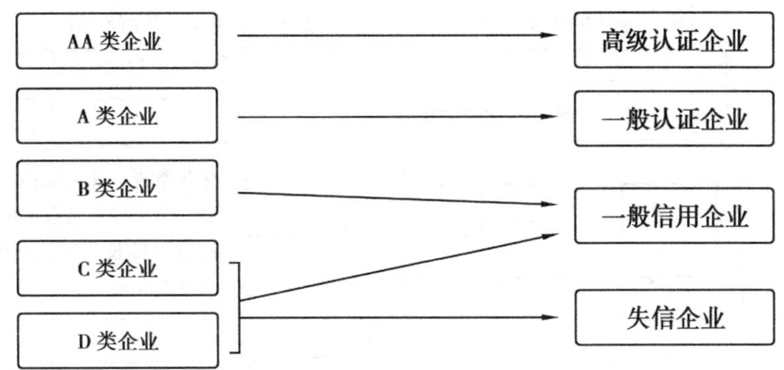


图1-3　企业分类管理与信用登记管理过渡示意图

自2014年12月1日起，按照《企业分类管理办法》适用AA类管理的企业过渡为高级认证企业；适用A类管理的企业过渡为一般认证企业；适用B类管理的企业过渡为一般信用企业；适用C类、D类管理的企业，海关按照《企业信用管理暂行办法》重新认定企业信用登记。

另外，C类、D类企业经重新认定后信用等级仍为失信企业的，企业信用等级适用时间仍按原适用C类、D类时间计算，如图1-4所示。

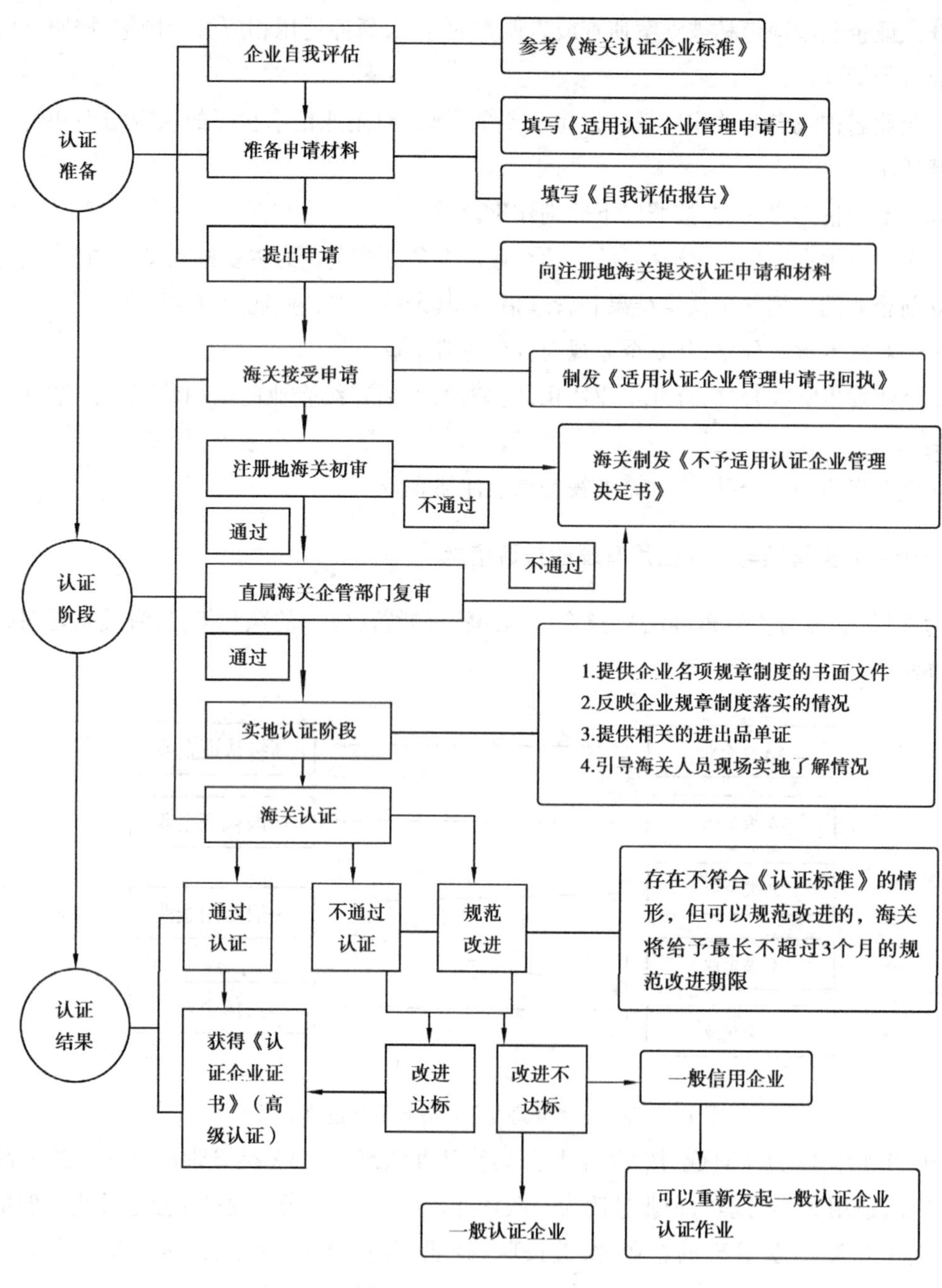


图 1-4　AEO 认证流程图

## 案例导读 1-6

### “没等你反应过来　货物已经放行了”
### ——中荷地方海关 AEO 互认提升企业竞争力

2016 年 4 月 12 日，广州海关联合荷兰史基浦机场海关在广州共同举办中荷海关高级认证企业政策说明会，向从事或有意拓展中荷进出口贸易的高级认证企业推介海关AEO(即经认证的经营者)互认制度。广州海关关区内近百家进出口企业的代表受邀参加此次说明会。

近年来，我国海关大力推进企业信用管理改革和AEO国际互认合作，将国际海关AEO互认合作制度与国内的海关信用管理制度对接转化。截至目前，中国海关已分别与新加坡、韩国、中国香港及欧盟4个国家和地区海关签署并实施了AEO互认。

**AEO企业通关享受多项便利**

4月12日的说明会上，荷兰海关专家详细介绍了荷兰的AEO制度以及中国高级认证企业在荷兰机场、口岸等进出口环节所能享受的优惠措施与操作流程，指导中国企业在欧盟进出境环节规范填报不同类别进出口单证，提醒企业务必将AEO编码告知欧盟报关方，并要求其在申报单证中正确填写此编码，因为这个编码是AEO互认国或地区识别AEO企业的重要依据。

"'嗖'的一声"，荷兰海关专家沃尔夫(音译)在回答企业询问时这样形容AEO企业在荷兰海关的通关时间长短，"我在这里请各位放心，中国海关高级认证企业在荷兰海关通关时将享受与荷兰认证企业同样的待遇。也许没等你反应过来，货物已经放行了。"沃尔夫还称，中国海关高级认证企业在荷兰海关通关时享受与荷兰境内认证企业同样的优惠措施，包括降低查验率、减少风险监控、优先办理报关、查验、放行等手续，贸易连续运行保障机制等。

广州海关企业认证专家也向企业介绍，通过中国海关高级认证的企业，除在境内享受便利通关、协调员管理等优惠待遇外，还能在包括荷兰在内的AEO互认国家和地区的进出口环节享受一系列通关便利。

根据广州海关对关区部分高级认证企业所作的回访，自2015年11月中欧AEO互认实施以来，中国海关高级认证企业在欧盟通关总体畅顺，通关查验率较之前降低，查验及查验运输、查验延误所产生的费用的减少为企业节省下不少物流成本。同时，"AEO企业"这块境内外通用的"招牌"，提升了企业商誉，对争取国外客户订单有较大帮助。

**中荷地方海关交流合作顺畅有效**

中国南航集团进出口贸易有限公司负责关务的禤经理表示："之前我们对中国海关的通关便利措施已经非常了解，但是没有渠道获知国外海关的政策。现在中国和很多国家实现了AEO互认，我们公司在其中不少国家有进出口贸易。我们在这些国家的海关能享受什么，有哪些要注意的，这是我们重点关注又难以获取的。今天听了中荷两国海关专家的讲解，收获颇丰。特别是最后的问答环节，我们一连提了好几个问题，一些困扰也得到了专家们的解答。"

自2013年3月广州海关和荷兰史基浦机场海关签署关际合作协议以来，双方在单证数据比对、"单一窗口"建设、通关无纸化经验交流方面开展了密切交流，今后将进一步深化在知识产权保护、保障贸易安全、贸易便利化等方面的合作。

据海关统计，2016年第一季度经广州海关关区对荷兰进出口贸易值达26.8亿元，同比增长10.3%。面对当前严峻复杂的外贸形势，海关将继续推进企业认证工作和国际合作，为提升我国企业的国际竞争力，促进进出口稳定增长提供更大的助力。

(资料来源:2016年4月19日，中国商报，记者:关悦)

## 案例实训

成新纺织有限公司是于2016年6月21日建立的外商投资企业,位于湖北省武汉市经济开发区,主营纱线、服装生产,销往国际市场,业务主要从天津港进出,目前还没有办理进出境备案,也未办理海关注册登记,如果该公司安排你去办理相关手续,你该怎样去办理?

案例解读:该公司属于进出口货物收发货人的海关管理,根据海关对新成立的公司进出口备案登记管理相关规定,应先进行对外贸易经营者的备案登记,再进行海关注册登记。因此需完成以下任务:

任务一:对外贸易经营者的备案登记

第一步:到该公司所在地的武汉市商务局的对外贸易处办理企业的进出口经营权的备案登记手续,并提交备案资料。

第二步:武汉市商务局在收到提交的材料之日起5个工作日内办理备案登记手续,在《登记表》上加盖备案登记印章。

第三步:凭备案登记印章的《登记表》在30日内到武汉海关、检验检疫、外汇、税务等部门办理开展对外贸易业务所需的所有手续。

任务二:海关注册登记

第一步:到武汉海关办理注册登记,并向海关提交以下材料:

①企业法人营业执照副本复印件(个人独资、合伙企业或者个体工商户提交营业执照);

②对外贸易经营者登记备案表复印件;

③企业章程复印件;

④税务登记证书副本复印件;

⑤银行开户证明复印件;

⑥组织机构代码证书副本复印件;

⑦《报关单位情况登记表》《报关单位管理人员情况登记表》;

⑧《中华人民共和国外商投资企业批准证书》;

⑨其他与注册登记有关的文件材料。

第二步:武汉海关依法对申请注册登记材料齐全,符合法定形式的申请人核发《中华人民共和国海关进出口货物收发货人报关注册登记证书》。

# 课内练习

## 一、单选题

1.海关四项基本任务的基础是(　　)。

A.监管　　B.征税　　C.查缉走私　　D.编制海关统计

2.进出口收发货人不能进行的报关行为是(　　)。

A.办理本单位的报关业务

B.代理其他单位的报关业务

C.通过本单位所属的报关人员向海关报关

D.可以委托海关准予注册登记的报关企业代为办理报关

3.根据海关规定,报关企业登记证书的有效期为(　　),收发货人登记证书的有效期为(　　)。

A.3 年;2 年　　B.2 年;长期有效　　C.2 年;3 年　　D.3 年;长期有效

4.下列行为不属于海关行政检查权范围的是(　　)。

A.检查进出境运输工具

B.检查有藏匿走私货物嫌疑的场所

C.检查走私嫌疑人的住处

D.检查走私嫌疑人的身体

5.宏星公司对海关征收的税款有异议,认为海关侵犯了其合法权益,宏星公司应该(　　)。

A.暂缓纳税,向海关提出行政裁定

B.缴纳税款,再提出海关行政裁定

C.暂缓纳税,向海关提出行政复议

D.缴纳税款,再提出海关行政复议

6.工商行政管理部门查获的应当给予行政处罚的香烟走私案件,应移送(　　)依法处理。

A.海关

B.税务部门

C.上一级工商行政管理部门

D.烟草专卖部门

7.取得报关单位资格的法定要求是(　　)。

A.是对外贸易经营者

B.是境内法人或其他组织

C.经海关注册登记

D.有一定数量的报关员

8.下列单位中,海关一般不予核发注册登记证书,仅出具临时报关单位注册登记证明的是(　　)。

A.圆通报关行　　B.UPS 国际快递公司

C.中国国际贸易进出口公司　　D.清华大学

9.实行“一地注册,全国报关”后,某国际快递公司在其所在地海关杭州海关完成注册登记手续,那么,以下说法正确的是(　　)。

A.该公司可以承揽来自全国各地的国际快递业务,并可以在国内任何海关口岸报关

B.该公司可以承揽来自全国各地的国际快递业务,但需要办理跨关区分支机构注册登记后,才能在除杭州关区以外的海关报关

C.该公司只能承揽来自杭州海关关区范围内的国际快递业务并完成报关

D.该公司可以承揽来自全国各地的国际快递业务,但只能在杭州海关关区内进行报关

10.海关对首次注册登记的企业认定为(　　)。

A.一般认证企业　B.高级认证企业　C.一般信用企业　D.失信企业

## 二、多选题

1.下述海关权力的行使须直属海关关长或者其授权的隶属海关关长批准的是(　　)。

A.查验权　　B.查询权

C.强制扣缴和变价抵缴关税权　　D.税收保全

2.下列单位中属于报关单位的是(　　)。

A.经海关批准在海关临时注册登记的境内某大学

B.在海关注册登记的经营进出境快件业务的某快递公司

C.在海关注册登记的某外商投资企业

D.在海关注册登记的经营转关运输货物境内运输业务的某承运人

3.根据海关对报关单位的分类管理,下列企业中不适用严密监管措施的是(　　)。

A.一般认证企业　B.高级认证企业　C.一般信用企业　D.失信企业

4.根据我国缉私体制,(　　)等部门具有查缉走私权力。

A.海关　B.公安　C.检察　D.税务

5.大连某外贸公司需要在天津口岸进出口货物,则该外贸公司(　　)。

A.在天津海关的报关申请应当经海关总署审批

B.应当已经在注册地大连海关经过报关注册登记

C.应当在天津地区有办公地点和工作人员

D.可以委托报关企业在全国任何海关报关

## 课外实训

1.盛世公司是2014年9月在浙江省绍兴市高新技术区新建的外商投资企业，主营涤纶丝的生产，尚未办理进出口备案手续，也未注册登记为报关单位，现因业务需要，要拓展国外市场，货物主要从上海、宁波口岸进出。请为该公司办理进出口备案手续和海关注册登记手续。

2.立业公司从日本购买了一批二手挖掘机，并且货物已经运抵上海外高桥港口，但因无法领取机电产品进口许可证件而迟迟无法进行报关，该批货物已经停放海关港口达3个月之久，随后立业公司以无法领取机电产品进口证明为由，向外高桥海关提出退运该批货物的申请。由于其提出退货申请的时间超过海关总署有关规定的退运提出期限，不符合退运条件。于是外高桥海关不同意退运，并告知收货人，海关决定提取拍卖该批货物并于次月委托一通公物拍卖行举行了该批货物的公开拍卖会。请问：海关是否有变卖处理超期报关货物？海关如何变卖超期未保报关货物？立业公司该如何做才能减少损失？

# 第2章　报关与对外贸易管制

## 案例导读 2-1

### 携带收藏品　如何进出境

现如今，人们对收藏的热情越来越高，收藏逐渐从“小众产业”向“大众产业”“全民产业”过渡，收藏品进出境的数量也越来越大。那么，在种类繁多的收藏品中，哪些是禁止或限制进出境的物品？应该如何办理进出境手续呢？

1.允许进出境

个人在境外购买清代瓷器一件，随身携带回国。海关提醒，对此类情况，应主动向海关申报，海关一般按照成交价格进行征税。如果文物数量较多且价值超过限值，则需按照货物规定办理通关手续。对一般的邮票、非流通钱币和徽章、相机、望远镜等收藏品，海关按照个人物品办理征税手续或按照货物规定办理通关手续。

2.禁止或限制进出境

南京海关隶属苏州海关驻邮局办事处关员在查验出境邮政快件时，发现一个纸箱内有可疑物品。快件申报单上写的是“泥像工艺品”，地址是美国，但X光机图像显示为一尊佛像的轮廓。开箱查验后，发现该尊佛像虽然表面有些陈旧斑驳，但造型优美，工艺精湛。经文物专家初步鉴定，这尊佛像为清代藏传佛像，属于文物。

一般来说，文物、美术品、金银珠宝、濒危野生动植物及其制品等涉及禁止或限制出入境的情况较多。个人携带古董文物入境并无太多特殊规定，按照自用、合理数量原则验放，超出自用合理数量的应按一般货物办理进口手续或予以退运。值得注意的是出境环节。按规定，珍贵文物禁止出境，一般文物限制出境。根据国家文物局规定，新中国成立后去世的著名书画家王式廓、何香凝、李可染、林风眠、徐悲鸿、高剑父、黄宾虹、董希文、傅抱石、潘天寿、吴冠中的作品，除出境展览等特殊情况经国务院有关部门批准可以出境外，一律不准出境。

进出境旅客带进金银及其制品，数量不受限制，但重量超出50克必须向海关申报。在自用、合理数量范围内的，海关查验放行；超出自用、合理数量范围内的，视同进口货物，要交验中国人民银行总行的批准件，海关根据需要或征税放行，无批准件一律不能进出境。

常见的野生动植物制品有象牙、犀角、干海马、穿山甲片、虎豹狼皮张、砗磲、大凤螺、海龟标本、鳄鱼、蟒和巨蜥皮制品、玳瑁制品、沉香木片或粉等。但需注意，很多国外正常出售的濒危物种及其制品，我国绝大多数都是禁止进境的，只有极少数物种在取得CITES(《濒危野生动植物种国际贸易公约》)组织签发的允许进出口许可证以及我国核发的《野生动植物允许进口证明书》后，才允许带入境内。

（资料来源：陈银健，董彦，孙晓婷．携带收藏品如何进出境[N].人民日报海外版，2014-07-05）

**知识目标**

1.熟悉对外管制的概念、目的和特点。

2.了解我国对外贸易管制的基本框架和法律体系、大通关。

3.掌握我国货物、技术禁止进出口管理、限制进出口管理和自由进出口管理内容。

4.掌握我国多种贸易管理制度、我国贸易管制的主要管理措施。

**技能目标**

1.能结合工具查找进出口后需要的监管证件。

2.能为进出口货物申领相关进出口许可证件。

## 2.1　对外贸易管制概述

### 2.1.1　对外贸易管制的概念

对外贸易管制，是指一国政府为了国家的宏观经济利益、国内外政策需要以及履行所缔结或加入国际条约的义务，确立实行各种制度、设立相应管理机构和规范对外贸易活动的总称。

一个国家对外贸易管制制度涉及工业、农业、商业、军事、技术、卫生、环保、税务、资源保护、质量监督、外汇管理以及金融、保险、信息服务等诸多领域。对外贸易管制通常有 3 种分类形式：一是按管理目的分为进口贸易管制和出口贸易管制；二是按管制手段分为关税措施和非关税措施；三是按管制对象分为货物进出口贸易管制、技术进出口贸易管制和国际服务贸易管制。本章重点介绍我国对外贸易管制中有关货物和技术的管制制度、措施以及在执行这些贸易管制措施过程中所涉及报关规范的相关内容。

### 2.1.2　对外贸易管制的目的

#### 1)为了保护本国经济利益，发展本国经济

发展中国家实行对外贸易管制主要是为了保护本国的民族工业，建立与巩固本国的经济体系；通过对外贸易管制的各项措施，防止外国产品冲击本国市场而影响本国独立的经济结构的建立；同时，也是为了维护本国的国际收支平衡，使有限的外汇能有效地发挥最大的作用。发达国家实行对外贸易管制主要是为了确保本国在世界经济中的优势地位，避免国

际贸易活动对本国经济产生不良影响,特别是要保持本国某些产品或技术的国际垄断地位,保证本国各项经济发展目标的实现。因此,各国的对外贸易管制措施都是与其经济利益相联系的。各国的贸易管制措施是各国经济政策的重要体现。

**2)推行本国的外交政策**

不论是发达国家还是发展中国家,往往出于政治或安全上的考虑,甚至不惜牺牲本国经济利益,在不同时期,对不同国家或不同商品实行不同的对外贸易管制措施,以达到其政治上的目的或安全上的目标。因此,贸易管制往往成为一国推行其外交政策的有效手段。

**3)行使国家职能**

一个主权国家,对其自然资源和经济行为享有排他的永久主权,国家对外贸易管制制度和措施的强制性是为保护本国环境和自然资源、保障国民人身安全、调控本国经济而行使国家管理职能的一个重要保证。

### 2.1.3 对外贸易管制的特点

为了实现对外贸易管制的目的,贸易管制政策具有三个基本特征:

一是对外贸易管制政策是一国对外政策的体现。

二是对外贸易管制政策因时间、形式变化而变化。各国都要根据其不同时期的不同经济利益或安全和政治形势需要,随时调整对外贸易管制政策,因此,不同国家或同一国家的不同时期的贸易管制政策是各不相同的。

三是各国以对进口的管制为重点。对进口的管制可以更有效地保护本国国内市场和本国的经济利益。但其也会造成负面效益,在一定程度上也阻碍了世界经济交流,抑制了国际贸易的发展。因此,如何充分发挥贸易管制的有利因素,尽量减少其带来的不利因素,变被动保护为主动、积极的保护,是衡量一个国家管理对外贸易水平的标志。

### 2.1.4 我国对外贸易管制的基本框架和法律体系

1949 年 9 月,中国人民政治协商会议上通过的、起临时宪法作用的《中国人民政治协商会议共同纲领》规定,“我国实行对外贸易管制,并采取保护贸易的政策”。实行对外贸易管制是由我国社会制度和经济发展需要所决定的,几十年的实践证明,实行对外贸易管制对我国的经济建设和对外贸易发展起到极其重要的作用。

**1)我国对外贸易管制的基本框架**

我国对外贸易管制制度是一种综合管理制度,主要由下列制度构成:

①海关监管制度;

②关税制度;

③对外贸易经营者管理制度;

④进出口许可制度;

⑤出入境检验检疫制度;

⑥进出口货物收付汇管理制度;

⑦贸易救济制度。

为保障贸易管制各项制度的实施,我国已基本建立并逐步健全了以《对外贸易法》为核心的对外贸易管制的法律体系,并依照这些法律、行政法规、部门规章和我国履行国际公约的有关规定,自主实行对外贸易管制。本章将着重阐述进出口许可制度、对外贸易经营者管理制度、出入境检验检疫制度、进出口货物收付汇管理制度、对外贸易救济措施等。

### 2)我国对外贸易管制的法律体系

对外贸易法律制度,是指一国对其外贸活动进行行政管理和服务的所有法律规范的总称。一国的外贸法律制度是其为保护和促进国内产业,增加出口,限制进口而采取的鼓励与限制措施,或为政治、外交或其他目的,对进出口采取鼓励或限制的措施。它是一国对外贸易总政策的集中体现。政府管理及服务外贸的法律制度分为两种:一种是对进口贸易的管理和服务;一种是对出口贸易的管理和服务。这些法律都属强制性法律规范,非经法定程序不得随意加以改变。

对外贸易法律制度的范围包括:关税制度、许可证制度、配额制度、外汇管理制度、商检制度以及有关保护竞争、限制垄断及不公平贸易等方面。

对外贸易法律制度的宗旨是发展对外贸易和投资,维护对外贸易秩序,保护国内产业安全,促进一国经济稳定发展,改善人民的生活水平。由于我国对外贸易管制是一种国家管制,因此其所涉及的法律渊源只限于宪法、法律、行政法规、部门规章以及相关的国际条约,不包括地方性法规、规章及各民族自治区政府的地方条例和单行条例。

(1)我国颁布的法律、行政法规

法律是指由国家最高权力机关全国人民代表大会或它的常务委员会制定、颁布的规范性文件的总称。我国现行的与贸易管制有关的法律主要有:

①《中华人民共和国对外贸易法》;

②《中华人民共和国海关法》;

③《中华人民共和国进出口商品检验法》;

④《中华人民共和国进出境动植物检疫法》;

⑤《中华人民共和国固体废物污染环境防治法》;

⑥《中华人民共和国国境卫生检疫法》;

⑦《中华人民共和国野生动物保护法》;

⑧《中华人民共和国药品管理法》;

⑨《中华人民共和国文物保护法》;

⑩《中华人民共和国食品卫生法》等。

行政法规是指国务院为了实施宪法和其他相关法律,制定的基本行政管理规范性文件的总和。我国现行的与贸易管制有关的行政法规主要有：

①《中华人民共和国货物进出口管理条例》；

②《中华人民共和国技术进出口管理条例》；

③《中华人民共和国进出口关税条例》；

④《中华人民共和国知识产权海关保护条例》；

⑤《中华人民共和国野生植物保护条例》；

⑥《中华人民共和国外汇管理条例》；

⑦《中华人民共和国反补贴条例》；

⑧《中华人民共和国反倾销条例》；

⑨《中华人民共和国保障措施条例》等。

(2)我国的各部门规章制度

我国现行的与贸易管制有关的部门规章很多，主要有：

①《货物进口许可证管理办法》；

②《货物出口许可证管理办法》；

③《货物自动进口许可管理办法》；

④《出口收汇核销管理办法》；

⑤《进口药品管理办法》；

⑥《放射性药品管理办法》；

⑦《两用物项和技术进出口许可证管理办法》等。

(3)国际条约和国际协定

各国在通过国内立法实施本国进出口贸易管制的各项措施的同时，必然要与其他国家协调立场，确定相互之间在国际贸易活动中的权利与义务关系，以实现其外交政策和对外贸易政策所确立的目标，因此，国际贸易条约与协定便成为各国之间确立国际贸易关系立场的重要法律形式。我国目前所缔结或者参加的各类国际条约、协定，虽然不属于我国国内法的范畴，但就其效力而言可视为我国的法律渊源之一。目前我国所加入或缔结的涉及贸易管制的国际条约主要有：

①加入世界贸易组织(WTO)所签订的有关双边或多边的各类贸易协定；

②《京都公约》——关于简化和协调海关制度的国际公约；

③《濒危野生动植物种国际公约》；

④《蒙特利尔议定书》——关于消耗臭氧层物质的国际公约；

⑤关于麻醉品和精神药物的国际公约；

⑥《伦敦准则》——关于化学品国际贸易资料交流的国际公约；

⑦《鹿特丹公约》——关于在国际贸易中对某些危险化学品和农药采用事先知情同意程序的国际公约；

⑧《巴塞尔公约》——关于控制危险废物越境转移及其处置公约；

⑨《建立世界知识产权组织公约》等。

### 2.1.5 我国对外贸易管制的实现方式

我国对外贸易管制目标是通过综合的外贸管制制度及各种进出口贸易管制政策和措施来实现的，对外贸易管制的实现方式如图 2-1 所示。

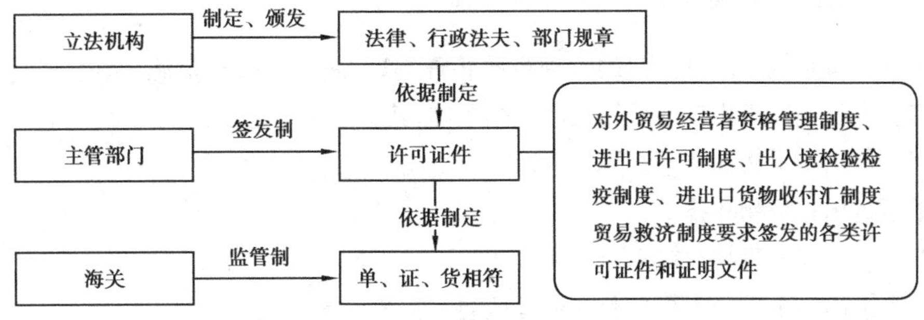


图 2-1 对外贸易管制的实现方式

## 2.2 我国对外贸易管制的主要制度

我国对外贸易管制制度是一个综合制度，主要由海关制度、关税制度、对外贸易经营资格制度、进出口许可制度、出入境检验检疫制度、外汇管理制度及贸易救济制度等构成。本节主要阐述对外贸易经营资格管理制度、进出口许可制度、出入境检验检疫制度、进出口货物收付汇管理制度、对外贸易救济措施等。

### 2.2.1 对外贸易经营资格管理制度

我国对对外贸经营者的管理采取的是备案登记制。企业法人、其他组织或个人在从事进出口经营前，必须按照国家的有关规定，依法定程序在国家商务主管部门备案登记净出口经营权。成为对外贸易经营者后，方可在国家允许的范围内从事对外贸易经营活动。国务院商务主管部门也可以对部分进出口商品实施国营贸易管理，或者在一定时期内对部分进出口商品实施国营贸易管理。

为对关系国计民生的重要进出口商品实行有效的宏观管理，国家可以对部分货物的进出口实行国营贸易管理，实行国营贸易管理的货物的进出口业务只能由经授权的企业经营。不过，国家允许部分数量的国营贸易管理货物的进出口业务由非授权企业经营的除外。

国务院有关部门会国务院其他部门确定、调整并公布实行国营贸易管理的货物和经授权经营企业的目录。授权的企业应当根据正常的商业条件从事经营活动，不得以非商业因素选择供应商，不得以非商业因素拒绝其他企业。对未经批准擅自进出口实行国营贸易管理的货物，海关不予放行。

目前，属于进口国营贸易管理的货物包括粮食（含小麦、玉米、大米）、棉花、食糖、原油、成品油、化肥6种。进口上述货物需取得进口国营贸易资格。

属于出口国营贸易管理的货物包括粮食(含玉米、大米)、棉花、钨、锑、白银5种。出口上述货物需取得出口国营贸易资格。

### 2.2.2 货物与技术进出口许可管理制度

进出口许可是国家对进出口的一种行政管理制度,属于非关税措施,货物、技术进出口许可管理制度是我国进出口许可管理制度的主体,其管理范围包括:

①禁止进出口货物和技术;

②限制进出口货物和技术;

③自由进出口的货物和技术;

④自由进出口中部分实行自动许可管理的货物和技术。

国家对部分进出口货物、技术实行限制或者禁止管理的目的主要有以下几点:

①为维护国家安全、社会公共利益或者公共道德,需要限制或者禁止进出口的;

②为保护人的健康或者安全,保护动物、植物的生命或者健康,保护环境,需要限制或者禁止进出口的;

③为实施与黄金或者白银进出口有关的措施,需要限制或者禁止进出口的;

④国内供应短缺或者为有效保护可能用竭的自然资源,需要限制或者禁止出口的;

⑤输往国家或者地区的市场容量有限,需要限制出口的;

⑥出口经营秩序出现严重混乱,需要限制出口的;

⑦为建立或者加快建立国内特定产业,需要限制进口的;

⑧对任何形式的农业、牧业、渔业产品有必要限制进口的;

⑨为保障国家国际金融地位和国际收支平衡,需要限制进口的;

⑩依照法律、行政法规的规定,其他需要限制或禁止进出口的;

⑪根据我国缔结或者参加的国际条约、协定的规定,其他需要限制或禁止进出口的。

#### 1)禁止进出口管理

禁止进出口管理是指为维护国家安全和社会公共利益,保护人民的生命健康,履行我国所缔结或者参加的国际条约和协定,国务院商务主管部门会同国务院有关部门,依照《对外贸易法》等有关法律法规,制定、调整并公布禁止进出口货物、技术目录。海关依据国家相关法律法规对禁止进出口商品实施监督管理。

(1)禁止进口管理

对列入国家公布的禁止进口目录以及国家法律法规明令禁止或停止进口的货物、技术,任何对外贸易经营者不得经营进口。具体目录如表2-1(截至2015年4月)所示。

**表 2-1　禁止进口货物、技术管理列表**

| 类别 | 目　录 | 具体商品和技术 |
|---|---|---|
| 列入《禁止进口货物目录》和《禁止进口固体废物目录》的商品 | (1)《禁止进口货物目录》(第一批)：为了保护我国的自然生态环境和生态资源；<br>(2)履行我国所缔结或者参加的与保护世界自然生态环境相关的一系列国际条约和协定而发布的 | (1)属破坏臭氧层物质的四氯化碳；<br>(2)属世界濒危物种管理范畴的犀牛角、麝香、虎骨等 |
| | 《禁止进口货物目录》(第二批)：涉及生产安全、人身安全和环境保护的旧机电产品 | 旧压力容器类；<br>电器、医疗设备类；<br>汽车、工程及车船机械类 |
| | 《禁止进口固体废物目录》，第三、四、五批修订而成，涉及对环境有污染的12项94类固体废物 | 包括废动植物产品，矿渣矿灰及残渣，废药物。杂项化学品废物，废橡胶和皮革，废特种纸，废纺织原料及制品，废玻璃，金属和金属化合物废物，废电池，废弃机电产品和设备及其未经分拣处理的零部件、拆散、破碎、砸碎件等，废石膏、石棉、其他未列明固体废物等。 |
| | 《禁止进口货物目录》(第六批)：<br>(1)保护人的健康，维护环境安全；<br>(2)履行《鹿特丹公约》和《斯德哥尔摩公约》 | (1)长纤维青石棉(属于须淘汰的落后产品)；<br>(2)二噁英等 |
| 国家明令禁止进口的商品 | 依据《中华人民共和国进出境动植物检疫法》禁止进出境的货物 | (1)来自动植物疫情流行的国家和地区的有关动植物及其产品和其他检疫物；<br>(2)动植物病源(包括菌种、毒种等)及其他有害生物、动物尸体、土壤；<br>(3)带有违反"一个中国"原则内容的货物及其包装；<br>(4)以氯氟羟物质为制冷剂、发泡剂的家用电器产品和以氯氟羟物质为制冷工质的家用电器用压缩机；<br>(5)滴滴涕、氯丹等；<br>(6)莱克多巴胺和盐酸莱克多巴胺 |
| 其他 | 依据海关规章停止进口或不得进口的货物 | (1)以CFC-12为制冷工质的汽车及以CFC-12为制冷工质的汽车空调压缩机(含汽车空调器)；<br>(2)旧服装；<br>(3)Ⅷ因子制剂等血液制品；<br>(4)氯酸钾、硝酸铵；<br>(5)100瓦以上普通照明白炽灯 |
| 技术 | 依据《中国禁止进口限制进口技术目录》，不得进口的技术 | 钢铁冶金、有色金属冶金、化工、石油炼制、石油化工、消防、电工、轻工、印刷、医学、建筑材料等技术 |

(2)禁止出口管理

对列入国家公布禁止出口目录的,以及其他法律法规明令禁止或停止出口的货物、技术,任何对外贸易经营者不得经营出口,具体目录如表2-2(截至2015年4月)所示。

**表2-2 禁止出口货物、技术管理列表**

| 类别 | 目 录 | 具体商品和技术 |
|---|---|---|
| 列入《禁止出口货物目录》的商品 | 第一批:<br>(1)保护我国自然生态环境和生态资源;<br>(2)为履行我国所缔结或者参加与保护世界自然生态环境相关的国际条约和协定公布的 | (1)属破坏臭氧层物质的四氯化碳;<br>(2)属世界濒危物种的犀牛角、麝香、虎骨等;<br>(3)有防风固沙作用的发菜、麻黄草 |
| | 第二批:<br>保护我国匮乏的森林资源 | 木炭 |
| | 第三批:<br>(1)保护人的健康,维护环境安全;<br>(2)履行危险化学品《鹿特丹公约》和有机污染物《斯德哥尔摩公约》 | (1)长纤维青石棉(属于须淘汰的落后产品);<br>(2)二噁英等 |
| | 第四批:<br>天然砂 | 硅砂、石英砂;其他天然砂。(对中国港澳台出口天然砂实行出口许可证管理) |
| | 第五批:<br>森林凋落物和泥炭(无论是否经化学处理) | (1)腐叶、腐根、树皮、树根等森林凋落物;<br>(2)沼泽(湿地)中,地上植物枯死、腐烂堆积而成的有机矿体 |
| 国家明令禁止进口的商品 | 依据我国相关法律,以及我国缔结或者参加的国际条约、协定规定,不得出口的货物 | (1)未定名的或者新发现并有重要价值的野生植物;<br>(2)原料血浆;<br>(3)商业性出口的野生红豆杉及其部分产品;<br>(4)劳改产品;<br>(5)以氯氟羟物质为制冷剂、发泡剂的家用电器产品和以氯氟羟物质为制冷工质的家用电器用压缩机;<br>(6)滴滴涕;<br>(7)莱克多巴胺和盐酸莱克多巴胺 |
| 技术 | 依据《中国禁止出口限制出口技术目录》,不得出口的技术 | 渔牧农副食品加工、工业制造、测绘、集成电路制造、机器人制造、卫星应用、计算机网络、空间数据传输、中医医疗等几十项技术 |

2) 限制进出口管理

限制进出口管理是指为维护国家安全和社会公共利益,保护人民的生命健康,履行我国所缔结或者参加的国际条约和协定,国务院商务主管部门会同国务院有关部门,依照《对外贸易法》的规定,制定、调整并公布各类限制进出口货物、技术目录。海关依据国家相关法律、法规对限制进出口目录货物、技术实施监督管理。

(1) 限制进口管理制度

国家实行限制进口管理的货物、技术,必须依照国家有关规定,经国务院商务主管部门或者经国务院商务主管部门会同国务院有关部门许可,方可进口。

目前,我国限制进口货物管理按照其限制方式划分为进口许可证管理、进口配额许可证管理、进口关税配额管理和其他许可证件管理,如表 2-3 所示。

表 2-3 限制进口管理方式列表

| 限制方式 | 主管部门 | 管理方式 | 管理范围 |
|---|---|---|---|
| 许可证管理 | 商务部 | 由商务部会同国务院其他有关部门制定并协调进口许可证管理目录,以签发许可证的方式对进口许可证管理目录的商品实行行政许可管理 | (1) 部分进口货物、技术;<br>(2) 12 类重点旧机电产品;<br>(3) 两用物相和技术进口 |
| 进口配额许可证管理 | 环保部、商务部、海关总署 | 由环保部、商务部、海关总署制定并调整《中国进出口受控消耗臭氧层物质名录》;由环保部同国务院有关部门公布进出口额度;由国家消耗臭氧层物质进出口管理机构对进口单位年度进出口配额指标内,进出口消耗臭氧层获准的,签发消耗臭氧层物质进出口审批单;进出口单位持审批单向商务主管部门申领进出口许可证 | 公布于《中国进出口受控消耗臭氧层物质名录》(目前共六批)的消耗臭氧层物质 |
| 进口关税配额管理 | 商务部、国家发展改革委 | 国家对部分商品的进口制定关税配额税率并规定该商品进口数量总额。<br>对外贸易经营者经国家批准取得关税配额证后允许按照关税配额税率进口,如超出限额则按照配额外税率征税进口 | (1)部分进口农产品;<br>(2)部分进口化肥 |
| 其他许可证件管理 | 其他政府性质职能部门 | 濒危野生动植物种进口;密码产品和含有密码技术的设备进口;限制进口类可用作原料的固体废物进口;进口药品;美术品进口;民用爆炸物品进口;音像制品进口;黄金及其制品进口;农药进口;兽药进口;有毒化学品进口等 | |

(2)限制出口管理制度

国家实行限制出口管理的货物、技术，必须依照国家有关部门规定取得国务院商务部主管部门或者由其会同国务院有关部门许可，方可进出口。

目前，我国对限制出口货物管理，国家规定有数量限制的出口货物，由国务院商务主管部门和国务院有关经济管理部门按照国务院规定的职责划分进行管理，如表 2-4 所示。

**表 2-4 限制出口管理方式列表**

| 限制方式 | 配额管理 | 许可证件管理 |
|---|---|---|
| 主管部门 | 商务部及其他有关经济管理部门 | 商务部及其他政府只能部门 |
| 管理方式 | 国家通过行政管理手段对部分商品的出口，在一定时期内(1 年)以规定绝对数量的方式来限制出口的目的，方式有两种：<br>(1)出口配额许可证管理。由国家主管部门按申请者的需求并结合进出口的实绩、能力等条件，按效益、公正、公开和公平的原则进行分配；对获得配额的申请者发放各类配额证明。取得配额证明的申请者凭证明到商务主管部门申领出口许可证<br>(2)出口配额招标管理。由国家主管部门采取招标分配的原则，经中标获得配额者，发放配额证明，中标者凭配额证明到商务主管部门申领出口许可证 | 国家主管部门在一定时期内，根据国家政治、军事、技术、卫生、环保、资源保护等领域的需要，以及履行我国加入或缔结的有关国际条约的规定，对部分商品的出口签发出口许可证件来实现各类出口限制措施 |
| 管理范围 | (1)实行出口配额许可证管理的主要商品范围有：部分农产品出口；部分活禽、畜出口；部分资源性产品、贵金属出口；消耗臭氧层物质<br>(2)实行出口配额招标管理的主要商品范围有：部分我国出产且国际市场需求量较大的农副产品及资源性产品出口 | 部分出口商品；濒危物种出口；两用物相和技术出口；黄金及其制品出口等 |

**3)自由进出口管理**

除上述国家禁止、限制进出口货物和技术外的其他货物、技术的货物，均属于自由进出口管理范围，这些货物和技术进出口不受限制，但基于监测进出口情况的需要，国家对部分属于自动进口的货物实行自动进口许可管理，对自由进出口的技术实行技术进出口合同登记管理。

(1)自动进出口货物的管理

目前，我国的自动进口许可管理包括自动进口许可证管理和自动许可类可再利用固体废物管理两大类。自动进口许可管理是在任何情况下对进口申请一律予以批准进口，是货物在进口前自动登记的许可制度，通常国家对这类货物进行监测和统计为目的。

进口属于自动进口许可管理的货物，进口经营者应当在办理海关报关手续前，向国务院主管部门或国务院有关经济管理部门提交自动进口许可申请，然后凭相关部门发放的自动进口许可的批准文件，向海关办理报关手续。

(2)技术进出口合同登记管理

进出口属于自由进出口的技术，应当向国务院对外贸易主管部门或其委托的机构办理合同备案登记。国务院对外贸易主管部门应当自收到规定的文件之日起 3 个工作日内，对技术进出口合同进行登记，颁发技术进出口合同登记证，申请人凭以办理银行、外汇、税务、海关等相关手续。

### 2.2.3　出入境检验检疫制度

出入境检验检疫制度是指由国家出入境检验检疫部门依据我国有关法律和行政法规及我国政府所缔结或者参加的国际条约协定，对出入我国国境的货物及其包装物、交通运输工具、运输设备和进出境人员实施检验、检疫监督管理的法律依据和行政手段的总和。我国出入境检验检疫制度实行目录管理，即国家质量监督检验检疫总局根据对外贸易需要，公布并调整(出入境检验检疫机构实施检验检疫的进出境商品目录)。

我国建立出入境检验检疫制度的目的是为了维护国家荣誉和对外贸易有关当事人的合法权益，保证国内的生产，促进对外贸易健康发展，保护我国的公共安全和人民生命财产安全等。其主管部门是国家质量监督检验检疫总局。

我国出入境检验、检疫制度内容包括：

①进出口商品检验制度；

②进出境动植物检疫制度；

③国境卫生监督制度。

#### 1)进出口商品检验制度

进出口商品检验制度是根据《中华人民共和国进出口商品检验法》及其实施条例的规定，国家质量监督检验检疫总局及其口岸出入境检验检疫机构对进出口商品所进行品质、质量检验和监督管理的制度。

我国实行进出口商品检验制度的目的是为了加强进出口商品检验工作，保证进出口商品的质量，维护对外贸易有关各方的合法权益，促进对外经济贸易关系的顺利发展。商品检验机构实施进出口商品检验的内容，包括商品的质量、规格、数量、重量、包装以及是否符合安全、卫生要求。

我国商品检验的种类分为四种，即法定检验、合同检验、公正鉴定和委托检验。对法律、行政法规规定有强制性标准或者其他必须执行的检验标准的进出口商品，依照法律、行政法规规定的检验标准检验；法律、行政法规未规定有强制性标准或者其他必须执行的检验标准的，依照对外贸易合同约定的检验标准检验。

#### 2)进出境动植物检疫制度

进出境动植物检疫制度是根据《中华人民共和国进出境动植物检疫法》及其实施条例的

规定，国家质量监督检验检疫总局及其口岸出入境检验检疫机构对进出境动植物，动植物产品的生产、加工、存放过程实行动植物检疫的进出境的监督管理制度。

我国实行进出境检验检疫制度的目的是为了防止动物传染病、寄生虫病和植物危险性病、虫、杂草以及其他有害生物传入、传出国境，保护农、林、牧、渔业生产和人体健康，促进对外经济贸易的发展。

口岸出入境检验检疫机构实施动植物检疫监督管理的方式有：实行注册登记、疫情调查、检测和防疫指导等。其管理主要包括：进境检疫、出境检疫、过境检疫、进出境携带和邮寄物检疫以及出入境运输工具检疫等。

**3) 国境卫生监督制度**

国境卫生监督制度是指出入境检验检疫机构卫生监督执法人员，根据《中华人民共和国国境卫生检疫法》及其实施细则，以及国家其他的卫生法律法规和卫生标准，在进出口口岸对出入境的交通工具、货物、运输容器以及口岸辖区的公共场所、环境、生活措施、生产设备所进行的卫生检查、鉴定、评价和采样检验的制度。

我国实行国境卫生监督制度是为了防止传染病由国外传入或者由国内传出，实施国境卫生检疫，保护人体健康。其监督职能主要包括：进出境检疫、国境传染病检测、进出境卫生监督等，如表 2-5 所示。

**表 2-5　进出口商品检验、动植物检疫和国境卫生检疫制度的区别**

<table>
<tr><th>不同点</th><th>进出口商品检验制度</th><th>动植物检疫制度</th><th>国境卫生检疫制度</th></tr>
<tr><td>范围和检查重点不同</td><td>检验进出口商品的质量、规格、重量、包装以及是否符合安全、卫生要求</td><td>检查发现进出境的动植物可能具有或具有的各种传染性疾病和可能携带的各种有害生物</td><td>对出入境的运输工具、货物、运输容器以及口岸的公共场所、环境、生活设施、生产设备、进行卫生检查、鉴定、评价和采样检验</td></tr>
<tr><td rowspan="2">检查要求不同</td><td>列入《法检目录》实施法定检验；其他的是否检验由货主自行决定</td><td colspan="2">属法定检验检疫性质，不存在自行决定检验检疫与否的情况</td></tr>
<tr><td>检验主体可以是国家商检部门，也可以是许可的检验机构</td><td>检验主体只能是国家卫生检疫或国家动植物检疫部门</td><td>检验主体只能是国家卫生检疫部门</td></tr>
<tr><td>法律依据不同</td><td>《中华人民共和国进出口商品检验法》</td><td>《中华人民共和国进出境动植物检疫法》及其相关行政法规</td><td>《中华人民共和国国境卫生检疫法》《中华人民共和国食品卫生法》</td></tr>
<tr><td>方式不同</td><td>法定检验、合同检验、公正鉴定和委托检验</td><td>进境检疫、出境检疫、过境检疫、进出境携带和邮寄物检疫以及出入境运输工具检疫</td><td>进出境检疫、国境传染病检测、进出境卫生监督</td></tr>
</table>

### 2.2.4　货物贸易外汇管理制度

我国对外贸易经营者应该在对外贸易交易活动中，按照国家有关规定结汇、用汇。国家外汇管理局根据有关规定，对包括经常项目外汇业务、资本项目外汇业务、金融机构外汇业务、人民币汇率生成机制和外汇市场等领域实施监督管理。

我国自 2018 年 8 月 1 日起在全国实施货物贸易外汇管理制度改革，对企业的贸易外汇管理方式由现场逐步核销改为非现场总量核查。国家外汇管理局通过货物贸易外汇监测系统，全面采集企业货物进出口和外汇收支逐笔数据，定期比对、评估企业货物流与资金流总体匹配情况，一方面便利合规企业贸易外汇收支，另一方面对存在异常的企业进行重点监测，必要时实施现场核查。

(1)外汇管理运行机制

①国际贸易项下国际收支不予限制，出口收入可按规定调回境内或存放境外。

②从事对外贸易企业的外汇收支应当具备真实、合法的交易背景，与货物进出口应当一致。

③企业应当根据贸易方式、结算方式及资金来源或流向，凭进出口报关单外汇核销专用联等相关单证在金融机构办理贸易外汇收支。海关进出口报关单外汇核销专用联可在进出口货物海关放行后向海关申请取得。

④金融机构应当对企业提交的交易单证真实性及其外汇收支的一致性进行合理审查。国家外汇管理局依法对企业及经营结汇、售汇业务的金融机构进行监督检查，形成企业自律、金融机构专业审查、国家外汇管理局监管的运行机制。

(2)国家外汇管理局对货物外汇的主要监管方式

①企业名录登记管理。企业依法取得对外贸易经营权后，应到国家外汇管理局办理名录登记手续，然后才能在金融机构办理贸易外汇收支业务。外汇管理局将登记备案的企业统一向金融机构发布名录，金融机构不得为不在名录内的企业办理外汇收支业务。

②非现场核查。国家外汇管理局对企业在一定时期内的进出口数据和贸易外汇收支数据进行总量对比，核查企业贸易外汇的真实性及其进出口的一致性。非现场核查是国家外汇管理局常规监管方式。

③现场核查。外汇管理局在非现场核查中发现异常或可疑的贸易外汇收支业务时，实施现场核查，也可对金融机构办理贸易外汇业务实施现场核查。

④分类管理。外汇管理局根据企业贸易外汇收支的合规性及其货物进出口的一致性，将企业分为 A，B，C3 类，对 A 类企业进口付汇单证简化，可凭报关单、合同或发票等任何一种能够证明真实交易的单证在银行直接办理付汇，出口收汇无须联网核查，银行办理收付汇手续相应简化；对 B 类企业贸易外汇收支由银行实施电子数据核查；对 C 类企业贸易外汇收支须经国家外汇管理局逐步登记后办理。

### 2.2.5　对外贸易救济措施

对外贸易救济措施是 WTO 成员方在进口产品倾销、补贴和过激增长等给其国内产业造成损害的情况下使用的措施手段以保护国内产业不受损害。对外贸易救济措施主要包括反倾销、反补贴和保障措施。其基本目的是要限制外国进口产品在本国市场上的恶意竞争或所谓的“不公平贸易或不公平竞争”防止本国经济和本国市场受到进一步损害。具体如表 2-6所示。

表 2-6 贸易救济的各种措施

<table>
<tr><th></th><th colspan="2">实施的条件</th><th>适用范围</th><th>具体实施形式</th><th>实施期限</th></tr>
<tr><td>反倾销措施</td><td>出口商的行为造成低价</td><td rowspan="3">必须对进口国同类产业造成损害</td><td rowspan="2">不公平贸易或不公平竞争</td><td>现金保证金、价格承诺、保函,以及最终征收反补贴税</td><td>临时实施期限不超过 4 个月,特殊情况可延至 9 个月</td></tr>
<tr><td>反补贴措施</td><td>因政府补贴造成低价</td><td>临时以保证金或者保函作为担保征收反补贴税,最终征收反补贴税</td><td>临时实施期限不超过 4 个月(不能延长)</td></tr>
<tr><td>保障措施</td><td>进口产品的数量激增</td><td>公平条件下进口产品数量激增</td><td>临时提高关税,最终采取提高关税、数量限制或关税配额的形式</td><td>临时保障措施不超过 200 天,全部期限不超过 4 年,特殊情况可延至 10 年</td></tr>
</table>

## 2.3 我国贸易管制主要措施和报关规范

### 2.3.1 进出口许可证管理

#### 1) 含义

进出口许可证管理是商务部或者会同国务院其他有关部门,依法制定并调整进出口许可证管理目录,以签发进出口许可证的形式对该目录商品实行的行政许可管理。商务部会同海关总署根据《外贸法》及国家其他法律法规的有关规定,制定并调整进出口许可证管理商品分级发证范围目录。实施分级发证制度,由商务部配额许可证事务局、各特派员办事处,授权各省级发证机构根据分级发证范围目录统一签发《进口许可证》和《出口许可证》。

2)主管机构

商务部是全国进出口许可证管理的主管单位,商务部授权商务部配额许可证事务局统一管理全国进出口许可证机构的签发工作;商务部配额许可证事务局、商务部驻各地特派员办事处和各省、自治区、直辖市的商务主管部门,以及计划单列市和经商务部授权的其他省会城市的商务主管部门为许可证的发证机构。

3)适用范围

进出口许可证是我国进出口许可证管理制度中具有法律效力,用来证明对外贸易经营者列入国家进口许可证管理目录商品合法进口的证明文件,是海关验放该类货物的重要依据。国家根据管理的实际情况,每年调整适用范围。

①2016 年实行进口许可证管理的货物包括重点旧机电产品和消耗臭氧层物质两大类共13 个货物种类:化工设备、金属冶炼设备、工程机械类、起重运输设备、造纸设备、电力、电器设备、食品加工及包装设备、农业机械类、印刷机械类、纺织机械类、船舶类、砂鼓、消耗臭氧层物质。

②2016 年实行出口许可证管理的货物共 48 种,分别属于出口配额或出口许可证管理。

A.属于出口配额管理的货物为:活牛(对港澳出口)、活猪(对港澳出口)、活鸡(对港澳出口)、小麦、小麦粉、玉米、玉米粉、大米、大米粉、甘草及甘草制品、蔺草及蔺草制品、滑石块(粉)、镁砂 、锯材、棉花、煤炭、原油、成品油(不含润滑油、润滑脂、润滑油基础油)、锑及锑制品、锡及锡制品、白银、铟及铟制品、磷矿石。

出口本款所列上述货物的,需按规定申请取得配额(全球或国别、地区配额),凭配额证明文件申领出口许可证。其中,出口甘草及甘草制品、蔺草及蔺草制品、镁砂、滑石块(粉)的,需凭配额招标中标证明文件申领出口许可证。

B.属于出口许可证管理的货物为:活牛(对港澳以外市场)、活猪(对港澳以外市场)、活鸡(对港澳以外市场)、冰鲜牛肉、冻牛肉、冰鲜猪肉、冻猪肉、冰鲜鸡肉、冻鸡肉、矾土、稀土、焦炭、成品油(润滑油、润滑脂、润滑油基础油)、石蜡、钨及钨制品、碳化硅、消耗臭氧层物质、铂金(以加工贸易方式出口)、部分金属及制品、钼、钼制品、天然砂(含标准砂)、柠檬酸、青霉素工业盐、维生素 C、硫酸二钠、氟石、摩托车(含全地形车)及其发动机和车架、汽车(包括成套散件)及其底盘等。其中,对向中国港、澳、台地区出口的天然砂实行出口许可证管理,对标准砂实行全球出口许可证管理。

4)报关规范

①进口许可证有效期为 1 年,当年有效,跨年度使用时不得超过次年 3 月 31 日。出口许可证的有效期最长不得超过 6 个月,且有效截止时间不得超过当年 12 月 31 日。

②进出口许可证实行“一证一关”(许可证只能在一个海关报关),一般情况下实行“一批一证”(许可证有效期内一次使用)制度。有些实行的是“非一批一证”。

③为实施出口许可证联网核销,对不属于"一批一证"制的货物,出口许可证签发时应在备注栏内填注"非一批一证"。在出口许可证有效期内,"非一批一证"制货物可以多次报关使用,但最多不超过12次。12次报关后,出口许可证即使尚存余额,海关也停止接受报关。

**小贴士 2-1**

出口许可证管理下属于"非一批一证"制的货物为:①外商投资企业出口货物。②加工贸易方式出口货物。③补偿贸易项下出口货物。④小麦、玉米、大米、小麦粉、玉米粉、大米粉、活牛、活猪、活鸡、牛肉、猪肉、鸡肉、原油、成品油、煤炭、摩托车(含全地形车)及其发动机和车架、汽车(包括成套散件)及其底盘。

④对出口实行许可证管理的大宗、散装货物,溢装数量不得超过进口许可证所列进口数量的5%,(原油、成品油为3%)对不实行"一批一证"制的大宗散装货物,在每批货物进口时,按其实际进口数量进行核扣,最后一批进口货物进口时,其溢装数量按该许可证实际剩余数量并在规定的溢装上限5%内计算。

⑤为维护对外贸易秩序,对目录内部分货物实行指定口岸报关出口。具体如表2-7所示。

**表 2-7 部分货物指定口岸报关表**

| 货 物 | 报关指定口岸 |
|---|---|
| 甘草出口 | 天津海关、上海海关、大连海关 |
| 甘草制品出口 | 天津海关、上海海关 |
| 镁砂项下相关产品的出口 | 大连(大窑湾、营口、鲅鱼圈、丹东、大东港)、青岛(莱州海关)、天津(东港、新港)、长春(图们)、满洲里口岸 |
| 稀土出口 | 天津海关、上海海关、青岛海关、黄埔海关、呼和浩特海关、南昌海关、宁波海关、南京海关和厦门海关 |
| 锑及锑制品出口 | 黄埔海关、北海海关、天津海关 |
| 台港澳地区出口天然砂 | 企业所在省的海关 |

### 2.3.2 自动进口许可证管理

**1)含义**

自动进口许可证是指商务部授权发证机构依法对实行自动进口许可管理的货物颁发的准予进口的许可证件。自动进口许可证(自动进口许可机电产品除外)监管证件代码为"7"。机电产品自动进口许可证监管证件代码为"O"。加工贸易自动进口许可证监管证件代码为"V",管理商品有原油、成品油。

#### 2)适用范围

(1)非机电类商品(26 类)

牛肉、猪肉、羊肉、肉鸡、鲜奶、奶粉、木薯、大麦、高粱、大豆、油菜籽、植物油、食糖、玉米酒糟、豆粕、烟草、二醋酸纤维丝束、铜精矿、煤、铁矿石、铝土矿、原油、成品油、氧化铝、化肥、钢材等商品。

(2)机电类商品(23 类)

①由商务部签发的商品编码类产品:烟草机械、移动通信产品、卫星广播、电视设备及关键部件、汽车产品、飞机、船舶、游戏机等商品。

②由地方部门机电产品进出口办公室签发的商品编码类产品:汽轮机、发动机及关键部件、水轮机及其他动力装置、化工装置、食品机械、工程机械、造纸机械、纺织机械、金属冶炼及加工设备、金属加工机床、电气设备、铁路机车、汽车产品、飞机、船舶、医疗设备等商品。

#### 3)办理程序

第一步:申请。先到商务部的网站上,下载登记表,将表填写好,盖上公章和法人签字(或盖法人印),再加上组织机构代码证,企业营业执照的复印件盖公章去所在的省份商务厅,另商务部官网上也有具体办事程序和所需资料,外企和内资企业要求有所区别。

第二步:签发。由省外经贸厅委托商务部签发自动进口许可证。

国务院对外贸易主管部门基于监测进出口情况的需要,可以对部分自由进出口的货物实行进出口自动许可并公布其目录。实行自动许可的进出口货物,收货人、发货人在办理海关报关手续前提出自动许可申请的,国务院对外贸易主管部门或者其委托的机构应当予以许可;未办理自动许可手续的,海关不予放行。进出口属于自由进出口的技术,应当向国务院对外贸易主管部门或者其委托的机构办理合同备案登记。

#### 4)报关规范

①自动进口许可证有效期为 6 个月,但仅限公历年度内有效。

②自动进口许可证项下货物原则上实行"一批一证"管理,对部分货物也可实行"非一批一证"管理。对实行"非一批一证"管理的,在有效期内可以分批次累计报关使用,但累计使用不得超过 6 次。每次报关时,海关在自动进口许可证原件"海关验放签注"栏内批注后,留存复印件,最后一次使用后,海关留存正本。同一进口合同项下,收货人可以申请并领取多份自动进口许可证。

③对实行"一批一证"的自动进口许可证管理的大宗、散装货物,其溢装数量在货物总量 3%以内的原油、成品油、化肥、钢材 4 种大宗散装货物予以免证,其他货物溢装数量在货物总量 5%以内的予以免证;对"非一批一证"的大宗散装货物,每批货物进口时,按其实际进口数量核扣自动进口许可证额度数量,最后一批货物进口时,应按该自动进口许可证实际剩余数量的允许溢装上限,即 5%(原油、成品油、化肥、钢材在溢装上限 3%)以内计算免证

数额。

**5)免交情形**

进口列入《自动进口许可管理货物目录》的商品,在办理报关手续时须向海关提交自动进口许可证,但下列情形可以免交:

①加工贸易项下进口并复出口的(原油、成品油除外);

②外商投资企业作为投资进口或者投资额内生产自用的(旧机电产品除外);

③货样广告品、实验品进口,每批次价值不超过5 000元人民币的;

④暂时进口的海关监管货物;

⑤进入保税区、出口加工区等海关特殊监管区域及进入保税仓库、保税物流中心的属于自动进口许可管理的货物;

⑥加工贸易项下进口的不作价设备监管期满后留在原企业使用的;

⑦国家法律法规规定其他免领自动进口许可证的。

**知识链接 2-1**

## 关于实行自动进口许可证通关作业无纸化的公告

【法规类型】海关规范性文件

【文　　号】总署公告〔2016〕5号

【生效日期】2016-2-1

为加快落实外贸稳增长政策措施,进一步推进通关作业无纸化改革工作,提高贸易便利化水平,海关总署和商务部决定在现阶段已有10个海关开展自动进口许可证通关作业无纸化试点的基础上,将自动进口许可证通关作业无纸化工作在全国范围内推广实施。现将有关事宜公告如下:

一、自2016年2月1日起,在全国范围内实施自动进口许可证通关作业无纸化。有效范围为实施自动进口许可"一批一证"管理的货物(原油、燃料油除外),且每份进口货物报关单仅适用一份自动进口许可证。下一步将扩大到全部自动许可管理商品和全部证书状态。

二、对满足条件的,企业可依据《货物进出口许可证电子证书申请签发使用规范(试行)》(商办配函〔2015〕494号)申请电子许可证,根据海关相关规定采用无纸方式向海关申报,免于交验纸质自动进口许可证。海关将通过自动进口许可证联网核查方式验核电子许可证,不再进行纸面签注。

三、因海关和商务部门审核需要,计算机管理系统故障,其他管理部门需要验凭纸质自动许可证等原因,可以转为有纸报关作业或补充提交纸质自动进口许可证。

四、自动进口许可货物通关作业无纸化应用以外事项,按照《货物自动进口许可管理办法》(商务部 海关总署令2004年第26号)、自动进口许可证联网核查系统公告(商务部 海关总署公告2013年第2号)和《海关深入推进通关无纸化改革工作有关事项公告》(海关总署公告2014年第25号)执行。

海关联系方式:全国海关热线电话12360。

特此公告
海关总署
商务部
2016年1月25日

### 2.3.3 固体废物进口管理

#### 1)固体废物的含义及管理

固体废物是指在生产、生活和其他活动中产生的丧失原有利用价值或者虽未丧失利用价值但被抛弃或者放弃的固态、半固态、液态和置于容器中的气态的物品、物质以及法律、行政法规规定纳入固体废物管理的物品、物质。包括工业固体废物、城市生活垃圾、危险废物以及液态废物和置于容器中的气态废物。

环境保护部是进口固体废物的国家主管机构,它会同国家发展改革委、商务部、海关总署、国家质检总局制定、调整并公布《限制进口类可用做原料的废物目录》及《自动进口许可管理类可用做原料的废物目录》,对未列入上述两个目录的固体废物禁止进口。

#### 2)办理程序

第一步:申请。固体废物进口单位或者利用单位直接向环境保护部提出固体废物进口申请,由环境保护部审查批准,取得环境保护部签发的"中华人民共和国自动许可进口类可用作原料的固体废物进口许可证"或"中华人民共和国限制进口类可用做原料的固体废物进口许可证"(以下统称为废物进口许可证)后才可组织进口。

进口固体废物的承运人在受理承运业务时,应当要求货运委托人提供下列证明材料:

①固体废物进口相关许可证;

②进口可用作原料的固体废物国内收货人注册登记证书;

③进口可用作原料的固体废物国外供货商注册登记证书;

④进口可用作原料的固体废物装运前检验证书。

第二步:报检和报关。进口固体废物运抵口岸后,口岸检验检疫机构凭环境保护部签发的废物进口许可证及其他必要单证受理报验,经审核未发现不符合环境保护要求的,向报验人出具入境货物通关单,海关凭有效废物进口许可证及入境货物通关单办理通关手续。对不符合环境保护要求的,向报验人出具检验证书并及时以检验证书副本通知口岸海关和当地环保部门,海关会同地方环保部门依法对废物进行处理。

#### 3)报关规范

①向海关申报进口列入《限制进口类可用做原料的废物目录》和《自动进口许可管理类可用做原料的废物目录》的废物,报关单位应主动向海关提交有效的废物进口许可证、口岸检验检疫机构出具的入境货物通关单及其他有关单据。

②对未列入《限制进口类可用做原料的废物目录》《自动进口许可管理类可用做原料的废物目录》或虽列入上述目录但未取得有效废物进口许可证的固体废物一律不得进口或存入保税仓库。

③一般情况下废物进口许可证实行"非一批一证"管理。如要实行"一批一证",需在证书备注栏打印"一批一证"字样。

④海关与环保部对固体废物进口许可证纸面数据与废物进口许可电子数据对接,实施联网核查,并根据实际进口数量进行核销。

⑤对废金属、废塑料、废纸进口实施分类装运管理。进口时不得与其他非重点固体废物及不属于固体废物的货物混合装运于同一集装箱内;因特殊原因无法分装的,进口企业应在境外起运地装运前向口岸直属海关提出申请,报经海关总署批准后,须在具备监管条件的口岸现场或园区按类别进行分拣,并按分拣后的状态,按规范申报的要求逐项申报;对未按上述规定进口的废物,如无走私或违反海关监管规定嫌疑,进口企业可申请办理直接退运。

### 2.3.4 两用物项和技术进出口许可证管理

为维护国家安全和社会公共利益,履行我国在缔结或者参加的国际条约、协定中所承担的义务,国家限制两用物项和技术进出口,对两用物项和技术实行进出口许可证管理。商务部是全国两用物项和技术进出口许可证的归口管理部门,负责制定两用物项和技术进出口许可证管理办法及规章制度,监督、检查两用物项和技术进出口许可证管理办法的执行情况,处罚违规行为。

#### 1)管理范围

为便于对两用物项和技术的进出口实施管制,商务部和海关总署依据上述法规联合颁布了《两用物项和技术进出口许可证管理办法》,并发布了《两用物项和技术进出口许可证管理目录》,规定对列入该目录的物项及技术的进出口统一实行两用物项和技术进出口许可证管理。

商务部指导全国各发证机构的两用物项和技术进出口许可证发证工作。商务部配额许可证事务局和受商务部委托的省级商务主管部门为两用物项和技术进出口许可证发证机构。两用物项和技术进出口前,进出口经营者应当向发证机关申领"中华人民共和国两用物项和技术进口许可证"或"中华人民共和国两用物项和技术出口许可证",凭以向海关办理进出口通关手续。

2016 年,两用物项核技术进出口许可证管理目录分为进口和出口两个部分,具体如表 2-8 所示。

表 2-8　两用物项核技术进出口管理范围表

| | |
|---|---|
| 进口 | 分为 3 类：<br>(1)监控化学品管理条例名录所列物项(64 种)；<br>(2)易制毒化学品(45 种)；<br>(3)放射性同位素(10 种) |
| 出口 | 分为 8 类：<br>(1)核出口管制清单所列物项和技术(159 种)；<br>(2)核两用品及相关技术出口管制清单所列物项和技术(202 种)；<br>(3)生物两用品及相关设备和技术出口管制清单所列物项和技术(144 种)；<br>(4)监控化学品管理条例名录所列物项(65 种)；<br>(5)有关化学品及相关设备和技术出口管制清单所列物项和技术(37 种)；<br>(6)导弹及相关物项和技术出口管制清单所列物项和技术(186 种)；<br>(7)易制毒化学品向全球出口(45 种),向缅甸、老挝、阿富汗等特定国家出口(17 种)；<br>(8)其他部分两用物项和技术(6 种) |
| 注明 | 如果出口经营者拟出口的物项和技术存在被用于大规模杀伤性武器及其运载工具风险的,无论该物项和技术是否列入管理目录,都应当办理两用物项和技术出口许可证。出口经营者在出口过程中,如发现拟出口的物项和技术存在被用于大规模杀伤性武器及其运载工具风险的,应及时向国务院相关行政主管部门报告,并积极配合采取措施中止合同的执行。 |

**2)办理程序**

进出口属于两用物项和技术进出口许可证管理的货物,进出口经营者在进出口前获相关行政主管部门批准文件后,凭批准文件到所在地发证机构申领两用物项和技术进出口许可证(在京的中央管理企业向许可证局申领),其中:

①核、核两用品、生物两用品、有关化学品、导弹相关物项、易制毒化学品和计算机的批准文件为商务主管部门签发的两用物项和技术进口或者出口批复单。其中,核材料的出口凭国防科工局(原国防科工委)的批准文件办理相关手续,外商投资企业进出口易制毒化学品凭“商务部外商投资企业易制毒化学品进口批复单”或“商务部外商投资企业易制毒化学品出口批复单”申领两用物项和技术进口或出口许可证。

②监控化学品进出口的批准文件为国家履行禁止化学武器公约工作领导小组办公室签发的监控化学品进口或者出口核准单。监控化学品进出口经营者向许可证局申领两用物项和技术进口或出口许可证。

③进口放射性同位素须按《放射性同位素与射线装置安全和防护条例》和《两用物项和技术进口许可证管理办法》有关规定,报环境保护部审批后,在商务部配额许可证事务局申领两用物项和技术进口许可证。

**3)报关规范**

①对以任何方式进口或出口,以及过境、转运、通运列入《两用物项和技术进出口许可证管理目录》的商品,两用物项和技术的进出口经营者应当主动向海关出具有效的两用物项和技术进出口许可证,进出口经营者未向海关出具两用物项和技术进出口许可证而产生的相关法律责任由其自行承担。

②海关有权对进出口经营者进出口的货物是否属于两用物项和技术提出质疑,进出口经营者应按规定向相关行政主管部门申请进口或者出口许可,或者向商务主管部门申请办理不属于管制范围的相关证明。省级商务主管部门受理其申请,提出处理意见后报商务部审定。对进出口经营者未能出具两用物项和技术进口或者出口许可证或者商务部相关证明的,海关不予办理有关手续。

③两用物项和技术进口许可证实行"非一批一证"制和"一证一关"制,并在其备注栏内打印"非一批一证"字样;两用物项和技术出口许可证实行"一批一证"制和"一证一关"制。"一批一证"制的大宗、散装的两用物项在报关时溢装数量不得超过两用物项和技术出口许可证所列出口数量的5%。"非一批一证"制的大宗、散装两用物项,每批进口时,按其实际进口数量进行核扣,最后一批进口物项报关时,其溢装数量按该两用物项和技术进口许可证实际剩余数量并在规定的溢装上限5%内计算。

④两用物项和技术进出口许可证有效期一般不超过1年。跨年度使用时,在有效期内只能使用到次年3月31日,逾期发证机构将根据原许可证有效期换发许可证。

⑤两用物项和技术出口许可证实行联网核查管理,纸质许可证和许可证电子数据同时作为海关监管依据。

### 2.3.5 野生动植物进出口管理

**1)含义**

野生动植物种进出口管理是指国家濒危物种进出口管理办公室会同国家其他部门,依法制定或调整《进出口野生动植物种商品目录》并以签发"濒危野生动植物种国际贸易公约允许进出口证明书"(以下简称公约证明)、"中华人民共和国濒危物种进出口管理办公室野生动植物允许进出口证明书"(以下简称非公约证明)或"非《进出口野生动植物种商品目录》物种证明"(以下简称物种证明)的形式,对该目录列明的依法受保护的珍贵、濒危野生动植物及其产品实施的进出口限制管理。

凡进出口列入《进出口野生动植物种商品目录》的野生动植物或其产品,必须严格按照有关法律、行政法规的程序进行申报和审批,并在进出口报关前取得国家濒危物种进出口管理办公室或其授权的办事处签发的公约证明、非公约证明或物种证明后,向海关办理进出口手续。

**2)适用范围**

(1)非公约证明

对列入《进出口野生动植物种商品目录》中属于我国自主规定管理的野生动植物及其产品,不论以何种方式进出口,均须事先申领非公约证明。

(2)公约证明

对列入《进出口野生动植物种商品目录》中属于《濒危野生动植物种国际贸易公约》成员国(地区)应履行保护义务的物种,不论以何种方式进出口,均须事先申领公约证明。

(3)物种证明

由于受濒危物种进出口管理的动植物种很多,认定工作的专业性很强,为使濒危物种进出口监管工作做到既准确又严密,海关总署和国家濒危物种进出口管理办公室共同商定启用物种证明,由国家濒危物种进出口管理办公室指定机构进行认定并出具物种证明,报关单位凭以办理报关手续。

对于进出口列入《进出口野生动植物种商品目录》中适用公约证明、非公约证明管理的《濒危野生动植物种国际贸易公约》附录及国家重点保护野生动植物以外的其他列入商品目录的野生动植物及相关货物或物品和含野生动植物成分的纺织品,均须事先申领物种证明。

**3)报关规范**

①公约证明、非公约证明实行"一批一证"制度。

②物种证明实行"一次使用"和"多次使用"两种。一次使用的物种证明有效期自签发之日起不得超过6个月。多次使用的物种证明只适用于同一物种、同一货物类型,在同一报关口岸多次进出口的野生动植物。多次使用的物种证明有效期截止发证当年12月31日。持证者须于1月31日之前将上一年度使用多次物种证明进出口有关野生动植物标本的情况汇总上报发证机关。

③进出口企业必须按照物种证明规定的口岸、方式、时限、物种、数量和货物类型等进出口野生动植物。对于超越物种证明中任何一项许可范围的申报行为,海关均不予受理。

④海关对经营者进出口列入《进出口野生动植物种商品目录》的商品以及含野生动植物成分的纺织品是否为濒危野生动植物种提出质疑的,经营者应按海关的要求,向国家濒危物种管理办公室或其办事处申领物种证明;属于公约证明或非公约证明管理范围的,应申领公约证明或非公约证明。经营者未能出具证明书或物种证明的,海关不予办理有关手续。

⑤对进出境货物或物品包装或说明中标注含有商品目录所列野生动植物成分的,经营者应主动、如实向海关申报,海关按实际含有该野生动植物的商品进行监管。

小贴士 2-2

**海关提醒:出境游慎带濒危动植物制品**

一位旅客从皇岗口岸旅检入境大厅入境,海关关员通过 X 光机检查其随行行李箱时,发现其中有多条链状物品。

开箱检查时,关员发现了一堆用塑料防震纸包裹的首饰。拆开之后,发现是 30 条红珊瑚项链及手链,总重量 317 克。这些首饰颜色非常漂亮,做工十分精致。

海关提醒,携带、邮寄、托运红珊瑚、玳瑁等濒危动植物及其制品出入国境的,必须持国家濒危办或其驻各地办事处出具的允许进出口证明书,并向进出境海关申报。

### 2.3.6 出入境检验检疫管理

#### 1)含义

对列入《法检目录》及其他法律法规规定需要检验检疫的货物进出口时,货物所有人或其合法代理人,在办理进出口通关手续前,必须向口岸检验检疫机构报检。海关凭口岸出入境检验检疫机构签发的"中华人民共和国检验检疫入境货物通关单"(以下简称入境货物通关单)或"中华人民共和国检验检疫出境货物通关单"(以下简称出境货物通关单)验放。

自 2008 年 1 月 1 日起,国家实行出入境货物通关单电子数据联网,出入境检验检疫机构对法检商品签发通关单,实时将通关单电子数据传输至海关,企业持通关单向海关办理法检商品验放手续,办结海关手续后将通关单使用情况反馈给检验检疫部门。

#### 2)适用范围

入境货物通关单主要适用于下列情况:

①列入《法检目录》的商品;

②外商投资财产价值鉴定(受国家委托,为防止外商瞒骗对华投资额而对其以实物投资形式进口的投资设备的价值进行的鉴定);

③进口可用做原料的废物;

④进口旧机电产品;

⑤进口货物发生短少、残损或其他质量问题需对外索赔时,其赔付的进境货物;

⑥进口捐赠的医疗器械;

⑦其他未列入《法检目录》,但国家有关法律、行政法规明确由出入境检验检疫机构负责检验检疫的入境货物或特殊物品等。

出境货物通关单适用于下列情况:

①列入《法检目录》的货物;

②出口纺织品标识;

③对外经济技术援助物资及人道主义紧急救灾援助物资;

④其他未列入《法检目录》,但国家有关法律、行政法规明确由出入境检验检疫机构负责

检验检疫的出境货物。

#### 3）报关规范

①出、入境货物通关单是我国出入境检验检疫管理制度中，对出口、进口列入《法检目录》及其他法律法规规定需要检验检疫的货物在办理出口、进口报关手续前，口岸检验检疫机构依照有关规定接受报检后签发的单据，同时也是出口、进口报关的专用单据，是海关验放该类货物的重要依据之一。

②出、入境货物通关单实行“一批一证”制度，证面内容不得更改。

### 2.3.7　进出口药品管理

进出口药品管理是我国进出口许可管理制度的重要组成部分，属于国家限制进出口管理范畴，实行分类和目录管理。进出口药品从管理角度可分为进出口麻醉药品、进出口精神药品、进出口兴奋剂，以及进口一般药品。国家食品药品监督管理局会同国务院商务主管部门对上述药品依法制定并调整管理目录，以签发许可证件的形式对其进出口加以管制。

目前，我国公布的药品进出口管理目录有：《进口药品目录》《生物制品目录》《精神药品管制品种目录》《麻醉药品管制品种目录》《兴奋剂目录》。

药品必须经由国务院批准的允许药品进口的口岸进口。目前，允许进口药品的口岸城市共19个，即北京、天津、上海、大连、青岛、成都、武汉、重庆、厦门、南京、杭州、宁波、福州、广州、深圳、珠海、海口、西安、南宁。

#### 1）精神药品进出口管理范围及报关规范

《精神药品管制品种目录》所列药品进出口时，货物所有人或其合法代理人在办理进出口报关手续前，均须取得国家食品药品监督管理局核发的精神药品进出口准许证，凭以向海关办理报关手续。精神药品的管理范围如下：

①进出口列入《精神药品管制品种目录》的药品，包含精神药品标准品及对照品，如咖啡因、去氧麻黄碱、复方甘草片等。

②对于列入《精神药品管制品种目录》的药品可能存在的盐、酯、醚，虽未列入该目录，但仍属于精神药品管制范围。

③任何单位以任何贸易方式进出口列入上述范围的药品，不论用于何种用途，均须事先申领精神药品进出口准许证。

向海关申报进出口精神药品管理范围内的药品，报关单位应主动向海关提交有效的精神药品进出口准许证及其他有关单据。

精神药品的进出口准许证仅限在该证注明的口岸海关使用并实行“一批一证”制度，证面内容不得自行更改，如需更改，应到国家食品药品监督管理局办理换证手续。

#### 2）麻醉药品进出口管理范围及报关规范

麻醉药品进出口准许证是我国进出口许可管理制度中具有法律效力，用来证明对外贸易经营者经营列入《麻醉药品管制品种目录》管理药品合法进出口的证明文件，是海关验放该类货物的重要依据。

《麻醉药品管制品种目录》所列药品进出口时，货物所有人或其合法代理人在办理进出口报关手续前，均须取得国家食品药品监督管理局核发的麻醉药品进出口准许证，凭以向海关办理报关手续。麻醉药品的管理范围如下：

①进出口列入《麻醉药品管制品种目录》的麻醉药品，包括鸦片、可卡因、大麻、吗啡、海洛因以及合成麻醉药类和其他易成瘾癖的药品、药用原植物及其制剂。

②对于列入《麻醉药品管制品种目录》的麻醉药品可能存在的盐、酯、醚，虽未列入该目录，但仍属于麻醉药品管制范围。

③任何单位以任何贸易方式进出口列入上述范围的药品，不论用于何种用途，均须事先申领麻醉药品进出口准许证。

向海关申报进出口麻醉药品管理范围内的药品，报关单位应主动向海关提交有效的麻醉药品进出口准许证及其他有关单据。

麻醉药品的进出口准许证仅限在该证注明的口岸海关使用，并实行“一批一证”制度，证面内容不得自行更改，如需更改，应到国家食品药品监督管理局办理换证手续。

#### 3)兴奋剂进出口管理范围及报关规范

为了防止在体育运动中使用兴奋剂，保护体育运动参加者的身心健康，维护体育竞赛的公平竞争，根据《中华人民共和国体育法》和其他有关法律，我国制定颁布了《反兴奋剂条例》。依据该条例及有关法律法规的规定，国家体育总局会同商务部、卫生部、海关总署、国家食品药品监督管理局制定颁布了《兴奋剂目录》。

列入《兴奋剂目录》的药品，包括：蛋白同化制剂品种、肽类激素品种、麻醉药品品种、刺激剂（含精神药品）品种、药品类易制毒化学品品种、医疗用毒性药品品种、其他品种7类。

进出口列入《兴奋剂目录》的精神药品、麻醉药品、易制毒化学品、医疗用毒性药品，应按照现行规定向海关办理通关验放手续。对《兴奋剂目录》中的“其他品种”，海关暂不按照兴奋剂实行管理。

#### 4)一般药品进口管理范围及报关规范

国家对一般药品进口的管理实行目录管理。国家食品药品监督管理局依据《中华人民共和国药品管理法》《中华人民共和国药品管理法实施条例》制定和调整《进口药品目录》《生物制品目录》；国家食品药品监督管理局授权的口岸药品检验所以签发进口药品通关单的形式对列入管理目录的商品实行进口限制管理。

进口药品通关单是我国进出口许可管理制度中具有法律效力，用来证明对外贸易经营者经营列入管理目录的商品合法进口的证明文件，是海关验放的重要依据。

一般药品进口管理范围如下：

①进口列入《进口药品目录》的药品，指用于预防、治疗、诊断人的疾病，有目的地调节人

的生理机能并规定有适应证、用法和用量的物质,包括中药材、中药饮品、中成药、化学原料药及其制剂、抗生素、生化药品、血清疫苗、血液制品等。

②进口列入《生物制品目录》的商品,包括疫苗类、血液制品类及血源筛查用诊断试剂等。

③首次在我国境内销售的药品。

④进口暂未列入《进口药品目录》的原料药的单位,必须遵守《进口药品管理办法》中的各项有关规定,主动到各口岸药品检验所报验。

一般药品进口的报关规范如下:

①向海关申报进口列入管理目录中的药品,报关单位应主动向海关提交有效的进口药品通关单及其他有关单据。

②进口药品通关单仅限在该单注明的口岸海关使用,并实行"一批一证"制度,证面内容不得更改。

③任何单位以任何贸易方式进口列入管理目录的药品,不论用于何种用途,均须事先申领进口药品通关单。

**案例导读 2-2**

活络油?乌龙茶?止咳水!

2016 年 9 月 21 日凌晨,两名旅客从皇岗口岸入境,拎着装满零食的"购物袋",看似从香港"满载而归"。然而这"购物袋"中居然藏了 5.4 L 的"止咳水"。

深夜 1 时 30 分,海关关员检查两名男子所拎购物袋时,发现里面装着许多袋装膨化食品、薯片、饼干,还有 3 瓶"黑乌龙茶"、1 瓶"果汁"和 1 盒"活络油"。

似乎都是日常零食和杂物,可经验丰富的关员却示意要"开封检查"。男子缓慢而极不情愿地打开"活络油"的盒盖,结果,里面居然装了 8 盒包装完好的"咳快治牌"止咳水。这些止咳水规格为 120 mL/支,从外包装上看,显示每瓶含有"可待因"9 mg。

经检查,两名旅客携带的四瓶瓶装饮料,居然全部被偷换成了"止咳水"。其中,3 支"黑乌龙茶"规格为 975 mL,"果汁饮料"规格为 1.5 L。合计藏匿携带 5.4 L 止咳水入境。

"可待因"是精神类药物,长期服用可形成心理依赖,戒断症状类似海洛因毒品。

(资料来源:海关总署 http://www.customs.gov.cn/publish/portal0/tab65602/info820724.htm)

### 2.3.8　美术品进出口管理

文化部负责对美术品进出口经营活动的审批管理,海关负责对美术品进出境环节进行监管。

1)管理范围

①指艺术创作者以线条、色彩或者其他方式,经艺术创作者以原创方式创作的具有审美意义的造型艺术作品,包括绘画、书法、雕塑、摄影等作品,以及艺术创作者许可并签名的,数量在200件以内的复制品。

②批量临摹的作品、工业化批量生产的美术品、手工艺品、工艺美术产品、木雕、石雕、根雕、文物等均不纳入美术品进行管理。

③我国禁止进出境含有下列内容的美术品:违反宪法确定的基本原则的;危害国家统一、主权和领土完整的;泄漏国家秘密、危害国家安全或者损害国家荣誉和利益的;煽动民族仇恨、民族歧视,破坏民族团结,或者侵害民族风俗习惯的;宣扬或者传播邪教迷信的;扰乱社会秩序,破坏社会稳定的;宣扬或者传播淫秽、色情、赌博、暴力、恐怖或者教唆犯罪的;侮辱或者诽谤他人、侵害他人合法权益的;蓄意篡改历史、严重歪曲历史的;危害社会公德或者有损民族优秀文化传统的;我国法律、行政法规和国家规定禁止的其他内容的。

2)报关规范

我国对美术品进出口实行专营,经营美术品进出口的企业必须在商务部门备案登记,取得进出口资质的企业。

①向海关申报,应主动提交有效的进出口批准文件及其他有关单据。

②在美术品进出口前,向美术品进出口口岸所在地的省级文化行政部门提出申请,并提交有关的资料。

③批准文件,不得伪造、涂改、出租、出借、出售或者以其他任何形式转让。

④同一批已经批准进口或出口的美术品复出口或复进口,进出口单位可持原批准文件正本到原进口或出口口岸海关办理相关手续,文化行政部门不再重复审批。

### 2.3.9 黄金及其制品进出口管理

黄金及其制品进出口管理是指中国人民银行、商务部依据《中华人民共和国金银管理条例》等有关规定,对进出口黄金及其制品实施监督管理的行政行为。

黄金及其制品进出口管理属于我国进出口许可管理制度中限制进出口管理范畴,中国人民银行为黄金及其制品进出口的管理机关。自2008年1月1日起,进出口列入《黄金及其制品进出口管理商品目录》的货物,海关凭中国人民银行或其授权的中国人民银行分支机构签发的“黄金及其制品进出口准许证”办理验放手续。保税区、出口加工区及其他海关特殊监管区域和保税监管场所与境外之间进出,海关特殊监管区域、保税监管场所之间进出的黄金及其产品,免于办理“黄金及其制品进出口准许证”,由海关实施监管。保税区、出口加工区及其他海关特殊监管区域和保税监管场所与境内区外之间进出黄金及其产品,应办理“黄金及其制品进出口准许证”。

列入中国人民银行、海关总署联合发布的《黄金及其产品进出口管理目录》的黄金及其制品,主要包括:氰化金、氰化金钾(含金 40%)、其他金化合物、非货币用金粉、非货币用未锻造金、非货币用半制成金、货币用未锻造金(包括镀铂的金)、金的废碎料、镶嵌钻石的黄金制首饰及其零件、镶嵌濒危物种制品的金首饰及零件、其他黄金制首饰及其零件、金制工业用制品、实验室用制品等。

### 2.3.10 音像制品进口管理

为了加强对音像制品进口的管理,促进国际文化交流,丰富人民群众的文化生活,我国颁布了《音像制品管理条例》《音像制品进口管理办法》及其他有关规定,对音像制品实行许可管理制度。新闻出版总署负责全国音像制品进口的监督管理和内容审查等工作,县级以上地方人民政府新闻出版行政部门负责本行政区域内的进口音像制品的监督管理工作,各级海关在其职责范围内负责音像制品进口的监督管理工作。

新闻出版总署设立音像制品内容审查委员会,负责审查进口音像制品的内容。委员会下设办公室,负责进口音像制品内容审查的日常工作。音像制品应在进口前报新闻出版总署进行内容审查,审查批准取得"进口音像制品批准单"后方可进口。

国家对设立音像制品成品进口单位实行许可制度,音像制品成品进口业务由新闻出版总署批准的音像制品成品进口单位经营;未经批准,任何单位或者个人不得从事音像制品成品进口业务。

### 2.3.11 有毒化学品管理

"有毒化学品"是指进入环境后通过环境蓄积、生物累积、生物转化或化学反应等方式损害健康和环境,或者通过接触对人体具有严重危害和具有潜在危险的化学品。

为了保护人体健康和生态环境,加强有毒化学品进出口的环境管理,国家根据《关于化学品国际贸易资料交换的伦敦准则》,发布了《中国禁止或严格限制的有毒化学品名录》,对进出口有毒化学品进行监督管理。

环境保护部在审批有毒化学品进出口申请时,对符合规定准予进出口的,签发有毒化学品环境管理放行通知单。

有毒化学品环境管理放行通知单是我国进出口许可管理制度中具有法律效力,用来证明对外贸易经营者经营列入《中国禁止或严格限制的有毒化学品名录》的化学品合法进出口的证明文件,是海关验放该类货物的重要依据。

### 2.3.12 进出口农药登记证明管理

进出口农药登记证明是国家农业主管部门依据《中华人民共和国农药管理条例》,对进出口用于预防、消灭或者控制危害农业、林业的病、虫、草和其他有害生物,有目的地调节植物、昆虫生长的化学合成或者来源于生物、其他天然物质的一种物质或者几种物质的混合物及其制剂实施管理的进出口许可证件,其国家主管部门是农业部。

我国对进出口农药实行目录管理,由农业部会同海关总署依据《中华人民共和国农药管理条例》和《在国际贸易中对某些危险化学品和农药采用事先知情同意程序的鹿特丹公约》,制定《中华人民共和国进出口农药登记证明管理名录》(以下简称《农药名录》)。进出口列入上述目录的农药,应事先向农业部农药检定所申领"农药进出口登记管理放行通知单",凭以向海关办理进出口报关手续。

"农药进出口登记管理放行通知单"是我国进出口许可管理制度中具有法律效力,用来证明对外贸易经营者经营《农药名录》所列农药合法进出口的证明文件,是海关验放该类货物的重要依据。

"农药进出口登记管理放行通知单"实行"一批一证"管理,进出口一批农药产品,办理一份通知单,对应一份海关进出口货物报关单。通知单一式两联,第一联由进出口单位交海关办理通关手续,由海关留存与报关单一并归档,第二联由农业部留存。

"农药进出口登记管理放行通知单"经签发,任何单位或个人不得修改证明内容;如需变更证明内容,应在有效期内将原证交回农业部农药检定所,并申请重新办理进出口农药登记证明。

综合上述内容,各种进出口货物管制措施如表2-9所示,监管证件代码如表2-10所示。

**表2-9 各种进出口货物的管制措施**

| 管制范围 | 主管机构 | 通关凭证 | 备 注 |
|---|---|---|---|
| 进出口许可证管理 | 商务部 | 进口许可证、出口许可证 | 实行"一批一证""一证一关"。对不实行"一批一证"的商品,备注栏注明并有效期内最多可使用12次 |
| 自动进口许可证管理 | 商务部 | 自动进口许可证 | 原则上实行"一批一证",对实行"非一批一证",累计使用不超过6次,有效期为6个月 |
| 固体废物进口管理 | 环境保护部 | 进口废物许可证 | 实行"非一批一证" |
| 两用物项和技术进出口许可证管理 | 商务部 | 两用物项核技术进出口许可证 | 两用物项和技术进口实行"非一批一证""一证一关",出口实行"一证一关""一批一证" |
| 野生动植物进出口管理 | 濒危物种进出口管理办公室 | 公约证明、非公约证明、物种证明 | 公约、非公约证明实行"一批一证",物种证明分为"一次使用"和"多次使用" |
| 出入境检验检疫管理 | 国家质量监督检验检疫总局 | 出境货物通关单、入境货物通关单 | 实行"一批一证" |
| 进出口药品管理 | 国家食品药品监督管理局 | 精神药品、麻醉药品进出口准许证,进口药品通关单 | 实行"一批一证",仅限在注明的口岸使用 |

续表

| 管制范围 | 主管机构 | 通关凭证 | 备注 |
|---|---|---|---|
| 美术品进出口管理 | 文化部 | 美术品进出口批准文件 | 实行“一批一证” |
| 黄金及其制品进出口管理 | 中国人民银行 | 黄金及其黄金制品进出口准许证 | 实行“一批一证” |
| 音像制品进口管理 | 国家新闻出版广电总局 | 进口音像制品批准单 | 实行“一批一证” |
| 有毒化学品管理 | 环境保护部 | 有毒化学品进出口环境管理放行通知单 | 实行“一批一证” |
| 进出口农药登记证明管理 | 农业部 | 农药进出口登记管理放行通知单 | 实行“一批一证” |

**表 2-10 监管证件代码表**

| 代码 | 监管证件名称 | 代码 | 监管证件名称 |
|---|---|---|---|
| 1 | 进口许可证 | I | 精神药物进(出)口准许证 |
| 2 | 两用物项和技术进口许可证 | J | 黄金及其制品进出口准许证或批件 |
| 3 | 两用物项和技术出口许可证 | O | 自动进口许可制(新旧机电产品) |
| 4 | 出口许可证 | P | 进口废物批准证书 |
| 5 | 纺织品临时出口许可证 | Q | 进口药品通关单 |
| 6 | 旧机电产品禁止进口 | S | 进出口农药登记证明 |
| 7 | 自动进行许可证 | T | 银行调运外币现钞进出境许可证 |
| 8 | 禁止出口商品 | U | 合法捕捞产品通关证明 |
| 9 | 禁止进口商品 | W | 麻醉药品进出口准许证 |
| A | 入境货物通关单 | X | 有毒化学品环境管理放行通知单 |
| B | 出境货物通关单 | Z | 进口音像制品批准单或节目提取单 |
| D | 出/入境货物通关单(毛坯钻石用) | e | 关税配额外优惠税率进口棉花配额证 |
| E | 濒危物种允许出口证明书 | s | 适用ITA税率的商品用途认定证明 |
| F | 濒危物种允许进口证明书 | r | 预归类标志 |
| G | 两用物项和技术出口许可证(定向) | t | 关税配额证明 |

## 案例实训

中商华联贸易有限公司代理湖南长沙再生资源有限责任公司进口废电机一批(商品编号 74040000.10),货物在进口前需申领哪些监管证件? 请帮助该公司完成以上任务。

案例解析:

任务一:根据商品编码查询监管证件

在海关总署相关网站或 http://www.qgtong.com/hgsz/,网上查询根据废电机的商品编号 74040000.10,可知其监管条件为 AP,该货物进出境涉及的监管证件有:

A——入境货物通关单;

P——进口废物批准证书。

应向出入境检验检疫局申领入境货物通关单和向环境保护部申领进口废物批准证书。

任务二:申领进口废物批准证书

到环境保护部提出废物进口申请,由长沙环境保护部审查批准,取得环境保护部签发的"中华人民共和国限制进口类可用作原料的固体废物进口许可证"。

任务三:申领入境货物通关单

到长沙检验检疫局提出电机产品入境通关单,长沙检验检疫局根据相关资料审核批准,发放"入境货物通关单"。

## 课内练习

### 一、单选题

1.实行进口许可证管理的货物是(　　)。

A.监控化学品　　B.易制毒化学品　　C.光盘生产设备　　D.消耗臭氧层物质

2.出口许可证如有特殊情况需要跨年度使用时,其有效期最长不得超过次年的(　　)。

A.1 月 31 日　　B.2 月底　　C.3 月 31 日　　D.4 月 30 日

3.下列关于国家对限制进口货物管理的表述错误的是(　　)。

A.国家实行限制进口管理的货物,必须依照国家有关规定取得国务院对外贸易主管部门或者由其会同国务院有关部门许可,方可进口

B.国家对部分限制进口的商品,采用自动进口许可证管理

C.关税配额内进口的货物,按照配额内税率缴纳关税

D.关税配额外进口的货物,按照配额外税率缴纳关税

4.我国目前对对外贸易经营者的管理实行(　　)。

A.自由进出制　　B.登记和核准制　　C.审批制　　D.备案登记制

5.对进口列入《限制进口可用作原料的废物目录》及《自动进口许可证管理类可用作原料的废物目录》的废物,报关单位向海关申报时应当提交废物进口许可;对进口未列入上述目录的废物,国家规定(　　)。

A.需申领批准证书

B.不需申领批准证书,但需交验《入境货物通关单》

C.禁止进口

D.不需批件,自由进口

6.《进口许可证》原则上实行"一批一证"制度,对不实行一批一证的商品,发证机关在签发进口许可证时必须在备注栏中注明:"非一批一证"字样,该证在有效期内可使用(　　)。

A.12 次　　B.8 次　　C.6 次　　D.无次数限制

7.下列列入自动进口许可管理货物目录的货物,可免交自动进口许可证的是(　　)。

A.参加展览会所带属于自动进口许可管理货物目录的非卖展品

B.加工贸易项下进口复出口的成品油

C.外商投资企业作为投资进口的旧机电产品

D.每批次价值超过 5 000 元人民币的进口货样广告品

8.根据 WTO 规则,针对公平条件下数量猛增的进口产品而采取的对外贸易救济措施是(　)。

A.反倾销措施　　B.反补贴措施　　C.保障措施　　D.进口限制措施

9.国家外汇管理局对企业的货物贸易外汇管理采取(　　)方式。

A.现场逐笔核销　　B.现场总量核查

C.非现场总量核查　　D.非现场逐笔核销

10.下列不属于我国货物进出口许可管理制度的是(　　)。

A.禁止进出口管理　　B.限制进出口管理

C.自动进口许可管理　　D.出入境检验检疫管理

## 二、多选题

1.我国对外贸易管制的法律渊源包括(　　)。

A.由国家最高权力机关制定并颁布实施的规范性文件

B.由国家最高行政机关制定并颁布实施的规范性文件

C.由我国民族自治区政府制定的地方条例和单行条例

D.我国加入或缔结的相关国际条约

2.下列哪些货物属我国政府禁止进口的范围(　　)。

A.犀牛角和虎骨

B.木炭

C.未列入《国家限制进口的可用作原料的废物目录》和《自动进口许可管理类可用作原料的废物目录》的固体废物

D.列入《国家限制进口的可用作原料的废物目录》和《自动进口许可管理类可用作原料的废物目录》的固体废物

3.我国目前实行出口国营贸易管理的商品包括(　　)。

A.玉米　　B.煤炭　　C.棉花　　D.白银

4.《中华人民共和国货物进出口管理条例》根据管理的不同需要,把进出口货物分为(　　)。

A.禁止进出口货物　　B.限制进出口货物

C.鼓励进出口货物　　D.自由进出口货物

5.下列不纳入我国美术品管理的范围是(　　)。

A.批量临摹的作品

B.工业化批量生产的文物

C.原创影集

D.艺术创作者许可并签名的100件书法作品复制品

## 课外实训

1.请查询以下商品属于哪一类进出口管制或管理,能否进行进出口或需要向海关提供什么许可证件?

| 税则号 | 商品名称 | 进出口状态 | 监管条件代码 |
|---|---|---|---|
| 52010000 | 未梳的棉花 | 出口 | |
| 52041100 | 棉质缝纫线 | 出口 | |
| 31010019 | 森林凋落物 | 出口 | |
| 74040000 | 铜废碎料 | 进口 | |
| 29394100 | 麻黄碱 | 进口 | |
| 85238011 | 已录制的唱片 | 进口 | |

2.天津厚尊进出口公司向美国某商行出口一批厚板材(商品编码4407999099),合同号为08-H-26-099,规格20 up×30 up×300 mmup,厚度大于6 mm,总数量15 $m^3$,单价是USD 300.00/$m^3$FOB天津新港,2015年10月份装运,采用不可撤销即期信用证付款。根据上述条件填写出口许可证。

**中华人民共和国出口许可证**

EXPORT LICENCE OF THE PEOPLE'S REPUBLIC OF CHINA

NO.628765

<table>
<tr><td colspan="3">1.出口商:<br>Exporter</td><td colspan="3">3.出口许可证号:<br>Export licence No.</td></tr>
<tr><td colspan="3">2.发货人<br>Consignor</td><td colspan="3">4.出口许可证有效期截止日期<br>Export licence expiry date</td></tr>
<tr><td colspan="3">5.贸易方式<br>Terms of trade</td><td colspan="3">8.出口最终目的国(地区)<br>Country / Region of purchase</td></tr>
<tr><td colspan="3">6.合同号<br>Contract No.</td><td colspan="3">9.付款方式<br>Payment</td></tr>
<tr><td colspan="3">7.报关口岸<br>Place of clearance</td><td colspan="3">10.运输方式<br>Mode of transport</td></tr>
<tr><td colspan="3">11.商品名称<br>Description of goods 板材</td><td colspan="3">商品编码<br>Code of goods 4407999099</td></tr>
<tr><td>12.规格、等级<br>Specification</td><td>13.单位<br>Unit</td><td>14.数量<br>Quantity</td><td>15.单价(USD)<br>Unit price</td><td>16.总值(USD)<br>Amount</td><td>17.总值折美元<br>Amount in USD</td></tr>
<tr><td></td><td></td><td></td><td></td><td></td><td></td></tr>
<tr><td></td><td></td><td></td><td></td><td></td><td></td></tr>
<tr><td></td><td></td><td></td><td></td><td></td><td></td></tr>
<tr><td></td><td></td><td></td><td></td><td></td><td></td></tr>
<tr><td colspan="3">19.备注<br>Supplementary details</td><td colspan="3">20.发证机关签章<br>Issuing authority's stamp & signature<br>(发证机关签章)<br><br>21.发证日期<br>Licence date</td></tr>
</table>

中华人民共和国商务部监制(2015)

# 第 2 编

# 报关实务编

# 第3章　一般进出口货物报关

## 案例导读 3-1

### 广州海关打造全流程“线上海关”

2016 年 6 月 3 日，广州海关对外通报，广州海关隶属佛山海关最新数据显示，为打造全流程“线上海关”而推出的“互联网+易通关”改革开始显现成效。

**“互联网+易通关”：更加便利，成本更低**

去年 12 月，佛山海关全面启动“互联网+易通关”改革试点工作，率先在佛山地区复制推广自贸试验区改革创新经验。“互联网+易通关”模式包括“互联网+自助报关”“互联网+提前归类审价”“互联网+互动查验”“互联网+自助缴税”4 项措施，推动企业通过互联网平台即可完成进出口货物海关通关手续。此项改革是对“互联网+”理念的实际运用，通过技术创新，最大限度开放服务入口、实现数据互联互通，逐步实现企业办理海关手续“零限制、零跑动、零收费、零耗时”。

“这个改革对降低企业通关成本的效果是实实在在的。不仅节省了我们跑报关公司的时间，提高了通关时效，还节省了人力成本和打印报关单的费用。”广东生生农业集团股份有限公司报关负责人梁楚莹说。

另一方面，企业自主报关便于审核修改，准确率升上去，差错率降下来，这一升一降对于企业提高海关认证级别、享受更多的通关优惠也大有帮助。对于守法企业来说，可谓是一个良性循环。

**“互联网+加工贸易”：提高“中国制造”竞争力**

作为“互联网+易通关”中的重要一环，2016 年 4 月，广州海关推出“互联网+加工贸易”改革举措，将“线上海关”延伸至加工贸易领域，为加工贸易企业免费提供 QP 系统（中国电子口岸预录入系统）办理业务，企业可直接通过软件系统向海关申报办理底账设立（变更）、外发加工、深加工结转、内销征税等 6 项加工贸易主要业务。在加工贸易核批上，以往企业从委托申报到现场递单、审核通过，需要花费 2~3 天才能办结的业务，改革后最快仅用 5 分钟即可办理完成。这一改革打破传统加工贸易业务地域、时间的局限，实现足不出户随时随地“移动”办理业务，是海关进一步顺应“互联网+”潮流、简化监管手续、降低企业通关成本的务实举措。

广东美的厨房电器制造有限公司是一家大型的加工贸易企业，每年进出口总值排在顺德加贸企业的前列。随着用工、汇率等因素的影响，近年来企业愈发注重成本的控制。“通过海关的‘互联网+加工贸易’办理通关手续，以我们的进出口量，全年算下来节省的成本是比较可观的。”报关员赵龙说，“而且操作界面跟以前的系统一样，这样用起来很方便，没有什么负担，我们非常愿意尝试。”

“我们帮企业‘减’一分成本，企业在国际上的竞争力就“加”一分，这也是海关着力推动通关改革的直接目的。”佛山海关驻顺德办事处相关负责人介绍。

据海关统计，2015 年佛山市加工贸易实际进出口 236.11 亿美元，占佛山外贸总值的 4 成。“互联网+加工贸易”改革全面铺开后，佛山地区将有 1 000 多家加工贸易企业直接受益，通关成本的降低，也将有利于提高企业竞争力。（关悦/文）

（资料来源：中国海关总署. http://www. customs. gov. cn/publish/portal0/tab65602/info801954.htm）

**知识目标**

1.理解一般进出口货物的界定和监管特点。

2.掌握一般进出口货物申报、海关查验、税费缴纳、海关放行的知识。

3.了解滞报金的征收原理。

4.了解报关单修改、撤销的要点。

**技能目标**

1.掌握一般进出口货物的基本报关程序。

2.能够进行电子数据报关单的录入、发送、查询等。

3.能够按规定提交纸质报关单和随附单证。

4.能够办理报关单修改、撤销手续。

5.能够配合海关查验、办理税费缴纳手续。

6.能够办理报关单证明联和进出口货物证明书的申领签发手续。

## 3.1 海关监管货物及报关概述

### 3.1.1 海关监管货物的含义和分类

#### 1）含义

海关监管货物是指从向海关申报到出境止的出口货物、从进境起到办结海关手续止的进口货物、从进境起到出境止的过境、转运、通运货物等。这些货物必须接受海关的监管，未经海关同意以任何方式处置这些货物或未按照规定办理相关手续，都视为违反海关监管规定的行为。

2)分类

根据海关监管的特殊性可以将进出境货物分为一般进出口货物和特殊监管货物；根据进出境货物的目的的不同，海关监管货物也可以分为以下五类。

(1)一般进出口货物

一般进出口货物是指货物在进出口环节需缴纳应征的进出口税费和应交证件，并办结了所有必要的海关手续，在海关放行后不再监管，可以直接进入生产和消费领域流通的进出口货物。

小贴士 3-1

**一般贸易货物与一般进口货物的区别**

一般贸易货物是指我国境内有进出口权的企业单边进口或单边出口的货物。一般贸易是买卖双方的一种交易方式，区别于易货贸易、补偿贸易、加工贸易等。

一般进出口货物是针对海关监管方式而言的，在货物进出境经申报、缴税、交证、放行后，海关不再监管的货物。

一般贸易货物在进口后按照一般进出口货物监管制度办理海关手续，就是一般进出口货物；进口后如果符合减免税条件，就按照减免税监管制度办理海关手续，就是特使特定减免税货物；经海关批注后允许保税进口，则是保税货物。

(2)保税货物

保税货物是指经海关同意，在进境时未办理纳税手续，在境内储存、加工、装配后复运出境的货物。根据保税货物进境后的处理情况不同可以分为保税加工货物和保税物流货物。

(3)特定减免税货物

特定减免税货物是指经海关根据有关法律准予减税或免税进出口的用于特定地区、特定企业或有特定用途的货物。这类货物需要企业在货物进出口前办理减免税审批手续，并在货物放行后在起监管年限内接受海关的监管，未经海关核准并缴纳关税，不得移作他用。

(4)暂准进出境货物

暂准进出境货物是指为了特定的目的，经海关批准暂时进境或暂时出境，按规定的期限原状复运出境或进境的货物。

(5)其他进出境货物

其他进出境货物是指由境外起运，通过中国境内继续运往境外的过境货物，以及其他尚未办结海关手续的进出境货物，如转运货物、租赁货物、出料加工货物、退运货物等。

### 3.1.2 海关监管货物的简要报关程序

从海关对进出境货物进行监管的全过程来看，报关程序按时间先后可以简要地分为3

个阶段:前期阶段、中期阶段、后续阶段。

前期阶段主要针对海关特殊监管货物(如保税货物、特定减免税货物、暂准进出境货物等)的报关,即进出口货物收发货人或代理人在货物进口或出口之前,须先向有关部门申请并获得批准,并在海关办理备案手续。各类特殊监管货物的备案手续详细程序见第四章相关内容。

中期阶段即为进出口阶段,适用于所有进出口货物的报关,即货物在进出境时,向海关办理进出口申报、配合查验、缴纳税费(保税或减免税费)、提取或装运货物的过程。

后续阶段也主要针对海关特殊监管货物的报关,是进出口货物收发货人或其代理人根据海关对进出境货物的监管要求,在货物进出境储存、加工、装配、使用、维修后,在规定的期限内,按照规定的要求,向海关办理上述进出口货物核销、销案、申请解除监管等手续的过程。

综上所述,海关监管货物报关的简要区别如表 3-1 所示。

**表 3-1　海关监管货物报关的简要区别**

| 报关程序<br>货物类别 | 前期阶段 | 进出口阶段 | 后续阶段 |
|---|---|---|---|
| 一般进出口货物 | 无 | 进出口申报→配合查验→缴纳税费→提取或装运货物 | 无 |
| 特殊监管货物 | 向海关办理备案登记手续 | 进出口申报→配合查验→缴纳税费(海关决定征收、减、缓、免税费)→提取或装运货物 | 向海关办理核销、解除监管、销案手续 |

## 3.2　一般进出口货物的具体报关程序

### 3.2.1　一般进出口货物的范围

海关将进境(出境)后不再复运出境(进境)的货物称为实际进口(出口)货物,而那些进境(出境)后还将复运出境(进境)的货物成为非实际进口(出口)货物。一般进出口货物的范围就是适用于除特定减免税货物以外的实际进出口货物,具体而言,它包括以下范围:

①一般贸易进出口货物。

②转为实际进口的保税货物、暂准进境货物,转为实际出口的暂准出境货物。

③易货贸易、补偿贸易进出口货物。

④不批准保税的寄售代销贸易货物。

⑤承包工程项目实际进出口货物。

⑥外国驻华商业机构进出口陈列用的样品。

⑦外国旅游者小批量订货出口的商品。

⑧随展览品进境的小卖品。

⑨免费提供的进口货物,如外商在经济贸易活动中赠送的进口货物,外商在经济贸易活动中免费提供的试车材料,我国在境外企业、机构向国内单位赠送的进口货物等。

### 3.2.2 一般进出口货物报关的特点

#### 1)需在进出境时缴纳进出口税费

按照《海关法》和其他相关法律法规的规定,一般进出口货物在进出境时需按照海关的规定时间和地点向海关缴纳应缴的税费。

#### 2)需在进出境时提交相关许可证件

一般进出口货物属于国家法律法规管制范围的货物,需向海关提交相关部分颁发的进出口许可证件。

#### 3)海关放行便是结关

企业向海关申报,依次完成了交单、查验、纳税环节后,企业便可以提取进口货物或对出口货物进行装运,从海关监管的角度来说,这个环节即为海关放行。海关放行后,还会对货物的进出口管理进行最后的确认,这个环节为办结海关手续,也就意味着货物已经全部完成海关现场通关监管手续,可以直接进入生产或消费的流通环节了。

### 3.2.3 一般进出口货物的具体报关程序

一般进出口货物的报关没有前期的向海关备案登记阶段和后期向海关办理核销的阶段,只有进出口阶段,其主要有四个环节:进出口申报、配合查验、缴纳税费、提取或装运货物。

#### 1)进出口申报

进出口申报是企业办理进出口货物通关手续的必要环节之一。申报是企业向海关报告进出口货物的实际情况,申请海关按其申报的内容放行进出口货物。海关对企业的申报处置流程如图 3-1 所示。

(1)申报的注意事项

①申报资质。根据《中华人民共和国海关法》(以下简称《海关法》)的规定,进出口货物收发货人可以自行向海关申报,也可以选择委托报关企业向海关申报,但进出口货物收发货人和报关企业应预先在海关依法办理注册登记手续,否则,海关不予接受其申报。因此,只

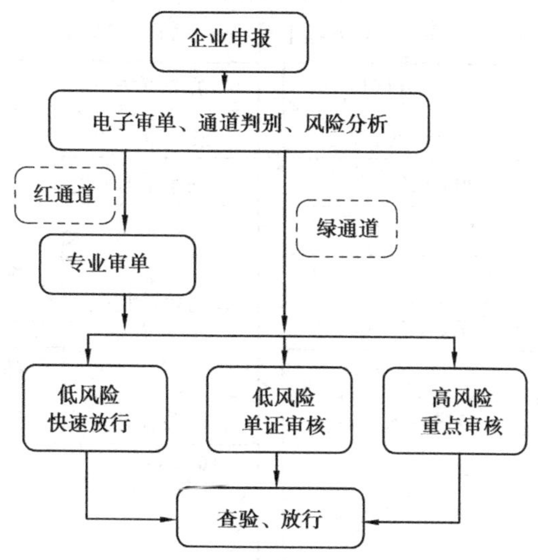


图 3-1 海关对企业的申报处置流程

有依法向海关办理注册登记手续的企业才能向海关申报。同时,如果进出口货物收发货人已经在海关办理了注册登记,并希望委托专业报关企业代理报关,还需和报关企业签署报关委托书,并在委托书里明确授权办理海关手续的范围,由该企业报关时向海关提交。

综上所述,海关在接受申报时一般会审核以下三个问题:

A.进出口货物的企业是否已经向海关办理了报关注册登记手续。

B.专门或代理办理报关手续的专业报关企业、代理报关企业,是否已向海关办理了报关注册登记手续。

C.若是代理报关,是否有代理报关委托书。

代理报关委托书样本如下:

**代理报关委托书**

编号:001　51820536

______________ 报关公司:

我单位现(A.逐票　B.长期)委托贵公司代理等通关事宜。(A.填单申报　B.辅助查验　C.垫缴税款式　D.办理海关证明联　E.审批手册子　F.核销手册　G.申办减免税手续签　H.其他)详见《委托报关协议》。

我单位保证遵守《海关法》和国家有关法规,保证所提供的情况真实、完整、单货相符,无侵犯他人知识产权的行为。否则,愿承担相关法律责任。

本委托书有效期自签字之日起　　　年　　　月　　　日止。

委托方(盖章):

法定代表人或其他授权签署《代理报关委托书》的人(签字)

年　　月　　日

**委托报关协议**

为明确委托报关具体事项和各自责任,双方经平等协商签订协议如下:

| 委托方 | 1132401151 | 被委托方 | | |
|---|---|---|---|---|
| 主要货物名称 | 称重传感器 | *报关单编码 | No. | |
| HS 编码 | 9031809090 | 收到单证日期 | 年 月 日 | |
| 货物总价 | USD:32840 | 收到单证情况 | 合同□ | 发票□ |
| 进出口日期 | 年 月 日 | | 装箱清单□ | 提(运)单□ |
| 提单号 | GD33888084WW | | 加工贸易手册□ | 许可证件□ |
| 贸易方式 | 一般贸易 | | 其他: | |
| 原产地/货源地 | 北京经济技术开发区 | 报关收费 | 人民币: 元 | |
| 其他要求:<br>功能用途:称重<br>品牌:VISHAY<br>原理:将电压力信号转换成电信号输出<br>测试结果:无结果显示<br>型号:VH-1002<br>海关申报要素:填写格式 | | 承诺说明: | | |
| 背面所列通用条款是本协议不可分割的一部分,对本协议的签署构成了对背面通用条款的同意 | | 背面所列通用条款是本协议不可分割的一部分,对本协议的签署构成了对背面通用条款的同意 | | |
| 委托方业务签章:<br>经办人签章<br>联系电话: 年 月 日 | | 被委托方业务签章<br>公办报关员签章:<br>联系电话: 年 月 日 | | |

(白联:海关留存、黄联:被委托人方留存、红联:委托方留存)中国报关协会监制

**小贴士 3-2**

接受委托代理报关的企业审查的主要内容包括:

(1)进出口货物的具体情况,包括进出口货物的名称、规格、用途、产地、贸易方式等;

(2)有关进出口货物的合同、发票等商业单据的真实性;

(3)进出口所需许可证件及随附单证的完整性等。

②申报的地点。一般情况下,进口货物应当由收货人或委托报关企业在货物的进境地向海关申报,出口货物应当由发货人或委托报关企业在货物的出境地向海关申报。

另外,经收发货人或代理人的申请,海关同意,进口货物可以在设有海关的指运地向海关申报,出口货物可以在设有海关的起运地申报。指运地是指进口转关运输货物运抵报关的地点。例如,货物从天津进口,按规定应该是在进境地天津海关申报,但是经收发货人申请,海关同意后,进口货物转到北京海关申报进口。天津是进境地,北京是指运地。启运地:是指出口转关运输货物报关发运的地点。例如,北京的 A 公司,要从天津口岸出口一批货物。经过申请人的申请,海关同意后,这批货物可以在启运地北京申报,并且在北京办理完整个出口海关手续后,运到天津,由天津海关监管出口。天津就属于出境地,北京是启运地。

某些以特殊方式运输进出境的货物,如以管道、电缆等方式输送的进出境货物,其经营单位或代理人可以定期向指定的海关申报。

**小贴士 3-3**

信用评级为一般认证企业及以上的(原 A 类及以上的)的企业,可以向海关申请进行"属地申报,口岸验放"的方式报关,即经海关批准,企业可以在其所在地海关申报而无须到进境地或出境地海关申报。

③申报的期限。进口货物的申报期限为自运输工具申报进境之日起 14 日以内(即从运输工具申报进境之日的第二天开始算,以下的"之日起"均为这一天的第二天开始计算)。出口货物除海关特准以外,应当在货物运抵海关监管区域后、装货的 24 小时以前向海关申报。

进口货物如果超过申报期限的,海关有两种处理方式:

一是当货物超过申报期限 3 个月的,即自运输工具申报进境之日起超过 3 个月未向海关申报的,海关可以依法变卖处理。

二是当货物在运输工具申报进境之日起超过 14 天但未超过 3 个月的,海关依法征收滞报金,如图 3-2 所示。

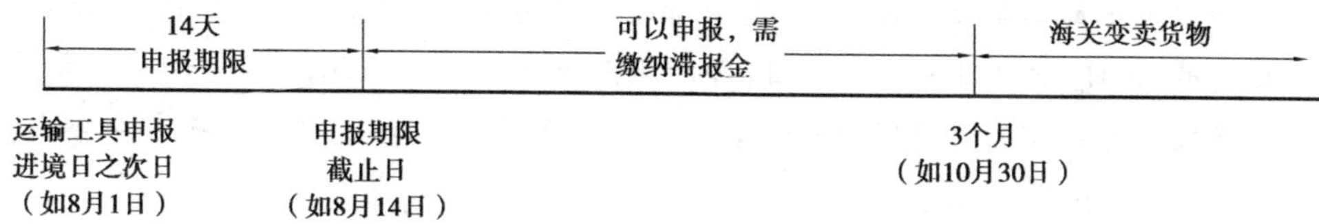


图 3-2 海关对进口货物申报期限的规定及超期申报的处理

**小贴士 3-4**

**海关变卖货物后的货款项处理**

海关将变卖所得价款在扣除运输、装卸、储存、滞报金等费用和税款后，尚有余款的，自货物变卖之日起 1 年内，经收货人申请予以发还；若货物属于国家限制性进口货物的，还需提交进口许可证件，如果不能提供的，则不予发还；逾期无人申请或不予发还的，上缴国库。

④滞报金的征收。滞报金按日征收，其起征日为运输工具申报之日起第 15 日，截止日为海关接受申报日（起征日和截止日均算入滞报日期），若滞报金起征日遇法定节假日[①]，则顺延至其后第一个工作日。滞报金按日征收进口货物完税价格 0.5‰，不足 1 元部分免收，起征点为 50 元人民币，低于 50 元免收。具体计算公式为：

滞报金 = 货物完税价格（人民币）× 滞报天数 × 0.5‰

滞报金的征收仅限于进口货物，出口货物和过境、转运、通运货物及常驻人员进境的自用车辆、保税仓库出库转进口货物均不征收滞报金。另外，以下情形的进口货物也不征收滞报金：

A.海关依法变卖的进口货物；

B.在申报期限内已经向海关提供担保的进口货物；

C.因撤销报关单而产生滞报的；

D.进口货物经海关批准直接退运的。

## 案例导读 3-2

### 滞报金的征收

青岛海大进出口有限公司从德国进口一批货物，价格条件为 CIF QINGDAO USD60 000.00，装载该批货物的货轮于 2015 年 9 月 14 日申报进境，该公司于 2015 年 9 月 29 日（周二）向青岛海关（编号 4200）申报进境，该票货物是否应该缴纳滞报金？如需缴纳，金额是多少？（汇率 1 美元=6.325 元人民币）。

**【解析】**滞报金的起征日是运输工具申报进境后第 15 天，截止日是海关接受申报日，并且起征日和申报日都算在滞报日内，案例中货轮于 9 月 14 日申报进境，从 15 日开始算起，9 月29 日是第 15 日，起征日也是申报日，即滞报天数为 1 天。根据滞报金计算公式计算得出应缴纳滞报金为 60 000×6.325×1×0.5‰= 189.75 元，根据滞报金不足 1 元部分舍去，应缴纳滞报金 189 元人民币。

---

① 此处“法定节假日”是指国务院《全国年节及纪念日放假管理办法》第二条规定的“全体公民放假的节日”，具体包括：新年（1 月 1 日）、春节（除夕、正月初一、初二）、清明节（农历清明当日）、劳动节（5 月 1 日）、端午节（农历端午当日）、中秋节（农历中秋当日）、国庆节（10 月 1 日、2 日、3 日），不含调休日。

(2)申报的一般程序

进口货物在得到有关货物即将到达港口、机场、车站或邮局的通知后,即可向海关申报;出口货物在备好货物后就可向海关申报。一般进出口货物的申报程序为:准备申报单证→申报前看货取样→电子申报→纸质交单。若属于代理报关的,货物收发货人还需先向报关企业委托报关,办理委托报关手续。申报的简要流程图如图 3-3 所示。

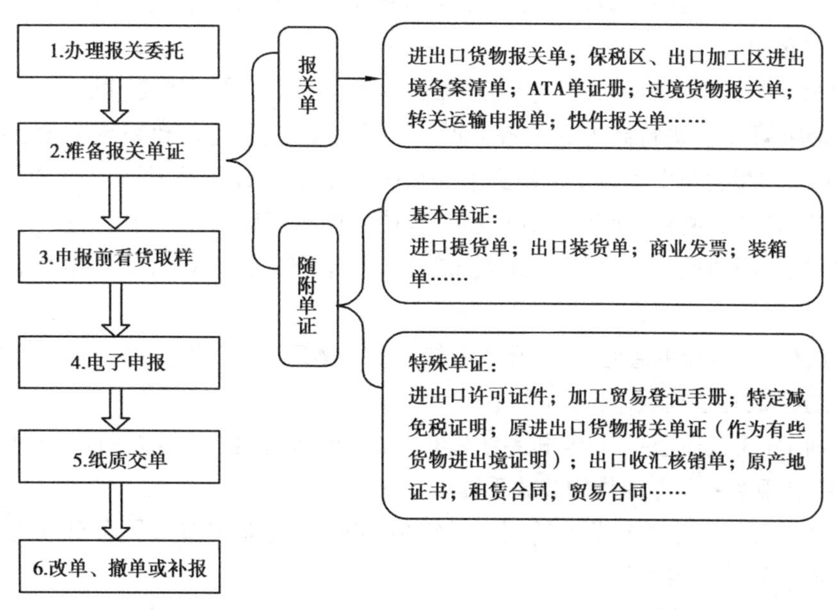


图 3-3 一般进出口货物的报关申报流程图及申报单证

①准备申报单证。申报单证包括报关单和随附单证两大类,报关单是报关员按照海关有关规定填制的申报单,它包括进出口货物报关单或带有进出口货物报关单性质的单证,如特殊监管区域进出境备案清单、进出口货物集中申报清单、ATA 单证册、过境货物报关单、快件报关单等。一般而言,任何货物的申报,都必须有报关单。随附单证包括基本单证和特殊单证。基本单证是必要的货运单据和商业单据,如进口提单、出口装货单据、商业发票、装箱单等;特殊单证主要有进出口许可证件、加工贸易电子化手册和电子账册、特定减免税证明、原产地证明、出口收汇核销单、贸易合同等。

企业准备好随附单证(基本单证和必要的特殊单证)后将其交予报关员,报关员审核这些单证后并根据其内容填制报关单。准备报关单证必须单证齐全、有效、合法,填制报关单必须真实、准确、完整,并且各单证信息必须一致。

②申报前看货取样。为了避免企业出现申报不实的情况,我国《海关法》第 27 条规定,允许当事人向海关申报前事先查看货物、提取货样。特别是在进口货物申报前,为了确定货物的名称、规格、型号、贸易方式等,可以向海关提交查看货物或提取货样的申请,海关审核同意后,将派员到现场监管,提取取样后,到场监管的海关人员与申请人需在海关开具的取样记录和取样清单上签字确认。

③电子申报和纸质交单。通常情况下,电子数据申报在前,递交纸质单证在后。具体做法是企业通过中国电子口岸申报平台录入报关单电子数据,向 H2000 系统发送申报数据,海关对报关单电子数据审核通过后,企业打印纸质报关单,备齐随附报关单证,到海关业务现场办理交单手续。

海关在审单环节,其主要根据风险分析和信息技术手段,依托已经设定的各种风险参数及业务数据库的支持,由海关 H2000 计算机系统的电子审单和海关人工专业审单两个作业环节构成。具体流程为:

A.计算机系统的电子审单后,会向企业发出两种信息,一是不接受申报,这时企业应根据电子审单的提示信息进行修改后重新申报。二是接受申报,计算机系统会记录接受申报的具体时间,并将报关单电子数据流转到下一个作业环节,有以下情形:

a.专业审单(红通道)。计算机系统发布"等待处理"信息。

b.现场审单(绿通道)。计算机系统发布"接单交单"信息,企业可备齐报关单证到现场海关办理通关手续。

c.现场放行(放行交单通道)。计算机系统发布"放行交单"信息,企业可备齐保管单证到现场海关办理放行手续。

d.无纸通关(无纸通道)。计算机系统发布"无纸审结"信息,企业可打印"进出口查验/放行通知书"到现场海关办理货物验放手续。

B.若报关单经电子审单环节流转到专业审单环节后,专业审单人员会对报关单作进一步审核,企业会看到如下指引:

a.退回修改。即不符合报关单填制规范的报关单电子数据予以退单,计算机系统对外发布"退回修改"信息。

b.现场验放。即专业审单审结的报关单电子数据,企业可以在计算机系统看到"接单交单""放行交单""无纸审结"的信息。

c.转现场验估。涉及商品归类、价格、原产地等疑难专业技术的,报关单电子数据也会流转到现场海关检估岗作进一步审核,计算机系统发布"等待处理"或"与海关某部门联系"信息。

**知识链接 3-1**

## 我国电子通关系统介绍

我国海关已经在进出境货物通关作业中全面使用计算机进行信息化管理,成功地开发了多个电子通关系统。

1.海关 H883/EDI 通关系统

H883/EDI 通关系统是中国海关报关自动化系统的简称,是我国海关利用计算机对进出口货物进行全面信息化管理,实现监管、征税、统计三大海关业务一体化管理的综合性信息系统。

2.海关 H2000 通关系统

H2000 通关系统是对 H883/EDI 通关系统进行全面更新换代的升级项目。该系统在集中式数据库的基础上建立了全国统一的海关信息作业平台,不但提高了海关管理的整体效能,而且使进出口企业真正享受到简化报关手续的便利。进出口企业可以在其办公场所办理加工贸易登记备案、特定减免税证明申领、进出境报关等各种海关手续。

3.海关 H2010 通关系统

H2010 通关系统是对 H2000 系统的全面更新换代项目,他将大通关与大监控有机结合起来,既提高了海关的通关效率,又加强了对企业的风险管理。

4.中国电子口岸系统

中国电子口岸系统又称口岸电子执法系统,简称电子口岸,是与进出口贸易管理有关的国家 12 个部委利用现代计算机信息技术,将各部委分别管理的进出口业务信息电子底账数据集中存入公共数据中心,向政府管理机关提供跨部门、跨行业联网数据核查,向企业提供网上办理各种进出口业务的国家信息系统。

(资料来源:唐卫红.进出口报关实务[M].南京:南京大学出版社,2016.)

④补充申报。当海关要进一步确定或核实货物的完税价格、商品编码或原产地等信息时,要求企业进行补充申报。企业在收到海关补充申报电子指令之日起 5 个工作日内通过海关电子系统,按要求如实、完整地填写补充申报单并电子申报,其内容不能与报关单填报内容相抵触。电子数据补充申报单经海关审核通过后,就可以打印纸质补充申报单签名盖章后递交海关现场。无纸化通过方式申报的无须纸质交单。

⑤修改申报内容或撤销申报。进出口货物的申报被海关接受之后便产生法律效力,原则上报关单内容不得修改和撤销,但有以下情形的,经海关批准,可以修改或撤销:

A.由于报关人员操作或者书写失误造成所申报的报关单内容有误,并且未发现有走私违规或者其他违法嫌疑的。

B.出口货物放行后,由于转运、配载等原因造成原申报货物部分或全部退关、变更运输工具的。

C.进出口货物在装载、运输、储存过程中因溢短装、不可抗力的灭失、短损等原因造成原申报数据与实际货物不符的。

D.根据贸易管理先行采用暂时价格成交,实际结算时按商检品质认定或国际市场实际价格付款方式需求修改申报内容的。

E.由于计算机、网络系统等方面的原因导致电子数据申报错误的。

F.其他特殊情况经海关核准同意的。

注意:海关已经决定布控、查验的,以及涉案的进出口货物的报关在办结前不得修改或者撤销。

进出口货物收发货人或其代理人在进口货物放行后或者出口货物办结海关手续后提出申请的,修改或撤销的内容涉及报关单的商品编号、商品名称及规格型号、币制、单价、总价、原产国(地区)、最终目的国(地区)、贸易方式(监管方式)、成交方式九项内容之一的,应按照海关规定提出书面申请,并提交相关证明材料和证件,海关审核后决定是否同意修改或撤销。若不属于已经结关且不属于以上所列九项报关单项目指标之一的,海关可以直接决定是否予以修改或者撤销申报。

另外,当海关发现进出口货物报关单需要修改或撤销的,进出口货物收发货人或其代理人应填写《进出口货物报关单修改撤销确认书》,海关根据其内容完成对报关单的修改或撤销。

**案例导读 3-3**

### 错误申报数量影响退税

2009 年 4 月,当事人扬州某羽绒制品股份有限公司安排装箱出口水洗白鹅绒 18 078 千克(188 包),总价 36 916.6 美元。由于工作人员在装箱过程中的工作失误,实际装箱数量为 14 458.2 千克(150 包),且现场装箱人员未将实际装箱数量通知制单人员,导致制单人员仍将事先制作的数量为 18 078 千克(188 包)、总价为 539 616.6 美元的发票、装箱单等相关单证提供给所委托的报关企业向扬州海关申报,最后被查货。多报部分货物价值 107 508.06 美元,折合人民币 734 484.32 元,按照申报税则号列 13%的出口退税率计算,当事人上述错误申报行为可多退税款人民币 95 482.96 元。扬州海关认定当事人上述行为构成申报不实影响国家出口退税管理违规,并对其作出罚款人民币 75 000 元的行政处罚决定。

**【解析】**进口货物的收货人、出口货物的发货人,即进出口报关单上的经营单位,也就是签订进口合同,对外收、付汇的单位,是向海关如实申报的法定义务人,向海关申报的内容和提交的单证资料必须做到"单单相符"和"单货相符",如实申报的内容包括进出口货物报关上需要填写的所有项目内容,包括货物的品名、应当归入的税则号列、数量、价格、贸易方式、原产地、起运地、运抵地、最终目的地等。企业在提供这些申报单据并要对此单据负责。

另外,国家对申报不实影响国家出口退税管理的,根据情形不同承担的法律责任也不同:出口货物申报不实可能多退税款的,有海关定性违规,处申报价格 10%以上 50%以下的罚款;已经实际多退税的,海关可以将多退的税款作为违法所得予以没收,也可以在进行罚款处罚后将案件情况函告企业主管国税部门,由其对多退税款依法作出处理;已经结关但未实际退税的,海关在行政处罚后案件情况函告企业主管国税部门衣服处理,未办理结关的,由海关责令当事人予以改单,重新申报;故意隐瞒真实情况进行虚假申报以多获取国家退税款的,按照骗取国家出口退税行为定性处理,情节严重的,构成犯罪,海关依法移交公安机关追究刑事责任。

(资料来源:"关务通·监管通关系列"编委会.通关典型案例启示录[M].北京:中国海关出版社,2013.)

(3)三种特殊的申报方式

①提前申报。在进出口货物的品名、规格、数量等确定无误的情况下，企业经批准可以在进口货物起运后、抵达港口前或出口货物运抵海关监管场所前3日内，提前向海关申报。

②集中申报。企业若出现在同一口岸、特殊监管区域或保税监管场所进出口货物，并且品种相对固定、批次多、通关时效要求高的情况下，经海关事先核准，可以先集中申报清单，再以报关单形式集中办理申报。

③定期申报。经电缆、管道、运输带或者其他特殊运输方式输送进出口的货物，经海关同意，企业可以采用定期申报。

2)配合查验

(1)海关查验的分类

海关为了确定进出口货物与向海关申报的内容相符，或者为了确定商品的归类、价格、原产地等，依据相关法律法规的规定，需要向进出口货物进行实际查验，因此需要报关人员对海关的查验予以配合。

按照海关查验方式的不同，可分为人工查验和机检查验。机检查验是利用技术检查设备(X光机)对货物进行透视扫描，根据扫描形成的图像来分析货物的真实情况是否与报关单申报的内容相符，若没有发现异常便不再拆开货物包装。这种查验方式速度比较快，其只适用于集装箱装载的大宗单一商品、不宜直接开拆的商品、有夹藏嫌疑的商品和危险品等货物。

按照海关查验详细程度的不同，海关查验还可以分为彻底查验、抽查和外形查验。

彻底查验属于最高等级要求的查验方式，要对货物逐件开箱(包)查验，详细验核货物的品名、规格、型号、数量、重量等是否与申报内容相符，一般适用于有走私违规嫌疑的货物。

抽查属于一般等级的查验方式，按照一定比例对货物有选择的开箱(包)验核货物状况，一般适用于普通情况的货物。

外形查验属于最低等级的查验方式，它仅对货物的外形包装、标记和装运单证等外形查看和验核，适用于风险程度低的货物和机械设备、散装或裸装货物。

(2)海关查验的内容

根据海关法律规定，海关查验的对象包括进出境的货物、物品和运输工具。其查验的重点有以下三个：

①单货是否相符。查验进出口货物的品名、规格型号、数量、重量、价格和原产地等是否与申报的内容相符。

②归类是否正确。查验货物的类别是报关单上的商品归类是否正确，商品归类是海关监管、征税、统计的基础，是判断货物是否涉及相关监管条件和计征税款的前提条件。

③查验运输工具。实际检查装载进出口货物的进出境运输工具是否有改装、夹藏，是否

符合海关监管要求。

(3)海关查验的时间和地点

海关查验的时间一般在海关正常工作时间,并会以书面通知的形式通知进出口货物收发货人或其代理人,约定查验时间。若进出口货物属于危险品或者鲜活、易腐烂、易失效、易变质等不宜长期保存的货物,以及其他特殊情况需要紧急验放的货物,经向海关申请优先实施查验。

海关查验的地点一般在海关监管区域内,若进出口货物易受温度、静电、粉尘等自然因素的影响不宜在海关监管区域查验或其他特殊原因需要在海关监管区域外查验的,需向海关提出书面申请,海关可视情况派关员到海关监管区外实施查验。

(4)配合海关查验的流程

根据海关规定查验的时间和地点,货物收发货人或其代理人应积极配合海关查验,其简要流程如图3-4所示。

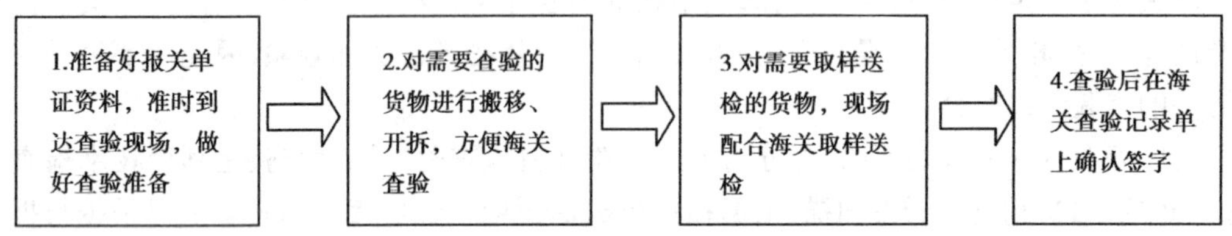


图3-4　配合海关查验流程图

第一步:办理查验计划,准备被查验。当进出口货物被海关确定查验后,进出口货物收发货人或其代理人应拿着相关单据,到现场海关查验受理部门办理查验计划作好查验准备。

**小贴士3-5**

配合查验的相关单据包括海关制发的查验通知单、报关单、场站收据、海运提单(运单)、发票、装箱单(复印件)、产品说明及其他海关要求的单证。

第二步:自行卸货、拆货。当到达查验场地后,进出口货物收发货人或其代理人应根据海关的卸货要求,自行或委托口岸、码头或仓库的搬运公司搬移、开拆和重封货物,并负责由此产生的相关装卸费用。

第三步:取样送检。当海关要对查验货物的货样进行化验以确定或者鉴别货物的名称、规格等属性时,进出口货物收发货人或其代理人应配合海关取样送检,进出口货物收发货人或其代理人应及时到场,在海关查验人员的监督下进行取样(特殊样品应由相关专业人员提取样本),并如实回答查验人员的询问,提供有关单证和技术资料,如产品说明书、生产工艺流程等必要的资料。

第四步:确认签字。查验结束后,进出口货物收发货人或其代理人应认真阅读《海关进出境货物查验记录单》,并确定无误后签字。

(5)配合查验的技巧

①整齐堆放货物。为了提高海关查验的效率,缩短查验的时间,报关人员在查验前要将被查验的货物尽量堆放整齐,如果一个货柜有多个品种,最好分区摆放,将相同品种的货物放在一起。

②备好资料并及时到场。根据《海关法》的规定,海关查验时进出口货物收发货人或其代理人必须到场,并按海关的要求负责办理货物的搬移、拆装箱和重封货物的包装等。

③及时更新知识产权备案。海关在查验中核实进出口货物是否涉嫌某品牌侵权时,一般会通过海关内部网络上的知识产权备案库来核查货物所有者是否被品牌权利人授权,若货物所有者没有及时向海关备案被授权信息,则会造成不必要的纠纷和通关延误。

(6)货物损坏赔偿

海关在查验货物时,有时候会因开启、搬运不当等原因导致货物损毁。货物损毁是查验过程中海关责任造成的,则会由海关赔偿,其赔偿金额根据被损坏货物及其部件的受损程度或修理费用确定,即海关赔偿直接经济损失。

(7)复验

海关可以对已查验货物进行复验,有下列情形的海关可以复验:

①经初次查验未能查明货物的真实属性,需要对已查验货物的某些性状作进一步确认的;

②货物涉嫌走私违规,需要重新查验的;

③进出口货物收发货人对海关查验的结论有异议的,提出复验要求并经海关同意的;

④其他海关认为必要的情形。

(8)申请担保放行

为了加快通过速度,进出口货物收发货人或其代理人在确定货物归类、估价或办结其他海关手续前,可以要求担保放行货物。在查验过程中,海关要求对货物取样送检,若货物的交货时间紧张,货主可以向海关申请担保放行,在符合有关担保规定的前提下,海关将允许办理担保后放行。

**小贴士 3-6**

在下列情况下,经海关审核同意,可接受担保申请:

1.暂时进出口货物。

2.国家限制进出口货物,已经领取进出口许可证件但因故不能及时提交的。

3.进出口货物不能在报关时交验有关单证(如发票、合同、装箱清单等),而货物已运抵口岸,亟待提取或发运,要求海关先放行货物,后补交有关单证的。

4.正在向海关申请办理减免税手续,而货物已经运抵口岸,亟待提取或发运,要求海关缓办进出口纳税手续的。

5.经海关同意,将海关未放行的货物暂时存放于海关监管区之外场所的。

6.因特殊情况经海关总署批准的。

(9)查验异常货物处理

当海关查验并没有发现异常,则报关员就可拿到相关单证到海关审单部门作缴税和放行处理了,但如果海关查验发现异常,会根据实际情况作以下处理。

①移交处理。若海关查验发现货物与报关单中品名、数量、归类、规格、价格、贸易方式、原产地、启运地、运抵地、最终目的地等申报内容严重不实,或者情节恶劣,严重干扰外贸秩序的,海关查验部门会将案件及相关单据移交稽查或缉私部门;若涉及知识产权的则会移交法规部门。

②估价处理。若海关查验发现货物的品质、型号、成分、状态或其他指标申报不实,但不构成移交缉私或稽查部门,需对申报价格进行重新估价处理的,海关查验部门会把相关单据转至海关税费岗位验估,以作进一步处理。

③补税处理。若货物查验发现数量、品质、成分等指标申报不实,不构成移交缉私或稽查部门,但对货物的归类发生改变而造成应缴税费发生改变的,需补交税款。

④补正处理。如货物查验发现货物品名或归类申报不实,实际货物需提交进出口许可证件或其他检验机构的证件的,但不构成移交缉私或稽查部门的,则需补交相应证件。

⑤退运处理。若海关查验发现货物不符合国家进出口管制政策(如国家禁止进出口的商品),则会责令货物作退运处理;或其他情况(如进口货物质量指标与合同不符),海关查验后货主主动申请退运的,海关则会按退运处理。

⑥退单改单处理。若海关查验发现报关单某一处或几处指标申报不实,不构成移交处理又无需补证补税的,但需要报关单进行撤销重新申报或对相关指标进行修改处理。

⑦暂扣货物处理。海关查验发现异常但不能立即查明情况或不能确定如何处理时临时会进行暂扣货物的处理,如海关发现知识产权侵权嫌疑后,在程序规定的时限内可暂扣货物以等待权利人的回复确认。

**知识链接 3-2**

## 为什么你的查验率总是居高不下?

张世华　盘岩松

很多企业不理解,为什么自己的货物查验率偏高?特别是AA类(高级认证)和A类(一般认证)企业,他们认为自身是海关高资信企业,查验率应当理所当然地低,但事实上却不能一概而论。在此,本文结合日常工作中遇到的一些案例,简要谈谈部分企业查验率高的原因。不当之处,敬请拨冗指正。

先说一下布控查验的种类,一般情况下,查验包括海关系统随机布控和有异常情况下的人工布控。

1.随机布控

随机布控其实没什么好说的,海关严查时会调高抽验率,如前段时间的海关“利剑行动”,部分关区调高了查验率,相信很多企业深有体会。当然这个抽验率是不断调整的,一般情况下,抽验率在3%左右。而这个3%也是相对的,在某个阶段,海关根据工作需要,重点稽查某类货物或某类企业时,查验率也会额外偏高,有些企业的查验率也可能是50%甚至更多。当然,这并非常态,故在这里不必详细赘述。

2.人工布控

对于异常情况下的人工布控,其实大部分企业被人工布控,都是不应该的(当然,主观故意的除外)。即不是海关想查,而是企业申报的信息让海关不得不查。那么,这一块有哪些具体原因呢?

(1)申报不规范。特别是一些常规商品,料号当型号报,用途、功能等申报要素模糊不清。例如,货物报关时,除了提供商品的编码、价格和数量等之外,申报要素也要一并提供,但是很多企业的具体制单人员没有提供。有的寄希望让代理的报关公司整理,然而很多情况下,产品的特殊申报要素,除非主动提供,外界通常是不清楚的。总之,到最后提交的信息异常凌乱,经常出现一些常识性错误。比如申报一批钢管,编码是无缝的,但是申报要素写的却是焊缝;编码原本是合金的,但是申报要素却写成不锈钢。

(2)品名、重量、金额、法定单位等不合常规。很多企业把品名合并为几个大项,或者出现金额误报,重量或数量纰漏等。这种情况下,海关申报系统有风险参数设置,即有非常规情况下的预警功能。一旦申报信息不符合这些参数要求,系统就会自动布控。严格意义上说,这类布控也不完全算是人工布控。

(3)异常删改单,被布控核实。日常工作中,对于已通过审核而货物未结关放行的报关单因某些原因要删改单,或者对已结关放行货物(还在海关监管区),在没有取得足够信服资料的情况下强行改单,海关一般都会实施布控查验加以核实。

[注:本文作者分别系广州市快捷报关报检有限公司营运总监、广东黄埔报关协会综合部主任　资料来源:微信公众号 ID:baoguanzhiwen(报关指闻)]

### 3)缴纳税费

海关征税主要是依法征收进出口货物的关税、进口环节税、船舶吨税等,它是征收关税的唯一权力机关。根据《海关法》及其他相关法规规章的要求,海关征税的流程如图 3-5 所示。

针对海关征税流程,进出口货物收发货人或其代理人收到海关开具的税款缴款书和收费票据后,在规定的时间内向指定的银行办理税费交付手续,也可以向签有协议的银行办理电子支付税款的手续。

纳税义务人采取柜台支付缴纳税款的,现场海关通过部门征收税款岗位凭收款银行签章的税款专用缴款书第一联(收据)核注该票报关单电子数据。若采取电子支付方式缴纳税款的,H2000 系统自动核注。此时报关人员可报请海关办理货物放行手续。

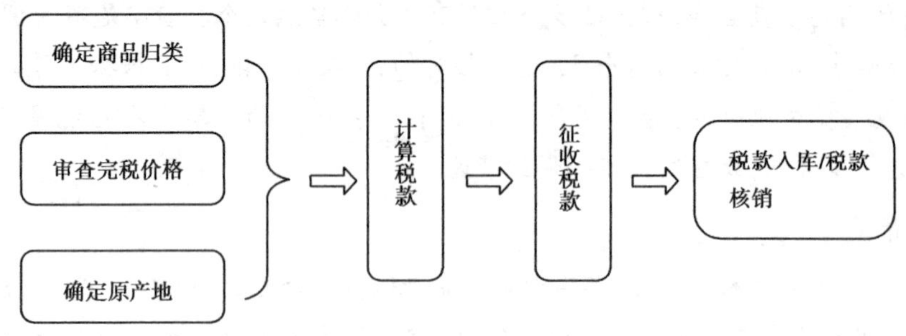


图 3-5 海关征税流程图

## 案例导读 3-4

### 变每次缴税为每月一次汇总缴税 武汉海关推广征税新模式

日前,武汉东风汽车进出口有限公司向武汉海关申报进口一批汽车零配件,涉及税款2.5万元,报关员不需要马上交税,只轻点鼠标,选择"汇总征税",2 分钟后,该批进口货物顺利批准通关放行,这是武汉海关实施"汇总征税"新模式带来的便利。

今年 7 月,海关总署发文,在全国海关试点推广"汇总征税"新模式。汇总征税是海关推进贸易便利化、提高通关效率、节约企业通关成本而开展的一种新型集约化征税模式。在这种模式下,企业在进口货物通关时,海关不再逐票打印税单征税,而是企业凭有效担保,先办理货物进出口通关手续,提取货物,然后在下个月的第 5 个工作日前完成本月应缴税款的汇总支付。这种模式由传统的"逐票审核、先税后放"转变向"先放后税、汇总缴税"。

东风进出口公司成为省内第一家"汇总征税"模式的试点企业,从 8 月 31 日至 9 月 29 日,一共申报 10 批货物,货物主要包括汽车零部件和一些机械生产设备,涉及税款 400 万元。

东风进出口公司财务部长鄢振宏介绍,以前按批次办理,"一个流程走完需要半天时间,一个月就累计需要四五天办这个事,如今这些程序全部取消了,报关员只需要轻点鼠标,选择汇总征税,2 分钟就完成通关放行"。

武汉海关关税处负责人称,如果企业类别为一般认证及以上、已开通海关税费电子支付、上一自然年度月均缴税次数不低于 4 次、纳税及时,企业符合这些条件,均可向海关提出申请开展汇总征税的资质。

(资料来源:长江日报,2015 年 10 月 8 日报道,记者:汪文汉)

#### 4) 提取或装运货物

##### (1) 提取或装运货物

海关在接受进出口货物的申报交单、查验货物、征免税费或接受担保后,将允许进出口货物离开海关监管场所,这一环节称为海关进出境现场放行,其具体做法是海关在进口货物提货凭证或出口货物装货凭证上加盖海关放行章,进出口货物收发货人或其代理人签收以上凭证,凭以提取进口货物或将出口货物装上运输工具离境。

对一般进出口货物而言,海关放行等于结关,即货物办结海关手续,海关结束对货物的监管。但有时候货物放行并不等于结关,这主要针对特殊监管货物而言,如保税货物、特定减免税货物等,这些货物在放行时并未办完所有的海关手续,海关在一定时期内还需进行监管。

(2)申请签发报关单证明联和其他证明手续

在办理完提取进口货物或装运出口货物的手续后,进出口货物收发货人或其代理人如果需要向海关申请签发进出口货物报关单证明联或其他证明手续的,可以向海关提出申请。

①申请签发进出口货物报关单证明联。若出口货物需要在国家税务机构办理出口退税的,报关人员可向海关申请签发出口货物报关单退税证明联,若需要在银行或国家外汇管理部门办理出口收汇核销的,报关人员应向海关申请签发出口货物报关单收汇证明联;进口货物需要在银行或国家外汇管理部门办理进口付汇的,报关人员可以向海关申请签发进口货物报关单付汇证明联。经海关审核,对符合条件的予以签发相关证明联,报关人员可到专门窗口申请打印相关证明联,并交付一定费用。

②申请签发进出口货物证明书。如需向相关部门或消费者证明该货物是进出口货物,还可以向海关申请签发进出口货物证明书。普通货物的《货物进口证明书》和《货物出口证明书》由进出口货物报关的海关负责签发。对进口的汽车、摩托车而言,必须要向海关申请签发《货物进口证明书》,因为它是向国家交通管理部门办理汽车、摩托车牌照申领手续必要的材料之一。

## 3.3　转关的报关程序

### 3.3.1　转关的含义

转关是指货物在海关的监管下,从一个海关运至另一个海关办理某项海关手续的行为。常见的转关方式有三种:第一种是进口货物由进境地入境,向进境地海关申请转关,运往另一个设关地点(指运地海关)办理进口报关手续;第二种是出口货物在起运地已经办理出口报关手续,运往出境地,由出境地海关监管放行出境;第三种是已经办理入境手续的海关监管货物从境内一个设关地点运往境内另一个设关地点的报关。

转关之所以发生是因为出口货物的起运地和出境地不属于同一海关关区,或进口货物的进境地和指运地不属于同一海关关区,使出口货物在起运地运至出境地、进口货物在进境地运至指运地过程中需要海关监管。或者是海关监管货物从一个关区运往另一个关区报关时需要海关监管。

### 3.3.2 转关的条件

并不是所有的货物都可以实行转关的，申请转关应符合下列条件：

①货物转关的指运地和起运地必须设有海关；

②转关是指运地或起运地应当设有经海关批准的监管场所；

③转关承运人应当在海关注册登记，承运车辆符合海关监管要求，并承诺按海关对转关路线范围和途中运输时间所限定将货物运抵指定的场所。

同时，为了保护环境和限制特殊敏感性货物的进出口，有四类货物不可以转关，分别是：

①动物废物、冶炼渣、木制品废料、纺织品废物、贱金属及其制品的废料、各种废旧五金、废电机、废电器产品、废运输设备、废塑料、碎料及下脚料等；

②消耗臭氧层物资、化学武器关键前体、可作为化学武器的化学品、化学武器原料、易制毒化学品等；

③汽车整车，包括整套散件和二类底盘；

④国家检验检疫部门规定必须在口岸检验检疫的商品。

### 3.3.3 转关的三种方式

由于转关涉及两个不同海关之间的联合配合，所以其报关的方式与普通报关方式不同，根据其向海关申报顺序的不同，可以将转关方式分为三种：提前报关转关、直转转关和中转转关。其不同点详见表 3-2 所示。

**表 3-2　三种转关方式对比**

| 转关方式 | | 报关方式 | 申报期限 |
|---|---|---|---|
| 进口转关 | 提前报关转关 | 货物在指运地先申报进口，再到进境地海关办理进口转关手续 | 电子数据向指运地海关申报之日起 5 日内再到进境地海关办理转关 |
| | 直转转关 | 货物在进境地海关办理转关手续，运抵指运地再在指运地海关办理进口申报手续 | 自运输工具申报进境之日起 14 日内向进境地海关办理转关手续，在运抵指运地之日起 14 日内向指运地海关办理报关手续 |
| | 中转转关 | 针对持全程提运单需换装境内运输工具的进口中转货物，向指运地海关办理进口申报手续，再由境内承运人或其代理人批量向进境地海关办理转关手续 | 向指运地海关报关后，货物抵达进境地，由承运人统一向进境地海关办理转关手续 |

续表

| 转关方式 | | 报关方式 | 申报期限 |
|---|---|---|---|
| 出口转关 | 提前报关转关 | 货物在未运抵起运地监管场所前先申报，待货物运抵监管场所后再办理出口转关手续 | 电子数据向起运地海关申报之日起5日内再到出境地海关办理转关 |
| | 直转转关 | 货物在运抵起运地海关监管场所申报出口后，在起运地海关办理出口转关手续再到出境地海关办理出境手续 | 货物办理报关的海关和转关的海关均为起运地海关，按顺序先后在短期内办理 |
| | 中转转关 | 针对持全程提运单需换装境内运输工具的出口中转货物，先向起运地海关办理出口申报手续，再由境内承运人或其代理人按出境工具分列舱单向起运地海关批量办理转关手续，并到出境地海关办理出境手续 | 向起运地海关报关后，货物抵达起运地，由承运人统一向起运地海关办理转关手续 |

### 3.3.4 转关的流程

#### 1) 进口货物的转关流程

进口货物的三种方式的转关流程如表3-3、图3-6所示。

**表3-3 进口货物三种方式的转关流程**

| 转关方式/流程 | 提前报关转关 | 直转转关 | 中转转关 |
|---|---|---|---|
| 第一步 | 先向指运地海关传送进口货物报关单电子数据 | 货物抵达进境地后，先向进境地海关录入转关申报数据，直接办理转关手续 | 先由收货人向指运地海关传送进口货物报关单电子数据，申报进口 |
| 第二步 | 指运地海关提前受理电子申报，接受申报后，计算机自动生成进口转关货物申报单，向进境地海关传输相关数据 | 进境地海关接受转关申报后，向指运地海关传输相关数据 | 指运地海关接受进口申报后，向进境地海关传输相关数据 |
| 第三步 | 货物抵达进境地海关后，申报人向进境地海关提供进口转关货物申报单编号，并提交相关单证办理转关运输手续 | 货物由海关监管运输工具运抵指运地后，申报人向指运地海关直接办理进境申报手续 | 货物抵达进境地后，承运人或其代理人向进境地海关提交进口转关货物申报单等数据资料，办理转关手续 |

续表

| 转关方式/流程 | 提前报关转关 | 直转转关 | 中转转关 |
| --- | --- | --- | --- |
| 第四步 | 海关监管运输工具将货物运抵指运地，指运地海关根据相关单证核查后放行 | 海关核查单证货相符后放行 | 运输工具在海关监管下从进境地运抵指运地，海关核查后放行 |
| 需要提供的单证 | (1)进口转关货物核放单(广东省内公路运输的，交验进境汽车载货清单)；(2)海关境内汽车载运海关监管货物载货登记簿(即汽车载货登记簿或船舶监管簿)；(3)提货单 | (1)进口转关货物申报单(广东省内公路运输的，交验进境汽车载货清单)；(2)汽车载货登记簿或船舶监管簿 | (1)进口转关货物申报单；(2)进口货物中转通知书；(3)纸质舱单(空运交“联程运单”) |

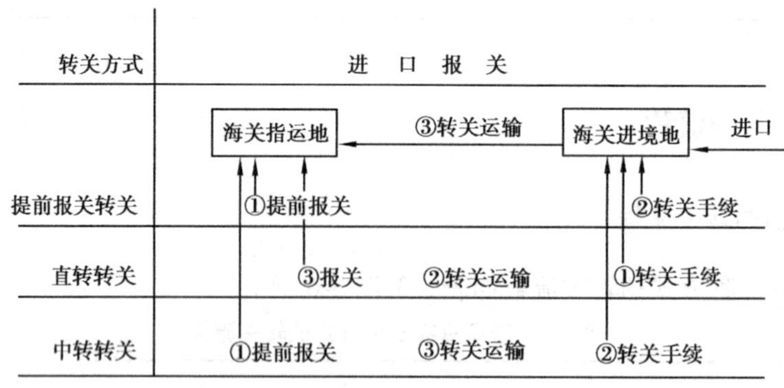


图 3-6　进口货物的转关流程图

**2）出口货物的转关流程**

出口货物的三种方式的转关流程如表 3-4、图 3-7 所示。

**表 3-4　出口货物三种方式的转关流程**

| 转关方式/流程 | 提前报关转关 | 直转转关 | 中转转关 |
| --- | --- | --- | --- |
| 第一步 | 在货物未运抵起运地海关监管场所前，向起运地海关传送出口货物报关单电子数据 | 货物运抵起运地海关监管场所后，向起运地海关传送出口货物报关单电子数据 | 先由发货人或其代理人向起运地海关传送出口货物报关单电子数据，申报出口 |

续表

| 转关方式/流程 | 提前报关转关 | 直转转关 | 中转转关 |
| --- | --- | --- | --- |
| 第二步 | 起运地海关提前受理电子申报，计算机自动生成出口转关货物申报单数据，向出境地海关传输相关数据 | 起运地海关受理电子申报，生成出口转关货物申报单数据，传送至出境地海关 | 由承运人或其代理人向起运地海关提交出口转关货物申报单等数据资料，办理出口转关手续 |
| 第三步 | 货物抵达出境地海关后，申报人持起运地海关签发的出口货物报关单、出口转关货物申报单或出境汽车载货清单、汽车载货登记簿或船舶监管簿向出境地海关办理转关货物出境手续 | 货物用海关监管的运输工具运抵出境地后，持起运地海关签发的出口货物报关单、出口转关货物申报单或出境汽车载货清单、汽车载货登记簿或船舶监管簿向出境地海关办理转关货物出境手续 | 起运地海关核准后，签发中转通知书，承运人或其代理人凭以办理中转货物的出境手续 |
| 第四步 | 出境地海关核查后放行出境 | 出境地海关核查后放行出境 | 货物运抵出境地后，出境地海关核查后放行出境 |
| 需要提供的单证 | 向起运地海关提交转关的单证：<br>(1)出口货物报关单；<br>(2)广东省内公路运输的，交验出境汽车载货清单；<br>(3)汽车载货登记簿或船舶监管簿 | 向起运地海关提交转关的单证(与左同)：<br>(1)出口货物报关单；<br>(2)广东省内公路运输的，交验出境汽车载货清单；<br>(3)汽车载货登记簿或船舶监管簿 | 向起运地海关提交转关的单证：<br>(1)出口转关货物申报单；<br>(2)汽车载货登记簿或船舶监管簿等；<br>(3)电子或纸质舱单(空运交“联程运单”) |

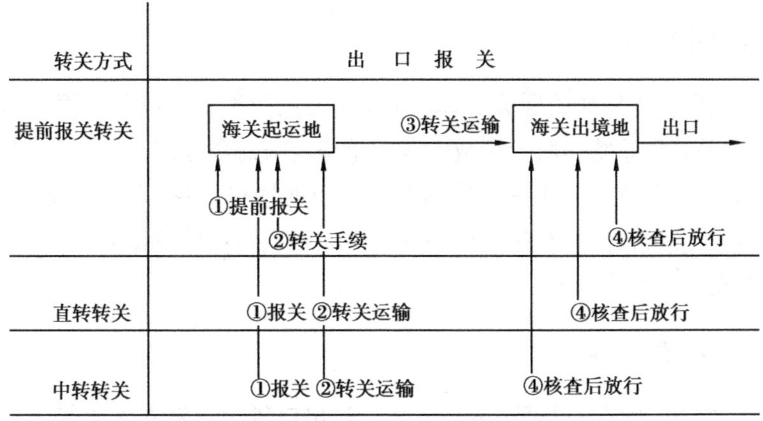


图 3-7　出口货物的转关流程图

## 3.4 分类通关和便捷通关

为了促使我国对外贸易由贸易大国向贸易强国迈进,提高我国贸易便利化程度,中国海关依托现代科技手段,创新综合管理模式,优化通关流程,实施分类通关。

所谓分类通关是一种差别化的通关模式,它以企业守法管理为核心,通过一整套风险分析程序,对海关认证企业资信良好的企业的低风险报关单或货物由计算机快速验放,从而提高通关效率,对少数资信较差的企业或高风险报关单或货物实施重点审核和查验,加强实际监管。这种分类通关模式实现了高效运作和有效监管的统一,大大提高了通关的速度。

分类通关其操作方式为海关通过通关管理系统对报关单电子数据进行风险分析,根据风险高低采用红绿通道区分,绿通道的报关单直接转现场处置,分别按风险高低实施“低风险快速放行”“低风险单证审核”和“高风险重点审核”;红通道的高风险报关单实行专业人员审单,根据专业人员的审单结果再实行上述三种操作,如图 3-1 所示。

### 3.4.1 分类通关的三种操作流程

#### 1)低风险快速放行

它是分类通关中最便捷的通关方式。进出口货物收发货人或其代理人向海关申报电子数据后,通过通关管理系统风险分析或专业审单确定为低风险或未知风险且符合快速放行条件的(无须许可证件和缴纳税费的),无须再向海关递交纸质单证,海关系统会自动放行,并向海关监管人员和报关人员发出通知。

#### 2)低风险单证审核

它是分类通关中较为便捷的通关方式。进出口货物收发货人或其代理人向海关申报电子数据后,通过通关管理系统风险分析或专业审单确定为低风险或未知风险,但需人工审核纸质单证条件的,海关系统会向申报人发送纸质交单的回执,申报人现场交单,海关审核无误并征收税费、核注许可证件后直接完成验放程序。若纸质审核单证有疑问的,可退回企业要求修改或布控查验核实。

#### 3)高风险重点核查

它是分类通关中最为严格的通关管理方式。进出口货物收发货人或其代理人向海关申报电子数据后,通过通关管理系统风险分析或专业审单确定为高风险类,系统会向申报人发送纸质交单的回执,申报人现场纸质交单。海关根据相关风险提示或专业审单的审核结果进行重点核查,若无问题海关则征收税费、核注许可证件后直接验放,若有疑问则海关进行布控查验。

### 3.4.2 便捷通关的措施

#### 1)担保验放、便捷通关

这种便捷通关方式适用于资信程度高的企业,即企业可以在未办理通关手续的情况下提前将货物提取入境或装运出境。对于资信程度高的企业在符合准入门槛的前提下,需先向海关提出担保验放的申请,经海关同意后,会先验放货物无误后放行。进出口货物收发货人或其代理人提货或转运货物后需在规定的时间内向海关正式申报和缴纳税费,办结海关手续。

"担保验放"通关的具体流程如图 3-8 所示。

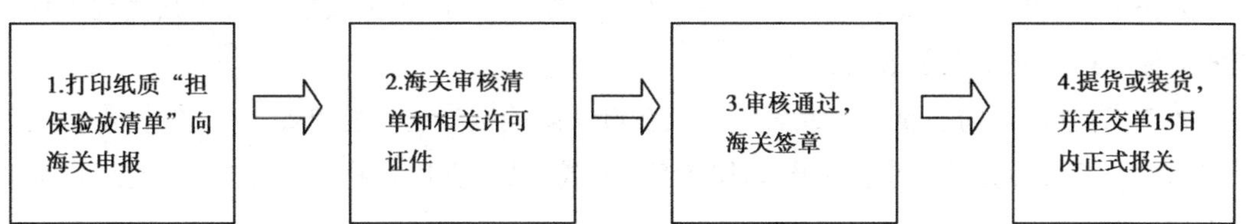


图 3-8 "担保验放"通关流程图

第一步:进出口货物收发货人或其代理人向海关电子申报接到"现场交单"的指令后,在打印报关单时选择"H2000 担保验放清单打印"选项,打印出"进(出)口货物担保验放清单"(以下简称担保验放清单)一式两份并加盖印章,凭此向海关申请办理验放手续;此清单与正式报关单格式相同,其右上角印有"担保验放"的字样。

第二步:进出口货物收发货人或其代理人将担保验放清单交予海关验单员优先验核,审核无误后转验放环节,办理担保验放手续。若涉及许可证件的需提交纸质许可证件,无证件不能实行担保验放。

第三步:海关验放货物无误后在担保验放清单上签章、批注日期,并将其中一份交还进出口货物收发货人或其代理人,以便后期正式报关作为随附单证使用。

第四步:进出口货物收发货人或其代理人凭担保验放清单提取或转运货物,并要在海关发出"现场交单"信息后 15 日内提交正式报关单、担保验放清单和其他随附单证,办理单证复核和缴纳税费的手续。

**小贴士 3-7**

以下情况不得办理"担保验放"的通关模式:

1.若货物属于进出口废旧物品、濒危物种、有毒化学品、易制毒化学品、化学武器前体、监控化学品、金银、文物、中西药品、食品、体育及狩猎用枪支弹药和民营爆破器材、无线电器材、保密机等受国家有关规定管理的进出口货物;

2.不能向海关交验有关主管部门批准文件或证明的;

3.其他国家法律法规规定不得接受担保的。

**2)属地申报、口岸验放**

这种便利通关的方式要求企业的资信水平较高,它是跨区域通关最便捷的通关方式,所谓属地申报、口岸验放是企业在其所属地海关办理申报和缴纳税费的手续,在货物的出境地或进境地口岸海关办理查验和放行的手续,避免企业所在地海关与货物出境地或进境地海关不同而实施转关运输的监管方式,从而节省通关时间和成本。对因海关规定或国家进出口许可证件管理,须在属地或口岸进行申报并办理验放手续的进出口货物,暂不适用于"属地申报,口岸验放"通关方式,进出口许可证件不包括"入(出)境货物通关单"。

"属地申报、口岸验放"的通关流程为:进口货物、出口货物和交单规定。

(1)进口货物

第一步:运输工具进境前(时),在海关规定的时间内,运输工具负责人或其代理人向口岸海关传输进口舱单电子数据;

第二步:进口货物的收货人或其代理人在口岸海关接受进口舱单数据申报后(海关另有规定的除外),即可选择"属地申报、口岸验放"方式,录入进口货物报关单电子数据,向属地海关进行申报;

第三步:报关单电子数据经海关审结后,报关人在属地海关接单点递交纸质报关单证,并办理有关税费手续;

第四步:报关人向口岸海关办理进口货物的查验、放行手续,海关对进出口货物进行风险分析后确定货物是否需要查验,不需要查验的货物直接予以放行。

(2)出口货物

第一步:出口货物的发货人或其代理人在取得出口口岸订舱数据后(海关另有规定的除外),即可选择"属地申报、口岸验放"方式,录入出口货物报关单电子数据向属地海关进行申报;

第二步:报关单电子数据经海关审结后,报关人在属地海关接单点递交纸质报关单证,并办理有关税费手续;

第三步:报关人向口岸海关办理出口货物的查验、放行手续,海关对进出口货物进行风险分析后确定货物是否需要查验,不需要查验的货物直接予以放行。

(3)交单规定

①属地海关接单点负责验核纸质报关单、合同、发票、装箱单、许可证件、原产地证明等报关单证;

②对在口岸才能办理的报关单证(如进口通关单等),报关人可以在口岸海关办理查验与实货放行手续时才向海关交验。

小贴士 3-8

属地申报、口岸验放的便利

广东省揭阳市一家海关认证为一般认证企业(原企业管理类别为A类的企业),近期有一批货物出口,客户希望能在福建省厦门市装船发货,不知企业采用哪种通关措施更加便捷?通过向专业人士咨询,建议使用"属地申报、口岸验放"进行通关。即在向揭阳海关通关部门申报后,货物不必进入揭阳海关监管场所办理验放手续,不必办理转关手续,也不必使用海关监管车辆,申报货物还可以一票多柜,直接发货到厦门口岸海关,由其办理验放手续。采用这种方式,可以让公司节约集装箱相关费用,降低通关成本,节省通关时间,且能灵活安排物流车辆运输,使此次通关更加省时、省钱、省力。

3)提前申报、货到验放

这种便捷通关方式主要适用于货期较紧,需要快速通关以节约货物流通时间的进出口货物。进出口货物收发货人或其代理人在进口货物起运后抵港前、出口货物运抵海关监管场所前3天向海关提前申报,缴纳税费,海关在货物到达前办结除查验和放行外的其他通关手续。待货物到达后只需办理查验和放行手续即可。这种便捷通关方式主要将海关监管的手续进行了前置或后移,最大限度地减少了货物在海关监管场所停留的时间。

4)通关无纸化

通关作业无纸化是指海关以企业分类管理和风险分析为基础,按照风险等级对进出口货物实施分类,运用信息化技术改变海关验核进出口企业递交纸质报关单及随附单证办理通关手续的做法,直接对企业通过中国电子口岸录入申报的报关单及随附单证的电子数据进行无纸审核、验放处理的通关作业方式。

自2012年8月起,海关在北京(空运进口业务)、天津(海运进口业务)、上海(海运进口业务)、南京(特殊监管区域进出口业务)、宁波和杭州(转关进出口业务)、福州(对台贸易进出口业务)、青岛(海运出口业务)、广州(空运出口业务)、深圳(陆运口岸出口业务)、拱北(陆运口岸进口业务)、黄埔(陆运转关进出口业务)启动了无纸通关的试点。若相关企业属于上述地区,可向海关申请无纸化通关,经报关所在地直属海关审核同意,并与中国电子口岸数据中心签订电子数据应用协议后,可在该海关范围内适用无纸化通关。在进行无纸化通关时应同时向海关发送报关单电子数据和随附单证电子数据。

以上便捷通关方式大大提高了企业通关的效率,同时,海关还专门针对不同企业量身定做了各种便捷的通关方式,如对符合条件的从事加工贸易的大型高新技术生产企业,可实行联网监管、免设台账、简化审批手续等便捷措施。特别是对于资信程度很高、规模较大的高新技术生产企业,海关也会根据企业情况提供最大的通关便利。

**5)广东陆路口岸跨境快速通关**

这种便捷通关方式适用于粤港澳之间贸易往来的货物,它以"载货清单"电子数据提前申报为前提,结合经营人自管机制,指定运输路线,应用电子关锁和 GPS 进行途中监控,实现货运转关车辆不用在口岸海关办理人工报关手续,使从事两地运输车辆不停车便能完成口岸申报,大大节约了企业的运输成本和通关时间。其具体操作方式如表 3-5 所示。

**表 3-5　广东陆路口岸跨境快速通关流程**

| 通关步骤 | 进口通关流程 | 出口通关流程 |
| --- | --- | --- |
| 第一步 | 承运人录入"载货清单"数据,提前向进境地和指运地海关申报 | 承运人提前向属地海关申报"载货清单"数据,向起运地还敢申报出口货物报关单数据,海关接受审核,并办理征收税费等手续 |
| 第二步 | 起运前,境外海关启动电子关锁或 GPS,或由进境地海关在卡口启动电子关锁 | 车辆起运前,起运地海关启动电子关锁或 GPS,起运地海关电子地磅自动称重,并传输数据至海关 |
| 第三步 | 车辆驶入进境地海关卡口,卡口系统自动称重,验核电子关锁、GPS,对比重量。海关对比"载货清单数据"、进口报关单数据和称重等数据,检查途中车辆监控信息 | 车辆驶入出境地海关卡口通道,卡口系统自动进行电子地磅称重,并将"载货清单"和"出口货物报关单"申报重量与地磅称重进行对比,海关检查途中车辆监控信息 |
| 第四步 | 数据对比后属情况正常的,办结通关手续 | 数据对比后属情况正常的,自动核销"载货清单",办结通关手续,并向起运地海关发送核销回执 |

**案例导读 3-5**

## 海关一体化通关改革提前知道

2016-05-31　心海报关

根据海关总署政法司司长陈旭东在 2016 年上海举办的国际报关协会同盟(IFCBA)上透露,2016 年 6 月 1 日起,全国通关一体化改革将率先在上海启动试点,为中国海关力争在 2020 年实现一体化通关管理的愿景"打前站"。

1.归类、审价等可以放行后再做

中国海关正在全力实施《海关全面深化改革总体方案》,预期在 2020 年完成改革,届时货物通关将更加便捷、高效,贸易安全程度也将大大提高。

全国通关一体化改革，具体而言，主要由“两中心、三制度”构成。两个中心分别是风险防控中心、税收征管中心，三个制度分别是创新报关审核、税收征管的管理模式，以及创新协同监管制度。

改革前，企业要先进行申报，再归类、审价、原产地审核，经查验后才能放行，然而归类、审价和原产地审核等事宜往往费时费力，加长了通关的周期。其实，通过对风险等要素的审核，对于一些诚信的企业，上述事宜可以在放行后进行。

此次改革明确的方向正是“一次申报、分步处置”。改革后，企业经过一次申报，先由口岸海关分析验证货物品名、数量、禁限等准入属性，排查准入风险后，企业自缴税款或凭担保先放行货物，放行前需现场验估的，可通过取样等手段存证后放行；放行后，再由属地海关分析验证货物归类、价格、原产地等税收属性，通过批量审核与验估、核查、稽查等，完成货物放行后的税收征管作业。

2.从“要我缴税”到“我要缴税”

创新报关审核管理模式的同时，税收征管方式也将进行改革。税收征管方式改革前，企业在报关后，由海关对企业申报的归类、价格、原产地分别采取依法“审核确定”“审查确定”的方式，在“确定”上述要素后确定一个应缴税款并开具税单，企业凭海关确定的税款进行缴税作业。

改革后，海关的管理模式不再是逐票“确定”企业申报要素是否正确、准确，以及税款有多少，而是除企业报关以外，由企业自主按照法定规则申报归类、价格、原产地，按照法定规则计算应缴税款并自行办理支付、税单打印。“就好像开车，原本走的是一条笔直的马路，遇到一个红灯（业务节点），就必须停下来，等待海关进行相应处置后，方可通过；而改革后，就好像开上了高速公路，只需要一口气办好报关报税，海关一下指令，就能通过‘卡口’，疾驰起来。”

（文章来源：通关宝）

## 案例实训

广州金辉造纸有限公司（海关注册编码 4401112568）预进口废纸一批，委托广州天成外贸公司（海关注册编码 3122210077）代理进口，广州天成外贸公司委托 A 报关行办理货物进口报关手续，若您是 A 报关行的报关人员，可以按照以下步骤完成本次报关任务。

第一步：办理委托协议，取得委托报关资格。

第二步：查询本次进口货物废纸的商品编码和监管条件。

第三步:收取并核查相关进口批准证件。

第四步:填写进口货物报关单,并进行电子申报。

第五步:现场纸质交单。

第六步:配合查验。

第七步:缴纳税费。

第八步:申请放行。

具体操作方法如下:

第一步:办理委托协议,取得委托报关资格。

A 报关行与广州天成外贸公司签订《签订委托报关协议》,并取得《代理报关委托书》。在签订委托报关协议前,认真审核协议的内容条款,确认委托事项,评估协议的风险等。签订委托报关协议后,取得《代理报关委托书》,并检查双方在相关位置是否签字盖章。

第二步:查询本次进口货物废纸的商品编码和监管条件。

登录海关总署网站,并在进出口税则查询窗口,即网站地址为:http://www.customs.gov.cn/publish/portal0/tab67735/,查询废纸的监管条件为 7ABP,即进口废纸需申领固体废物进口许可证、自动进口许可证和入境货物通关单。

第三步:收取并核查相关进口批准证件。

签收本次报关所需的相关单证和证件,并检查证件的种类、证件数量是否正确,并作好签收记录,记录好各环节流转的时间节点。

第四步:填写进口货物报关单,并进行电子申报。

登录中国电子口岸申报平台,选择报关单录入模块,录入报关单电子数据,在填制报关单时应严格按照报关单的填制规范,认真查看提单、商业发票、装箱单、固体废物进口许可证件、自动进口许可证、入境货物通关单等对应数据。报关单填制好后向 H2000 系统发送申报数据。

第五步:现场纸质交单。

在接到报关系统的“现场交单”反馈后,打印好纸质报关单,准备好所有相关单据,10 日内向广州海关通关大厅现场窗口进行纸质申报交单。提交的纸质单证有:代理报关委托书、进口报关单、提单正本、商业发票、装箱单、固体废物进口许可证件、自动进口许可证、入境货物通关单等。

第六步:配合查验。

若收到海关查验通知单,则陪同海关关员查货,若没有查验通知,可以不予查验。

第七步:缴纳税费。

收到税款缴款书和收费票据后,在规定的时间内向指定的银行(一般为中国银行)办理税费交付手续,也可以向签有协议的银行办理电子支付税款的手续,还可以在海关征收税款岗位部门柜台直接缴纳税款。

第八步:申请放行。

凭完税凭证向现场海关申请放行,海关放行货物后,可通知收货人派车提货。海关在进口报关单盖验讫章,并退单,收货人可以凭以到外汇管理局指定银行办理付汇核销。

## 课内练习

### 一、单选题

1.下列货物的报关程序中,适合一般进口报关程序的是(　　)。

A.武汉某公司从日本进口一批纸尿裤并在本地销售

B.经批准进口特别用于残障人士的一批临时减免税的仪器

C.从国外进口到深圳某保税港区进行加工后返销美国的一批金属原材料

D.暂时进境参加广州某一展览会的一批灯具

2.下列关于申报地点的表述,错误的是(　　)。

A.进口货物应当在进境地海关申报

B.出口货物应当在出境地海关申报

C.经海关同意,进口货物可以在指运地海关申报,出口货物可以在起运地海关申报

D.特定减免税货物改变性质转为一般进口时,应当在货物原进境地海关申报

3.运载进口货物的运输工具 5 月 9 日申报进境,收货人 5 月 15 日向海关传送报关单电子数据,海关当天受理申报并发现场交单通知。收货人于 5 月 27 日提交纸质报关单时,发现海关已于 5 月 26 日撤销电子数据报关单,遂于 5 月 30 日重新向海关申报,海关当天受理申报并发出现场交单通知,收货人 5 月 31 日提交纸质单证。如以上日起均不涉及法定节假日,滞报天数应为(　　)。

A.0 天　　B.6 天　　C.7 天　　D.8 天

4.进出口货物收发货人申报并经海关依法审核,必须撤销原电子数据报关单重新申报的,如产生滞报,经进口货物收发货人申请并经海关审核同意,以(　　)为滞报金起征日。

A.运输工具申报进境之日

B.运输工具申报进境之日起第 15 日

C.撤销原报关单之日

D.撤销原报关单之日起第 15 日

5.下列关于海关征收滞报金的表述,正确的是(　　)。

A.计征起始日为运输工具申报进境之日起第 15 日,截止日为海关接受申报之日(即申报日期),起始日计入滞报期间,但截止日不计入滞报期间

B.滞报金的日征收金额为进口货物完税价格的 5‰

C.滞报金计算至人民币“分”

D.滞报金的起征点为人民币 50 元

6.海关已接受申报的报关单电子数据送人工审核后,需要对部分内容进行修改的,进出口货物收发货人或其代理人应当按照海关规定进行修改并重新发送,申报日期为(　　)。

A.收发货人原发送申报数据的日期　　B.收发货人修改后重新发送的日期

C.海关原接受申报的日期　　D.海关接受重新发送的日期

7.进口货物直接退运应当从原进境地口岸退运出境。对因运输原因需要由另一口岸退运出境的,应当以(　　)方式出境。

A.转关运输　　B.直接运输　　C.一般退运　　D.一般出口

8.出口货物的申报期限为货物运抵海关监管区域后、装货的(　　)以前。

A.48 小时　　B.24 小时　　C.14 日　　D.15 日

9.某批易腐进口货物通关时,因涉嫌走私被海关扣留,在此期间货物发生变质,对此损失应以下列哪种方式处理?(　　)

A.因货物发生变质与收货人或其代理人涉嫌走私有关,故该损失由其承担 50%,海关赔偿 50%

B.因变质与海关扣留货物有关,故该损失应由海关承担

C.因其变质是在海关正常程序所需时间内发生,海关不予赔偿

D.构成走私,损失由收货人或其代理人自负,未构成走私,损失由海关负责赔偿

10.申报单子可以分为两大类,即报关单证和(　　)。

A.特殊单证　　B.基本单证

C.随附单证　　D.合同

## 二、多选题

1.下列关于进出口货物申报期限的表述正确的是(　　)。

A.进口货物的收货人应当自货物进境之日起 14 内,向海关申报

B.进口货物的收货人应当自装载货物的运输工具申报进境之日起 14 日内,向海关申报

C.出口货物的发货人除海关特准的外,应当在货物运抵海关监管区后、装货的 24 小时以前向海关申报

D.出口货物的发货人除海关特准的外,应在货物运抵海关监管区装货后,装货的前 24 小时向海关申报

2.进出口货物收发货人或其代理人配合海关查验的工作主要包括(　　)。

A.负责搬移货物,开拆和重封货物的包装

B.回答查验关员的询问

C.负责提取海关需要作进一步检验、化验或鉴定的货样

D.签字确认查验记录

3.进出口货物收发货人或其代理人在办理完毕提取进口货物或装运出口货物的手续后,如有需要,可以向海关申请签发有关货物的进口、出口证明。海关签发的常见证明主要有(　　)。

A.进口货物报关单(付汇证明联)和出口货物报关单(收汇证明联)

B.出口货物报关单(出口退税证明联)

C.进口货物报关单(进口货物证明联)

D.进口货物证明书

4.(　　)报关需经过后续阶段。

A.易货贸易货物

B.暂准进出境货物

C.加工贸易货物

D.进出境修理物品

5.下列关于复验的表述正确的有(　　)。

A.经初次查验未能查明货物的真实属性,需要作进一步确认的,海关可以复验

B.货物涉嫌走私违规,需要重新查验的,海关可以复验

C.收发货人对查验结论有异议,提出复验要求的,海关可以复验

D.查验人员不能参加对同一票货物的复验

## 课外实训

1.河南渔农公司以 CIF 青岛 USD650/吨进口杀虫剂(监管条件 AS)20 吨,货物于 2015 年 12 月 10 日载运进境,同日该公司向青岛海关所属黄岛海关办理货物的进口报关手续,海关审核单子时,决定对货物进行查验,提取货样送检。请根据以上内容完成这批货物的进口报关任务。

2.济南某 A 类企业向香港出口服装一批,该批货物运抵济南海关监管现场前,先向该海关录入出口货物报关电子数据,货物运至海关监管现场后,转头至青岛口岸装运出境。请问,能否用更简便高效的方式进行报关?

# 第4章　保税加工货物的报关

## 案例导读 4-1

### 以来料加工为名　将21万张貂皮内销　皮草公司逃税4 000万

在未向海关办理内销申报手续的情况下，湖北某皮草公司以进料加工方式，在三年时间内，将从丹麦保税进口的21万余张水貂皮"出口转内销"，倒卖给国内企业牟利。昨悉，武汉海关破获湖北首起走私保税料件大案：这批价值约2亿元的涉案保税料件，涉嫌偷逃进口关税、增值税约4 000多万元。5名涉嫌走私的犯罪嫌疑人已被抓获。

2015年8月，武汉海关发现，湖北一家皮草公司存在擅自销售保税料件的嫌疑。经查，涉案公司系在海关备案的加工贸易企业，主要经营范围是收购貂皮等皮草，加工成品貂皮服装销往俄罗斯等国家。

武汉海关介绍，2012年12月至2015年8月期间，该公司先后9次在丹麦竞拍34万张水貂皮，以进料加工方式保税进口。其中21万余张"整张水貂皮"没有成品生产出来。

原来，保税料件进口后，该公司并未申报，擅自将这21万余张水貂皮倒卖给国内企业牟利，并填制虚假数据，骗取保税核销。这起保税料件走私案件涉案金额在全国同类型案例中案值规模靠前。

（资料来源：武汉晚报，2016年1月20日报道，作者：谭德磊）

**知识目标**

1.理解保税加工货物的含义。

2.掌握保税加工货物与一般进出口货物的区别。

3.熟悉不同情形下货物所适用的不同报关制度。

4.掌握保税加工货物的报关要点。

**技能目标**

1.能够进行电子化手册的申领和其管理下的保税加工货物报关。

2.能够进行电子账册的申领和其管理下的保税加工货物报关。

3.能够进行出口加工区进出口货物的报关。

4.能够进行深加工结转、外发加工的报关。

## 4.1 保税加工货物概述

### 4.1.1 保税加工货物含义

保税加工货物是经海关批准未办理纳税手续而进境,并在境内加工、装配后复运出境的货物。保税加工货物通常是加工贸易下的保税货物,即用于加工贸易的货物如原材料、半成品等在进境前向海关申请保税,经过海关批准后可以不用办理纳税手续进境,因而不是所有的加工贸易货物都是保税加工货物,必须经过海关的审核批准才能为保税货物。

加工贸易的特征为"两头在外",即其主要方式是从境外进口原材料、零部件、元器件、包装物料等,然后在境内将其加工或装配成成品后再运往境外。

加工贸易主要有以下两种方式:

一是来料加工,即由境外企业提供原材料,境内企业无须向其购买而付汇,只需按境外企业要求加工成成品,从而获取加工费,成品由境外企业销售的形式。

二是进料加工,即境内经营企业从境外购买原材料进境,进行加工成成品后再销售到境外的经营活动。

### 4.1.2 保税加工货物的报关特征

①料件进口时暂缓缴纳关税和进口环节代征税,除国家另有规定外免交进口许可证件。

②成品出口时除特别规定外免交出口关税,属出口许可证管理的货物必须交验许可证件。

③保税加工货物进出境海关现场放行后并未结束海关监管。

### 4.1.3 保税加工货物的范围

①专为加工、装配出口产品而从国外进口且海关准予保税的原材料、零部件、元器件、包装材料、辅助材料等。

②用进口料件生产的成品、半成品。

③在保税加工生产过程中产生的副产品、残次品、边角料和剩余料件。

### 4.1.4 对保税加工货物的管理

对保税加工货物的监管主要体现在5个方面,依次是商务审批、备案保税、纳税暂缓、监管延伸、核销结关。

1)商务审批

商务审批是海关对保税加工货物监管的前提,企业想从事加工贸易业务或成为加工贸易企业,必须先向企业所在地的商务部门(或外经贸部门)提出申请,经商务部门(或外经贸部门)审批后,出具“加工贸易企业经营状况和生产能力证明”,海关根据该证明中列明的税目范围进行审核备案。

2)备案保税

经商务部门审批后,企业便可凭商务部门出具的相关证明材料到海关申请备案,海关准予备案的加工贸易料件在进口时,便可享受暂时不办理纳税手续,即保税进口。电子化手册和电子账册管理下保税加工货物的具体备案的详细程序将在本章后面介绍。

海关接受加工贸易料件备案的原则是:合法经营、复运出境、可以监管。

①合法经营。即申请备案保税的料件或保税申请人均不属于国家禁止的范围,并获得了相关主管部门的许可,取得了相关进出口凭证。

②复运出境。即申请备案保税的料件进境加工、装配后,其流向明确是复运出境,并且相关单证能够证明申请进口的料件量和将出口的成品量之间能够达成基本平衡。

③可以监管。即申请备案保税的货物在进出口环节、加工装配环节都可以让海关监管,不会因为某些因素造成海关无法监管。

根据以上原则,我国海关对加工贸易货物监管办法中明确规定,下列情形不予备案进行加工贸易:

①进口料件或者出口成品属于国家禁止进出口的。

②加工产品属于国家禁止在我国境内加工生产的。

③进口料件属于海关无法实行保税监管的。

④经营企业或者加工企业属于国家规定不允许开展加工贸易的。

⑤经营企业未在规定期限内向海关报核已到期的加工贸易手册,又向海关申请备案的。

3)纳税暂缓

海关准予加工贸易料件备案保税后,在进境时暂时不办理纳税手续,进口料件制成成品后,待成品最终复运出境还是转为内销来确定是否免税。

因为国家规定,专门为加工出口成品的进口料件,按实际加工复出口成品所耗用料件免缴关税和进口环节代征税,即用在出口成品上的进口料件可以免税。但是,在料件进口时,无法确定用于出口成品上的确切料件数量,因此海关对进口的料件暂时不办理纳税,待最终成品出口并确定用于出口成品的料件数量后,再确定用于出口成品的料件免税,最终没有出口的料件需照章征税,企业需对最终纳税的料件补缴相关税费。

为了保证国家税收安全,加工贸易料件进口时未办理纳税手续,需采用海关事务担保,具体担保手续按照加工贸易银行保证金台账制度来执行。

(1)银行保证金台账制度

加工贸易银行保证金台账制度是在加工贸易商品和企业两个分类管理基础上确定的,即根据加工贸易下不同类型的商品(禁止类、限制类、允许类)和不同海关信用管理企业分类(高级认证企业、一般认证企业、一般信用企业和失信企业)在不同地区(东部和中西部[①])实行"实转[②]"和"空转[③]"。

加工贸易禁止类商品不准予开展加工贸易,该类商品目录一直处于动态变化过程中,最新的(商务部、海关总署公告2015第59号)禁止类商品目录共计1 862个十位商品编码,详细目录可查询商务部相关网站。

另外,以下情况不在加工贸易禁止类商品目录中单列,但按照加工贸易禁止类进行管理:

①为种植、养殖等出口产品而进口种子、种苗、种畜、化肥、饲料、添加剂、抗生素等;

②生产出口的仿真枪支;

③属于国家已经发布的禁止进口货物目录和禁止出口货物目录的商品。

加工贸易限制类商品收取台账保证金后海关准予备案,该类商品目录在2015年经过修改,共涉及451个十位商品编码,其中限制进口类356个,限制出口类95个。详细内容见本书附件三。

涉及加工贸易限制类商品的企业按照海关信用管理分类缴纳台账保证金,如表4-1所示,在规定期限内加工成品出口并办理核销结案手续后,保证金及利息予以退还。具体的实施方式为:

①加工贸易限制类商品目录(附件三)中对管理方式为"实转"的81个商品编码,高级认证企业与一般认证企业实行"空转"管理,东部地区一般信用企业缴纳按实转商品项下保税进口料件应缴进口关税和进口环节增值税之和50%的保证金,即"半实转";

②对其他370个商品编码,高级认证企业、一般认证企业与一般信用企业均实行"空转"管理;

③经营企业及其加工企业同时属于中西部地区的,开展限制类商品加工贸易业务,高级认证企业、一般认证企业和一般信用企业实行银行保证金台账"空转"管理;

④失信企业开展限制类商品加工贸易业务均须缴纳100%台账保证金。

禁止类和限制类以外的商品为允许类商品,加工贸易允许类商品在银行保证金台账制度中高级认证企业不实行银行保证金台账制度,即不设台账,一般认证企业和一般信用企业实行"空转",失信企业实行"实转"。

---

① 东部地区包括北京市、天津市、上海市、辽宁省、河北省、山东省、江苏省、浙江省、福建省、广东省。

② 实转:设台账并按应缴税款的50%或100%缴纳保证金。

③ 空转:设台账但不实际缴纳保证金。

**表 4-1　加工贸易银行保证金台账分类管理内容**

<table>
<tr><th rowspan="2">商品/管理分类<br>地区分类<br>企业分类</th><th colspan="2">禁止类商品</th><th colspan="2">限制类商品</th><th colspan="2">允许类商品</th></tr>
<tr><th>东部</th><th>中西部</th><th>东部</th><th>中西部</th><th>东部</th><th>中西部</th></tr>
<tr><td>高级认证企业<br>(原 AA 类企业)</td><td colspan="2" rowspan="5">不准开展加工贸易</td><td colspan="2" rowspan="2">空转</td><td colspan="2">不转</td></tr>
<tr><td>一般认证企业<br>(原 A 类企业)</td><td colspan="2">空转</td></tr>
<tr><td>一般信用企业<br>(原 B 类企业)</td><td>半实转/<br>空转*</td><td colspan="3">空转</td></tr>
<tr><td>失信企业(原 C 类企业)</td><td colspan="4">实转</td></tr>
<tr><td>特殊监管区域企业</td><td colspan="4">不转</td></tr>
<tr><td>失信企业<br>(原 D 类企业)</td><td colspan="6">不准开展加工贸易</td></tr>
</table>

注:* 此处实行"半实转"的仅为附件三中 81 个商品编码的商品,其余均为"空转"。

另外,对于高级认证企业、一般认证企业和一般信用企业,金额在 1 万美元以下(含 1 万美元)的加工贸易合同,不纳入台账管理,由海关直接办理合同备案手续;外商提供的金额在 5 000 美元以下(含 5 000 美元)、品种在规定的 78 种列明范围内的辅料,由主管海关根据出口合同核定辅料单耗用量,免办手册,不纳入台账管理。

(2)缓税利息

保税加工货物有时候会因为各种各样的原因无法复运出境,需要在国内销售,此时需对这些内销成品的料件补征进口关税和进口环节代征税,并且还需征收缓税利息(边角料和特殊监管区域的保税加工货物除外)。缓税利息是根据填发海关税款缴款书时海关总署参照中国人民银行公布的活期存款利率决定并公布的最新缓税利息率,并按日征收。其计算公式为:

$$应征缓税利息 = 应征税款 \times 计息天数 \times 缓税利息率 / 360$$

**知识链接 4-1**

### 加工贸易银行保证金台账的开设、变更、核销流程

1.台账开设

第一步:经营单位或企业向主管海关申请办理加工贸易合同登记备案。

第二步:经主管海关审核符合加工贸易合同备案要求的,签发《银行保证金台账开设联

系单》,交由企业前往银行办理台账开设手续。

第三步:企业前往指定银行办理保证金台账手续。银行审核有关资料后,根据有关情况为企业开设台账,出具《银行保证金台账登记通知单》。

第四步:企业凭银行签发的《银行保证金台账登记通知单》到海关办理正式合同备案手续。

2.台账变更

第一步:当加工贸易合同发生变更时,经营单位或企业向主管海关提出变更申请。

第二步:经主管海关审核可以办理合同变更手续的,签发《银行保证金台账变更联系单》,交由企业前往指定银行办理台账变更手续。

第三步:企业前往指定银行办理保证金台账手续。银行审核有关资料后,根据情况签发《银行保证金台账变更通知单》。

注:如涉及增加台账保证金的,企业应按规定补交,但合同变更后减少的台账保证金暂不退还,待合同结案后予以退还。

第四步:企业凭银行签发的《银行保证金台账变更通知单》到海关办理加工贸易合同变更手续。

3.台账核销

第一步:加工贸易合同执行完毕后,经营单位或企业向主管海关提出核销申请。

第二步:经主管海关审核可以核销结案的,主管海关签发《银行保证金台账核销联系单》,交由企业前往指定银行办理台账核销手续。

第三步:银行凭海关签发的《银行保证金台账核销联系单》办理台账核销手续,根据有关情况签发《银行保证金台账核销通知单》。

注:对需办理台账保证金的退还手续的,银行按活期存款利率计付利息。对在合同规定的加工期限内未能出口或经批准转内销的,海关通知银行将保证金转为税款,并由企业支付缓税利息。

第四步:企业凭银行签发的《银行保证金台账核销通知单》到海关办理加工贸易合同核销结案手续。

(资料来源:中华人民共和国上海海关)

#### 4)监管延伸

相对于一般进出口货物而言,海关对保税货物的监管可以延伸到进出境的场所和进出境时间之外。海关对保税加工货物的监管地点除了进出境的场所以外,还包括料件运离进境地口岸海关监管场所后进行加工、装配的地方;从监管时间上看,保税加工的料件在进境地被提取并不是海关保税监管的结束,而是继续,海关一直要监管到加工、装配后复运出境或办结正式进口手续最终核销结案为止。

海关对保税加工货物的保税期限是海关备案保税后料件进境，在境内加工、装配后复运出境的时间限制。电子化手册的保税期限原则上不超过1年，经申请批准后可以延长，延长期限原则上不超过1年，但要根据具体情况而定，如合同的期限、加工期限等；电子账册的保税期限是从企业的电子账册记录第一批料件进口之日起到该电子账册被撤销止；海关监管区域保税加工期限，原则上是从料件进区到成品出区办结海关手续止。

**5）核销结关**

核销结关是指保税加工货物必须经海关核销后才能结关，海关对保税加工经营者申请核销有期限的限制。电子化手册管理的保税加工货物报核期限是电子化手册有效期到期日起30天内，或最后一批成品出运后30天内；电子账册管理的保税加工货物报核按定期报核，一般以180天为一个报核周期，第一次报核是海关批准电子账册建立之日起满180天后的30天内报核，以后便是从前一次报核日起满180天后的30天以内报核。

## 4.2 电子化手册管理下的保税加工货物报关

电子化手册管理下的保税加工货物以合同管理为基础，实行电子身份认证，在加工贸易手册备案、通关、核销、结关等环节采用"电子手册+自动核算"的模式取代纸质手册，并通过与其他相关管理部门的联网逐步取消其他的纸质单证作业，实现纸质手册电子化，最终实现"电子申报、网上备案、无纸通关、无纸报核"。电子化手册管理下的保税加工货物报关主要可以分为三个阶段，即电子化手册备案、电子化手册通关、电子化手册核销。其主要流程如图4-1所示。

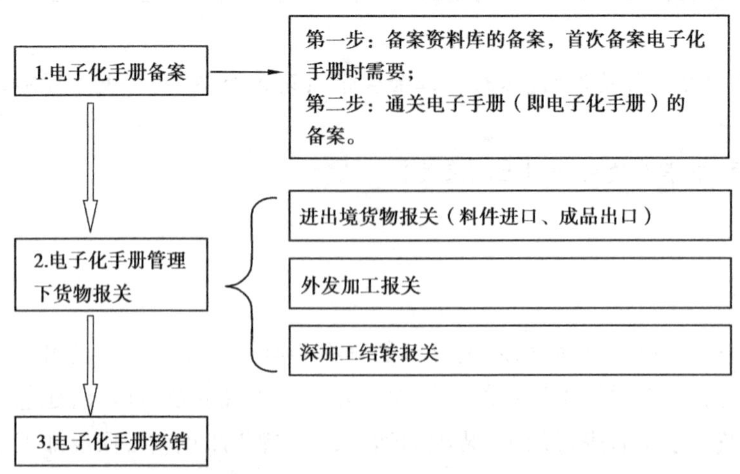


图4-1　电子化手册管理下保税加工货物报关简易图

### 4.2.1　电子化手册备案

电子化手册在海关计算机系统内的底账包括备案资料库和通关手册两个部分，备案资料库以企业为单元实行分段式备案，通关手册实行按合同备案。通常我们所说的电子化手册指的是通关手册，企业凭此通关手册才能办理保税加工贸易货物进出口的通关，而备案资料库主要用于海关方便掌握企业加工贸易料件和成品的总体情况。

加工贸易企业在首次向海关备案电子化手册前，应向海关申请企业备案资料库的备案。备案资料库是企业对将要加工贸易料件和成品按照《税则》等有关规定进行商品归类，并填制备案资料库基本信息、料件、成品表和单耗等情况，向海关申请备案，海关予以审核并建立备案资料库。备案资料库主要用于掌握加工贸易企业生产经营的总体情况。

**小贴士 4-1**

**备案资料库的备案办理流程**

1.加工贸易企业以预归类和预归并物料数据为基础，填报"备案资料库基本信息预录入呈报表""备案资料库进口料件预录入呈报表""备案资料库出口成品预录入呈报表"。

企业自行录入的，应通关企业端系统"备案资料库"模块录入、申报备案资料库备案数据，并以报文的形式向主管海关发送。

企业委托录入的，应填写"备案资料库基本信息预录入呈报表""备案资料库进口料件预录入呈报表""备案资料库出口成品预录入呈报表"，并提供给代理录入单位办理数据录入手续。

2.海关人员在H2000系统中调出企业申报备案资料库备案数据进行审核。经审核通过的，海关H2000系统便生成该企业的备案资料库，并生成12位数的备案资料库编号。

如果企业申报数据不完整、不符合审核要求，海关将退单并要求重新申报。

#### 1)电子化手册备案流程

电子化手册的备案是企业在备案资料库的商品范围内，按照购销合同的内容向海关申请备案电子化手册，海关根据企业当地商务部门出具的业务批准证等证件，对电子化手册备案的内容进行审核并建立电子化手册的过程。具体的备案流程如下：

第一步：企业根据当地商务部门发放的"加工贸易业务批准证"的相关内容，按照海关监管的要求，在电子化手册系统的企业端的"通关手册备案"窗口自行录入或委托报关公司录入电子化手册备案数据，并发送至海关。

第二步：企业向海关提交相关纸质单证，如地方商务主管部门出具的"加工贸易加工企业生产能力证明"、经营企业对外签订的合同和海关认为需要提交的其他证明文件和材料，向海关加工贸易监管部门申请电子化手册备案。

第三步：海关审核同意后，H2000系统建立12位编码的电子化手册底账，编码以B开头的表示手册是来料加工手册，以 C 开头的表示手册是进料加工手册。H2000 系统根据备案内容自动生成“银行保证金台账备案联系单”并发往银行。

第四步：企业通过网上支付或柜台支付的方式办理银行保证金台账业务，办理成功后，银行将台账联系单的数据反馈给海关，海关接受后系统 H2000 自动登记银行发放的“银行保证金台账开设电子通知单”。

第五步：海关系统确认电子化手册备案成功，不再签发纸质“登记手册”，企业凭电子化手册号码便可办理通关手续。

**小贴士 4-2**

**电子化手册备案注意事项**

1.企业在录入电子化手册电子数据时要注意其表头的“管理对象”应填写“以加工单位为管理对象”；“批准证编号”栏应填写“加工贸易业务批准证”编号，若该编号超过 20 个字符，则应填写缩写的批准证编号，再在备注栏填写完整的批准证编号。

2.通过系统审核、产生 12 位编号的电子化手册在货物进出口通关时不能直接使用，还需经过海关系统的确认才能生效，若手册涉及银行台账的，其确认顺序为先登记台账再进行通关确认。

3.海关 H2000 系统也可打印纸质电子化手册备案底账，企业可向海关提出申请，有主管海关为企业临时核发纸质“登记手册”，企业也可自行在预录入端打印电子化手册备案纸质单证，到主管海关现场盖章后使用。

#### 2）电子化手册变更

现实中，企业可能因为业务扩展、合同变更或其他需要，向海关申请电子化手册的变更。电子化手册的变更有三种，分别是新增变更、修改变更和删除变更，分别是在已经建立的电子化手册的料件表、成品表和单耗表中增加新的内容，修改现有内容和删除相关内容。电子化手册的变更流程与上述电子化手册备案流程操作基本一致，企业在向海关发送变更数据后，海关 H2000 系统会对数据进行逻辑监控，根据逻辑检控的结果判断审核通道是自动退单、人工审核还是自动审核，以上审核通过后企业便可提交纸质单证，如果涉及银行台账变更的，还需办理银行台账变更手续，最后经海关确认便可完成变更手续。

申请变更电子化手册需要向海关提交的纸质单证有：

①地方商务部门出具的“加工贸易业务批准证”变更证明。

②海关认为需要提交的其他证明材料，如变更合同、生产流程介绍、排料图等。新增变更的商品如涉及监管证件的，还需提交相关部门出具的监管证件。

#### 3）加工贸易单耗的申报

海关在对保税加工货物的管理中，单耗管理是重点内容，它体现进口料件和出口成品之间的对应关系，海关在料件和成品的备案、核查、通关环节的审核及查验，以及后期的核销均涉及单耗。

(1)单耗的相关概念

所谓单耗是指加工贸易企业在正常生产条件下加工单位成品所耗用的料件量。单耗包括净耗和工艺损耗。

净耗是指加工后料件通过物理变化或化学反应存在或转化到单位成品中去的量。

工艺损耗是指因加工工艺原因,料件在正常加工过程中除净耗外所必须耗费的但没有存在和转化到成品中去的量。

工艺损耗率是指工艺损耗量占单耗用量的百分比。其计算公式为:

$$工艺损耗率 = 工艺损耗 / 单耗 = (单耗 - 净耗) / 单耗$$

$$单耗 = 净耗 /(1 - 工艺损耗)$$

$$耗用料件的数量 = 单耗 \times 成品数量$$

单耗标准是指供通用或重复使用的加工贸易单位成品耗料量的准则。加工贸易企业应当在单耗标准内向海关备案和申报保税料件的单耗。特殊监管区域、保税监管场所不适用单耗标准。

(2)单耗申报的时间

企业应当在加工贸易货物备案时向海关首先备案单耗,再在成品出口前或深加工结转前或内销前如实向海关申报单耗,并填写“中华人民共和国加工贸易单耗申报单”,如图4-2所示。若加工贸易企业无法按时申报单耗的,应当留存成品样品和相关单证,并在成品出口前或深加工结转前或内销前向海关提出申请,经主管海关批准,可以在货物报核前申报单耗。

中华人民共和国海关加工贸易单耗申报单

(共______页第______页)

<table>
<tr><td colspan="2">企业名称</td><td colspan="2"></td><td>企业编码</td><td></td><td colspan="2">手册(电子底账)编号</td><td></td></tr>
<tr><td colspan="2">申报环节</td><td colspan="7">☐ 备案 ☐ 成品出口前 ☐ 深加工结转前 ☐ 内销前 ☐ 报核前</td></tr>
<tr><td colspan="2" rowspan="2">成品</td><td>项号</td><td></td><td>版本号</td><td></td><td>商品编码</td><td colspan="2"></td></tr>
<tr><td>商品名称</td><td></td><td>计量单位</td><td></td><td>规格型号</td><td colspan="2"></td></tr>
<tr><td rowspan="7">料件</td><td>项号</td><td>商品编码</td><td>商品名称</td><td>计量单位</td><td>规格型号</td><td>单耗/净耗</td><td>损耗率</td><td>非保税料件比例</td></tr>
<tr><td></td><td></td><td></td><td></td><td></td><td></td><td></td><td></td></tr>
<tr><td></td><td></td><td></td><td></td><td></td><td></td><td></td><td></td></tr>
<tr><td></td><td></td><td></td><td></td><td></td><td></td><td></td><td></td></tr>
<tr><td></td><td></td><td></td><td></td><td></td><td></td><td></td><td></td></tr>
<tr><td></td><td></td><td></td><td></td><td></td><td></td><td></td><td></td></tr>
<tr><td></td><td></td><td></td><td></td><td></td><td></td><td></td><td></td></tr>
<tr><td colspan="9">注:若“单耗/净耗”栏申报内容为净耗,则需申报相应损耗率数据;若“单耗/净耗”栏申报内容为单耗,则不必重复申报损耗率数据,损耗率栏应为空。</td></tr>
</table>

经办人(签字):　　申报日期:　　联系电话:　　企业印章:

(本申报单一式两联,第一联由海关留存,第二联由加工贸易企业留存)

图4-2 中华人民共和国海关加工贸易单耗申报单

(3)单耗申报的内容

加工贸易企业申报单耗应包括以下内容：

①加工贸易项下料件和成品的商品名称、商品编号、计量单位、规格型号和品质等。

②加工贸易项下成品的单耗。

③加工贸易同一料件有保税和非保税料件的，应当申报非保税料件的比例、商品名称、计量单位、规格型号和品质。

④其他必要的单证资料。

### 4.2.2 电子化手册管理下的通关

电子化手册备案成功后，加工贸易企业便可进行货物的进出口通关了。下面介绍电子化手册管理下的加工贸易进出境货物报关、深加工结转货物报关、其他保税加工货物报关三种情形。

#### 1)进出境货物报关

企业凭加工贸易电子化手册编号或持有其他准予合同备案的凭证到海关进行报关，其进出境报关程序和一般进出口货物一样，申报、配合查验、装货或提货这三个环节与一般进出口货物报关基本一致，在税费缴纳阶段，保税加工货物执行暂缓纳税，并在报关是还需注意以下情况：

①企业提供有关单证的数据必须与之前在海关备案的电子底账数据一致，如同一种商品的编码、品名、规格、计量单位、数量、币制等必须与备案数据完全一致(包括格式也需一致)，若有不同则报关不能通过。

②料件进口时除易制毒化学品、监控化学品、消耗臭氧层物资、原油、成品油等个别规定商品外，均可以免交进口许可证件；出口成品属于国家规定应交验出口许可证件的，在出口报关时必须交验出口许可证件。

③备案保税的加工贸易料件进口时暂缓纳税，加工贸易项下出口成品属于应税商品时，若该商品使用料件全部为进口料件加工生产的，不征收出口关税。若加工贸易项下出口成品中部分使用进口料件，另一部分使用国产料件，则按照海关核定的比例征收出口关税，其计算公式为：

出口关税=出口货物完税价格×出口关税税率×出口产品中使用国产料件占全部料件的比例

**小贴士 4-3**

**消耗性物料**

消耗性物料是指对加工贸易企业为加工生产复出口产品(包括深加工结转)而进口的物料，它在加工生产过程中直接用于但又完全不物化[①]于(部分物化的纳入单耗

① 物化是指加工生产过程中，原材料通过物理变化或化学反应，以质量的形式转化并存在于成品组成的过程。残留不是物化。

管理)产品中而消耗掉。如光致抗蚀干膜、催化剂、触媒剂、洗涤剂和各类助剂等。海关对加工贸易企业进口消耗性物料的监管有以下规定:

①对外商投资企业为履行产品出口合同,进口直接用于加工出口产品过程总消耗掉的数量合理的触媒剂、催化剂、磨料、燃料等予以保税备案,其他一律征税进口。

②对非外商投资企业直接用于加工出口产品而在生产过程中消耗的数量合理的触媒剂、催化剂、洗涤剂等化学物品,海关予以保税备案。

#### 2)外发加工

外发加工是经营企业因受自身生产特点和条件限制,经海关批准并办理有关手续,委托承揽企业对加工贸易货物进行加工,在规定的期限内将加工后的产品运回本企业并最终复出口的行为。目前,企业申请外发加工有两种办理方式,纸本作业模式和电子化作业模式。

(1)纸本作业模式下的外发加工报关

纸本作业模式下的非联网企业和联网企业的外发加工报关如表4-2所示。

**表4-2 纸本作业模式下的外发加工报关**

| | 非联网加工贸易企业 | 联网加工贸易企业 |
|---|---|---|
| 向海关提交的单证 | (1)企业申请外发加工报告;<br>(2)经营企业签章的"加工贸易外发加工申请表批表""加工贸易外发加工货物外发清单"和"加工贸易外发加工货物运回清单";<br>(3)经营企业和承揽企业签订的加工贸易合同(协议),手册备案的经营单位和加工单位为不同海关注册登记企业的,应提供经营单位、加工单位和承揽方企业的三方签订的外发加工合同;<br>(4)生产能力证明;<br>(5)海关需要的其他单证和资料。 | (1)企业申请外发加工报告;<br>(2)年度"加工贸易货物外发加工申请审批表";<br>(3)年度"外发加工承揽企业关系表";<br>(4)年度各承揽企业外发加工业务分配情况;<br>(5)经营企业与承揽企业签订的加工合同或协议;<br>(6)生产能力证明;<br>(7)海关需要的其他单证和资料 |
| 报关步骤 | 第一步:企业向海关提交上述单证资料,海关审核其申请;<br>第二步:海关审核同意后签发"加工贸易外发加工申请审批表";<br>第三步:企业进行外发加工,并在结束后在合同有效期内向主管海关办理核销手续,提交核销申请报告、外发清单和运回清单 | 第一步:加工贸易企业开展外发加工前,将外发加工承揽企业、货物名称和周转数量向主管海关备案;<br><br>后续步骤与非联网企业一致 |

(2)电子化作业模式下的外发加工报关

该模式下的外发加工报关包括外发加工备案申请和收发货登记两部分。企业通过海关H2000系统的预录入平台向海关提交外发加工备案申请和收发货备案申请，预录入平台负责将企业申报的数据向海关传递并向企业反馈海关审批意见，该系统办理外发加工业务主要程序为：

第一步：委托方企业在"外发加工申请表——备案申请"界面录入基本信息及商品明细数据，申报成功后入数据库中心。数据入库成功后，电子口岸返给委托方企业外发加工申请表的"电子口岸统一编号"。

第二步：海关接收数据，审批通过后，外发加工申请表建立，返给委托方企业外发加工"申请表编号"，委托方企业即可进行外发加工货物的收发货操作。

第三步：委托方企业在收发货单的"发货登记"界面根据"申请表编号"调出外发加工申请表信息，录入外发货物的发货登记数据，并向海关申报，等待海关审批。

第四步：海关审批通过后，委托方企业实际发货，承揽方企业收货后加工完成，委托方企业在收发货单"收货登记"界面根据"申请表编号"调出外发加工申请表信息，录入收回货物的收货登记数据，并向海关申报。

第五步：当委托方企业收货登记获"海关审批通过"后，委托方即可收回该批外发加工的货物。

外发加工系统的流程有点类似于结转系统，但其简单之处在于海关对外发加工业务实行单边管理，且没有报关环节，外发加工申请表的申请和"保税货物外发加工收发货单"报送都由外发加工的经营单位完成，承揽企业无须使用外发加工系统办理业务。

**3)深加工结转货物的报关**

深加工结转是指加工贸易企业将保税进口料件加工产品转至另一个加工贸易企业进一步加工后复出口的经营活动。深加工结转是加工贸易产业链延伸的产物，它提升了加工贸易企业件物流和资金的周转速度，大大提高了生产效率，在加工贸易较为发达的珠三角、长三角地区已经形成了集聚效应。目前，企业办理深加工结转的方式主要有两种：纸本作业模式和电子化作业模式。

(1)纸本作业模式下的深加工结转流程

纸本作业模式是企业提交书面材料向海关申请办理深加工结转，即加工贸易企业开展深加工结转的，转入、转出企业向各自主管海关申报结转计划，经双方主管海关备案后，可以办理实际收发货物和报关手续。具体流程为：申请备案—实际收发货—结转报关。

①申请备案。

第一步：转出企业填写"中华人民共和国海关加工贸易保税货物深加工结转申请表"(一式四联，以下简称"结转申请表")，如实填写本企业的转出计划并签章，凭申请表向转出地海关备案。

第二步：转出地海关备案后，留存结转申请表第一联，将剩余三联退给转出企业，转出企业转交转入企业。

第三步:转入企业自转出地海关备案之日起20天内,填写结转申请表中转出企业相关内容后,向转入地海关办理备案手续。

第四步:转入地海关审核后,留存“结转申请表”第二联,将剩余两联交给转入、转出企业各一联,凭其办理结转收发货登记和报关手续。

②实际收发货。转出、转入企业办理好海关结转备案手续后,便可进行实际收发货了。转出、转入企业的每批次发货均需记录在“保税货物实际结转情况登记表”上,并加盖企业结转专用章,按照海关规定填制“结转货物收发货单”。结转货物退货的,转出、转入企业应当将实际退货情况登记在登记表中,同时注明“退货”字样,并各自加盖企业结转专用章。

③结转报关。

第一步:转出、转入企业应当分别在转出地、转入地海关办理结转报关手续;转出、转入企业可以凭一份“结转申请表”分批或者集中办理报关手续;转出(入)企业每批实际发(收)货后,应当在90日内办结该批货物的报关手续。

第二步:转入企业凭“结转申请表”“结转登记表”等单证向转入地海关办理结转进口报关手续,并在结转进口报关后的第二个工作日内将报关情况通知转出企业。

第三步:转出企业自接到转入企业通知之日起10日内,凭“结转申请表”“结转登记表”等单证向转出地海关办理结转出口报关手续。

(2)电子作业模式下的深加工结转报关流程

为了提高深加工结转的申报效率,海关利用H2000深加工结转管理系统(以下简称“结转系统”)实行网上申报审批,对收发货单实行网上登记审核的电子化管理模式。其具体流程为:

第一步:转出企业通过身份认证后在电子口岸录入需结转的手册成品号,计算机直接调取相应的商品名称、规格型号、商品编码等,核对录入数据无误后,转出企业向电子口岸发送相关数据,电子口岸成功接收数据后向转入企业发送电子口岸统一编号回执。

第二步:转入企业根据转出企业提供的电子口岸统一编号下载转出方数据,录入转入方结转料件项号,计算机直接调取相应的商品名称、规格型号等,核对录入无误后,转入企业向电子口岸发送相关数据,电子口岸成功接收数据后,计算机自动给结转申请表编号,并向H2000系统发送数据。

第三步:转出地海关对相应的结转申请表电子数据进行审核,审核通过后,由转入地海关进行审批,转入地海关审批通过后,该结转申请表生效,企业可以进行实际收发货和收发货单的网上登记。

第四步:企业应在实际收发货规定的时限内进行网上结转收发货单的登记,同时对退货的情况也应在实际退货或收货后的规定时限内进行网上结转退货单的登记。

第五步:转出、转入企业分别在转出地、转入地海关办理结转报关手续。

第六步:转入企业可通过电子口岸查询实际收货情况,按结转申请表电子数据于收货后40天内向转入地海关办理结转进口报关手续,并在结转进口报关单申报后及时将报关情况通知转出企业。

第七步:转出企业在转入企业申报结转进口之日起 10 天内,通过电子口岸查询实际发货情况,按结转申报表电子数据向转出地海关办理结转出口报关手续。系统自动将已报关及未报关的数据核注在相关申请表中,便于海关和企业查询。

**小贴士 4-4**

企业的结转进口、出口报关手续必须在手册有效期或核销截止日内办结,企业超过规定时限申请办理结转报关手续的,应在海关处理后补办报关手续。

企业按报关单的填制规范录入报关单的相关内容外,深加工结转报关单还需向海关申报。

结转货物报关后退货的处理方式:结转货物报关后企业申请退货的,转入地海关核实无误后,通知转出地海关按照《中华人民共和国海关进出口货物报关单修改和撤销管理办法》(海关总署令 143 号)的规定先修改或撤销有关出口报关单,转入地海关再修改或撤销对应的进口报关单。

**案例导读 4-2**

某粉末涂料有限公司是一家进口聚酯树脂、生产粉末涂料的加工贸易企业。该企业有 59 974 千克生产成品已申请深加工结转申请表,却未在海关规定的时间内报关;另有 67 277 千克生产成品已送货但未向海关申请深加工结转,上述两笔深加工结转均为同一收货公司。该企业对上述情况的解释是:由于收货公司的加工贸易手册中没有该企业对应的海关商品编码,导致该企业无法做深加工结转申请表,同时收货公司催促该公司按订单及时送货。该公司考虑到如果不及时出货给客户,一旦客户以此为理由取消订单,这些产品只能当作废品形成库存。因此,为尽快完成订单,该企业在未经海关许可的情况下发货给客户。

**【解析】**该企业未经海关允许,擅自将货物结转至下游企业,属于擅自深加工结转,是违规行为。海关调查后,对该手册中已转厂未办结海关手册的成品粉末涂料所耗用的进口免税原料聚酯树脂(价值人民币 1 158 570 元)进行内销征补税,税款共计人民币 25 万余元。

企业必须特别注意的是,未经海关许可,不得擅自深加工结转。

(资料来源:"关务通·加贸系列"编委会.加工贸易实务操作与技巧[M].北京:中国海关出版社,2013.)

**4)其他保税加工货物的报关**

这里的其他保税加工货物指特在履行加工贸易合同过程中产生的剩余料件、边角料、残次品、副产品、受灾保税的货物和经批准不再出口的成品、半成品、料件等。

剩余料件:加工贸易企业在从事加工复出口业务过程中剩余的可以继续用于加工制成品的加工贸易进口料件。

边角料:加工贸易企业从事加工贸易复出口业务,在海关核定的单耗标准内、加工过程中产生的无法再用于加工该合同项下出口制成品的、数量合理的废、碎料及下脚料。

残次品:加工贸易企业从事加工复出口业务,在生产过程中产生有严重缺陷的或达不到合同出口标准的、无法复出口的制成品(包括未完成品和完成品)。

副产品:加工贸易企业从事加工复出口业务,在加工生产出口合同规定的制成品(主产品)过程中同时产生的,且出口合同未规定应当复出口的一个或一个以上的其他产品。

受灾保税货物:在加工贸易企业从事加工出口业务中,因不可抗力原因或其他经海关审核认可的正当理由造成的损毁、灭失、短少等导致无法复出口的保税进口料件和加工制成品。

对于以上在履行加工贸易合同项下的剩余料件、边角料、残次品、副产品、受灾保税货物,还有经批准不再出口的成品、半成品、料件等,企业必须在电子手册或纸质手册有效期内处理完毕。这些货物处理的方式有内销、结转、退运、放弃、销毁等。需注意的是,除了放弃后应该销毁的货物外,其他方式处理的货物都需填制报关单进行报关,报关单是企业报核的凭证。

(1)内销的处理方式

加工贸易内销是指加工贸易企业把原本用于复出口的保税料件或货物转为境内销售的行为。企业申请内销有两种不同的方式,即电子化手册管理模式和电子账册管理模式,本部分主要介绍电子化手册管理模式,下一节再具体介绍电子账册管理模式。

电子化手册管理模式下的内销办理流程如下:

第一步:企业通过预录入系统录入相关"保税加工货物内销征税联系单"的电子数据,并发送至海关 H2000 系统。数据发送成功后,企业凭内销料件清单、原进口报关单复印件定向主管海关加工贸易管理部门申请内销征税,若内销商品涉及许可证件的,也要提供许可证件。

第二步:主管海关加工贸易管理部门核销岗位负责对"加工贸易货物内销征税联系单"的电子数据以及有关纸质单证进行初审;初审通关后,加工贸易管理部门核销岗位将电子数据和纸质单证流转至归类岗位,归类岗位对内销商品的品名、规格、成分、结构及用途等进行审核,确定其归类是否正确;归类正确的,该电子数据和纸质单证流转至审价岗位,审价岗位与内销货物申报价格有关的电子数据、纸质单证及其他相关资料,审定内销货物的完税价格。

第三步:内销征税货物归类、审价确定后,H2000 系统自动向企业发送审核通过的信息回执,主管海关加工贸易部门审价岗位打印纸质"加工贸易货物内销征税联系单"一式两份,一份留存海关归档,一份交给企业用于报关。

第四步:企业根据"加工贸易货物内销征税联系单"的内容在预录入系统中输入内销货物报关单电子数据,向海关 H2000 系统发送,报关单随附单证栏应填写对应的"加工贸易货物内销征税联系单"号码;在收到内销货物报关单审核通过的信息回执后,打印内销报关单并向主管海关征税部门办理征税结关手续。

第五步：主管海关征税部门核对“加工贸易货物内销征税联系单”纸质或电子数据内容和内销报关单数据内容，确认无误后，按先行规定办理内销货物审单、征税、放行等海关手续；企业缴纳完税款及缓税利息后，才能进行具体内销行为。

同时，内销征税应遵循以下规定：

①关于征税的数量。剩余料件和边角料内销，直接按申报数量计征进口税，制成品和残次品根据单耗关系折算耗用掉的保税进口料件数量计征进口税；副产品内销，按申报时实际状态的数量计征进口税。

②关于征税的完税价格。进料加工的进口料件或其制成品（包括残次品）内销时，以料件的原进口成交价格为基础确定完税价格。料件的原进口成交价格不能确定的，以接受内销申报的同时或者类似的货物的进口成交价格为基础确定完税价格；来料加工的进口料件或其制成品（包括残次品）内销时，以接受内销申报的同时或大约同时进口的、与料件相同或相似的货物的进口成交价格为基础确定完税价格。加工贸易企业内销加工过程中产生的副产品或边角料，以内销价格为基础确定完税价格。

③关于征税税率和缓税利息。经批准转内销的货物征税，按海关接受申报办理纳税手续之日实施的税率，但若该货物属于关税配额管理而没有配额证明的，按照配额外的税率缴纳进口税。加工贸易保税料件或制成品及剩余料件、残次品、副产品、受灾保税货物经批准内销除缴纳税款外，还需加征缓税利息，边角料不加征缓税利息。缓税利息的计息期限的起始日期为内销料件或制成品所对应的加工贸易合同项下首批料件进口之日，终止日期为海关填发税款缴款书之日。

剩余料件、边角料、残次品、副产品和受灾保税货物的内销监管如表4-3所示。

**表4-3　剩余料件、边角料、残次品、副产品和受灾保税货物的内销监管**

| 货物类型 \ 项目类别 | | 内销批准证 | 归类 | 审价 | 缓税利息 | 特别关税 | 许可证件 |
|---|---|---|---|---|---|---|---|
| 制成品 | 折料占进口总额3%及以内且总值人民币1万元及以下 | 免 | 折料 | 原进口价格 | 征 | 征 | 免 |
| | 折料占进口总额3%及以上或总值人民币1万元以上 | 应证 | 折料 | 原进口价格 | 征 | 征 | 应证 |
| 残次品 | 折料占进口总额3%及以内且总值人民币1万元及以下 | 免 | 折料 | 原进口价格 | 征 | 征 | 免 |
| | 折料占进口总额3%及以上或总值人民币1万元以上 | 应证 | 折料 | 原进口价格 | 征 | 征 | 应证 |
| 剩余保税料件 | 占进口料件总额3%或以内，且总值在人民币1万元及以下 | 免 | 原进口状态 | 原进口价格 | 征 | 征 | 免 |
| | 占进口料件总额3%以上或总值在人民币1万元以上 | 应证 | 原进口状态 | 原进口价格 | 征 | 征 | 应证 |

续表

| 货物类型 \ 项目类别 | | 内销批准证 | 归类 | 审价 | 缓税利息 | 特别关税 | 许可证件 |
|---|---|---|---|---|---|---|---|
| 受灾保税货物 | 因不可抗力完全失去使用价值且无法再利用 | 免 | 免 | 免 | 免 | 免 | 免 |
| | 因不可抗力失去原使用价值,但可以在利用 | 签注意见 | 原进口状态 | 报验状态 | 征 | 免 | 免 |
| | 非不可抗力造成 | 签注意见 | 原进口状态 | 原进口价格 | 征 | 征 | 应证 |

### 知识链接 4-2

## 武汉出口加工区实施内销选择性征收关税政策

2016 年 9 月 1 日起,湖北武汉出口加工区、河南新郑综合保税区、重庆西永综合保税区、四川成都高新综合保税区和陕西西安出口加工区 5 个海关特殊监管区域,实施内销选择性征收关税政策。

据悉,为贯彻落实《国务院关于促进外贸回稳向好的若干意见》中"在自贸试验区的海关特殊监管区域积极推进选择性征收关税政策先行先试,及时总结评估;在公平税负原则下适时研究扩大试点"的要求,财政部、海关总署、国家税务总局于 8 月联合发布通知,将内销选择性征收关税政策试点扩大到天津、上海、福建、广东 4 个自贸试验区所在省(市)的其他海关特殊监管区域(保税区、保税物流园区除外),以及湖北武汉出口加工区、河南新郑综合保税区、重庆西永综合保税区、四川成都高新综合保税区和陕西西安出口加工区 5 个海关特殊监管区域,扩大政策试点自 2016 年 9 月 1 日起执行。

内销选择性征收关税政策最早于 2014 年在横琴新区、平潭综合实验区、中国(上海)自由贸易试验区进行试点。内销选择性征收关税政策,是指对海关特殊监管区域内企业生产、加工并经"二线"内销的货物,根据企业申请,按其对应进口料件或按实际报验状态征收关税(企业自由选择),但进口环节增值税、消费税照章征收。企业选择按进口料件征收关税时,应一并补征关税税款缓税利息。

前期,武汉海关结合湖北省海关特殊监管区域情况,经调研论证,认为该项政策有利于生产加工型企业向海关特殊监管区域聚集,将此政策需求上报海关总署后,争取到了此政策试点落地武汉出口加工区。

据武汉海关介绍,湖北武汉出口加工区区内企业可充分利用该项优惠政策,自主合理降低税负、降低成本,更有利于区内企业灵活面对国际国内两个市场,在市场竞争中占据主动地位。

例如,某海关特殊监管区域内加工贸易企业有一批原定计划出口国外的产品,因国际市场形势变化无法出口国外,则按照现行规定,该企业可选择申请内销到国内市场(即"二线"内销),但需要按照最终产品缴纳关税、进口环节增值税和消费税。如该企业在湖北武汉出口加工区内,则自9月1日起,该企业在申请内销国内市场时,可以选择按照最终产品申报或按照当初加工贸易进口的料件原材料进行申报,通过综合测算申报价格和对应税率,最终选择缴纳税款较少的方式进行申报缴税,从而有效降低企业实际税负。

该项试点政策在湖北武汉出口加工区实施,是对入驻该出口加工区的生产加工型企业又一实质性利好,有利于增强出口加工区招商引资的竞争力,吸引更多国际性加工制造企业入驻,加速产业聚集,推进出口加工区的快速发展和整合升级。

(资料来源:中国武汉海关. http://wuhan.customs.gov.cn/publish/portal107/tab62201/info817522.htm)

(2)结转的处理方式

加工贸易企业可以向海关申请将剩余料件结转至另一加工贸易合同项下使用,必须满足同意经营单位、同一加工厂、同样进口料件和同一加工贸易方式。具有以上"四同"条件的,海关按规定核定单耗后,准予企业办理该合同核销及其剩余料件结转手续。

同一经营单位申请将剩余料件结转到另一加工厂的,应当经主管海关同意并缴纳相当于结转保税料件应缴税款金额的风险担保金;对已经实行台账实转的合同,台账实转金额不低于结转保税料件应缴税款金额的,经主管海关同意,可以免予缴纳风险担保金。

(3)退运的处理方式

加工贸易企业因故向海关申请将剩余料件、边角料、残次品、副产品或受灾保税货物退运出境的,凭电子化手册编号并持有关单证向口岸海关报关,办理出口报关手续,并留存报关单证,以备后期报核。

(4)放弃的处理方式

加工贸易企业因故无法内销或者退运而向海关申请放弃的剩余料件、边角料、残次品、副产品或受灾保税货物时,企业需向海关提出书面申请,经批准并开具海关受理企业放弃货物的有关单证,企业凭此单证向海关办理核销手续。经批准获放弃的货物作以下处理:

①经海关核定有使用价值的,由主管海关依照《海关法》作变卖处理;

②经主管海关核定无使用价值的,由企业自行处理;

③对按照规定必须进行销毁处理的,由企业负责销毁,海关凭有关销毁的证明材料办理核销手续。

另外,海关核定后,有下列情形的海关不予放弃,并告知企业要求将货物进行退运、征税内销、在海关或者有关主管部门的监督下予以销毁或进行其他妥善处理:

①申请放弃的货物属于国家禁止或限制进口的废物;

②申请放弃的货物属于对环节造成污染的；

③法律、行政法规、规章制度规定不予放弃的其他情形。

(5)销毁的处理方式

经海关决定不予结转或不予放弃的加工贸易货物或涉及知识产权等原因，经企业要求销毁的加工贸易货物，企业可以向海关提出销毁申请，经海关核实同意销毁的，企业可以按照规定销毁，必要时海关可以派关员监督销毁。货物在销毁后，企业向有关部门获取货物销毁证明材料，以备报核。

### 4.2.3 电子化手册核销

电子化手册核销是指加工贸易企业根据合同要求在履行合同完毕或终止合同后，根据实际保税货物进、销、存、转等情况，将在电子化手册有效内的料件进口、成品出口、生产加工、货物库存、深加工结转、内销征税和后续补税等情况向海关申报，海关予以审核、核销、结案的过程。

#### 1)电子化手册核销的流程

第一步：企业通关电子化手册企业端系统的“数据报核”模块填写电子化手册报核数据，并向海关发送电子报文。

第二步：海关对企业发送的电子数据进行审核，通过审核后，企业向海关提交纸质单证；若企业报核数据不满足海关监管要求或报核的数据与海关底账不一致，海关将退回报核的电子数据并要求重新申报。

第三步：电子数据通过后，企业向海关提交纸质单证，并向海关加工贸易监管部门办理核销结案手续，海关同意结案的，H2000 系统自动产生“银行保证金台账核销联系单”，并发往对应银行。

第四步：企业到制定银行办结完有关银行保证金台账手续，其中“实转”的台账，企业在银行领回保证金和应得的利息或者撤销保函，海关接受电子口岸转发的“银行保证金台账核销电子通知单”，H2000 系统自动登记通知单。

第五步：海关打印“加工贸易结案通知书”并交予企业留存。企业核销手续办理完毕。

#### 2)电子化手册核销需准备的单证

①进出口货物报关单；

②电子化手册边角料处理情况申报表；

③核销单耗修改所需的相关资料；

④按规定需要提供的其他单证。

### 3）电子化手册报核的注意事项

为了更好地做好核销工作，企业在准备好单证录入系统后，还需注意以下几项：

①企业对核销单证和系统操作等内容做好自我检查，包括提交单证是否齐全、正确和有效，单证内容是否与电子数据相符，报关单的份数是否齐全，是否与其他证件上的数据、编号等一致，是否与海关的备案底账数据一致，是否在报核前按规定办结了剩余料件或残次品、副产品等的内销、退运或放弃的手续等。

②企业要全面掌握核销合同剩余料件、边角料具体数量；了解合同是否存在进出时间和进出金额倒挂，是否有外发加工；了解合同有无成品退换及是否在本合同内完成，合同是否有违规及其他且尚未办结事项，若存在上述问题应如实提供相关单证并在书面报关中说明。

③企业必须在电子化手册有效期内办结所有报关征税手续、剩余料件、边角料等征税或结转或退运等手续，超过手册有效期后所有数据无法向海关作业系统发送。

**小贴士 4-5**

1.为办理余料结转手续，建议企业在电子化手册到期前一个月左右向海关申请新的电子化手册备案，并办理余料结转手续。

2.在加工贸易手册核销核算中，有时会发现进口料件多了或者少了，则需仔细分析原因，可能是因为：

(1)料件进口时申报数量和实际进口数量不一致；

(2)成品出口时申报数量和实际出口数量不一致；

(3)实际损耗数量多于或者少于申报的损耗；

(4)内销后未征税；

(5)用于试生产而没有进行统计；

(6)其他原因。

对于料件短缺的情况，查找原因后确定短少的具体数量，如实向海关申报，海关根据加工贸易相关规定进行处理；对于料件盈余的情况，企业可以选择退运、内销征税、放弃或余料结转的方式。

### 4）电子化手册核销的特殊情况

①遗失进出口货物报关单的报核，以报关单复印件向原报关地海关申请加盖海关印章后报核。

②无须申请登记手册的 5 000 美元及以下的 78 种辅料合同的报核，直接以报关单、合同、核销核算表报核。

③撤销合同报核、合同备案后因故提前终止执行，应报商务主管部门审批，企业凭审批件和手册报核。

④有违规走私行为的加工贸易手册核销，海关凭“判决书”“行政处罚决定书”等办理核销。

**案例导读 4-3**

赣南日报：信丰县首本加工贸易海关联网监管电子账册开通

近日从南昌海关驻龙南办事处获悉，瑞德电子（信丰）有限公司加工贸易联网监管电子账册经海关批准正式开通，这是该县首家开通电子账册的加工贸易企业。

所谓电子账册，是海关以企业为单元为联网企业建立的电子底账，按照企业年生产能力和海关监管要求确定最大周转金额和滚动核销周期。较于传统的以加工贸易合同为单元的电子手册，电子账册不再实行银行保证金台账制度，企业不需因为订单的变化而反复到海关办理手册变更手续。开通电子账册以后，企业可在办公室完成账册变更、外发加工、结转、报核等手续，大大提升了企业通关效率，节约了通关成本。

据瑞德电子（信丰）有限公司报关人员介绍，开通电子账册以前，他们公司每年要办理5本左右手册，由于企业订单实时变化，需要办理的手册变更等手续一年多达上百次，一年光报关费用就需要好几十万元，而且企业还需要专门安排人员负责往返公司和海关之间办理相关手续，既费钱又费时效率还不高。开通电子账册以后，一年该企业仅通关费用就能节约十万到二十万多元，办理海关手续时间缩短至1小时左右，效率提高了十多倍。

（资料来源：中华人民共和国南昌海关.2016.06.16http://www.customs.gov.cn/publish/portal167/tab64489/info803466.htm）

## 4.3 电子账册管理下的保税加工货物报关

对于规模较大的加工贸易进出口生产企业而言，由于加工贸易的业务较多，生产的产品种类多且更新快，对进出口货物的流通速度和库存要求均需提高。因此，以合同为单元的电子化手册已经不能满足大型加工贸易企业的进出口需求，企业往往需要申请几本甚至几十本电子化手册，并耗费大量的人力和时间进行电子化手册的申报、变更、核销等。电子账册的管理则可以省去电子化手册的诸多麻烦，它采用联网监管的方式进行海关监管。

所谓联网监管，是指加工贸易企业通过数据交换平台或者其他计算机网络方式向海关报送能满足海关监管要求的物流、生产经营等数据，海关对数据进行核对、核算，并结合实物进行核查的一种监管方式。海关根据联网企业报送备案的资料建立电子底账，对联网企业实施电子底账管理。同时，实施联网监管的加工贸易企业通过电子数据交换平台或其他计算机网络方式向海关办理备案、变更、进出口通关、核销等手续。

### 4.3.1 电子账册管理的特点

电子账册的管理模式主要采用了联网监管,海关以企业为管理单元,为联网企业建立电子底账,联网企业只需建立一个电子账册,海关根据企业的生产情况和海关监管需要确定核销周期,并按照核销周期对实行电子账册管理的联网企业进行核销。其基本管理方式为“电子底账+联网核查”,电子底账是海关根据联网企业申请,为其建立的用于记录加工贸易货物备案、进出口、核销等资料的电子数据库。联网核查是海关借助相关的信息管理软件将联网企业的生产管理数据与海关底账数据进行对比、风险预警的一种监管手段。总结起来,电子账册管理的特点有“一次审批、分段备案、滚动核销、周转量控制、联网核查”。

#### 1)一次审批

即对企业的经营资格和加工生产能力一次性审批,取消对加工贸易合同的逐票审批。这种方式使企业多项加工贸易业务只需建立一本长期有效的电子账册,摆脱手册逐项备案的烦琐手续,并且一个电子化手册可以同时进行来料加工和进料加工业务。

#### 2)分段备案

即先备案进口料件,在生产成品出口前(包括深加工结转)再备案成品及申报实际单耗情况,不再对进口料件、成品及单耗关系同时备案。这种方式使企业能够按照实际进口料件、出口成品和单耗进行备案,避免企业在合同管理模式下由于模糊备案或未及时办理变更手续而出现非主观估计违规的行为。

#### 3)滚动核销

即建立以企业为单元的电子账册,对企业某一特定时段的物流、生产等总体进出口情况进行核算。这种方式可以简化核销手续,提高核销效率,同时实行计算机自动核算,提高了核销的准确性。

#### 4)周转量控制

即对进出口保税货物的总数量或总价值,按企业生产能力进行最大周转量控制备案。这种方式避免了手册管理下因为进出口数量与手册不符合而频繁变更各项手续,从而满足企业在国际化大生产条件下的“零库存”生产需要,提高通关速度。

#### 5)联网核查

即企业通过网络向海关申请办理审批、备案等电子手续,取消手册管理下的审批、备案以及变更等各种复杂手续。这种方式下联网企业备案只需半小时,电子账册变更只需几分钟,大大提高了企业的通过效率。

### 4.3.2 电子账册的建立

电子账册管理下的保税货物在报关前需建立电子账册,如图 4-3 所示,其具体流程可以概括为:建立联网监管—建立商品归并关系—电子账册备案。

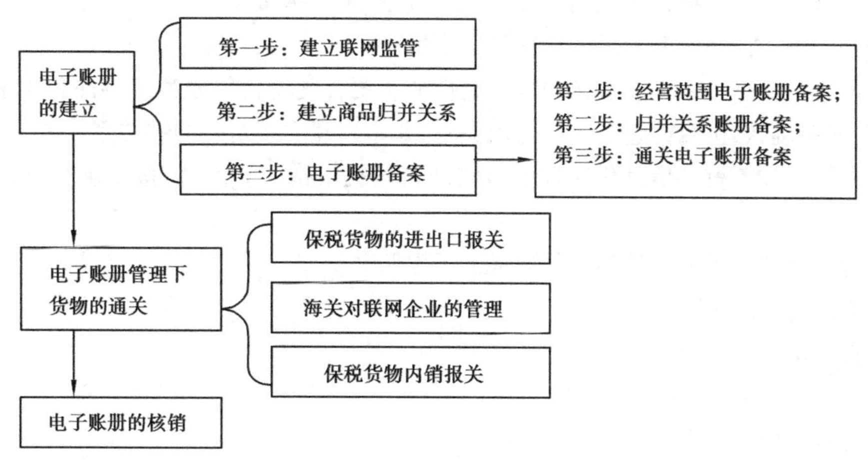


图 4-3 电子账册管理下的报关流程

#### 1)建立联网监管

加工贸易企业向海关申请联网监管时,需接受海关的资质审核,审核通过后方可实行联网监管,具体流程为:

①企业向海关提出联网监管的申请,即填写“加工贸易企业联网监管申请表”,其中需注明申请实施电子账册管理,随后提交海关加工贸易管理部门。

②主管海关接受企业提交的申请后,会实地考察企业的生产情况,评估企业的联网监管的资质,从而确定企业实施联网监管模式。

③海关根据对企业资质评估的结果,确定企业类别为高级认证(AA 类)和一般认证企业(A 类)的,且海关以企业为管理单元的,实施电子账册联网监管的管理模式;但对于企业信誉良好、生产经营规模大但尚未取得高级认证的企业,若要实施电子账册联网监管模式且不实行银行保证金台账实转的,可向海关提出申请,在向海关缴纳风险担保金或提供银行担保的情况下,可由直属海关报海关总署审批实行特殊情况下的电子账册联网监管模式。

④确定企业的联网监管模式后,主管海关向企业签发“海关实施加工贸易联网监管通知书”。

#### 2)建立商品归并关系

企业内部对货物的生产管理都是按照料号进行的,而海关在进出口管理中对保税货物的命名、归类等商品参数都有严格的申报规范,它是建立在品名级的商品参数基础上的。那么,为了体现企业料号级商品和品名级商品的对应关系,以方便企业进出口时的申报和核销,企业应做好商品的归并关系。

企业在收到海关签发的联网监管通知书后,开始建立商品归并关系。商品归并关系管理下,联网企业根据海关监管的要求,按照商品名称、HS 编码、价格、贸易管制等条件,将联网企业内部管理的料号级商品与电子账册备案的项号级商品进行归并或拆分,建立一对多或多对一的对应关系。根据企业自身生产实际情况,可将商品归并管理分为料件归并管理和成品归并管理。商品归并管理时应注意以下原则:

①联网企业计算机系统能够按照进口料件的重要程度将料件分为主料件和非主料件管理,经主管海关确认,主料件建立一一对应关系,非主料建立多对一归并关系。

②企业运用加工贸易信息化管理平台实现料号级核销核算的,可按要求实行多对一归并关系。

③对能同时符合下列条件的料件或成品予以归并:

A.10 位商品编码相同的;

B.申报计量单位相同的;

C.中文商品名称相同的;

D.符合规范申报要求的。

**案例导读 4-4**

## 商品归并关系

某电子企业向海关申请联网监管,企业部分归并前的料号级料件如表 4-4 所示,企业应怎样进行归并。

**表 4-4　归并前的料号级料件**

| 序　号 | 品　名 | 规　格 | 商品编码 | 料　号 | 单　位 |
|---|---|---|---|---|---|
| 1 | 显示屏盖下 | 10×20 | 85299020 | 6104463R01 | 个 |
| 2 | 显示屏盖上 | 10×20 | 85299020 | 6104463R02 | 个 |
| 3 | 垫片 | ψ26 | 40169310 | 0587986K01 | 个 |
| 4 | 电阻 | 0.25 Ω | 85332900 | 0609591M49 | 个 |
| 5 | 电阻 | 0.6 Ω | 85332900 | 0609591M50 | 千个 |
| 6 | 电阻 | 1.2 Ω | 85332900 | 0609591M51 | 千个 |
| 7 | 电阻 | 2.8 Ω | 85332900 | 0609591M52 | 千个 |
| 8 | 电阻 | 1.25 Ω | 85332900 | 0609591M53 | 千个 |
| 9 | 电阻 | 0.30 Ω | 85332900 | 0609591M54 | 千个 |
| 10 | 电阻 | 3 Ω | 85332900 | 0609591M55 | 千个 |
| 11 | 电阻 | 1 Ω | 85332900 | 0609591M56 | 千个 |

【解析】根据归并原则，对能同时符合10位商品编码相同、申报计量单位相同、中文商品名称相同、符合规范申报要求的可以进行归并，对该企业的11项料号级料件可以进行归并，如表4-5所示。

表4-5 料号级料件的归并

| 归并前 | | | | | | 归并后 |
|---|---|---|---|---|---|---|
| 序号 | 品名 | 规格 | 商品编码 | 料号 | 单位 | 对应序号 |
| 1 | 显示屏盖下 | 10×20 | 85299020 | 6104463R01 | 个 | 1 |
| 2 | 显示屏盖上 | 10×20 | 85299020 | 6104463R02 | 个 | 1 |
| 3 | 垫片 | ψ26 | 40169310 | 0587986K01 | 个 | 2 |
| 4 | 电阻 | 0.25Ω | 85332900 | 0609591M49 | 个 | 3 |
| 5 | 电阻 | 0.6Ω | 85332900 | 0609591M50 | 千个 | 4 |
| 6 | 电阻 | 1.2 Ω | 85332900 | 0609591M51 | 千个 | 4 |
| 7 | 电阻 | 2.8 Ω | 85332900 | 0609591M52 | 千个 | 4 |
| 8 | 电阻 | 1.25 Ω | 85332900 | 0609591M53 | 千个 | 4 |
| 9 | 电阻 | 0.30 Ω | 85332900 | 0609591M54 | 千个 | 4 |
| 10 | 电阻 | 3 Ω | 85332900 | 0609591M55 | 千个 | 4 |
| 11 | 电阻 | 1 Ω | 85332900 | 0609591M56 | 千个 | 4 |

即归并后的料号级料件，如表4-6所示。

表4-6 归并后的料号级料件

| 序 号 | 品 名 | 规 格 | 商品编码 | 单 位 |
|---|---|---|---|---|
| 1 | 显示屏 | 10×20 | 85299020 | 个 |
| 2 | 垫片 | ψ26 | 40169310 | 个 |
| 3 | 电阻 | 0.25 Ω | 85332900 | 个 |
| 4 | 电阻 | 0.30~3 Ω | 85332900 | 千个 |

根据以上归并后的结果，企业申报品名级商品仅有4个，相对于之前的11个料号级商品，大大简化了企业的通关手续。

### 3）电子账册备案

企业在建立好商品的归并关系后，便可向海关申报办理电子账册备案了。电子账册包括经营范围电子账册、归并关系账册和通关电子账册。因此，电子账册的备案包括经营范围电子账册备案、归并关系账册备案和通关电子账册备案。

(1)经营范围电子账册备案

经营范围电子账册备案是联网企业将本企业加工贸易进出口商品的范围向海关申请备案,海关准予后建立经营范围电子底账的过程。具体流程如下:

①企业向外经贸部门申报经营范围电子账册备案,外经贸部门审批通过后出具“加工贸易联网监管业务批准证”或“加工贸易业务批准证”和“加工贸易加工企业生产能力证明”。

②企业按照外经贸部出具的业务批准证的内容和海关监管要求,通过电子账册企业端的经营范围模块填写备案数据,并向海关发送申报数据。

③海关接到联网企业发送的经营范围备案数据后,经审核通过后,便产生12位数的经营范围电子账册号码,其中第1位和第2位编码为I4,第3至第6位为关区代码,第7至第12位为顺序号码。由此,联网企业的经营范围电子账册备案完成。

另外,联网企业在经营过程中由于经营范围、加工能力、企业名称或代码等发生变化而要求其在海关的经营范围电子底账进行变更,变更过程与经营范围电子账册备案过程一样,需经商务主管部门审批后,获得“联网企业加工贸易业务批准证变更证明”,再通过网络向海关提出申请,经海关同意后进行变更。

(2)归并关系账册备案

归并关系账册备案是联网企业将内部生产管理的进口料件、出口成品等按照《税则》等有关规定对商品进行归类和归并,并向海关申报备案,海关审核准予后以企业为单元建立归并关系账册。归并关系账册备案具体流程如下:

①在企业根据商品归并关系管理原则进行料件和成品的归类归并后,通过电子账册企业端系统“归并关系”模块向海关申报归并关系账册备案数据。

②海关接收到企业发送过来的归并关系备案数据后进行审核,经审核通过后,建立联网企业商品归并关系账册。由此,归并关系备案成功。

另外,按照企业发展需要,须对已经备案的归并关系账册数据进行新增、修改、删除等变更,企业需向海关申请,海关审核同意后可进行变更,其变更流程与上述归并关系账册备案流程一致。

(3)通关电子账册备案

通关电子账册备案是联网企业按照归并关系账册归并后的料件、成品和单耗,向海关申请备案,海关审核通过后建立通关电子账册的过程。海关以企业为单元,每个联网企业建立一本通关电子账册,并实行分段备案的方式,将料件、成品和单耗数据分开备案,料件需在进口前完成备案,成品和单耗要在成品出口前完成备案。具体关于通关电子账册备案流程如下:

①企业通关电子账册企业端系统的“电子账册”模块录入备案数据,填写完成后向海关发送数据。

②海关接收到企业发过来的备案数据后,海关加工贸易管理部门进行审核,通过后电子账册备案成功。

注意,企业在海关审批通过后,正式启用通关电子账册备案前,需要配合海关做好库存盘点工作，并对库存盘点的差异数据向海关做好解释或调整。

另外，企业由于生产经营的需要，有时会向海关申请对通关电子账册进行变更，变更包括新增、修改和删除，通关电子账册的基本情况表内容、料件成品发生变化的，包括料件、成品品种、单耗关系的增加等，只要未超过经营范围和加工能力的，企业不必报商务部门审批，可通过网络直接向海关提出变更申请，海关审核通过即可。实际发生的单耗关系与已经备案的单耗关系不符的，可以按照实际单耗情况生产新的单耗版本，向海关申报变更。以上变更的流程与通关电子账册备案流程一致。

### 4.3.3 电子账册管理下的通关

电子账册建立后，企业便可以在电子账册经营范围内进行货物进出口的申报和办理通关手续了。

#### 1）电子账册管理的加工贸易保税货物进出口的报关流程

①企业在进口前，通过企业端系统的“清单管理”模块录入进口或出口报关清单的数据，并发送至海关。

②海关电子口岸平台（或辅助平台）接收到报关清单数据后自动生成报关单，这时企业在报关申报系统中通过“查询/打印”菜单中的“单据查询/打印”子菜单，可以查询和调出报关清单所生成的报关单数据。

③企业按要求继续填写完报关单的剩余各项数据后，可生成完整的报关单，并向海关发送报关单数据进行申报。

④海关审核报关单通过后，企业持纸质的报关单和有关其他单证资料到海关现场进行申报通关。后期的配合查验—纳税暂缓—提货或装货程序和第 3 章程序一致。

#### 2）电子账册管理下海关对企业生产的管理

联网企业加工贸易的货物物流、库存、生产管理等是海关监管的重点，联网企业需定期向海关报送相关数据，如料件库存、成品库存、单耗数据、损耗数据、保税货物转内销的数据、深加工结转货物转入转出数据、外发加工货物调入调出数据等。海关根据企业报送的数据，结合海关管理系统的电子底账以及预先设定的风险参数等管理措施，经系统比对后根据实际情况开展中期核查，以及时掌握联网企业的加工贸易实际运作和物流数据，实现风险预警，确保加工贸易货物的合法使用。

海关会根据企业的实际生产规模、进出口频繁程度、生产批次等情况规定企业报送海关核查数据的周期和频度，若生产规模大、进出口频繁则核查频度高，否则核查频度相对低。

#### 3）电子账册管理下海关保税货物内销的管理

实行电子账册管理下的联网企业的保税货物内销时，可以集中办理内销征收手续，即在保税货物多次内销后，在一定时间段集中向海关申请办理内销征税手续，即可以先内销，再征税。但企业若未提出集中办理的申请,或企业提出申请后海关审查不合格的,应逐批进行审批内销,即先征税,再内销。集中申报具体申报的程序如下:

①企业先预估本月内销数量,若内销货物涉及配额、许可证件管理的,需按照规定向相关部门申报审批,获得相关许可证件或证明。

②企业在"内销批准证"的范围内先将保税料件或成品进行内销保税,其内销总量不能超过内销批准证的审批数量。

③在内销当月内,企业总内销料件或成品汇总,通过 QP 系统录入有关"保税加工货物内销征税联系单"的数据,并发送至海关,发送成功后,企业凭内销批准证、内销料件清单、原进口报关单复印件等向主管海关申请内销征税,若涉及许可证件也需一并提交。

④主管海关加工贸易管理部门核销岗位对内销征税联系单的电子数据和纸质单证进行初审;初审通过后将电子数据和纸质单证流转至归类岗位,归类岗位对内销的品名、规格、成分、结构和用途等进行审核,确定其归类是否正确;确定后将电子数据和纸质单证流转至审价岗位,审价岗位审核与内销货物申报价格相关数据、纸质单证等,审定内销货物的完税价格。

⑤内销货物归类、审价通过后,H2000 系统会自动向联网企业发送审核通过信息回执,审价岗位打印纸质"加工贸易货物内销征税联系单"一式两份,一份海关留存归档,一份交企业办理通关手续。

⑥企业按照内销征税联系单的内容在 QP 系统上录入内销货物报关单电子数据,并向 H2000 系统发送,系统审核通过后向企业发送报关单审核通过的回执。企业打印好内销报关单并向主管海关征税部门办理征税结关手续。

⑦主管海关征税部门核对内销征税联系单纸质或电子数据内容和报关单数据内容,确认无误后按规定办理内销货物审单、征税、放行等海关手续。

⑧企业凭税单缴纳税款及缓税利息。

### 4.3.4 电子账册的核销

电子账册核销通常指的是通关电子账册的核销,指企业根据保税货物的进、销、存、转等情况,将电子账册核销周期(通常为半年)内的料件进口、成品出口、生产加工、货物库存、深加工结转等情况向海关申报,海关予以审核、核销的过程。

#### 1)电子账册核销流程

①企业通过电子账册企业端系统的"数据报核"模块,录入预报核数据,并发送至海关。

②主管海关进行预报核审核。

③海关审核通过预报核并通知企业申报正式报核。

④企业提交正式报核单证并申报正式报核数据。

⑤主管海关进行正式报核审核。

⑥主管海关予以通过正式报核。

⑦主管海关打印核销表反馈给企业。

**2) 电子账册核销注意事项**

①企业应在电子账册本次核销周期到期时或接到主管海关催核通知时,向海关办理预报核手续,并在核销周期到期之日起 5～7 天报送完所有预报核资料。海关通过预报核之后,企业再在规定时间内完成正式报核并在海关确定核销结束之日起 30 天内完成报核手续,确实有正当理由无法按期报核的,经主管海关批准可以延期,延期最长不得超过 60 天。

②为了掌握企业在一定时间段内各项加工贸易保税料件的使用、流转、损耗情况,报核时数据要符合以下平衡关系:进口保税料件(含深加工结转进口)= 出口成品折料(含深加工结转出口)+内销料件+内销成品折料+剩余料件+损耗−退运成品折料。

③海关对联网企业的核查可以采用书面核查、海关下厂盘库核查或企业聘请第三方会计师事务所盘库核查等方式。

④企业正式报核后,海关将企业实际库存量和海关电子底账核算结果进行对比。若实际库存量多于电子底账,海关可按照实际库存量调整电子底账的当期结余量;若实际库存量少于电子底账核算结果,企业应配合海关核查并提出合理解释,属正当理由的海关可批准内销处理。

### 4.3.5 电子化手册和电子账册的比较

电子化手册管理模式和电子账册管理模式的区别如表 4-7 所示。

**表 4-7 电子化手册和电子账册的比较**

| 序号 | 监管条件 | 电子化手册 | 电子账册 |
|---|---|---|---|
| 1 | 是否要求使用 ERP 等计算机管理系统 | 否 | 是 |
| 2 | 企业管理类别要求 | 失信企业以上(D 类以上,不含 D 类) | 一般信用企业(B 类)及以上 |
| 3 | 是否区分来料加工与进料加工 | 区分 | 不区分 |
| 4 | 管理单元 | 以合同为单元 | 以企业为单元 |
| 5 | 有效期 | 半年或一年 | 企业经营期限 |
| 6 | 核销周期 | 逐本核销 | 定期核销(180 天) |
| 7 | 料件进口数量限制 | 有 | 有 |
| 8 | 成品出口数量限制 | 有 | 无 |
| 9 | 数量控制 | 总量控制 | 周转量控制 |
| 10 | 控制方式 | 根据生产能力证明,设置所有料件、成品的最大进出口数量 | 根据生产能力证明,设置周转量总金额;企业根据生产周期设置最大库存量 |

续表

| 序号 | 监管条件 | 电子化手册 | 电子账册 |
|---|---|---|---|
| 11 | 归并关系备案 | 不需要 | 需要 |
| 12 | 通关单证载体 | 报关单 | 报关清单、报关单 |
| 13 | 报关单申报 | 人工归并申报，工作量大，容易出错 | 系统根据归并关系自动归并生产报关单，简便快捷、准确率高 |
| 14 | 备案 | 一次性备案料件、成品和单耗 | 分段式备案，可先备案表头及料件，在成品出口前备案成品和单耗 |
| 15 | 内销手续 | 内销前需向主管海关申报 | 经主管海关批准，可先销后税，按月度集中申报 |
| 16 | 核销周期 | 半年或一年 | 半年，最长不超过一年 |
| 17 | 余料结转 | 结转到下一本手册 | 自动计入下期库存 |

## 4.4 出口加工区及其进出货物报关

### 4.4.1 出口加工区的含义

出口加工区是经国务院批准在我国境内某一特定区域设立的，由海关对进出区货物及区内相关场所进行封闭式监管的特定区域。

该区域一般选在经济相对发达、交通运输和对外贸易方便、劳动力资源充足、城市发展基础较好的地区。对进出加工区的货物，海关均有较为严格的监管。

### 4.4.2 出口加工区的功能

出口加工区具有保税加工、保税物流及研发、检测、维修等业务的功能。出口加工区内可以设置出口加工企业、仓储物流企业，以及经海关核准专门从事区内货物进、出的运输企业。

**案例导读 4-5**

出口加工区内企业的便利

C 家电有限公司是 2008 年在我国的 S 出口加工区成立的一家生产企业，注册资本 3 亿元人民币，主要从事电冰箱、空调器、洗衣机等白色家电的制造和销售，产品 100% 出口。其母公司为区外的一家外商独资企业，隶属于某大型跨国家电企业。企业选择在出口加工区投资设厂，主要基于以下考虑：

(1)进口设备全免税。区内企业从境外进口的绝大多数的机器、设备、零部件等均可以享受免征进口关税和进口环节海关代征税的政策优惠，与区外相比，在减免税的货物范围、免税额、办理手续等方面都更具优势，使企业节约了很多设厂投资成本。

(2)国内采购的生产模具享受出口退税。该企业因其产品特性，生产中需要使用大量的模具，价值数亿元人民币，而这些模具基本全部在国内采购。按照出口加工区的政策，从区外进入出口加工区供区内企业使用的国产机器、设备等可以享受出口退税，工厂设在区内在模具退税上又为企业减少了不少成本。

(3)国内采购的生产原材料享受出口退税。该企业生产中使用的原材料约90%从国内采购，且采取的是完全的“零库存”生产，即企业根据每天的生产计划确定原材料需求，由国内供应商直接将所需原材料送上生产线。这样做，一方面，按照出口加工区政策，从区外进入出口加工区供区内企业使用的原材料、包装物料等可以享受出口退税，企业经过详细评估，确定将出口退税由成品离境退税前推到生产原材料退税，由供应商管理原材料库存，这可使企业的生产成本进一步降低，减少企业的生产资金占用；另一方面，出口加工区对二线进区货物普遍实行“二线货物集中申报”的通关模式，企业可以先送货，次月再做集中申报，既较好地满足了企业“零库存”生产下全天24小时不间断供货的要求，又减少了企业二线货物的通关成本。

(4)成品一线出境手续简便。该企业产品100%出口，属于典型的出口型企业，而出口加工区等海关特殊监管区域的一线货物普遍实行的备案制，区内企业一线货物进出境时向海关申报进出境备案清单、货物保税免证，与进出口报关制相比，手续更为简便，加之该企业在成功申请A类企业后，经过海关批准其一线出口货物又可适用“属地申报，口岸验放”的通关模式，即成品从出口加工区出至出境口岸时，可以使用自有车辆，按非转关模式运输，企业的物流成本也大大降低，物流效率进一步提高。

因此，该企业2009年投入生产后业务发展迅速，2011年度产品出口金额就超过了10亿美元，成为S出口加工区生产企业中的发展典范。

### 4.4.3 海关对出口加工区的管理

①海关在出口加工区内设立机构，并依照相关规定，对进、出加工区的货物及区内相关场所实行24小时联网监管，并实行稽查制度。

②区内不得经营商业零售、一般贸易、转口贸易及其他与出口加工区无关的业务。除安全保卫人员和企业值班人员外，其他人员不得在加工区内居住。不得建立营业性的生活消费设施。

③区内企业开展加工贸易业务不实行加工贸易银行保证金台账制度，海关实行电子账册管理。区内加工产品不征收增值税。国家禁止进、出口的货物、物品，不得进、出加工区。

④出口加工区与境外进出口的货物，除国家另有规定外，不实行进出口许可证件管理。

境内区外进入出口加工区视同出口，办理出口手续，可以办理出口退税。

⑤出口加工区与境外之间进、出的货物，除实行出口被动配额管理的外，不实行进出口配额、许可证件管理。

从境外进入出口加工区的货物，其进口关税和进口环节税，除法律、法规另有规定外，按照表4-8所示内容办理，从出口加工区运往境内区外的货物按照表4-9内容所示办理。

**表4-8 出口加工区与境外之间的货物“税证”管理**

| 从境外进入出口加工区 | “税证”管理 |
|---|---|
| 区内生产性的基础设施建设项目所需的机器、设备和建设生产厂房、仓储设施所需的基建物资 | 免税、免证 |
| 区内企业生产所需的机器、设备、模具及其维修用零配件 | 免税、免证 |
| 区内企业为加工出口产品所需的原材料、零部件、元器件、包装物料及消耗性材料 | 保税、免证 |
| 区内企业和行政管理机构自用合理数量的办公用品 | 免税、免证 |
| 区内企业和行政管理机构自用的交通运输工具、生活消费用品 | 照章征税、免证 |
| 区内企业加工的制成品及其在加工生产过程中产生的边角料、余料、残次品、废品等销往境外的(从出口加工区发往境外) | 免征出口关税、免证 |

**表4-9 出口加工区的货物运往区外的处理情况**

| 出口加工区货物的流向 | 报关要点 |
|---|---|
| 边角料、废品出区内销 | 缴税、免证 |
| 边角料、废品销毁(处置销毁方式除外) | 免税、免证 |
| 残次品出区内销 | 缴税、交证 |
| 区内企业将模具、半成品发往境内区外外发加工 | 向海关申请，缴纳等值保证金或银行保函。出区后6个月运回，向海关核销，海关退还保证金或保函 |
| 区内使用的机器设备、模具和办公用品运往境内区外维修、检测或检验 | 海关核准、登记、查验后方可，并留存产品样品。按“维修物品”监管，不得出去参与加工生产。2个月内运回区内，并可申请延长1个月 |

### 4.4.4 出口加工区货物的报关

出口加工区的企业在进出口货物之前，需先向加工区主管海关申请建立电子账册，包括“加工贸易电子账册”和“企业设备电子账册”，出口加工区进出境货物和进出区货物通过电子账册办理报关手续。

1)出口加工区与境外之间货物的报关

出口加工区与境外之间货物的报关分为境外货物进入出口加工区和出口加工区货物运往境外,加工区主管海关与进境地海关或出境地海关不属于同一关区的,按照直转转关方式办理报关手续,同一关区内的可直通式报关。具体报关程序如表 4-10 所示。

表 4-10 出口加工区与境外之间货物的报关

| 分 类 | 境外货物进入出口加工区 | | 出口加工区货物运往境外 | |
|---|---|---|---|---|
| | 报关步骤 | | 报关步骤 | |
| 第一步 | 申请转关 | 向进境地口岸海关录入转关申报数据,持"进口转关货物申报单""汽车载货登记簿"向口岸海关物流检控部门办理转关手续 | 申请报关 | 收货人或其代理人录入"出口加工区出境货物备案清单",向出口加工区海关提交运单、发票、装箱单、电子账册等单证办理出口报关手续 |
| 第二步 | 转关运输 | 口岸海关向出口加工区海关发送转关申报电子数据,并对运输车辆进行加封;随后按照规定的时间和路线进行转关运输 | 申请转关 | 持备案清单、"汽车载货登记簿"向出口加工区海关物流监控部门办理出口转关手续 |
| 第三步 | 申请报关 | 向出口加工区主管海关办理转关核销手续,海关物流监控部门核销"汽车载货登记簿",并向口岸海关发送转关核销电子回执<br>录入"出口加工区进境货物备案清单",向出口加工前海关提交运单、发票、装箱单、电子账册编号、相应许可证件办理进境报关手续 | 转关运输 | 出口加工区海关向出境地口岸海关发送申报电子数据,并对车辆进行加封后,按照规定的时间和路线进行转关运输 |
| 第四步 | 查验放行 | 货物到达加工区后,出口加工区海关查验放行,签发有关备案清单证明联 | 查验放行 | 货物到达出境地后,向出境地口岸海关办理转关核销手续。海关查验后放行。口岸海关向加工区海关发送转关核销数据,出口加工区海关签发有关备案清单证明联 |

**2) 出口加工区与境内区外其他地区之间的货物报关**

出口加工区与境内区外其他非特殊监管区域之间的货物报关分为:区内货物运往境内区外和境内区外货物运往出口加工区,其报关步骤如表4-11所示。

**表4-11　出口加工区和境内区外其他地区之间的货物报关程序**

| 分　类 | 区内货物运往境内区外 | | 境内区外货物运往出口加工区 | |
|---|---|---|---|---|
| | 报关步骤 | | 报关步骤 | |
| 第一步 | 进口报关 | 区外企业录入“进口货物报关单”,并持发票、装箱单、相应的许可证件等向出口加工区海关办理进口报关手续 | 出口报关 | 区外企业录入“出口货物报关单”,并持发票、装箱单、购销合同等向出口加工前海关办理出口报关手续 |
| 第二步 | 出区报关 | 区内企业填“出口加工区出境货物备案清单”,并持发票、装箱单、电子账册编号等向出口加工区海关办理出区报关手续 | 进区报关 | 区内企业填“出口加工区进境货物备案清单”,并持发票、装箱单、电子账册编号向出口加工区海关办理进区手续 |
| 第三步 | 查验放行 | 出口加工区海关对货物进行查验放行 | 查验放行 | 出口加工区海关对货物进行查验放行 |
| 第四步 | 签发证明 | 出口加工区海关向区外企业签发“进口货物报关单付汇证明联”,向区内企业签发“出境货物备案清单出口收汇证明联” | 签发证明 | 出口加工区海关向区外企业签发“出口货物报关单收汇证明联”,向区内企业签发“进境货物备案清单付汇证明联” |

**3) 出口加工区货物出区深加工结转报关**

出口加工区内企业开展深加工结转时,转出企业凭出口加工区管委会批复,向所在地的出口加工区海关办理海关备案手续后,方可开展货物的实际结转。

若结转转入企业为非海关特殊监管区域内的企业,转出、转入企业在转出地主管海关办理结转手续,结转货物按照海关对保税加工进口货物的有关规定办理手续,结转货物属于加工贸易项下进口许可证件管理的,应向海关提供相关有效证件。

若结转转入企业在出口加工区、保税区等海关特殊监管区域,转出、转入企业分别在自己的主管海关办理结转手续,结转货物按照转关运输方式办理结转手续,不能比照转关运输方式办理的,在向主管海关提供相应担保后,由企业自行运输。

## 4.5 珠海园区进出货物报关程序

### 4.5.1 珠海园区简介

为了加强粤澳、珠澳经贸合作，维护澳门长期繁荣稳定，由澳门政府提出建设，珠海市政府申报，于 2003 年 12 月经国务院批准设立珠澳跨境工业区，它是全国第一家跨境工业区。跨境工业区总占地面积 0.4 平方千米，其中珠海园区 0.29 平方千米，澳门园区 0.11 平方千米，由珠海市和澳门特别行政区分别通过填土造地形成。两个园区之间由一条自然形成的水道作为隔离，开设专门口岸通道连接。

珠海园区、澳门园区分别由珠海市人民政府、澳门特别行政区政府分别管理。珠澳跨境工业区珠海园区的政策特点：实行"保税区+出口加工区出口退税政策+24 小时通关专用口岸"（简称"三合一"）优惠政策。

### 4.5.2 珠海园区的功能

珠海园区具备从事保税物流、保税加工和国际转口贸易的功能，其具体可以开展以下业务：

①加工制造；

②检测、维修、研发；

③拆解、翻新；

④储存进出口货物以及其他未办结海关手续货物；

⑤进出口贸易，包括转口贸易；

⑥国际采购、分销和配送；

⑦国际中转；

⑧商品展示、展销；

⑨经海关批准的其他加工和物流业务。

### 4.5.3 海关对珠海园区的管理

①海关对珠海园区实行封闭式管理，园区和澳门园区之间设立专用口岸通道，用于两个园区的货物、物品、运输工具以及人员进出。园区和境内区外之间设立进出区卡口通道，用于珠海园区与区外之间的货物、物品、运输工具以及人员进出。区内不得建立商业性生活消费设施。除安全保卫人员和企业值班人员外，其他人员不得在珠海园区居住。

②海关对区内企业实行电子账册监管制度和计算机联网管理制度，不实行加工贸易银行保证金台账制度。区内加工贸易货物内销不征收缓税利息。区内企业自开展业务之日起，每年向园区主管海关办理报核手续。

③海关对珠海园区与境外之间进出的货物实行备案制管理（特殊情况除外）。区内企业

提出书面申请并且经海关批准的，可以办理集中申报手续，并要向珠海园区主管海关申报。

④珠海园区与境外之间进出的货物，不实行进出口配额、许可证件管理（特殊情况除外）。从境外进入珠海园区的货物，除法律、行政法规另有规定外，按照表4-12所示征收进口关税和进口环节税。

**表4-12　珠海园区与境外之间货物的“税证”管理**

| 境外进入珠海园区的货物 | “税证”管理 |
| --- | --- |
| 珠海园区生产性的基础设施建设项目所需的机器、设备和其他物资 | 免税、免证 |
| 区内企业自用的生产、管理设备和自用合理数量的办公用品及其所需的维修零配件，建设生产厂房、仓储设施所需的物资、设备 | 免税、免证 |
| 珠海园区行政管理机构自用合理数量的管理设备和办公用品及其所需的维修零配件 | 免税、免证 |
| 区内企业为加工出口产品所需的原材料、零部件、元器件、包装物料 | 保税、免证 |
| 转口货物、在珠海园区储存的货物和展览品、样品 | 保税、免证 |
| 上述规定范围外的货物或者物品从境外进入珠海园区 | 依法纳税 |

⑤在珠海园区内受损的货物，因其受损原因不同其处理方式不同，具体情况如表4-13所示。

**表4-13　珠海园区受损货物海关管理方法**

<table>
<tr><th></th><th>受损情况</th><th>管理方法</th></tr>
<tr><td rowspan="3">不可抗力造成损坏</td><td>货物灭失或者虽未灭失，但完全失去使用价值</td><td>海关依法办理核销和免税手续</td></tr>
<tr><td>进境货物损坏，失去原使用价值，但可以再利用</td><td>区内企业可以向海关办理退运手续，要求运往区外的，需海关核准后按出去实际状态办理海关手续</td></tr>
<tr><td>区外进入区内的货物损坏，失去原使用价值但可以再利用，并且向区外出口企业进行退换的</td><td>可以退换为与损坏货物同一名称、规格、数量、价格的货物，并向园区主管海关办理退运手续</td></tr>
<tr><td rowspan="2">保管不善</td><td>从境外进入园区</td><td>由区内企业按一般进口货物缴纳受损货物原价值的进口代征税</td></tr>
<tr><td>从区外进入区内</td><td>区内企业重新缴纳出口退还的国内环节税</td></tr>
</table>

### 4.5.4 珠海园区货物的报关

#### 1)珠海园区与境外之间货物的报关

珠海园区与境外之间货物的报关实行备案制,由货物的收发货人或者代理人填写“进出境货物备案清单”,向海关备案。其进出的货物的进出境口岸不在园区主管海关管辖区域的,区内企业应当按照转关运输或者异地报关等方式办理有关手续。

#### 2)珠海园区与境内区外之间货物的报关

珠海园区与境内区外之间货物的报关类型可以分为出区和进区两种。

(1)出区

珠海园区内货物运往区外视同进口,由区内企业填制“出境货物备案清单”向园区主管海关办理申报手续,区外的企业填制“进口货物报关单”向珠海园区主管海关办理申报手续。区内企业跨关区配送或提取货物的,可以在珠海园区海关办理申报手续,也可以按照规定在异地企业所在地海关办理申报手续。珠海园区出区到境内的,按照货物的实际流向办理出区报关手续,具体情况如表 4-14 所示。

**表 4-14 珠海园区货物出区报关**

<table>
<tr><th colspan="2">货物种类</th><th>报关管理</th></tr>
<tr><td>CEPA 货物出区</td><td>获得 CEPA 优惠原产地征税的一般贸易方式的货物</td><td>享受 CEPA 零关税优惠</td></tr>
<tr><td rowspan="3">一般贸易或加工贸易货物出区</td><td>用于加工贸易的</td><td>按照加工贸易货物的报关程序办理进口报关手续</td></tr>
<tr><td>用于可享受特定减免税的</td><td>按特定减免税货物的报关程序办理进口报关手续</td></tr>
<tr><td>进入国内市场或使用于境内其他方面的</td><td>按一般进口货物报关程序办理进口报关手续</td></tr>
<tr><td>免税货物出区</td><td>从境外免税进入园区的货物出区进入境内区外的</td><td>按照货物进口的有关规定办理手续,需照章征税,缴纳许可证件</td></tr>
<tr><td>残次品、边角料出区</td><td>残次品内销出区,边角料、废品以及加工生产、储存、运输等过程中产生的包装物料运往区外的</td><td>需照章征税,缴纳许可证件</td></tr>
<tr><td>出区外发加工</td><td>将模具、原材料、半成品运往区外外发加工的</td><td>持相关资料向园区海关办理外发加工手续,加工期限不得超过 6 个月</td></tr>
<tr><td>出区展示</td><td colspan="2">按暂准进境货物的有关规定办理进出区手续</td></tr>
</table>

续表

| 货物种类 | | 报关管理 |
| --- | --- | --- |
| 出区检测、维修 | 在珠海园区内使用的机器、设备、模具和办公用品等 | 海关核准登记后，留存模具样品或图片，出区后60天内运回，可申请延长30天以内，更换零件、配件等一并运回区内。区外更换的国产零件、附件等，需要退税的，经申请海关签发退税证明 |
| 退运出区 | 属于未办理出口退税手续或已退税款已经退还税务部门的 | 提供相关退税证明后和出口单证，向珠海园区主管海关办理退运手续 |
| | 属于已办理出口退税手续且已退税款未退还税务部门的 | 按进口货物办理进口手续，照章征税，交验许可证件 |
| 出区深加工结转 | 将加工贸易成品发往境内区外其他特殊监管区域以外的企业的 | 按照出口加工区出区深加工结转的程序办理有关手续 |

(2)进区

货物从境内区外进入珠海园区视同出口。其具体报关按照不同货物进行，如表4-15所示。

**表4-15　珠海园区货物进区报关**

| 货物种类 | | 报关管理 |
| --- | --- | --- |
| 一般贸易和加工贸易货物进区 | 按照货物的出口有关规定办理手续 | 照章征税，交验出口许可证件 |
| | 从区外进入珠海园区供区内企业使用的国产机器设备、原材料、零部件、包装物料、建筑基础设施、基建物资等 | 签发出口货物报关单退税证明联 |
| | 从区外进入园区供区内企业使用的生活消费品、交通运输工具条 | 不予签发出口货物报关单退税证明联 |
| 原进口货物进区 | 从区外进入珠海园区的进口机器设备、原材料、包装物料、基建物质等 | 向海关提供货物或物品清单，办理出口报关手续，之前已缴纳进口环节税的不予退还 |
| 出区外发加工运回 | 加工生产过程中使用国内料件并属于出口应税商品的 | 加工产品运回区时，所使用的国内料件应按规定缴纳出口关税 |
| 进区商品展示 | 按照海关对暂准进出境货物的有关规定办理进出区手续 | |

**知识链接 4-2**

## 商务部 海关总署公告 2016 年第 45 号

【发布单位】商务部 海关总署

【发布文号】2016 年第 45 号

【发布日期】2016-8-25

【实施日期】2016-9-1

根据《国务院关于促进加工贸易创新发展的若干意见》(国发〔2016〕4 号)、《国务院关于促进外贸回稳向好的若干意见》(国发〔2016〕27 号)要求和国务院行政审批改革总体部署,在全国范围内取消加工贸易业务审批,建立健全事中事后监管机制。现就有关事项公告如下:

一、取消商务主管部门对加工贸易合同审批和加工贸易保税进口料件或制成品转内销审批。各级商务主管部门不再签发《加工贸易业务批准证》《联网监管企业加工贸易业务批准证》和《加工贸易保税进口料件内销批准证》《加工贸易不作价设备批准证》。海关特殊监管区域管委会不再签发《出口加工区加工贸易业务批准证》和《出口加工区深加工结转业务批准证》。

二、开展加工贸易业务的企业,凭商务主管部门或海关特殊监管区域管委会出具的有效期内的《加工贸易企业经营状况和生产能力证明》到海关办理加工贸易手(账)册设立(变更)手续,海关不再验核相关许可证件,并按《加工贸易企业经营状况和生产能力证明》中列名的税目范围(即商品编码前 4 位)进行手册设立(变更)。涉及禁止或限制开展加工贸易商品的,企业应在取得商务部批准文件后到海关办理有关业务。

三、海关特殊监管区域外加工贸易保税进口料件或者制成品如需转内销的,海关依法征收税款和缓税利息。进口料件涉及许可证件管理的,企业还应当向海关提交相关许可证件。

加工贸易项下关税配额农产品办理内销手续时,海关验核贸易方式为"一般贸易"的关税配额证原件或关税配额外优惠关税税率配额证原件(以下简称"一般贸易配额证"),按关税配额税率或关税配额外暂定优惠关税税率计征税款和缓税利息。无一般贸易配额证的,按关税配额外税率计征税款和缓税利息。

四、严格加工贸易企业经营状况和生产能力核查机制。各级商务主管部门、海关特殊监管区域管委会要严格执行加工贸易企业经营状况和生产能力核查制度,为企业出具《加工贸易企业经营状况和生产能力证明》。

五、各级商务主管部门和海关要加强衔接,密切配合,制订加工贸易管理操作流程或办事指引,规范服务,便利企业,为加工贸易发展营造良好环境。

六、本公告自 2016 年 9 月 1 日起实施。

商务部 海关总署

2016 年 8 月 25 日

## 案例实训

专营进料加工集成块出口的外商投资企业 A 公司，是适用一般信用企业（原 B 类）管理的企业。该企业于 3 月份对外签订了主料硅片等原材料的进口合同，按企业合同（章程）部分加工成品内销，另一部分加工成品外销，原料交货期为 4 月底。5 月初又对外签订了生产集成块所必需的价值 20 000 美元的三氯氧磷进口合同。6 月初与境外某商人订立了集成块出口合同，交货期 10 月底。9 月底，产品全部出运，仅有些边角余料残次品没有处理。作为 A 公司的报关员，为完成这个进料加工业务，需要做哪些工作？

报关分析：为完成此项进料加工业务，需完成《登记手册》（类似于电子化手册）的申领、料件进口报关、料件增补和报关（含手册变更）、出口合同变更（手册变更）、加工成品出口和内销报关、手册报核和台账注销等。

### 1）外销料件电子化手册的申领

由于 A 公司属于系海关分类管理的一般信用企业，因主料硅片等材料属于加工贸易允许类商品（不属于限制类），所以应设台账不交保证金，“空转”。作为 A 公司的报关员应当在 4 月底之前申领《外商投资企业履行产品出口合同登记手册》，以便使料件按合同期限收货。申领《外商投资企业履行产品出口合同登记手册》的程序和手续如下：

①到当地商务部填写《企业生产能力状况》表格，由外经贸委确认签章取得加工贸易企业生产能力证明。

②持生产能力证明、进料加工合同到主管海关，填写《外商投资企业履行产品出口合同登记手册》，将合同基本情况预录入后，持合同、生产能力证明表等到主管海关备案。

③主管海关审核无误后，按企业合同（章程）里的外销比例批注保税比例，并开出《设立银行保证金台账联系单》。

④持《联系单》到海关指定的中国银行设立台账。因空转，不付保证金。支付一定手续费后取得《设立银行保证金台账通知单》。

⑤持《设立银行保证金台账通知单》到海关取《外商投资企业履行产品出口合同登记手册》。

### 2）料件（硅片）进口报关

①货物到港后，按企业合同（章程）规定的内外销比例将货物拆成两部分预录入通关，并注意：加工成品内销部分报“一般贸易”，提供发票、装箱单、提货单，并应当提供相应的许可证件（硅片不需要许可证件）。

②加工成品外销部分报“三资进料加工”，全额保税，提供《外商投资企业履行产品出口合同登记手册》、发票、装箱单、提货单。审单通过后，将单据交现场海关接单人员。

③如海关决定查验，则陪同查验，搬移货物、开拆包装、重封包装。

④从接单人员处取得《税款缴纳证》，到银行付税或电子支付。保税部分免征监管手续费。

⑤凭银行收税款后签章的《税款缴纳证》正本到现场海关取得海关签放行章的提货单，凭此提货单到口岸提货。

### 3）料件增补和报关

①三氯氧磷系加工贸易增补材料，应以“合同变更”方式办理，由于三氯氧磷为能够制造化学武器的化工原材料，应报化工部批准，凭化工部的批准件到外经贸部申领许可证。

②获得许可证件后，向海关预录入增补材料相关数据，主管海关根据数据内容和许可证开立《变更联系单》。

③持《变更联系单》到银行办台账变更手续，银行出具《变更通知单》。

④凭《变更通知单》到主管海关办理《外商投资企业履行产品出口合同登记手册》变更手续。

⑤凭《外商投资企业履行产品出口合同登记手册》和许可证到海关办理三卤氧磷的进口报关手续。并按内外销比例拆单，内销部分要征税，外销保税部分免征监管手续费。

### 4）出口合同变更

6月初的进料加工出口合同签订后，需要以变更的方式将出口合同的内容做进《外商投资企业履行产品出口合同登记手册》，报海关审批，海关开具《变更联系单》，银行变更台账开《变更通知》后，海关变更《登记手册》。

### 5）成品出口和内销

凭变更后的《外商投资企业履行产品出口合同登记手册》、单耗资料和相关单证等办理成品出口报关手续。并按照实际内销成品状态，缴纳成品内销补证关税和进口代征税，提交许可证件，办理进口报关手续。

### 6）手册报核和台账注销

①10月底以前持所有单证到海关办理报核，报核申请要对边角余料说明处理情况。

②从主管海关处取得《核销联系单》。

③凭海关《核销联系单》到银行办理台账销账。

# 课内练习

## 一、单选题

1.海关法对保税加工货物作了具体的规定，下列货物属于保税加工货物的范畴的是(　　)。

A.来料加工合同项下进口的料件和加工的成品

B.为保证来料加工合同的顺利进行，外商提供的以加工费偿还的专用设备

C.临时进口的货样

D.进口的包装物料

2.在加工贸易合同项下海关准予备案的料件，(　　)保税。

A.85%料件保税，15%的料件不保税

B.95%料件保税，5%的料件不保税

C.不予

D.100%

3.公司生产 A 型号的显示器外壳，每个显示器外壳中所含的 ABS 塑料粒子的重量为 1 千克，在生产过程中的工艺损耗率为 20%。该公司向海关申报 A 型号显示器的 ABS 塑料粒子单耗时，其单耗值应报为(　　)。

A.0.80 千克/个　　B.1.00 千克/个

C.1.20 千克/个　　D.1.25 千克/个

4.某企业购进生产原料一批，其中 80%的加工产品直接返销境外，20%加工产品结转给另一关区其他加工贸易企业继续加工后返销境外。那么某企业将 20%加工产品结转给另一关区其他加工贸易企业继续加工后返销的做法，在海关管理中，称为(　　)。

A.跨关区异地加工　　B.深加工结转

C.跨关区委托加工　　D.外发加工

5.北京加工贸易企业 A 进口料件生产半成品后转给南京加工贸易企业 B 继续深加工，最终产品由 B 企业出口。A，B 企业都需要向海关提交加工贸易保税深加工结转申请表，办理计划备案，A，B 企业都是电子化手册管理。下列哪项办理计划备案的手续是正确的？(　　)

A.先由 A 企业向转出地海关申请备案，后由 B 企业向转入地海关备案

B.先由 A 企业向转入地海关申请备案，后由 B 企向转入地海关申请备案

C.先由 B 企业向转入地海关申请备案，后由 A 企业向转出地海关申请备案

D.先由 B 企业向转出地海关申请备案，后由 A 企业向转入地海关申请备案

6.加工贸易企业从事加工出口业务中,因不可抗力原因造成损毁导致无法复出口的保税进口料件加工制成品内销,应当(　　)。

A.按受灾货物免税,免纳缓税利息,免予交验许可证件

B.按原进口货物纳税,缴纳缓税利息,交验相应的许可证件

C.按受灾货物纳税,缴纳缓税利息,免予交验许可证件

D.按原进口货物纳税,免纳缓税利息,交验相应的许可证件

7.加工贸易联网监管是海关对加工贸易保税货物实施监管的一项创新举措,实现加工贸易联网监管的加工贸易保税货物的海关手续具有以下特点,说法错误的是(　　)。

A.建立电子账册,取代加工贸易电子化手册

B.根据实际需要办理进出口货物的备案手续,取代货物进出口报关单的填制和申报

C.不实行银行保证金台账制度

D.电子账册备案的料件全额保税

8.自境内区外运入出口加工区的货物,正确的报关程序应当是(　　)。

A.区外企业填制出口报关单——区内企业填制进境备案清单——海关向区外企业签发报关单退税、收汇证明联,向区内企业签发进境备案清单付汇证明联

B.区外企业填制进口报关单——区内企业填制出境备案清单——海关向区外企业签发报关单付汇证明联,向区内企业签发出境备案清单收汇证明联

C.区外企业填制出口报关单——区内企业填制出境备案清单——海关向区外企业签发报关单退税、收汇证明联,向区内企业签发出境备案清单收汇证明联

D.区外企业填制出境备案清单——区内企业填制进口报关单——海关向区外企业签发出境备案清单退税、收汇证明联,向区内企业签发报关单付汇证明联

9.加工贸易银行保证金台账实施分类管理,(　　)应当执行“实转”。

A.江苏省一般认证企业(A类)进口限制类商品

B.广东省一般信用企业(B类)进口限制类商品

C.福建省一般信用企业(B类)企业进口允许类商品

D.青海省失信企业(C类)进口允许类商品

10.电子账册管理的保税加工报核期限,一般以(　　)为1个报核周期。

A.1年　　　　B.180天

C.60天　　　　D.30天

## 二、多选题

1.下列贸易形式中,属于加工贸易的是(　　)。

A.来料加工　　　　B.来料养殖

C.进料加工　　　　D.出料加工

2.目前已经公布的加工贸易禁止类商品目录包括(　　)。

A.国家明令禁止进出口的商品

B.为种植、养殖而进口的商品

C.引起高能耗、高污染的商品

D.高附加值、高技术含量的商品

3.以下有关加工贸易单耗、净耗、工艺损耗，以及损耗率的含义，表述正确的是（　　）。

A.单耗是指加工贸易企业在正常加工条件下加工单位成品所耗用的料件量，单耗包括净耗和工艺损耗，单耗=净耗/（1-工艺损耗率）

B.净耗，是指在加工后，料件通过物理变化或者化学反应存在或者转化到单位成品中的量

C.工艺损耗，是指因加工工艺原因，料件在正常加工过程中除净耗外所必需耗用、不能存在或者转化到成品中的量，但不包括无形损耗

D.工艺损耗率，是指工艺损耗占所耗用料件的百分比

4.下列关于加工贸易深加工结转程序表述正确的是（　　）。

A.先进行加工贸易深加工结转的计划申报，再办理发货登记，最后办理报关手续

B.先进行加工贸易深加工结转的计划申报，再办理报关手续，最后再收发货

C.先由转出企业向转出企业所在地海关进行计划申报，再由转入企业向转入企业所在地海关进行计划申报

D.先由转出企业向转出企业所在地海关办理结转出口报关手续，再由转入企业向转入企业所在地海关办理结转进口报关手续

5.加工贸易余料如作（　　）处理，必须填制报关单报关。

A.内销　　B.结转　　C.退运　　D.放弃

## 课外实训

1.深圳亚星橡胶制品有限公司与新加坡某公司签订合同，进口天然橡胶，加工出口橡胶围裙，成品由亚星公司再组织外售。亚星公司向海关申领了加工贸易手册。在加工过程中，由于没有印花设备，公司报经主管海关同意后，将半成品交深圳意康胶印有限公司印花后运回。在合同执行过程中产生了部分残次品，合同执行完毕，大洋公司向主管海关报核。若你是该项业务的报关员，请完成加工贸易手册的申领、外发加工、残次品内销和合同报核的报关手续。

2.康和金属公司是一家位于某出口加工区内的加工贸易企业，与外商签订了合同，进口铝合金，加工生产铝合金轮毂出口，生产过程中产生的铝合金费屑运出区外进行处理。康和公司在铝合金轮毂运至出口加工区监管场所前，向出口加工区海关提交相关单证，办理出口报关手续，同时向出口加工区海关录入转关申报数据，并持相关单证办理出口转关手续，运至某口岸海关装运出境。请完成康和公司此项业务的报关。

# 第5章　保税物流货物的报关

## 案例导读 5-1

### 上海自贸区的通关新速度

2016年9月7日6:30,运载着一批新款服装的CK218航班在上海浦东机场缓缓降落,卸货后中远物流的地面代理迅速开始理货并确认海关舱单。7:02,中远物流向海关提出了先进区后报关申请,3分钟后企业收到海关审核放行回执。7:19,第一车货物进入自贸区海关卡口并入库理货。8:28,企业理货完成后向海关进行了进境申报,12分钟后收到海关放行回执,开始打包装车。9:53,货物装车完成后企业申请货物出区,2分钟后收到海关回执车辆出库。10:10,货物顺利通关出区进入国内。此时距离飞机落地仅仅过去3小时40分钟,创造了上海自贸区空运物流运作全新速度。

“这批货物进口如果在自贸区外操作,可能需要1~2天的时间,现在通过自贸区,我们可以做到当天进当天出,理完货就可以出区了,不用等到交完税,物流的时间成本随着通关效率的提高也相对降低了。”上海中远空港保税物流有限公司副总经理孟路明说。

据孟经理介绍,这批服装是西班牙某著名时尚品牌的货物,对于“以快取胜”的快消品牌来说,时间就是生命,因此对通关环节的时效要求非常高。之前,该品牌通过普通货物渠道通关时间较长,为实现更快的产品更新周期,在与海关协调商讨并进行了多方案比较后,该品牌选择了在浦东机场综保区进行货物进口,希望能够利用自贸区的新政策提高其产品的通关速度。

为此,海关设立了专门的课题攻关组,研究自贸区海关创新制度的叠加运用。2015年7月,该品牌在机场综保区正式开展了第一批业务。海关从货物账册备案环节简化手续加速流程,指导企业叠加运用自贸区通关无纸化,“先进区,后报关”,分送集报等创新制度节省报关时间,通过资源整合和流程再造,当月就创造了5小时通关的惊人速度,令该品牌中国区负责人对中国海关的办事效率赞不绝口。据统计,企业今年上半年累计进口货值近6.5亿元、报关单票数1万余票,较去年下半年分别增长了50.5%、108.5%,增效显著。

据上海浦东机场海关综保区筹备办主任程红梅介绍,从2013年自贸区成立后,海关推出了23+8项创新举措,通过多种功能政策叠加,企业实现了高效便利化。“原来企业需要人工送单、取单,关员要进行人工审核,现在我们整个过程实现了无纸化、智能化,速度就大大提高了”,程红梅说。

(资料来源:中华人民共和国海关总署. http://www.customs.gov.cn/publish/portal0/tab65602/info818507.htm)

**知识目标**

1.理解保税物流货物的含义。

2.熟悉不同区域或场所下的保税物流货物监管特点。

3.掌握各种保税物流货物的报关要点。

**技能目标**

1.能够区分不同监管场所或区域的保税物流货物。

2.能够进行不同监管场所或区域的保税物流货物报关。

## 5.1 保税物流货物概述

### 5.1.1 保税物流货物的含义

保税物流货物是指海关批准在进境时无须办理纳税手续,在境内储存、分拨、简单加工后复运出境的货物,也成为保税仓储货物。

其主要特征与保税加工货物类似,即保税物流货物在进境时暂缓缴纳进口税和进口环节代征税,免交进口许可证件(国家另有规定除外),复运出境后免税免证;若不复运出境而进行内销,则需补交进口关税和进口环节代征税,补交相关许可证件,但不征收缓税利息(这点与保税加工货物不同)。另外,保税物流货物进境海关现场放行后,并非办结海关手续,货物进境后必须运至海关保税监管场所或特殊监管区域,运离这些场所或区域必须办理结关手续。

### 5.1.2 保税物流货物的范围

保税物流货物主要包括以下几种类型:

①经海关批准进境后进入保税监管场所或特殊监管区域,保税储存后转口境外的货物。

②已经办理出口报关手续但尚未离境,经海关批准进入海关保税监管场所或特殊监管区域储存的货物。

③经海关批准进入海关保税监管场所或特殊监管区域保税存储的加工贸易货物,供应国际航行船舶和航空器的油料、物料和维修用零部件,供维修外国产品所进口寄售的零配件,外商进境暂存的货物。

④经海关批准进入海关保税监管场所货物特殊监管区域保税的其他未办结海关手续的进境货物。

**案例导读 5-2**

## 福田保税区的几种功能

1.国际采购中心

某跨国公司在中国境内有遍布各地的数十个原材料供应商,它选择福田保税区作为东南亚地区的配送中心。每天用国内车辆将各地供应商的货品或转关(国外运到广州、上海或其他海关到福田保税区的货称为转关)或直接出口交货至保税区存放,而海外供应商的货品则由香港拖车经一号通道入境交至保税区。所有的货品在这里根据全球各地工厂的需要整理、重新包装后,装上集装箱交深圳或香港码头上船送达全球各地。

目前,以沃尔玛为代表的国际零售大鳄纷纷将其全球采购中心由马来西亚等地迁至中国的保税区,而 IBM、SONY 等国际高科技集团区域采购中心也争先恐后抢滩圈地。

2.国外产品简单加工装配

某香港公司选择福田保税区仓库代替香港的工场作为简单加工的场所:意大利的大理石经一号通道入境进仓,国内工人在这里挑选、分级、重新装箱,再运至香港。廉价的国内人工费仅是香港的八分之一,该公司大大降低了成本,增加了产品的市场竞争力。

3.国内产品与国外产品的简单装配

某公司需将国内产的充电器和中国香港产的电池组合成一种礼品装后销往欧洲,其国内工厂办理出口报关将充电器交至保税区,中国香港的电池则备案入境(免税),国内的工人在保税区将两种物品按要求包装在一起,再装入货柜拖至中国香港码头上船。

4.有效延续合同手册期限(等船期)

东莞某工厂的合同手册即将到期,海关要求工厂的产品必须限期出口方可核销。而这批成品所订的船期未到,于是他们将货品出口转关至福田保税区入仓暂时存放,这样货品视同出境,厂家的合同核销问题迎刃而解。当船期到时,再由保税区出货交至深圳或香港码头。

(资料来源:百度文库)

### 5.1.3 海关对保税物流货物的管理

海关对保税物流货物的管理主要有两种方式:一种是非物理围网的方式,如保税仓库、出口监管仓库;另一种是物理围网的方式,如保税物流中心、保税物流园区、保税区、保税港区、综合保税区等。海关对保税物流货物的管理主要概括为设立审批、准入保税、纳税暂缓、监管延伸、运离结关。

**1)设立审批**

保税物流货物必须能存放在经过审批的海关保税监管场所或特殊监管区域,保税仓库、出口监管仓库、保税物流中心需要经过海关审批,海关核发批准证书后,凭批准证书方可储存保税物流货物;保税物流园区、保税区、保税港区需要经过国务院审核批准设立,并经海关部门验收合格后方可进行保税物流货物的储存等业务。

未经法定程序审批同意的任何场所和区域都不得存放保税物流货物。

**2）准入保税**

保税物流货物经同意进入海关保税监管场所或特殊区域便可实现保税的功能，海关往往通过对保税监管场所或特殊监管区域的严格监管来管理保税物流货物，对批准存放范围的货物才能允许进入这些场所或者区域，不符合存放范围的货物不允许进入。

**3）暂缓纳税**

经批准允许进入海关保税监管场所或特殊监管区域的保税物流货物在进境时都可暂时不用办理纳税手续，带到货物运离海关监管场所或特殊监管区域后才办理纳税手续，根据货物的最终流向，或者征税，或者免税，征税时可以不征收缓税利息。

**4）监管延伸**

保税物流货物进境后海关放行并非结关，海关对其的监管时间和地点均有延伸。

①监管时间的延伸分为以下几种类型：

A.存放于保税仓库的货物存放时间是1年，可以申请延长，最长可延长1年；若有特殊情况，可向直属海关申请获准货物存放超过2年；

B.存放于出口监管仓库的货物存放时间是6个月，可申请延长，最长可延长6个月；

C.存放于保税物流中心的货物存放时间是2年，可申请延长，最长可延长1年；

D.保税物流园区、保税区、保税港区存放的保税物流货物没有时间限制。

②监管地点的延伸主要体现在保税物流货物从进境地海关现场或者未办结海关手续的出口地海关现场延伸到海关保税监管场所或特殊监管区域。

**5）运离结关**

保税物流货物在运离保税监管场所或特殊监管区域的，都必须根据货物的实际流向办理海关结关手续，除特殊情况如因维修、测试、展览等暂时运离海关保税监管场所或特殊监管区域外（这些货物需要继续监管，无须办理结关手续）。

综合上述表述以及补充，将各保税物流监管场所或特殊区域的监管要点总结如表5-1所示。

**表5-1　保税物流监管场所或特殊区域的监管要点**

| 类型 | 存货范围 | 存储时间 | 主要功能 | 审批部门 | 入区退税 |
|---|---|---|---|---|---|
| 保税仓库 | 进口 | 1年+1年 | 储存 | 直属海关 | 否 |
| 出口监管仓库 | 出口[①] | 6个月+6个月 | 储存、出口配送、国内结转 | 直属海关 | 否[②] |

续表

| 类型 | 存货范围 | 存储时间 | 主要功能 | 审批部门 | 入区退税 |
|---|---|---|---|---|---|
| 保税物流中心 | 进出口 | 2年+1年 | 储存、全球采购配送、国内结转、转口、中转③ | 海关总署等四部委 | 是 |
| 保税物流园区 | 进出口 | 无期限 | 储存、国际转口贸易、全球采购配送、展示、中转 | 国务院 | 是 |
| 保税区 | 进出口 | 无期限 | 保税物流园区功能+维修、加工 | 国务院 | 离境退税(天津关区入区退税) |
| 保税港区 | 进出口 | 无期限 | 保税区功能+港口功能 | 国务院 | 是 |

注:①出口配送型仓库可以存放为拼装出口货物而进口的货物;

②经批准享受入仓即退税政策的除外;

③保税物流中心B型的经营者不得开展物流业务。

## 5.2 保税仓库及其货物的报关

### 5.2.1 保税仓库简介

#### 1)保税仓库的含义和类型

保税仓库是经海关批准设立的专门存放保税货物及其他未办结海关手续货物的仓库。

根据保税仓库的使用对象不同,可以分为自用型和公用型保税仓库:

自用型保税仓库由特定的中国境内独立企业法人经营,仅能存放供本企业自用的保税货物。

公用型保税仓库由主营仓储业务的中国境内独立企业法人经营,专门向社会提供保税仓储服务。

根据存储货物的特定用途,自用型和公用型保税仓库下面还衍生一种专用型保税仓库,专门用来储存具有特定用途或特种商品的保税仓库,如液体危险品保税仓库、备料保税仓库、寄售维修保税仓库等。其中,液体危险品保税仓库必须符合国家关于危险化学品存储规定的,专门提供石油、成品油或者其他散装液体危险化学品保税仓储服务的保税仓库。

#### 2)保税仓库的功能

保税仓库的功能比较单一,就是仓储,并且只能存放进境的货物。经海关批准,保税仓库存放的货物主要分为以下几种:

①加工贸易进口货物；
②转口货物；
③供应国际航行船舶和航空器的油料、物料和维修用的零部件；
④供维修外国产品所进口寄售的零配件；
⑤外商进境暂存货物；
⑥未办结海关手续的一般贸易进口货物；
⑦经海关批准的其他未办结海关手续的进境货物。

#### 3)对保税仓库的管理

企业向海关申请设立保税仓库，前提是企业应该在海关办理进出口收发货人注册登记的，并且具备下列条件：
①经工商行政管理部门注册登记，具有企业法人资格；
②具备向海关缴纳税款的能力；
③具有专门存储保税货物的营业场所；
④经营特殊许可商品存储的，应当持有规定的特殊许可证件；
⑤经营备料保税仓库的加工贸易企业，年出口额最低为 1 000 万美元；
⑥法律、行政法规、海关规章规定的其他条件。

保税仓库货物可以进行分级分类、分拆、分装、计量、组合包装、打膜、加刷或刷贴运输标志、改换包装、拼装等辅助性简单作业，且必须事先向主管海关提出书面申请，经批准后才能进行。

海关对设立保税仓库企业的实行按月报核管理，保税仓库经营企业应在每月前 5 个工作日内，向海关提交月报关单报表、库存总额报表及其他海关认为必要的月报单证，将上月仓库货物的入、出、转、存、退等情况以计算机数据和书面形式报保税仓库主管海关。

### 5.2.2 保税仓库货物的报关

保税仓库货物在报关前，需先向海关申请建立保税仓库电子账册，向海关申请进行电子账册的经营范围电子账册和通关电子账册的备案（具体流程类似“加工贸易电子账册备案”），它是实现全国统一的保税仓库和海关计算机联网监管模式而采取的方式，在海关备案成功后，便可进行保税货物的进出仓报关了。

#### 1)进仓报关

保税货物进境入仓，企业可以在保税仓库主管海关办理报关手续，也可以经主管海关批准，直接在进境口岸海关办理入仓报关手续。货物在进境入仓时，免交进口许可证件（国家另有规定除外）。

当保税仓库主管海关与入境口岸海关不是同一直属海关的，经营企业可按照“提前报关转关”的方式，先到仓库主管海关申报，再到口岸海关办理转关手续，货物运至保税仓库由主管海关验放入仓；或者按照“直转转关”的方式，直接到口岸海关申请转关，货物运至仓库，向主管海关申请报关，主管海关验放入仓。

当保税仓库主管海关与入境口岸海关是同一直属海关的，经直属海关批准，可由经营企业直接在口岸海关办理报关手续，口岸海关放行后，企业自行提货入仓。

#### 2）出仓报关

保税仓库货物出仓后有两种流向：一是复运出境，则需进行出口报关；二是进入国内市场流通，则需进行进口报关。

（1）出口报关

保税仓库货物复运出境时，要按照转关运输方式办理出仓手续，若仓库主管海关与出境口岸海关是同一直属海关的，经直属海关批准可不按照转关运输方式办理，可由经营企业自行提取货物出仓并运送至口岸海关办理出口报关手续。

（2）进口报关

保税仓库货物出仓运往其他地方转为进口的，需经主管海关保税监管部门审核同意，并对同一批货物填制两份报关单，一份是办结出仓报关手续的出口货物报关单（贸易方式栏填“保税间货物”），一份是办理进口申报手续进口报关单，按照实际进口监管方式进行，具体如表5-2所示。

**表5-2 保税仓库货物出仓办理进口报关的种类**

| 进口类型 | 进口报关手续 |
| --- | --- |
| 用于加工贸易 | 由加工贸易企业或其代理人按保税加工货物的报关程序办理进口报关手续 |
| 用于可享受特定减免税的特殊的地区、企业或用途 | 由享受特定减免税的企业或其代理人按特定减免税货物的报关程序办理进口报关手续 |
| 进入国内市场或使用于境内其他方面，包括保修期外修 | 按一般进口货物的报关程序办理进口报关手续 |
| 寄售维修零配件在保修期内免税出仓 | 由保税仓库经营企业办理进口报关手续，报关单贸易方式为“无代价抵偿”，并确认免税出仓的维修在保修期内且不超过原设备进口之日起3年，维修件由外商免费提供，更换下的零部件合法处理 |

（3）集中报关

当保税货物出仓的数量较少，且批次频繁的，保税仓库经营企业向仓库主管海关书面申请，经海关批准可以集中报关。仓库主管海关可以根据企业资信状况和风险度收取保证金，企业最迟应在货物出仓的次月前5个工作日内办理报关手续，不得跨年度申报。

**3）流转报关**

保税仓库与海关特殊监管区域或其他保税监管场所之间往来流转的货物，若属于同一直属海关关区内，经直属海关批准可直接报关，若不属于同一直属海关关区内，则需按照转关运输的方式办理流转。

保税仓库货物转向其他保税仓库的，应在各自仓库海关办理报关手续，先办理进口报关，再办理出口报关。

## 案例导读 5-3

### 保税仓库“点燃”侨商回乡创业热情

“自从青田有了保税仓库，公司的货在温州港下船后就能直接运到青田，省钱省时间。这家门口的保税仓库真是给我们侨商带来了实实在在的利润。”看着装满红酒的卡车驶入保税仓库的大门，青田欧中进出口有限公司负责人王益云喜笑颜开。这批来自奥地利价值 3.3 万元的进口红酒通过“通关一体化”模式，快速进入丽水青田保税仓库，大大方便了商家。

浙江省青田县是著名的华侨之乡，33 万华侨遍布全球 120 多个国家和地区，很多华侨都在国内开公司做生意。然而，因为青田本地没有保税仓库，像食品、红酒这样的商品只能存放在入境口岸的保税仓库，用一批货，出一批货，不仅手续复杂，运费累计起来也是一笔不小的开支。

为了鼓励侨商回国创业，支持地方经济发展，了解到这一情况后，杭州海关开展专题调研，分析市场需求和仓储品种，指导企业申请设立公用型保税仓库。在海关的指导下，浙江青田县侨乡进口商品城有限公司公用型保税仓库顺利启用。新设立的保税仓库仓储面积 4 176平方米，除普通仓库外还专门设有恒温仓，为食品、红酒等特殊货物提供保税仓储服务。“得知青田设立了保税仓库以后，越来越多的侨商到我这里来咨询回乡创业的事情，海关的这个利好政策点燃了很多青田侨商回国创业的热情。”青田县威尼斯地区华侨总会会长周勇说。

杭州海关隶属丽水海关监控查验科副科长朱伟豪表示，企业将货物存入保税仓库后，在海关规定的存储期限内可以暂时缓交进口税款，减小资金压力；还可以根据经营需要，申请货物分批出库，有利于企业实现“零库存”运营。此外，海关还开辟保税仓库业务窗口，从货物入库到出库的征税、报关、放行，一系列环节都实行专窗办理，提高效率。“这已经是我们进入青田保税仓库的第三批货物了，比起以往的口岸存储，近一点到底是方便许多，还可以分批出库，我们灵活度更高。”王益云一边清点着红酒的数量一边说。保税仓库启用至今，已入库货物 35 批次，累计进口饼干、红酒、纸尿裤等货物，价值 529 万元，为企业节约物流、仓储费用 146 万元。

（资料来源：中华人民共和国杭州海关。http://www.customs.gov.cn/publish/portal120/tab60422/info807868.htm）

## 5.3 出口监管仓库及其进出货物的报关

### 5.3.1 出口监管仓库简介

#### 1) 出口监管仓库含义和分类

出口监管仓库是经海关批准设立的、对已经办结海关出口手续的货物进行存储、保税物流配送、提供流通性增值服务的海关专用监管仓库。

根据功能不同,可以将出口监管仓库分为出口配送型和国内结转型仓库。出口监管型仓库是用于存储以实际离境为目的的出口货物的仓库,国内结转型仓库是存储用于国内结转的出口货物仓库。

#### 2) 出口监管仓库的功能

出口监管仓库的功能比较单一,主要用于仓储,并且只能存放出口的货物。其主要存放的货物种类如下:

①一般贸易出口货物;

②加工贸易出口货物;

③从其他海关特殊监管区域、场所转入的出口货物;

④其他已经办结海关出口手续的货物;

⑤为拼装出口货物而进口的货物。

#### 3) 海关对出口监管仓库的管理

出口监管仓库的设立应当符合区域物流发展和海关对出口监管仓库布局的要求,企业申请设立出口监管仓库应达到下列条件:

①已经在工商行政管理部门注册登记,具有企业法人资格;

②具有进出口经营权和仓储经营权;

③具备向海关缴纳税款的能力;

④具有专门存储货物的场所,其中出口配送型仓库的面积不得低于 5 000 平方米,国内结转型仓库的面积不得低于 1 000 平方米。

经主管海关受理、审查申请设立出口监管仓库的企业资质合格后,会出具批准文件,企业应自海关出具批准文件之日起 1 年内向海关申请验收出口监管仓库,验收合格后方可投入运营。

经主管海关同意,可以在出口监管仓库内进行品质检验、分级分类、分拣分装、印刷运输标志、改换包装等流通性增值服务。

### 5.3.2 出口监管仓库货物的报关

#### 1)进仓报关

出口货物进入出口监管仓库时,发货人或其代理人应先向海关办理出口报关手续,填制出口报关单申报,若该货物涉及限制类货物需交验许可证件的,应提交相应许可证件,属于需缴纳出口关税的,也应缴纳出口关税。同时发货人或其代理人要向海关提交仓库经营企业填制的"出口监管仓库货物入仓清单",经海关同意后可进入出口监管仓库。

对经批准的能享受入仓即可退税的出口监管仓库,海关在货物入仓并办结出口报关手续后即可发放出口货物报关单退税证明联,企业即可获得退税;对不能享受入仓即可退税的出口监管仓库,海关会在货物需在实际离境后发放出口报关单退税证明联。

另外,经海关批准,对出口数量少、批次频繁的进仓货物,可实行集中报关。

#### 2)出仓报关

出口监管仓库的出仓报关也可以分为出口报关和进口报关两种。

(1)出口报关

出口监管仓库的货物出仓后离境时,仓库经营企业或其代理人向海关申请,并提交报关必须单证和仓库经营企业填制的"出口监管仓库货物出仓清单",办理货物离境手续。当仓库主管海关和口岸海关不属于一个关区的,经批准可以在口岸所在地海关办理相关手续,可以在主管海关办理相关手续。之前货物入仓后海关未签发出口货物报关单退税证明联的,可向海关申请签发此联用以办理出口退税。

(2)进口报关

出口监管仓库的货物因故需转进口的,应当经海关批准按照进口货物有关规定办理相关手续,具体情况如表5-3所示。

**表5-3 出口监管仓库货物出仓转进口的报关管理**

| 转进口类型 | 进口报关手续办理 |
| --- | --- |
| 用于加工贸易 | 由加工贸易企业或其代理人按保税加工货物的报关程序进行办理进口报关 |
| 用于可享受特定减免税的 | 由享受特定减免税的企业或其代理人按特定减免税货物的报关程序办理进口报关手续 |
| 进入国内市场或用于境内其他方面的 | 由收货人或其代理人按进口货物的报关程序办理进口报关手续 |

### 3) 结转报关与更换报关

结转报关与更换报关具体情况如表 5-4 所示。

**表 5-4 结转报关与更换报关**

| 报关类型 | 报关方式 |
| --- | --- |
| 结转报关 | 经转入、转出方海关批准,按照转关运输的规定办理相关手续,海关保税监管场所、特殊监管区域之间可以进行货物流转 |
| 更换报关(对仓库内货物因质量等原因需更换的) | 经仓库所在地海关批准,可以更换。被更换货物出仓前,更换货物应当先行入仓,并应当与原货物的商品编码、品名、规格型号、数量和价值相同 |

## 案例导读 5-4

### 出口监管仓库助力 我市农产品搭上出口快车

2014 年 8 月 7 日,襄阳中泰德盛现代农业有限公司业务员廖林溪来到襄阳海关报关大厅,为该公司一批价值 6 万美元的香菇办理出口通关手续。海关工作人员根据该企业 A 类资质,在无纸化申报“低风险快速通关”模式下,仅用几秒钟就办完通关手续。这批出口到西班牙的香菇,将先进入出口监管仓库存储,之后根据订单需求,可随时提货发往海外。

2011 年 8 月,襄阳风神物流出口监管仓库正式运营,成为中西部首家获得经营资质的出口配送型海关监管仓库。根据出口监管仓库的有关规定,入仓货物即被视作已出口,可以迅速办理入仓出口通关手续,同时,可以在仓库内对出口货物进行品质检验、分拣分装、加刷唛码、标志,以及更换包装等流通性增值服务,以提高流通效率,降低各种成本,增强出口货物在国际市场的竞争能力。

近年来,我市出口商品中农产品的份额逐年增大,而且单次出口量少、出口批次频繁,比较适合利用出口监管仓库进行出口通关。襄阳海关积极引导和支持农产品企业利用出口监管仓库进行出口,并为农产品出口量身订制“集中报关、分批出库”“库陆联运”模式,实行“无纸化”申报、“低风险快速通关”等便利措施。

据统计,今年 1 至 7 月,我市出口监管仓库出口农产品价值 84.6 万美元。

(资料来源:《襄阳日报》2014 年 8 月 11 日报道,作者:李晖)

## 5.4 保税物流中心及其进出货物的报关

### 5.4.1 保税物流中心简介

#### 1)保税物流中心含义和功能

保税物流中心是经海关总署批准,由中国境内一家企业法人经营,多家企业进入并从事保税仓储物流业务的海关集中监管场所。

保税物流中心兼具了保税仓库和出口监管仓库的功能,既可以存放进口货物,也可以存放出口货物,还能开展各项增值服务。具体情况如表 5-5 所示。

表 5-5 保税物流中的功能简介

| 存放货物的范围 | 开展业务的范围 | 不能开展的业务 |
| --- | --- | --- |
| (1)国内出口货物;<br>(2)转口货物和国际中转货物;<br>(3)外商暂存货物;<br>(4)加工贸易进出口货物;<br>(5)供应国际航行船舶和航空器的物料、维修用零部件;<br>(6)供维修外国产品所进口寄售的零配件;<br>(7)未办结海关手续的一般进出口货物;<br>(8)经海关批准的其他未办结海关手续的货物 | (1)保税存储进出口货物及其他未办结海关手续货物;<br>(2)对所存储货物开展流通性简单加工和增值服务;<br>(3)全球采购和国际分拨、配送;<br>(4)转口贸易和国际中转业务;<br>(5)经海关批准的其他国际物流业务 | (1)商业零售;<br>(2)生产和加工制造;<br>(3)维修、翻新和拆解;<br>(4)存储加工禁止进口和出口的货物,以及危害公共安全、公共卫生或者健康、公共道德或秩序的国家限制进出口货物;<br>(5)存储法律行政法规明确规定不能享受保税政策的货物;<br>(6)其他与保税物流中心无关的业务 |

#### 2)对保税物流中心的管理

(1)保税物流中心的设立

保税物流中心应当设立在靠近海港、空港、陆路枢纽及内陆国际物流需求量较大、交通便利、设有海关机构且便于海关集中监管的地方。保税物流中心的经营企业在企业法人资格、注册资本、管理能力方面需满足海关要求,保税物流中心的设立在监管条件规划、仓储面积、管理系统和信息平台等方面也有严格的要求,具备以上条件的企业可以向所在地直属海关申请受理,报海关总署,最后由海关总署、财政部、税务总局和外汇管理局联合审批发文批准申请企业筹建保税物流中心。企业在发文之日起 1 年内向海关总署申请验收,验收合格后方可开展保税物流中心有关业务。

（2）保税物流中心内企业的设立

对保税物流中心内企业的设立，需在法人资格、注册资本、纳税能力、海关监管条件等方面满足海关相关要求。企业申请进入保税物流中心需向所在地主管海关提交书面申请和相关条件证明文件，经直属海关审核批准后核发“中华人民共和国保税物流中心企业注册登记证书”。

（3）对保税物流中心的管理

保税物流中心经营企业不得在中心内直接从事保税仓储物流的经营活动，应要设立管理机构负责管理物流中心的日常工作，协助海关实施对物流中心货物和中心内企业经营行为的监管。

保税物流中心货物保存期限为2年，若有正当理由可向海关申请延期，最长延期不得超过1年；货物可以在中心内企业之间进行转让、转移，但必须办理相关海关手续。

保税物流中心内的企业根据需要经主管海关审批，可以分批进出货物，月度集中报关，但集中报关不得跨年度办理。

### 5.4.2 保税物流中心货物报关

#### 1）保税物流中心与境外之间进出货物的报关

①保税物流中心与境外之间进出的货物，应当在保税物流中心主管海关办理相关手续。若保税物流中心海关与进出境口岸海关不属于同一关区的，经主管海关批准，可在口岸海关报关。

②保税物流中心与境外之间进出货物不实行进出口配额和许可证件管理，除实行被动出口配额和我国参加或缔结的国际条约及国家另有规定的以外。

③从境外进入保税物流中心的货物，属于规定存放范围内的予以保税；属于保税物流中心企业进口自用的办公用品、交通工具、生活消费品等，以及保税物流中心为开展综合服务所需的机器设备、管理设备等，均需按照进口货物的有关规定税收政策办理相关手续。从保税物流中心运往境外的货物，其报关流程同保税仓库和出口监管仓库出库运往境外货物的报关流程相似。

#### 2）保税物流货物与境内之间的进出货物报关

保税物流中心的货物运往所在关区以外，或者跨越关区提取保税物流中心以内的货物，企业或其代理人可以在保税物流中心主管海关办理进出中心的报关手续，也可以根据转关运输的方式办理进出中心的手续。具体分为以下几种情况。

（1）出中心进入境内其他地区

保税物流中心货物出中心进入其他地区的，可以视同进口，按照进境货物的实际流向和实际状态填制报关单，向海关办理进口报关手续，并根据其具体流向确定是否征收进口关税；如货物涉及许可证件管理的，必须交验相关许可证件。具体申报流程与保税仓库货物进入境内的流程相似。

保税物流中心货物出中心运往境内用于在保修期限内免费维修有关外国产品并符合无代价抵偿货物有关规定的,而零部件或用于国际航行船舶和航空器的物流或属于国家规定可以免税的货物,免征进口关税和进口环节代征税。

(2)从境内进入中心

从境内进入保税物流中心的货物视同出口,向海关办理出口报关手续,如需缴纳出口关税的应正常缴纳出口关税,货物属于许可证件管理的也应提交相关许可证件。

关于从境内进入保税物流中心是否退税的归纳如表5-6所示。

**表5-6　境内进入保税物流中心货物的退税情况**

| 进入中心即可退税的货物 | 进入中心不可退税的货物 |
|---|---|
| (1)从境内运入中心的已办结海关手续的货物<br>(2)从境内运入中心供中心企业自用的国产机械设备、装卸设备、管理设备、检测设备<br>(3)从境内转关运入中心的转关出口货物 | (1)供中心企业自用的生活消费品、交通运输工具<br>(2)供中心企业自用的进口的机器设备、装卸设备、管理设备、检测检验设备等<br>(3)保税物流中心之间、保税物流中心与出口加工区、保税物流园区和已实行国内货物入仓环节出口退税政策的出口监管仓库等海关特殊监管区域或者海关保税监管场所来往的货物 |

**小贴士5-1**

从境内运入保税物流中心的原进口的货物,境内企业或其代理人应向海关办理出口报关手续,并经主管海关验放,若该货物进口时已经缴纳了进口关税和进口环节代征税,则不予返还。

## 5.5　保税物流园区及其进出货物的报关

### 5.5.1　保税物流园区简介

#### 1)保税物流园区的含义和功能

保税物流园区是指经国务院批准设立的,在保税规划面积内或者毗邻保税区的特定港区内建立的专门发展现代国际物流的海关特殊监管区域。

保税物流园区的主要功能就是保税物流,具体可以开展的保税物流业务如下:

①存储进出口货物及其他未办结海关手续的货物;

②对所存货物开展流通性简单加工和增值服务，如分级分类、分拆分拣、分装、计量、组合包装、打膜、印刷运输标志、改换包装、拼装等具有商业增值的辅助性服务；

③国际转口贸易；

④国际采购、分销和配送；

⑤国际中转；

⑥检测、维修；

⑦商品展示；

⑧经海关批准的其他国际物流业务。

#### 2）对保税物流园区的管理

海关对保税物流园区企业的管理实行联网监管和电子账册管理制度，并对园区内的货物、运输工具、个人携带物品及园区内相关场所进行24小时监控。并分以下几个方面对保税物流园区进行管理。

(1)禁止事项

①除安全人员和相关部门、企业值班人员外，其他人员不得在园区内居住；

②园区内不得建立工业生产加工场所和商业性消费设施；

③园区内不得开展商业零售、加工制造、翻新、拆解及其他与园区无关的业务；

④法律、行政法规禁止进出口的货物、物品不得进出园区。

(2)对园区内企业的管理

园区内企业必须建立符合海关要求的电子计算机管理系统，供海关查阅企业进出货物的数据资料；企业需规范财务管理，设置海关要求的会计账簿、报表，记录本企业的财务状况和有关进出园区的货物、物品的库存、转让、转移、销售、简单加工、使用等情况，如实填写有关单证、账册等。

(3)对园区内货物的管理

保税物流园区内货物没有存储期限，企业需自开展保税物流业务之日起每年向园区主管海关办理报核手续，主管海关在受理之日起30天内进行核库。企业的有关账册、原始数据应在核库结束之日起至少保存3年。

经海关批准，企业可以在园区内的专门区域开展商品展示，并且展示的商品需先报主管海关备案，接受海关监管。园区内货物可以自由流转，并将转让、转移的货物信息向海关进行电子备案，并在事后向海关办理报核手续。

### 5.5.2 保税物流园区货物的报关

#### 1）园区与境外之间进出的货物报关

保税物流园区与境外之间进出的货物，除园区自用的免税进口货物、国际中转货物外，实行备案管理制度，适用进出境备案清单，向园区主管海关申报，若园区货物的进出境口岸不在园区主管海关管辖范围内，则经主管海关批准，可在口岸海关办理申报手续。

(1)境外进入园区的货物报关

首先，境外货物到港后，园区企业货物代理人可先凭借舱单将货物直接运到园区，再凭进境货物备案清单向园区主管海关办理申报手续。除特殊规定外，入园货物不实行许可证管理制度，税费缴纳方面如表5-7所示。

**表5-7　境外运入保税物流园区货物的缴税规定**

| 境外运入园区保税的货物 | 境外运入园区免税的货物 | 境外运入园区缴税的货物 |
| --- | --- | --- |
| (1)园区企业为开展业务所需的货物及其包装材料；<br>(2)加工贸易进口货物；<br>(3)转口贸易货物；<br>(4)外商暂存货物；<br>(5)供应国际航行船舶和航空器的物料、维修用零部件；<br>(6)进口寄售货物；<br>(7)进境检测、维修货物及其零配件；<br>(8)看样订货的展览品、样品；<br>(9)未办结海关手续的一般贸易货物；<br>(10)经海关批准的其他进境货物 | (1)园区的基础设施建设项目所需的设备、物资等；<br>(2)园区企业为开展业务所需机器、装卸设备、仓储设备、管理设备及其维修用消耗品、零配件及工具；<br>(3)园区行政机构及其经营主体、园区企业自用合理数量的办公用品 | 境外运入园区的园区行政机构及其经营主体、园区企业自用交通工具、生活消费品(按一般进口货物的有关规定和程序办理申报手续) |

(2)园区运往境外的货物报关

从保税物流园区运往境外的货物，除法律规定的特殊情况外，免征出口关税，不实行许可证件管理。进境货物若未经简单流通加工，需原装退运出境的，园区企业可以向园区主管海关申请办理退运手续。

**2)园区与境内区外之间进出货物的报关**

园区与境内区外之间进出的货物，由区内企业或者区外的收发货人或其代理人在园区主管海关办理申报手续。

(1)园区货物运往境内区外

保税物流园区运往境内区外的，视同出口，海关根据货物出园区的实际流向和状态办理相关报关手续，具体情形如表5-8所示。

表 5-8 保税物流园区货物运往境内区外的情形及报关情况

| 不同情形 | 报关情况 |
| --- | --- |
| 进入国内市场流通的 | 按一般进口货物报关,若属许可证件管理的,需提交相关许可证件,照章缴纳进口关税和进口环节代征税 |
| 用于加工贸易的 | 按照保税加工货物报关,提供电子化手册或电子账册编号,继续保税 |
| 用于可享受特点减免税的特点企业、地区或用途的 | 按特定减免税货物报关,提供"进出口货物征免税证明"和相应的许可证件,免缴进口关税和进口环节代征税 |

园区企业跨关区配送货物或者异地企业跨关区到园区提取货物的,可在园区主管海关办理申报手续,也可根据海关规定按照进口转关运输方式进行申报。

运往境内区外检测、维修的机器、设备和办公用品等不得在区外使用,并自运出之日起 60 天内运回,特殊情况经申请可延长 30 天,更换掉的零配件或附件应当一并运回园区,更换的国内生产的零配件或者附件,如需退税的,园区主管海关可根据企业申请签发退税证明联。

(2)境内区外货物运往园区

境内区外货物运入保税物流园区的,视同出口,向园区主管海关申报出口报关手续,属于许可证件管理货物,必须提交相关许可证件,属于应当缴纳出口关税的货物,应当照章纳税。若货物属于出口退税范围的货物,根据表 5-9 的具体情况进行退税。

表 5-9 境内区外货物运往保税物流园区的报关退税情况

| 不同情形 | 报关退税情况 |
| --- | --- |
| 供区内企业开展业务的国产货物及其包装材料 | 填写出口报关单,海关按照对出口货物办理;签发出口货物报关单退税证明联;从异地转关进入园区的,起源地海关确认货物运至园区后签发出口货物报关单退税证明联 |
| 供区内企业使用的国产基建物资、机器、装卸设备、管理设备等 | 海关按照出口货物的有关规定办理,除属于取消出口退税的基建物资外,其他货物签发出口货物报关单退税证明联 |
| 供区内企业使用的生活消费品、办公用品、交通运输供给等 | 不予签发出口货物报关单退税证明联 |
| 原进口货物、包装物料、设备、基建物资 | 区外企业向海关提供货物清单,按出口货物办理申报手续,不予签发出口报关单退税证明联,原已缴纳关税和相关代征税不予退还 |
| 除已流通性简单加工的货物外,区外进入园区的货物因质量、规格型号与合同不符等原因,需原状返还出口企业进行更换的 | 园区企业在货物进园之日起 1 年内向园区主管海关申请退换手续,更换的货物入园时免交许可证件和免征出口关税,海关不予签发出口报关单退税证明联 |

(3)园区与境内其他特殊监管区域、保税监管场所之间往来货物

海关对园区与境内其他特殊监管区域之间往来的货物继续实行保税监管,不予签发货物报关单退税证明联。但若货物从未实行入区退税制度的,可按照货物实际离境的规定办理申报手续,并由转出地海关签发出口报关单退税证明联。园区与各特殊监管区域之间的货物交易、流转的,不征收进出口环节和国内流通环节的有关税收。

## 5.6 保税区及其进出货物报关

### 5.6.1 保税区简介

1)保税区的含义和功能

保税区是指经国务院批准在我国国境内设立的,由海关进行监管的特定区域。

保税区既可以保税加工,也可以保税物流,具体为出口加工、转口贸易、商品展示、仓储运输等功能。

2)对保税区的管理

保税区通过物理隔离设施与境内其他地区进行区别,所有进出保税区的货物、物品、运输工具、人员及区内有关场所,海关均可进行检查和查验。在区内设立的企业,必须向海关办理注册手续,区内企业必须与海关实行计算机联网,实行电子数据交换管理。区内对保税物流业务的管理与保税物流园区相似,对保税加工业务的管理,主要有以下几点:

①保税区内开展加工贸易,进口易制毒化学品、监控化学品、消耗臭氧层物资需要提交许可证件;生产激光光盘,进口国家限制进口可用作原料的废物并对其进行加工、拆解需要主管部门批准;其他加工贸易料件进口免予交验许可证件。

②保税区内开展加工贸易,不实行银行保证金台账制度。

③加工贸易制成品和边角料运往境外时,免征出口关税。

④加工贸易制成品、料件、副产品、残次品、边角料运往境内非保税区时,应当向海关办理进口报关手续,照章纳税,并缴纳缓税利息。

### 5.6.2 保税区货物的报关

保税区货物的报关可以分为与境外之间往来货物报关和与境内区外之间往来货物的报关。具体报关要点归纳如表5-10所示。

表 5-10 保税区货物的报关

<table>
<tr><th>报关类别</th><th>货物类别</th><th colspan="2">报关要点</th></tr>
<tr><td rowspan="2">与境外之间</td><td>进出境自用货物</td><td>报关制——填写进出口货物报关单</td><td rowspan="2">是否交证:除易制毒化学品、监控化学品、消耗臭氧层物资等以外,不实行进出口许可证件管理,免予交验许可证件<br>是否缴税:(1)保税加工、保税仓储、转口贸易、展示而从境外入区的货物可以保税;<br>(2)境外进境除自用的交通车辆和生活用品外,其余区内企业自用的办公用品、设备物资等货物或物品均可免税</td></tr>
<tr><td>进出境自用货物</td><td>备案制——填写进出境货物备案清单</td></tr>
<tr><td rowspan="6">与境内区外之间</td><td rowspan="2">保税加工货物进出区</td><td>进区——报出口</td><td>建立加工贸易电子化手册或电子账册编号,填写出口货物报关单,提供许可证件;属于出口征税货物的需缴纳出口关税,不签发退税证明联</td></tr>
<tr><td>出区——报进口</td><td>按不同流向填写不同的进口货物报关单</td></tr>
<tr><td rowspan="2">进出区外发加工</td><td>进区加工</td><td>合同向保税区主管海关备案,加工出区后核销,不填写进出口货物报关单,不缴纳税费</td></tr>
<tr><td>出区加工</td><td>由区外经营企业在加工企业所在地海关办理加工贸易备案手续,建立电子化手册或电子账册,设立银行保证金台账,备案后按保税加工货物出区进行报关。加工期限6个月,特殊情况可申请延长6个月</td></tr>
<tr><td rowspan="2">设备进出区</td><td>进区</td><td>向保税区海关备案,不填写报关单,不缴纳出口税,海关不签发出口报关单退税证明联,设备之前从国外进口且缴税的,不退进口税</td></tr>
<tr><td>出区</td><td>向保税区海关备案,不填写报关单,需报保税区海关销案</td></tr>
</table>

## 知识链接 5-1

### 保税区"一日游"——一个值得注意的虚假贸易舞弊问题

虚假贸易是导致保税区出口贸易激增的重要舞弊手段。当出口速度的增长与其他方面出现不匹配时,必须引起审计机关与相关监管部门的高度警惕。这可能预示着这种出口贸易是通过兜圈子做出来的,是与企业骗税行为密切相关的。

所谓保税区"一日游",即货物进入保税区后只是在区内转了一圈,就可即刻享受进出口的全部优惠政策。这种"一日游"业务对于上游企业货物进保税区视同于出口,可以享受退税优惠;对于下游企业(加工贸易企业)则相当于从保税区物流园区进口货物,因此能够向海关以"加工贸易手册"的方式申报进口,进而享受进口料件免交关税和增值税的待遇。然而正是借助于这种政策上的漏洞,给舞弊行为造成了可乘之机,而且这种舞弊行为不仅有不断扩大的趋势,还成为不少地方虚增出口贸易、伪造政绩的重要手段。这是因为,以前虚报出口还需要把货物拉到中国港澳地区兜一个圈子做做样子,而现在这一切就在保税区内就可以完成,货物在保税区内不动,由专业人士帮你把进出口所需要的合同、信用证等单据全部弄齐全,这一切通关手续最快只要 15 分钟就可完成。

按照报关程序,保税区海关人员在浏览完资料后,只要材料齐全的,即认定为合格,迅速盖章予以通关。而事实上,在这众多的顺畅报关事项背后的货物运输中,有相当部分甚至大多数属于此类"一日游"的虚假业务。这种"一日游"虚假业务,每笔事项从"出口仓"到"进口仓",一个来回一天多为五六次,有时为了掩人耳目只是换了个外包装就完成了出口转内销的变换。例如,一批 500 万元的矿石,来回出入人为操作 21 次,就可以创造出贡献 1 个亿的出口数据,同时企业可以获得最高退税 1 700 万元,即便是减去增值税发票成本以及海关和代理税务局的关系费,仍然能够获利上千万元。

"一日游"虚假业务之所以成为保税区舞弊的重要手段,是源于这种以跨境贸易套利为目的的虚假贸易链条背后所隐藏的各方利益。其中,企业可以骗取出口退税或赚取高额的汇率差额;地方政府可以通过出口数据的增加来显示政绩;而对于一些较为落后的少数民族地区和内地省份则可以依此来获取政府补贴。这些关联方所获利益的实质则是以国家财政与税收的巨大流失为代价的,是以极不公平的市场黑色交易为平台的。因此对其必须坚决予以揭露与惩处。

(资料来源:周英虎.保税区"一日游"——一个值得注意的虚假贸易舞弊问题[J].新会计,2013.)

## 5.7 保税港区及其进出货物的报关

### 5.7.1 保税港区简介

#### 1)保税港区的含义和功能

保税港区是指经国务院批准,在国家对外开放的口岸港区和与之相连的特定区域内设立的,具有口岸、物流、加工等功能的海关特殊监管区域。

保税港区的功能比较综合，具体可以开展以下业务：

①存储进出口货物的和其他未办结海关手续的货物；

②国际转口贸易；

③国际采购、分销和配送；

④国际中转；

⑤检测和售后服务维修；

⑥商品展示；

⑦研发、加工、制造；

⑧港口作业；

⑨经海关批准的其他业务。

#### 2）对保税港区的管理

保税港区实行物理围网封闭式管理，并且实行全天24小时全网监控。除特殊监管区域的禁止行为外，保税港区内不得开展高耗能、高污染和资源性产品及列入《加工贸易禁止类商品目录》商品的加工贸易业务。

保税港区内货物没有存储期限，但存储超过2年的，区内企业应每年向海关备案。经海关批准，区内企业可以办理集中申报手续，即企业应对1个自然月内的申报清单数据进行归并，填制进出口货物报关单，在次月底前向海关办理集中报关手续，集中申报不得跨年度办理。

区内企业不实行加工贸易银行保证金台账制度，保税港区内加工贸易货物不实行单耗标准管理，区内加工企业应自开展加工贸易之日起，定期向海关报送货物的进区、出区和储存情况。

### 5.7.2 保税港区货物的报关

保税港区货物进出境、进出区，区内企业或区外企业需向港区主管海关或口岸海关申请办理报关手续。根据保税港区货物的流向不同，可以将保税港货物的报关分为：港区与境外之间货物报关、港区与境内区外非特殊监管区域或场所之间货物报关、港区与其他海关特殊监管区域或场所之间货物报关。

#### 1）港区与境外之间货物报关

保税港区与境外货物往来时，区内企业向港区主管海关申请备案，填制进出境货物备案清单，各类货物入区的报关管理如表5-11所示。

表 5-11　港区与境外之间货物报关管理

| 报关类别 | 货物类别 | 报关管理 | |
|---|---|---|---|
| | | 税收方面 | 许可证件(特殊情况除外) |
| 从境外入区 | 用于加工、存储等货物 | 保税 | 免交、不实行配额管理 |
| | 自用生产性基建物资 | 免税 | 免交 |
| | 区内企业生产所需机械设备、零配件 | 免税 | 免交 |
| | 区内企业自用数量合理办公用品 | 免税 | 免交 |
| | 区内企业自用生活消费品、交通工具 | 征税(关税、进口环节代征税) | 需提交 |
| 从区内运往境外 | 用于加工、存储等之后货物 | 免征出口关税 | 免交、不实行配额管理 |

### 2)港区与境内区外非特殊监管区域或场所之间货物报关

保税港区与区外之间进出的货物,区内企业或者区外收发货人按照进出口货物的规定向港区主管海关办理报关手续,区内企业填制进(出)境货物备案清单,同时区外企业填制进(出)口货物报关单。需要征税的,区内企业或区外收发货人按照货物进出区的实际流向和实际状态缴纳税款;属于配额和许可证件管理的,应提交相关配额、许可证件。具体情况如表 5-12 所示。

表 5-12　港区与境内区外非特殊监管区域或场所之间货物报关管理

| 报关类别 | | 货物类别 | 报关管理 |
|---|---|---|---|
| 出区 | 一般贸易货物出区 | 按一般进口货物办理报关手续 | 属于优惠贸易协定下的,按原产地规定办理优惠税率征收手续;属于保税或特定减免税的,按保税或减免税货物的程序报关 |
| | 加工贸易货物出区 | 边角料、废品、生产存储运输等过程中产生的包装物料 | 经海关批准运往区外,按照出区时状态征税,免交许可证件 |
| | | 区内加工贸易成品及残次品、副产品出区内销 | 按一般进口户外办理进口手续,海关按内销时或料件进口时的状态征税,须提交许可证件 |
| | | 加工贸易成品出区深加工结转 | 按出口加工区深加工结转程序办理海关手续 |

续表

| 报关类别 | | 货物类别 | 报关管理 |
|---|---|---|---|
| 出区 | 出区展示 | 区内企业在区外其他地方举办商品展示 | 比照海关对暂准进出境货物的管理办理海关手续 |
| | 出区检测、维修 | 区内使用的机器设备、模具、办公用品等 | 比照进境修理货物的有关规定办理海关手续。出区维修模具应留存样品或图片资料 |
| | 出区外发加工 | 区内企业将模具、原材料、半成品等运往区外进行加工 | 先凭承揽加工合同和相关企业生产能力证明资料向港区主管海关申请才可实行,外发加工期限不得超过6个月。外发加工产生的边角料、废品、残次品、副产品若不运回则需按照实际状态征税,区内企业向海关申请办理验放核销 |
| 进区 | 区外货物进入保税区 | 供区内企业开展业务的国产货物及其包装物料 | 按照对出口货物的有关规定办理,签发出口报关单退税证明联;<br>货物转关出口的,启运地海关确认货物入区后签发出口货物报关单退税证明联 |
| | | 供区内企业使用的基建物资、机器设备、办公用品等 | 按照对出口货物有关规定办理,签发出口货物报关单退税证明联(除属于取消出口退税的基建物资外);<br>属于原进口的,区外企业提供货物清单,按出口报关办理手续,不签发报关单退税证明联 |

### 3)港区与其他海关特殊监管区域或场所之间货物报关

海关对保税港区与其他特殊监管区域或场所之间往来的货物,实行保税监管。货物在同一保税港区企业之间、不同特殊区域企业之间或保税港区与区外之间流转的,应先办理进口报关手续,后办理出口报关手续。海关不予签发出口报关单退税证明联,不征收进出口及环节有关税收。特殊监管区域之间往来的运输工具应当符合海关监管要求。

### 4)保税港区与保税区、保税物流园区货物的监管比较

保税港区与保税区、保税物流园区货物的监管比较如表5-13所示。

表 5-13 保税区、保税物流园区、保税港区货物监管的比较

| | 保税区 | 保税物流园区 | 保税港区 |
|---|---|---|---|
| 功能 | 出口加工、转口贸易、仓储运输、商品展示 | 保税存储进出口货物、流通性简单加工、进出口贸易、转口贸易、国际采购、分配和配送、国际中转、商品展示 | 具备目前中国海关所有特殊监管区域具备的全部功能 |
| 管理 | 电子计算机联网,进行电子数据交换 | 电子账册监管和计算机联网监管制度 | 加工贸易不实行台账和合同核销制度,不实行单耗标准管理 |
| | 进出境采用报关制和备案制相结合,属自用的采取报关制,属非自用的,包括加工出口、保税仓储、转口贸易、展示、采用备案制 | 适用进出境备案清单(自用免税进出口货物、国际中转的除外) | 与境外之间的进出货物实行备案制 |
| 进出境 | 从境外进区的货物保税;从境外进区的管理机构、企业自用的免税(交通车辆、生活用品除外),按特定减免税监管 | | |
| | 运往境外货物免税,不实行出口配额、许可证件管理 | | |
| 进出区 | 进区报出口,要有加工贸易手册,照章纳税,提供许可证件,不签发出口退税证明 | 进区视同出口,照章纳税,提交许可证件,签发出口退税证明(基建物资、生活用品、交通运输工具除外) | 按物资出口办理缴税手续,签发出口退税证明联(基建物资除外) |
| | 出区报进口,按货物的实际去向办理相关海关手续 | | |
| 外发加工 | 进区外发加工的,在区内海关备案,加工出区后核销,不填报关单,不纳税费;<br>出区外发加工的,区外企业在所在地海关备案,领册或建册,设台账,按加工货物出区报关(加工期限6个月) | 不准进行加工贸易 | 进区外发加工,按货物出口报关,出区外发加工,区内企业在区内海关备案,运回后核销(加工期限6个月) |
| 其他 | 设备(施工或投资)进出区需向区内海关备案,免填报关单,免税,退出区外需销案 | 设备以境内区外进区,按一般出口货物办理报关手续 | |

## 知识链接 5-2

物理围网管理下的特殊监管区域功能与报关比较,如图 5-1 所示。

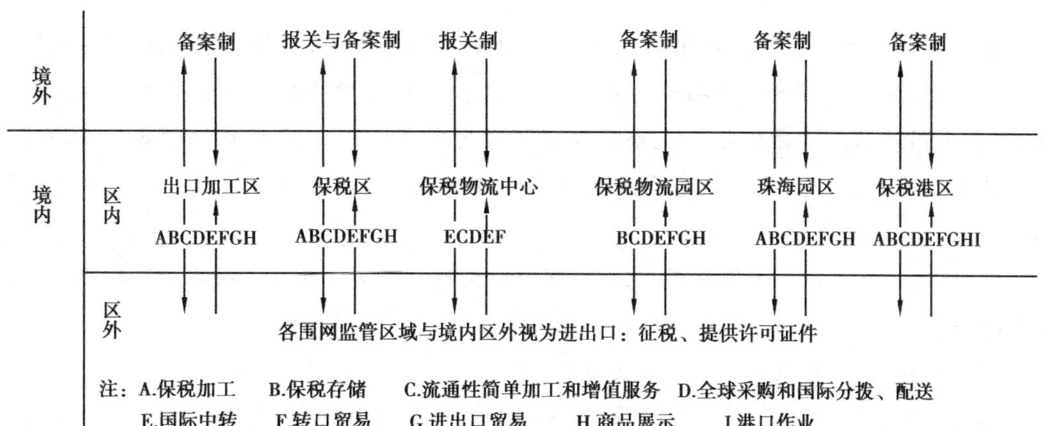


图 5-1 物理围网管理下的特殊监管区域功能与报关比较

总结:

①与境外的关系:除保税区外实行报关制与备案制相结合制度,两个“仓库”(保税仓库和出口监管仓库)与一个“中心”(保税物流中心)实行报关制外,其余实行备案制。

②不在所在口岸进出境的,除出口加工区采用“直转式”报关外,其余的均可采用转关运输或异地报关。

③从境外进入企业自用的设备、物资,除“两个仓库”不可免税外,其余均可免税,保税区还包括从港区外进入区内施工与投资的设备、物资免税,且免申报,但要备案。

④从区外进入区内,由区外企业报出口,除“两个仓库”与保税区不签发出口退税证明外,其余均签发退税证明联。

⑤从区内进入区外,除出口加工区,由区外企业作一般进口货物申报外,其余均按实际流向办理相关手续。

⑥出区外发加工的,出口加工区是由区外企业向区内海关缴纳保税金;珠海园区与保税港区由区内企业向区内海关办理外发加工手续,保税区是由区外企业向区外海关加工贸易合同备案设立台账审领手册。

(资料来源:罗兴武.报关实务[M].2 版.北京:机械工业出版社,2013.)

## 案例实训

北京果森机械设备有限公司,是北京天竺综合保税区内一家从事数控机床制造的有限公司。2013年5月,因生产产品的需要,从德国进口一批数控芯片用于生产加工。当年11月,因个别国外客户临时取消订单,公司决定将区内生产的其中20台机械设备成品转售至国内山东某客户。作为负责该公司报关业务的报关员,应当办理哪些报关手续?应如何办理?

报关分析:根据以上案例分析,应当办理企业生产设备从境外入区报关和货物出区内销报关手续。

任务一:企业生产设备从境外入区报关

根据规定,综合保税区的管理办法与保税港区一致,因此,从境外入区的区内企业生产所需的机器设备,采用的是备案制,海关免征进口关税和进口环节海关代征税,免交进口许可证件。因此,主要步骤为:

①货物到港后,报关员到预录入点办理进境货物备案清单预录入手续,预录入按"进出境备案清单填制规范"填写。将预录入数据向海关发送申报,待接到接受申报回执后,打印进境货物备案清单。

②在备案清单上签署报关员名字,并加盖报关章,随附提单(包括小提单)、相关商业单证、运输单证及其他海关认为必要时需交验的有关单证和资料到海关里书面交单申报手续。

③海关接单后,经审核符合申报条件、手续齐全有效的,予以放行,并在有关单证上加盖放行章或验讫章,将盖单证返还报关员办理提货手续。

④货物须由海关监管车辆从码头(机场等)承运至综合保税区内。

任务二:货物出区内销报关

根据规定,综合保税区加工贸易成品转为内销的,按照一般进口货物办理进口手续,海关按照内销时的实际状态或者该批货物折算的料件进口时的状态征收进口关税,按货物进口时实际状态征收增值税和进口环节代征税,并交验许可证件。因此,主要步骤为:

①报关员到预录入点办理进口报关单预录入手续,按"报关单填制规范"填写。将预录入数据向海关发送申报,待接到接受申报回执后,打印进口报关单。

②在报送单上签署报关员名字,加盖报关章,随附相关商业单证、运输单证、审批单证、许可证件及其他海关认为必要时需交验的有关单证和资料到海关办理书面交单申报手续。

③海关接单后,经审核符合申报条件、手续齐全有效的,办理缴纳税费手续,予以放行,并在相关单证上加盖放行章或验讫章,将盖章单证返还报关员输提货手续。

④保税区在收到海关确认信息后打印出区凭单,作为货物的出区凭证。货物出区时,在

保税区卡口办理验货手续后即可出区。

同时,值得注意的是,区外山东某客户作为机械设备的进口方,需向综合保税区海关申请报关,填制进口货物报关单,按照一般进口货物办理报关手续。

## 课内练习

### 一、单选题

1.经海关批准设立的保税仓库可以存放的货物是(　　)。

A.进口货物　　B.进口货物、出口货物

C.出口货物　　D.加工贸易进出口货物

2.下列货物中,不是存入保税仓库的是(　　)。

A.加工贸易出口货物　　B.进境转口货物

C.供应国际航行船舶的进口油料　　D.外商进境暂存货物

3.保税物流中心与境外之间进出的货物(　　)。

A.实行进出口配额、许可证件管理

B.不实行进出口配额、许可证件管理

C.实行进出口配额管理,不实行许可证件管理

D.不实行进出口配额管理,实行许可证件管理

4.从境内运入保税物流中心的原进口货物,应当(　　)。

A.办理出口报关手续,退还原进口税

B.办理出口报关手续,不退原进口税

C.办理进口报关手续,退还原进口税

D.办理进口报关手续,不退原进口税

5.向海关报关时适用保税区进境货物备案清单的是(　　)。

A.保税区从境外进口的加工贸易料件

B.保税区销往国内非保税区的货物

C.保税区区内企业从境外进口自用的机器设备

D.保税区管理机构从境外进口的办公用品

6.以下关于保税区与境外之间进出货物的报关制度,正确的表述应当是(　　)。

A.保税区与境外之间进出境货物采取报关制,填写进出口货物报关单

B.保税区与境外之间进出境货物采取备案制,填写进出境货物备案清单

C.保税区与境外之间进出境货物,属自用的,采取备案制,填写进出境货物备案清单;

属非自用的,采取报关制,填写进出口货物报关单

D.保税区与境外之间进出境货物,属自用的,采取报关制,填写进出口货物报关单;属非自用的,采取备案制,填写进出境货物备案清单

7.海关对保税物流园区与境外之间进出货物,除特殊货物外,(　　)。

A.实行进出口配额、许可证件管理

B.不实行进出口配额、许可证件管理

C.实行进出口配额管理,不实行许可证件管理

D.不实行进出口配额管理,实行许可证件管理

8.下列从境外自用的物资(交通工具、生活用品除外)可以享受特定减免税的优惠待遇的是(　　)。

A.保税仓库　　B.出口监管仓库

C.保税物流中心　　D.保税物流园区

9.下列选项中,从境外进口的货物照章征税的是(　　)。

A.出口加工区从境外进口的区内企业自用的生产管理设备

B.保税区企业从境外进口的仓储设备

C.保税物流园区进口的仓储设备、管理设备

D.出口加工区从境外进口的自用交通工具、生活消费品

10.保税物流园区不可以开展的业务是(　　)。

A.进出口贸易

B.国际采购、分销和配送

C.对所存货物开展流通性简单加工和增值服务

D.加工制造、翻新和拆解

## 二、多选题

1.我国保税仓库分为(　　)。

A.自用型保税仓库　　B.公益型保税仓库

C.公用型保税仓库　　D.营利型保税仓库

2.属于保税物流中心可以开展的业务范围是(　　)。

A.保税存储进出口货物

B.对所存货物开展流通性简单加工和增值服务

C.全球采购

D.国内结转

3.关于保税物流园区货物报关的表述正确的是(　　)。

A.从区外运入园区,供区内企业开展业务的国产货物及其包装材料,由区内企业或者区外发货人及其代理人填写进口货物报关单,视同进口

B.园区货物进入国内市场的,按一般进口货物报关

C.园区货物用于加工贸易的,按保税加工货物报关

D.园区货物用于可以享受特定减免税的特定企业、特定区域或有特定用途的,按特定减免税货物报关

4.下列关于海关专用监管场所或特殊监管区域保税物流货物存放时间的表述错误的是( )。

A.保税仓库存放保税物流的时间是1年,可以申请延长,延长期最长1年

B.出口监管仓库存放保税物流货物的时间是1年,可以申请延长,延长期最长1年

C.保税物流中心存放保税物流货物的时间是1年,可以申请延长,延长期最长1年

D.保税物流园区存放保税物流货物的时间是2年,可以申请延长,延长期最长1年

5.保税区进境的( )使用进出境货物备案清单报关。

A.加工贸易料件　　B.加工贸易设备

C.转口贸易货物　　D.仓储货物

6.保税港区可以开展( )业务。

A.对外贸易,国际采购、分销和配送　　B.商品加工、制造

C.商品展示与商业零售　　D.港口作业

7.保税区与境外之间的进出境货物实施( )。

A.清关制　　B.报关制

C.申请制　　D.备案制

8.境内区外货物进入保税物流中心、物流园区、出口加工区、保税区,下列选项表述正确的是( )。

A.进区报出口,对进入物流中心、物流园区、出口加工区货物在办理进区出口手续时,海关即可签发出口退税报关单证明联(自用交通工具、生活物资等除外)

B.进区报出口,对进入保税区的货物,在办理进区出口手续时,海关不立即签发出口退税报关的证明联,待货物实际运输出境,经海关核实再签发出口退税报关单证明联

C.进区报出口,对境内区外的国产设备进入物流中心、物流园区、出口加工区自用,在办理进区出口手续时,海关即可签发出口退税报关单证明联;对进入保税区自用的国产设备,应向海关备案,不填写报关单,不交纳出口税,海关不签发出口退税报关单证明联

D.对进入物流中心、物流园区、出口加工区、保税区自用的原进口设备,在办理进去手续时,海关不退还原进口税款,也不签发出口退税报关单证明联

## 课外实训

1.美国某电脑生产企业在重庆西永综合保税区设有制造基地。2015年10月,该公司从国外购入70 000件电子晶片运至重庆西永综合保税区进行加工生产,2015年11月该公司在合理数量前提下,从美国进口一批办公桌以满足自身办公需要。结合本背景资料的内容,思考该公司的两批货物进入保税区应如何报关?

2.2015年1月,淄博某知名陶瓷企业因业务需要将10 000件陶瓷产品运往淄博保税物流中心,2015年3月,因与国外客户业务量减少,该陶瓷企业将其中6 000件陶瓷产品运往国外,同时将另外4 000件陶瓷产品运至上海做内销处理。结合本背景资料的内容,思考该公司的这批货物进保税物流中心应该如何办理报关手续,后续该批货物应该如何处理?

# 第6章 其他进出境货物的报关

**案例导读 6-1**

## 使用虚假文件办理减免说

2013年初,江苏A公司因道路施工需要,决定购买3台德国产ABG423型沥青路面摊铺机。在供货商H公司、进口代理商T公司言明只有摊铺宽度为13米以上的沥青摊铺机才可以办理进口免税手续的情况下,经A公司法定代表人李某决定,该公司于2013年4月8日与H公司、T公司签订虚假的3台ABG423-13M型多功能沥青摊铺机买卖合同和委托代理进口协议,并于次日与H公司签订补充协议,确认实际购买摊铺宽度为12米的沥青摊铺机。在李某的安排下,顺发公司持上述虚假合同向N市经济贸易委员会、江苏省经济贸易委员会、主管地海关分别申请了"自动进口许可证""国家鼓励发展的内外资项目确认书""进出口货物征免税证明",非法获取了相关免税进口文件。同年5月9日,A公司委托T公司持骗领的免税证明向海关申报,免税进口了3台摊铺宽度为12米的摊铺机,偷逃税款计人民币272万余元。该案不久即被海关缉私警察查获。

2016年,经法院审理认定:A公司犯走私普通货物罪,判处罚金350万元;李某犯走私普通货物罪,判处有期徒刑三年六个月,并将其违法所得予以追缴。

案例分析:特定减免税货物是海关根据国家政策规定用于特点地区、特定企业或者特定用途而准予减税、免税进口的货物,其范围和办法由国务院规定。特定减免税货物未经海关核准并补缴关税,不得移作他用。同时,国务院相关政策对于特定减免税货物的申请、审批范围和条件都作了严格明确的规定。如现实中,最为常见的特定减免税货物,其用途要符合《外商投资产业指导目录》(针对外资企业)或《当前国家重点鼓励发展的产业、产品和技术目录》(针对内资企业)中的鼓励政策,用于上述两个目录中的鼓励类项目。同时,进口的设备又必须未被列入《国内投资项目不予免税的进口商品目录》和《外商投资项目不予免税的进口商品目录》项下,在向有关部门提交审批获取项目确认书,再办理完相应的海关审批手续后,才能减免税进口。本案中,摊铺宽度12米的沥青摊铺机就是因为摊铺宽度不够而被列入有关不予免税进口商品目录范围,按照国家有关政策明令不可以免税进口。

(资料来源:"关务通·监管通关系列"编委会.通关典型案例启示录[M].北京:中国海关出版社,2013.)

**知识目标**

1.熟悉特定减免税货物、暂准进出境货物及其他进出境货物的范围。

2.掌握特定减免税货物、暂准进出境货物及其他进出境货物的范围。

**技能目标**

1.能够进行特定减免税货物的报关流程设计和报关。

2.能够进行暂准进出境货物的报关流程设计和报关。

3.能够进行过境、转运、通运、退运货物、进出境快件的报关流程设计和报关。

4.能够进行货样广告品、租赁货物、加工贸易不作价设备、出料加工货物、无代价抵偿货物等的报关流程设计。

## 6.1 减免税货物的报关

根据《海关法》的规定,关税减免分为法定减免税、特定减免税和临时减免税。法定减免税一般和国际通行规则相一致,法定减免税货物除外国政府、国际组织无偿赠送的物资外,一般无须前期办理减免税申请,后期办理销案的手续;特定减免税和临时减免税都属于政策性减免税,是根据国家政治、经济政策的需要,经国务院批准,对特定地区、特定企业或者特定用途的进出口货物,给予减免进出口税收的政策;此外,政策性减免税还包括国务院根据某个单位、某类商品、某个时期或某批货物的特殊情况和需要,给予特别的临时性的减免税优惠,如汶川地震灾后重建的进口物资等。

法定减免税货物和临时减免税货物适用范围较窄,所以一般情况下,如无特别说明,减免税货物就指的是特定减免税货物。

### 6.1.1 特定减免税货物含义

特定减免税货物是指准予减免税进口的、用于特定地区、特定企业或者特定用途的货物。这里的三个“特定”货物,具体所指如表6-1所示。

**表6-1　特点减免税货物的三个“特定”具体内容**

| 特定地区的进口货物 | 特定企业的进口货物 | 特定用途的进口货物 |
| --- | --- | --- |
| 保税区和出口加工区等进口的基建物资、生产设备、管理设备和办公用品 | 外商投资企业在投资总额内进口的生产、管理设备 | 1.属于国家重点鼓励发展产业的国内投资项目;<br>2.属于《外商投资产业指导目录》鼓励类或《中西部地区外商投资优势产业目录》的项目;<br>3.科教用品、残疾人专用品和专用设备、人道主义捐赠等 |

### 6.1.2　特定减免税货物的报关特征

特定减免税货物的特征概括起来有以下三点:

1)减免进口关税

对符合国家规定的三"特定"货物进口,给予进口关税减免。2009 年 1 月 1 日起,国家对大部分进口减免税货物恢复征收进口增值税,只免征进口关税。

2)必须提交进口许可证件

特定减免税货物是实际进口货物,属于进口需要交验许可证件的,必须提交相应许可证件(免征情况除外)。

3)进口后在一定期限内接受海关监管

特定减免税货物能够享受减免税的优惠,关键是其三个"特定",进口后是否符合"特定"的要求,需要海关的监管。海关对不同的特定减免税货物的监管期限又不同的规定,具体为:船舶、飞机的监管期限为 8 年,机动车辆的监管期限为 6 年;其他货物的监管期限为 5 年,监管期限自货物进口之日起算。在监管期限内未经海关核准并缴纳税款,不得移作他用。

### 6.1.3　海关对减免税货物的管理

①减免税申请人可以自行或委托他人办理减免税货物的备案、审批、税款担保和后续管理业务。

②减免税货物在海关监管期限内,减免税申请人应自货物进口放行之日起,在每年的第一季度向主管海关递交减免税货物使用情况报告书,以向海关报告货物的使用情况。在海关对减免税货物监管的期限内和其后的 3 年,海关根据规定可以对减免税申请人进口和使用减免税货物的情况进行稽查。

③减免税货物可以在两个享受减免税优惠的企业之间结转。减免税货物在监管期限内转让给同一货物享受同等减免税优惠待遇的其他单位的,不予恢复减免税货物转出人的减免税额度,减免税货物转入人的减免税额度按照海关审定的结转时货物的价格、数量和应缴税款进行扣减。因品质或规格等原因退运的减免税货物,减免税申请人以无代价抵偿方式进口同一类型货物的,不予恢复其减免税额度,未进行无代价抵偿的,经提前申请海关予以恢复减免税额度。还有其他提前解除监管的情形,不予恢复减免税额度。

### 6.1.4　减免税货物的报关

减免税货物的报关大致可以分为四个步骤:减免税备案和审批—进口报关—后续监管—解除监管。

1)减免税备案和审批

减免税申请人应向其所在地海关申请办理减免税备案和审批的手续;若投资项目所在地海关与减免税申请人所在地海关不同的,应向项目所在地海关申请办理备案和审批手续;若投资项目涉及多个海关的,减免税申请人可向其所在地海关或者有关海关的共同上级申请办理备案和审批手续。

(1)减免税备案

减免税申请人向相关主管海关申请办理减免税备案手续,并提交以下相关材料:

①进出口货物减免税备案申请表;

②营业执照、事业单位法人证书、国家机关设立文件、社团登记证书;

③相关政策规定的享受进出口税收优惠政策的证明;

海关在受理之日起10个工作日内审核完毕,并确定减免税额度。

(2)减免税审批

减免税备案后,货物在进口前,减免税申请人向主管海关申请办理审批,并提交以下相关材料:

①进出口货物征免税申请表;

②营业执照、事业单位法人证书、国家机关设立文件、社团登记证书;

③相关政策规定的享受进出口税收优惠政策的证明;

④进出口合同、发票及相关货物的产品情况资料。

海关根据规定进行审核,通过后发放"中华人民共和国进出口货物征免税证明"。该证明的有效期一般为6个月,申请人必须在6个月期限内完成货物的通关手续,如有特殊情况可以申请延长6个月。该证明属于"一证一关""一批一证",即一份证明上的货物只能在一个进口口岸一次性进口。若同一合同项下货物分多个口岸进口或分批到货,则应向审批海关申请,并按到货口岸或到货日期分别申请征免税证明。

(3)税款担保

减免税申请人可以向海关申请凭税款担保先予办理货物放行手续,但需是符合下列情形之一者:

①主管海关按照规定已经受理减免税备案或者审批申请,尚未办理完毕的;

②有关进口税收优惠政策已经国务院批准,具体实施措施尚未明确,海关总署已确认减免税申请人属于享受该政策范围的;

③其他经海关总署核准的情况。

主管海关对减免税申请人的税款担保准予的,出具"中华人民共和国海关准予办理减免税货物税款担保证明",进口地海关根据主管海关出境的准予担保的证明,办理货物的税款担保和验放手续。税款担保期限不能超过6个月,特殊情况经海关批准可以延期,延长期限不能超过6个月。

减免税申请人在税款担保期限内取得了"进出口货物征免税证明"的,海关应解除税款担保,办理征免税进口通关。担保期限届满后,减免税申请人未按照规定申请办理减免税货物税款担保延期手续的,海关应当要求担保人履行担保责任或者将税款保证金转为税款。

#### 2)进口报关

减免税货物的进口报关程序和一般进口货物的报关程序类似,但有一些情况与其不同,需要注意:

①减免税货物进口报关时,进口货物收货人或其代理人除了向海关提交报关单和随附单证以外,还应向海关提交“进出口货物征免税证明”。海关审单时从计算机中查阅征免税证明的电子数据,核对纸质证明。

②减免税货物进口填制报关单时,应注意报关单上“备案号”的填写,应填写“进出口货物征免税证明”上的12位编号,填写错误将无法在海关电子审核和纸质审核中通过,给货物通关带来麻烦。

③减免税货物报关时一般不豁免进口许可证件,但对外资企业和港澳台胞及侨胞企业进口本企业自用的机器设备,可免交验许可证件,外资企业在投资总额内进口涉及机电产品自动进口许可证管理的,也可以免交验自动进口许可证件。

#### 3)后续监管

减免税货物在进口后按照各自监管期限接受海关监管,在监管期限内,减免税申请人需定期或不定期向海关呈报使用报表,海关抽查账册和核实实际使用情况。若减免税申请人改变货物当初申请减免税时申报的使用用途,可以经海关许可,将减免税货物转让、抵押、质押、移作他用或者进行其他处置。具体情况如表6-2所示。

**表6-2 减免税货物额后续监管**

| 改变情形 | 后续监管 |
| --- | --- |
| 变更使用地点 | 向主管海关申请,经批准后可变更使用地点;若需要移出主管海关管辖地使用的,需向主管海关申请办理异地监管手续,经主管海关同意,移至转入地海关实行异地监管 |
| 结转 | 减免税货物的转出、转入申请人应分别向各自的主管海关申请(转入地海关签发征免税证明),经同意后分别在各自的主管海关办理减免税货物的出口、进口报关手续(先转出再转入),转出地海关解除对转出企业的减免税货物的监管,转入地海关在剩余年限内继续对结转减免税货物实施监管 |
| 转让 | 货物转让给不享受进口税收优惠政策或同一货物不享受减免税优惠的其他单位的,应事先向主管海关申请,办理减免税货物补缴税款和解除监管手续 |
| 移作他用 | 事先向主管海关申请,经海关批准后方可移作他用,并按照移作他用的时间补缴相应税款。移作他用不能确定的,应当提交相应的税款担保,担保金额不得低于剩余监管年限应补缴税款的总额 |

续表

| 改变情形 | 后续监管 |
|---|---|
| 变更 | 减免税申请人发生分立、合并、股东变更、改制等变更情形的，需在营业执照颁发之日起30日内向主管海关报告。需补征税款的，承受人向原减免税申请人主管海关办理补税手续；可继续享受减免税的，承受人应向主管海关申请办理减免税备案变更或减免税货物结转手续 |
| 终止 | 因破产、改制或其他情形导致减免税申请人终止，没有承受人的，应当自资产清算之日起30日内向主管海关申请办理减免税货物的补缴税款和解除监管手续 |
| 退运出境或出口 | 应报主管海关核准，并持出口货物报关单向主管海关办理原进口减免税货物的解除监管手续，海关不再对退运出境或出口的减免税货物补征相关税款 |
| 贷款抵押 | 需经海关同意，只能向金融机构抵押贷款，并向海关提供减免税货物应缴税款等值的担保 |

4）解除监管

减免税货物解除监管的情况分为以下几种：

（1）自动解除监管

减免税进口货物监管期限届满时，减免税申请人不用向海关申请领取"进口减免税货物解除监管证明"，货物自动解除监管，企业可以自行处置。

（2）期满申请解除监管

减免税货物监管期限届满时，减免税申请人需要海关开具"进口减免税货物解除监管证明"的，可以在解除监管之日起1年内持相关单证向海关提出申请，海关审核同意后出具"进口减免税货物解除监管证明"。

（3）监管期限内申请解除监管

减免税货物在海关监管期限内，减免税申请人因出售、转让、放弃或破产清算等原因需提前解除货物监管的，应向主管海关申请办理补缴税款和解除监管手续，并在进口免予提交许可证件的进口减免税货物，减免税申请人还需补交有关许可证件。

## 6.2 暂准进出境货物的报关

### 6.2.1 暂准进出境货物的含义和范围

暂准进出境货物包含暂准进境的货物和暂准出境的货物。暂准进境的货物是为了特定的目的，经海关批准暂时进境，按规定的期限原状复运出境的货物；暂准出境货物是为了特定的目的,经海关批准暂时出境,按规定期限原状复运进境的货物。

暂准进出境货物的内容分为两大类:

第一类是经海关批准暂时进境或者出境,并向海关缴纳相当于税款的保证金或者提供其他担保,在规定的期限内,复运出境或者复运进境的货物。它主要包含以下几项:

①在展览会、交易会、会议及类似活动中展示或者使用的货物;

②文化、体育交流活动中使用的表演、比赛用品;

③进行新闻报道或者摄制电影、电视节目使用的仪器、设备及用品;

④开展科研、教学、医疗活动使用的仪器、设备及用品;

⑤上述 4 项活动中使用的交通工具及特种车辆;

⑥货样;

⑦供安装、调试、检测设备时使用的仪器、工具;

⑧盛装货物的容器;

⑨其他用于非商业目的的货物。

第二类是按货物的完税价格和其在境内滞留时间与折旧时间的比例计算,按月或者在规定期限内货物复运出境或者复运进境时征收进出口税的暂准进出境货物,如工程施工中使用的设备、仪器及用品等。这类货物的报关本章节不作讲解。

### 6.2.2 暂准进出境货物的报关特征

#### 1)暂时免予缴纳税费(包括关税和进口代征税)

第一类暂准进出境货物,在进境或出境时向海关缴纳相当于应缴税款的保证金或提供相关担保后,经海关批准,暂时免予缴纳全部税费;第二类暂准进出境货物,按照货物的完税价格和其在境内滞留的时间与折旧时间的比例计算征收进口关税。

#### 2)免予提交进出口许可证件

暂准进出境货物不是实际进口货物,因此,若按照我国法律法规办理了暂准进出境手续,可以免交进出口许可证件。但是当涉及公共道德、公共安全和卫生所示的进出境管制制度的暂准进出境货物,应当凭许可证件进出境。

#### 3)规定期限内按原则复运出境或进境

暂准进出境货物应按规定在货物进境或出境之日起 6 个月内复运出境或复运进境。特殊情况下经收发货人申请,海关可延长复运出境或进境的期限。

#### 4)按货物实际流向办结海关手续

暂准进出境货物都必须在规定的期限内,有货物的收发货人根据货物的实际流向向海关办理核销结关手续。

### 6.2.3 暂准进出境货物的报关

暂准进出境货物的报关主要有四种报关方式，分别为：

①使用 ATA 单证册报关，主要使适用于以上第一类的第 1 项货物；

②不使用 ATA 单证册报关，主要使适用于以上第一类的第 1 项的展览品；

③集装箱箱体报关，主要适用于以上第一类的第 8 项货物；

④其他暂准进出境货物的报关，主要适用于以上第一类的其他项货物（除第 1、8 项以外）。

#### 1）使用 ATA 单证册的暂准进出境展览品报关

（1）ATA 单证册简介

①含义。ATA 单证册全称暂准进口单证册，是世界海关组织（WCO）通过的《货物暂准进口公约》及其附约 A 和《关于货物暂准进口的 ATA 单证册海关公约》（以下简称《ATA 公约》）中规定使用的，用于替代各缔约方海关暂准进出口货物报关单和税费担保的国际性通关文件。

ATA 单证册本身既是一种货物进出口的报关单，也是一份国际担保书。

②格式。一份 ATA 单证册一般由 8 页 ATA 组成：一页绿色封面单证、一页黄色出口单证、一页白色进口单证、一页白色复出口单证、两页蓝色过境单证、一页黄色复进口单证、一页绿色封底。我国海关只接受用中文或英文填写的 ATA 单证册。

③适用范围。我国 ATA 单证册适用的范围仅限于展览会、交易会、会议及类似活动项下的货物。在商店或其他营业场所销售国外货物为目的二组织的非公共展览会不属于范围之内。另外，我国海关不接受油运渠道的货物使用 ATA 单证册。

④管理。我国对 ATA 单证册的管理方式如表 6-3 所示。

**表 6-3 我国对 ATA 单证册的管理方式**

| 管理类别 | 管理方式 |
|---|---|
| 出证担保机构 | 中国商会是我国 ATA 单证册的出证担保机构；负责签发 ATA 单证册、向海关报送签发电子文本、协助海关辨别真伪、承担持证人违反规定而产生的相关税费、罚款 |
| 管理机构 | ATA 核销中心（海关总署在北京海关设立），负责对 ATA 单证册的进出境凭证进行核销、统计和追索，并根据成员方担保人的要求出具相关证明，对全国 ATA 单证册的核销业务进行协调和管理 |
| 延期审批 | ATA 单证册有效期限为自货物进出境之日起 6 个月，若需超过 6 个月的，应向海关提前申请延期，延期最多不超过 3 次，每次延长期限不得超过 6 个月。参加展期在 24 个月以上展览会的展览品，在 18 个月延长期满后仍需延期的，由主管地直属海关报海关总署审批 |
| 追索 | ATA 单证册项下暂时进境货物未能按照规定复运出境或者过境的，ATA 核销中心向中国国际商会提出追索。自提出追索之日起 9 个月内，中国国际商会向海关提供货物已在规定期限内出境或已办理进口手续证明的，核销中心可撤销追索，否则中国国际商会应向海关政府缴纳税款和罚款 |

(2)ATA 单证册货物的报关

持 ATA 单证册向海关申报进出境货物时,不需要向海关提交进出口许可证件(特殊情况除外),也不需要另外再提供担保。

以暂准进境货物报关流程为例,企业首先向出证协会提出申请,缴纳一定的手续费,并按出证协会的规定提供担保,出证协会审核后签发 ATA 单证册。持证人凭 ATA 单证册将货物在出境国暂时出境,又暂时进境到进境国(地区),进境国(地区)海关经查验签章放行;货物完成暂时进境的特定使用目的后,从进境国(地区)复运出境,又复运进境到原出境国(地区)。持证人将使用过的、经海关签注的 ATA 单证册交还给原出证协会。具体流程如图 6-1 所示。

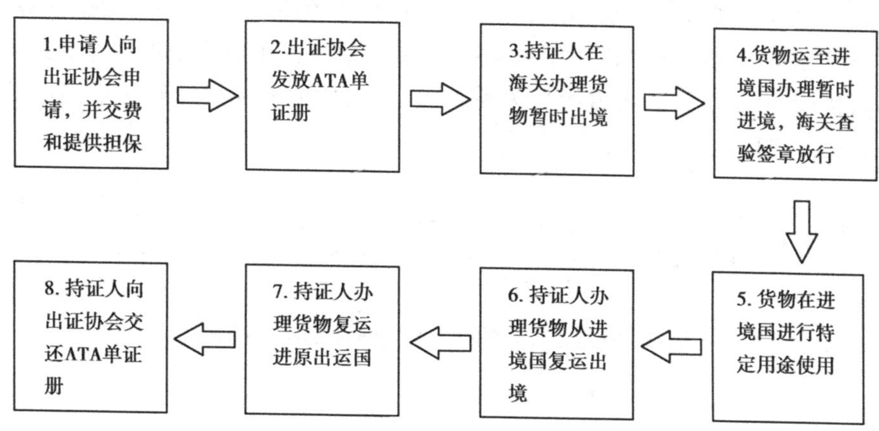


图 6-1 暂准进境货物报关流程图

关于暂准进出境货物的报关,主要有以下几种情况:

①进出口申报。

A.进境申报。首先,进境货物收货人或其代理人持 ATA 单证册向海关申报进境展览品时,先在海关核准的出证协会(中国国际商会及其他商会)将 ATA 单证册上的内容预录入海关与商会联网的 ATA 单证册电子核销系统;其次,持证人向展览会主管海关提交纸质 ATA 单证册、提货单等单证;最后,海关在 ATA 单证册的白色进口单证上签注,并留存白色进口单证(正联),将存根联和其他各联退还给持证人。

B.出境申报。首先,出境货物发货人或其代理人持 ATA 单证册向海关申报出境展览品时,向出境地海关提交国家主管部门的批准文件、纸质 ATA 单证册、装货单等单证;其次,海关在绿色封面单证和黄色出口单证上签注,并留存黄色出口单证(正联),退还其存根和 ATA 单证册其他各联给出境货物发货人或其代理人。

C.异地复运出境、进境申报。首先,ATA 单证册持证人持主管海关签章的海关单证向复运出境、进境地海关办理手续;其次,当货物复运出境、进境后,主管地海关凭复运出境、进境地海关签章的海关单证办理核销结案手续。

D.过境申报。承运人或其代理人持 ATA 单证册向海关申报将货物通关我国转运至第三国参加展览会的,必须填制过境货物报关单。海关在两份蓝色过境单证上分别签注后,留存蓝色过境单证(正联),退还其存根联和 ATA 单证册其他各联给运输工具的承运人或其代理人。

②结关。

A.正常结关。持证人在规定的期限内，将进境展览品和出境展览品复运出境或复运进境，海关在白色复出口单证和黄色复进口单证上分别签注，留存单证正联，存根联随 ATA 单证册其他各联退给持证人，正式核销结关。

B.非正常结关。ATA 单证册项下，暂时进境货物复运出境时，因故未经我国海关核销、签注的，ATA 核销中心凭由另一缔约国海关在 ATA 单证上签注的货物已进境或复运进境的证明，或者我国海关认可的证明货物已经实际离境的文件，对 ATA 单证册予以核销，持证人应当向海关缴纳调整费。在我国尚未发出“ATA 单证册追索通知书”前，如果持证人凭其他国海关出境的货物已运离我国关境的证明要求予以核销单证册的，免予收取调整费。

未正常使用 ATA 单证册情况基本有两种：一种是暂准进出境货物没有在规定的期限内复运出境或进境，海关对持证人追缴相关税款；一种是持证人未遵守暂时进境国的有关规定，海关对持证人进行追偿，如图 6-2 所示。

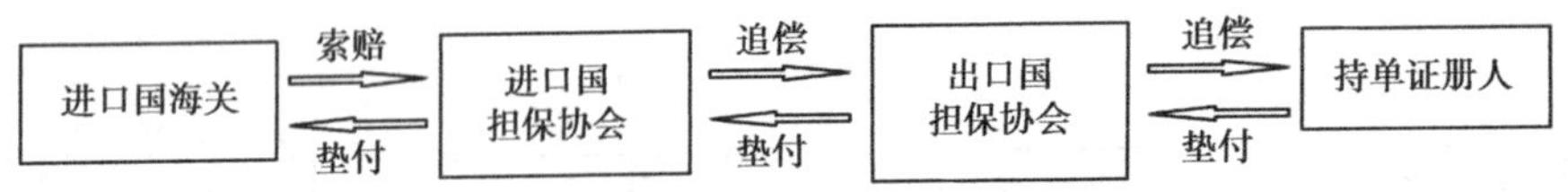


图 6-2　海关对未正常使用 ATA 单证册持证人追偿

## 案例导读 6-2

### ATA 单证册
### ——展品通关有保障

护照是公民旅行通过各国口岸的通行证明。人们进出国境时出示护照，核对无误后即可放行。那么需要经常往来于世界各大展会的展览品可不可以像人一样领取护照通行呢？ATA 单证册就是一种货物通关护照。有了它，展览品就可以像人们持护照旅游一样穿行各国了。

ATA 单证册是一份国际通用的海关文件，它是世界海关组织为暂准进口货物而专门创设的，俗称为“货物护照”，在国际经贸活动中广泛使用。目前，ATA 成员国数量已达 65 个，全球年签证量去年底达 15 万份，涵盖货值 150 亿美元。

为使广大进出口企业能够深入了解 ATA 单证册，宁波海关通过“通关我帮您”服务平台公布有关 ATA 单证册的知识和申领渠道、便捷通关方法，为企业进出境参展节省资金，提供通关便利。

宁波音王集团有限公司，是一家业内著名的专业从事音响设备和相关演艺器材研发、生产、销售于一体的、拥有自营进出口权的大型企业集团。产品远销美国、欧洲等 70 多个国家地区，每年要参加国际上大大小小的展会 10 多个。以前在展品进出境时感觉手续十分繁杂，且到国外后还要押保证金，既耗时又费力。

宁波音王集团有限公司业务员应某告诉笔者：“去年 12 月我们公司计划到美国参加

2010NAMM 乐器展，因为出货时间正好赶上圣诞、元旦假期，国际货运都比较紧张，我们非常担心错过船期耽误展览，那样的话大批订单就泡汤了。幸好我们及时在宁波海关‘通关我帮您’服务平台获知了可以使用 ATA 的消息，立即在海关的指导下向贸促会申领了 ATA 单证册，通关效率得到了保障，而且在国外畅通无阻，省去了很多麻烦。”

随着国际贸易与文化交流的发展，各类国际博览会、展览会货物暂准进出口活动在国际货物流转中所占的比例越来越大。经常与展览会打交道的进出口企业和货代，可以学好用好 ATA 单证册，充分利用国际展会平台，争取更多的订单。宁波海关在通关现场设有专门的 ATA 特快通道，为参展企业的无障碍通关提供方便。

（资料来源：中华人民共和国宁波海关网. http://www.customs.gov.cn/publish/portal121/tab62075/info228566.htm）

#### 2）不使用 ATA 单证册的暂准进出境展览品报关

不使用 ATA 单证册的暂准进出境展览品直接按展览品填制进出口货物报关单报关，具体内容如下：

（1）进出境展览品的范围

①进境展览品。

进境展览品包括：A.展示或示范用的货物、物品，为示范展出的机器或器具所需用的物品，展览者设置临时展台和建筑材料及装饰材料，供展览品做示范宣传用的电影片、幻灯片、录像带、录音带、说明书、广告、光盘、显示器材等；B.凡展会中使用，按展览品申报的展览用品（在合理范围内的可免征进口关税和进口环节税），如小件样品、操作示范消耗或损坏的物料、装饰消耗掉的低值物料、免费散发的宣传品、供展会使用的档案、表格和其他文件等。

有些是在展会中使用，但被视为一般进口货物，不适用于关税和进口税规定的货物有：

A.展会期间出售的小卖品，进口时应缴纳进口关税和进口环节代征税，如属于许可证件管理的，需提交相关许可证件。

B.展览会期间使用的酒精饮料、烟草制品及燃料，虽不按一般进出口货物管理，但海关对这些商品一律征收关税。

C.参展商随身携带进境的含酒精饮料、烟叶制品，按进境旅客携带物品的有关规定管理。

②出境展览品。

A.国内单位赴国外举办展览会或参加外国博览会、展览会而运出境的展览品，以及与展览活动有关的宣传品、布置品、招待品和其他公用物品。

B.与展览活动有关的小卖品、展览品，可以按照展览品报关出境；不按规定期限复运进境的办理一般出口手续，缴纳出口关税并交验出口许可证件。

（2）展览品的进出境期限

展览品的进出境期限为 6 个月，超过 6 个月的可以向主管海关申请延期，最多可以延长 3 次，每次延长期限不得超过 6 个月。若展览品货物在 18 个月的延长期限届满后仍需要延期的，则需报海关总署审批。

(3)展览品的进出境申报、配合查验。

①进境申报、配合查验。

首先，境内展会的办展人和参加展览会的参展人应当在展览品进境前20个工作日内，向展会地主管海关提交有关部门备案证明或批准文件及展览品清单等相关单证，以办理备案手续。

其次，货物进境时参展人向展出地海关办理申报手续。若从非展出地海关进境的，可以申请在进境地海关办理转关手续，将展览品在海关监管下从进境口岸转运至展览会举办地主管海关办理申报手续；展会主办单位或其代理人向海关提交报关单、展览品清单、提货单、发票、装箱单等。货物涉及检验检疫等管制的，还需提交有关许可证件。

再次，展览会主办单位或其代理人向海关提供担保。若是在海关指定场所或海关派关员监管的场所举行的展览会，经主管海关批准，可以免予向海关提供担保。

最后，海关一般在展览会举办地对展览品进行开箱检验。展览品开箱前，需通知海关。海关查验时，展览品所有人或其代理人应在现场，并负责搬移、开拆、封装货物。对展出使用的印刷品、音像制品及其他需要审查的物品，需经海关审查才能使用。

②出境申报、配合查验。

首先，境内出境举办或者参加展会的办展人、参展人在展览品出境前20个工作日内，向主管地海关提交有关部门备案证明或批准文件及展览品清单等相关单证，以办理备案手续。

其次，货物出境时，办展人或参展人或其代理人在出境地海关办理展览品出境申报手续。在境外举办展览会或参加国外展览或的企业向海关提交国家主管部门批准的文件、报关单、展览品清单(一式两份)等单证。

再次，展览品属于应当缴纳出口关税的，向海关缴纳相当于税款的保证金；属于核用品、核两用品及相关技术的出口管制商品的，提交出口许可证。

最后，海关对展览品进行开箱查验，核对展览品清单。查验完毕，海关留存一份清单，另一份封入"关封"交还给发货人或其代理人，凭以办理展览品复运进境申报手续。

(4)进出境展览品的核销结关

进出境展览品按照货物的实际流向进行核销结关，具体情形如表6-4所示。

**表6-4　进出境展览品的核销结关**

| 货物的实际流向 | 报关及核销结关 |
|---|---|
| 复运进出境 | 主管海关签发报关单证明联，向主管海关办理核销结关手续；异地复运出境、复运进境的，凭主管地海关签发的海关单证向复运出境、复运进境地海关办理手续。再凭复运出境地、复运进境地海关签章的海关单证向主管地海关办理核销结关手续 |
| 转为正式进口 | 由展览会主办单位或其代理人向海关办理进口申报、纳税手续，属于许可证件管理的，还需提交进口许可证件 |

续表

| 货物的实际流向 | 报关及核销结关 |
| --- | --- |
| 展览品放弃 | 进口展览品的所有人决定将展览品放弃并交由海关处理的,由海关依法变卖后将款项上缴国库 |
| 进口展览品赠送 | 受赠人应当向海关办理进口手续,海关根据进口礼品或经贸往来赠送品的规定办理 |
| 进口展览品毁坏 | 展览会主管单位或其代理人向海关报告,根据毁坏的程度估价征税 |
| 进口展览品丢失、被窃 | 展览会主管单位或其代理人向海关报告,海关按照进口同类货物征收进口税 |
| 不可抗力灭失、损毁 | 进出境展览品的收发货人应当及时向主管地海关报告,可以凭有关部门出具的证明材料办理复运出境、复运进境手续;若货物失去使用价值的,经海关核实后可以视为货物已经复运出境、进境 |

#### 3)集装箱箱体报关

集装箱箱体既是一种货物,也是一种运输设备。当企业购买进口或销售出口集装箱时,它就是一种货物,它的报关就和一般进出口货物报关一致;当货物用集装箱装载进出口时,它就是一种运输设备,它的报关通常作为暂时进出境的方式报关,本部分主要介绍以运输设备报关的情形。

海关对暂准进出境的集装箱箱体报关有两种情况:

①进内生产的集装箱及我国营运人购买进口的集装箱在投入国际运输前,营运人应当向其所在地海关办理登记手续。海关准予登记并符合规定的集装箱,无论是否装载货物,海关准予暂时进境或异地出境,营运人或其代理人无需对箱体单独向海关办理报关手续,进出境时也不收规定期限的限制。

②境外集装箱箱体暂准进境,无论是否装载货物,承运人或其代理人应当向海关申报,并需在入境之日起6个月内复运出境。如因特殊情形不能按时复运出境的,营运人应当向暂准进境地海关申请延期,经海关批准后可延期,延期最长不超过3个月,逾期按规定向海关办理进口报关和纳税手续。

#### 4)其他暂准进出境货物报关

除上文中第一类暂准进出境报关货物的第1、8项外,其他项目均属于其他暂准进出境货物的范围,其报关程序主要为:暂准进出境申请和审批—进出境申报—核销结关。

(1)第一步:暂准进出境申请和审批

暂准进出境货物收发货人或其代理人向海关提出暂准进出境申请,并提交货物暂时进/

出境申请书,暂准进出境货物清单、发票、合同或者协议,其他相关单据。

海关就其申请作出是否批示的决定后,发放"中华人民共和国海关货物暂时进/出境申请批准决定书"或"中华人民共和国海关货物暂时进/出境不予批准决定书"。

(2)第二步:进出境申报

进境申报:货物进境时,收货人或其代理人向海关提交主管部门允许货物暂时进的批准文件、进口货物报关单、商业及货运单据等,向海关办理暂时进境申报手续,免予缴纳进口税,但必须向海关提出担保;免予提交进口许可证件(国家规定需实施检验检疫、为公共安全卫生等实施管制措施的除外)。

出境申报:货物出境时,发货人或其代理人向海关提交主管部门允许货物暂时出境的批准文件、出口货物报关单、货运和商业单据等,向海关办理暂时出境申报手续。免予交验出口许可证件(易制毒化学品、监控化学品、消耗臭氧层物质、有关核出口、核两用品及相关技术的出口管理条件管制的商品和其他国际公约管制的商品除外)。

暂准进、出境货物应当自进出境之日起 6 个月内复运出境、进境,超过 6 个月的可以向海关申请延期,延期次数不得超过 3 次,每次延期期限不得超过 6 个月。延长期满后应当复运进境、出境或者办理进出口手续。

(3)第三步:核销结关

其他暂时进出境货物的核销结关按照实际货物流向进行报关管理,具体如表 6-5 所示。

**表 6-5　其他暂时进出境货物的核销结关**

| 货物实际流向 | 报关和核销 |
| --- | --- |
| 复运进出境 | 留存有海关签章的复运进出境的报关单,准备向主管地海关报核。如果出现复运进境地、复运出境地海关和主管地海关不属于同一关区的,收发货人应当持主管地海关签章的海关单证向复运出境、进境地海关办理手续。货物复运出境、进境后,主管地海关凭复运出境、进境地海关签章的海关单证办理核销结案手续 |
| 转为正式进出口 | 收发货人在货物复运出境、进境期满 30 个工作日前向主管海关申请,经主管地直属海关批准后,按照规定提交有关许可证件,办理货物进口或者出口的报关纳税手续 |
| 放弃 | 货物在进内完成特定目的后,如货物所有人不准备将货物复运出境的,可以向海关申请放弃,海关按照放弃货物的有关规定办理 |
| 遭受不可抗力受损 | 货物所有人可凭有关部门出具的受损证明材料办理复运出境、进境手续;如货物失去使用价值的,经海关核实后可以视为该货物已经复运出境、进境 |
| 遭受非不可抗力受损 | 收发货人按照货物进出口的有关规定办理海关手续 |

办理好货物实际流向的报关手续后,收发货人或其代理人向海关提交经海关签注的进出口货物报关单,或者处理放弃货物的有关单证,以及其他单证,向海关申请报核,经海关审核,情况正常的,退还保证金或办理其他担保销案手续,予以结关。

# 6.3 过境、转运、通运货物的报关

## 6.3.1 过境货物的报关

### 1)过境货物的含义和范围

过境货物是指从境外起运,在我国境内通过陆路运输(不论是否换装运输工具),继续运往境外的货物,也称“过境转运货物”。

境外起运的货物在我国是否允许过境,具体有以下规定,如表6-6所示。

表6-6 过境货物的范围

| 下列货物准予过境 | 下列货物禁止过境 |
| --- | --- |
| 1.与我国前有过境货物协定的国家的过境货物;<br>2.在同我国前有铁路联运协议的国家收、发货的过境货物;<br>3.未与我国签订过境货物协定但经国家商务、运输主管部门批准,并向入境地海关备案后准予过境的货物 | 1.来自或运往我国停止或禁止贸易的国家和地区的货物;<br>2.各种武器、弹药、爆炸品及军需品(通过军事途径运输的除外);<br>3.各种烈性毒药、麻醉品和鸦片、吗啡、海洛因、可卡因等毒品;<br>4.我国法律法规禁止过境的其他货物、物品 |

### 2)海关对过境货物的管理

①过境货物经营人应持相关证件资料到海关主管部门申请注册登记,装载过境货物的运输工具应具有海关认可的加封条件或装置,在运输过程中应负责保护海关关封的完整性。过境货物经营人和运输部门应按照海关规定提供担保。

②民营爆炸品、医用麻醉品等的过境运输,需要经海关总署有关部门批准后方可过境;有伪报货名和国别,借以运输我国禁止过境货物的,以及其他违反我国法律法规的,海关可依法将货物扣留。

③海关可以对过境货物实施查验,海关在查验时,经营人或承运人应到场,并负责搬移货物,开拆、封装货物。

④过境货物在境内发生损毁或者灭失的,经营人需向出境地海关补办进口纳税手续(不可抗力原因造成的除外)。

⑤过境货物若因换装运输工具等原因需要卸下储存时,应当经海关批准并在海关的监管下存入海关制定或同意的仓库或场所;过境货物在境内运输过程中,应当按照运输主管部门规定的路线运输,若运输部门没有规定,则有海关制定,海关可以根据情况派关员押运过境货物运输。

⑥过境货物的过境期限为6个月,因特殊原因可向海关申请延期,经同意后可延长3个月。过境货物超过规定期限3个月仍未过境的,海关可按照规定提取货物变卖。

**3)过境货物的报关**

过境货物报关的具体流程如下:

第一步:过境货物进境时,向海关递交过境货物报关单、运单、转载清单、载货清单、发票、装箱清单等,办理过境手续;

第二步:海关审核所有单证,审核通过后在提运单上加盖"海关监管货物"戳记,并将过境货物报关单和过境货物清单制作"关封"后加盖"海关监管货物"专用章,连同上述提运单一并交报关人员;

第三步:货物运至出境地,报关人员向出境地海关提交进境地海关签发的"关封"和其他单证,向出境地海关申报出境;

第四步:出境地海关审核所有单证、关封和货物,审核通过后,加盖放行章,监管货物出境。

具体如图6-3所示。

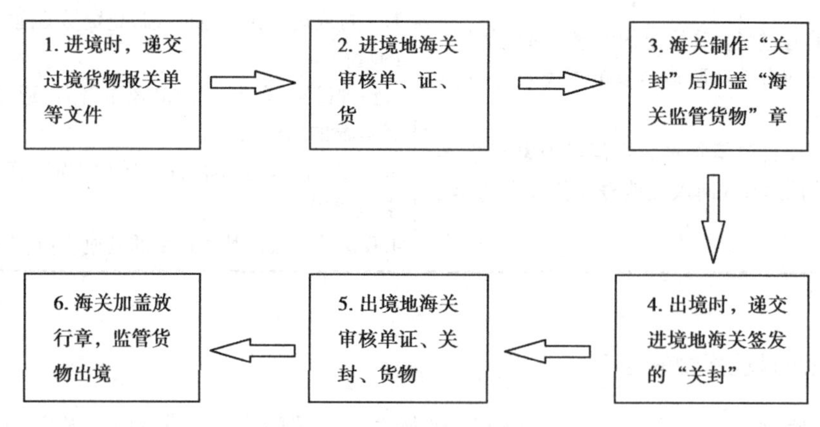


图6-3　过境货物的报关流程图

## 案例导读6-3

### 过境运输通关"零待时"

2015年7月9日,在青岛海关下属日照海关现场监管下,韩国某公司自越南进口的价值约80万元人民币的手机锂电池,搭载"日照—平泽"客货班轮顺利过境出口。该批锂电池由越南太原省一家电子公司生产,7月初经广西凭祥口岸进境后陆路运输至山东日照,最终自日照出境。

"过境运输"是指国际贸易中,货物由境外启运,通过我国境内继续运往境外最终目的国的贸易方式。山东日照口岸自2014年开通过境运输,目前已与中亚、东南亚地区的哈萨克斯坦、蒙古、越南等国开展相关业务,有效地丰富了日照口岸港口功能。同时,过境运输相比于其他运输方式更加灵活方便,以此次越南锂电池过境运输至韩国为例,企业不必使用昂贵的航空运输,可选择海运、陆运等方式,受天气、时间制约少,而且每吨还能节省运费上千元人民币。值得一提的是,在越南生产的锂电池,很多原材料也都是从日照口岸通过过境运输方式进口的。据统计,2015 年至今,日照海关已监管日照口岸办理过境运输货物 472 吨,总价值超 7.5 亿元人民币。

为有效推动口岸过境运输业务蓬勃发展,日照海关深入践行"港兴关兴"服务理念,加强与阿拉山口、二连浩特、广西凭祥等内陆过境口岸海关间的联系配合,开设"绿色通道",实施主动上门监管、24 小时预约加值班、首问负责制等服务措施,确保过境货物运输"零待时"。

(资料来源:中华人民共和国青岛海关网。http://www.customs.gov.cn/publish/portal105/tab63068/info763408.htm)

### 6.3.2 转运货物的报关

#### 1)转运货物的含义和范围

转运货物是指由境外起运,通关我国境内设立海关的地点换装运输工具,不通过境内陆路运输,继续运往境外的货物。

进境运输工具载运的货物具备下列条件的,可以办理转运手续:

①持有转运或联运提货单的。

②进口载货清单上注明是转运货物的。

③持有普通提货单,但在卸货前向海关声明转运的。

④因特殊原因申报转运,经海关批准的。

#### 2)对转运货物的管理

海关对转运货物实施监管的主要目的在于防止货物在口岸换装过程中误进口或者误出口。具有有以下监管规定:

①外国转运货物在中国口岸存放期间,不得开拆、改换包装或进行加工。

②转运货物必须在 3 个月办理海关手续并转运出境,超过规定期限 3 个月仍未转运出境或办理其他海关手续的,海关将依法提取变卖。

③海关对转运的外国货物有权进行查验。

#### 3)转运货物的报关

转运货物的报关具体流程如下:

第一步:申报。货物进境时,承运人在进口载货清单上列明转运货物的名称、数量、起运地和到达地,并向主管海关申报进境;

第二步:审核。申报经海关同意后,在海关制定的地点换装运输工具;

第三步:出境。在规定的时间内运送出境。

### 6.3.3 通运货物的报关

通运货物是指从境外起运,不通过境内陆路运输,运进境后由原运输工具载运出境的货物。

其报关具体流程如下：

第一步：运输工具进境时，运输工具负责人凭注明通运货物名称和数量的“船舶进口报告书”或国际民航机使用的“进口载货舱单”向进境地海关申报；

第二步：进境地海关在接受申报后，在运输工具抵、离境时对申报的货物予以核查，并监管货物实际离境。若运输工具因装卸货物需要搬运或倒装货物时，应向海关申请并在海关的监管下进行。

## 6.4 进出境快件报关

### 6.4.1 进出境快件的含义和分类

进出境快件是指进出境跨国运营人以客户承诺的快速商业运作方式承揽、承运的进出境货物、物品。进出口快件属于国际快递服务范畴。

进出境快递运营人是指在中华人民共和国境内依法注册，在海关登记备案的从事进出境快件运营业务的国际货物运输代理企业。进出境快递运营人就是通常所说的“国际快递公司”，目前主要包括 EMS、DHL、UPS、FedEx、TNT 等快递公司。

分类是确定如何报关、如何纳税以及能否快速通关的前提，进出境快件可以分为文件类、个人物品类和货物类。

文件类进出境快件是法律法规规范予以免税且无商业价值的文件、单证、票据及资料。

个人物品类进出境快件是指海关法规规定的自用、合理数量范围内的进出境的旅客分离运输行李物品、亲友间相互馈赠物品和其他个人物品。

货物类进出境快件是指文件类进出境快件和个人物品类进出境快件以外的快件。

### 6.4.2 海关对快件运营人的管理

①运营人不得承揽、承担“中华人民共和国禁止进出境物品表”所列物品，如有发现，不得擅作处理，应当立即通知海关并协助海关作出处理；

②未经中华人民共和国邮政部门批准，不得承揽、承运私人信件；

③运营人不得以任何形式出租、出借、转让本企业的进出境快件报关权，不得代理非本企业承揽、承运的货物、物品报关；

④未经海关许可，未办结海关手续的进出境快件不得移出海关监管场所，不得进行装卸、开拆、重换包装、更换标记、提取、派送和发运等作业；

⑤运营人申请办理进出境快件代理报关业务的，应当按照海关对国际货物运输代理企业的注册管理规定在所在地海关办理登记手续。

### 6.4.3 进出境快件报关

#### 1)进出境快件的申报

进出境快件的申报应当在海关正常办公的时间进行,并根据海关要求采用纸质或电子数据交换的方式向海关办理进出境快件报关手续。不同进出境快件申报时需提供的不同的单证,具体申报情况如表6-7所示。

表6-7 进出境快件报关申报需提交单证

<table>
<tr><th>快件类别</th><th>适用情况</th><th>需提交的报关单证</th><th>申报期限</th></tr>
<tr><td>进出境文件类</td><td>法律法规规范予以免税且无商业价值的文件、单证、票据及资料</td><td>KJ1报关单、总运单副本和海关需要的其他单证</td><td rowspan="7">进境快件自运输工具进境之日起14日以内向海关报关<br><br>出境快件在运输工具离境前3小时之前,向海关报关</td></tr>
<tr><td>进出境个人物品类</td><td>海关法规规定的自用、合理数量范围内的进出境的旅客分离运输行李物品、亲友间相互馈赠物品和其他个人物品</td><td>个人物品报关单、分运单、进境快件收件人和出境快件发件人身份证影印件和海关需要的其他单证</td></tr>
<tr><td rowspan="3">进境货物类</td><td>关税税额小于50元人民币、海关准予免税的货样、广告品</td><td>KJ2报关单、分运单、发票和海关需要的其他单证</td></tr>
<tr><td>需要征税的货样、广告品(实行许可证管理的、需进口付汇的除外)</td><td>KJ13报关单、分运单、发票和海关需要的其他单证</td></tr>
<tr><td>其他进境的货物类</td><td>一律按进口货物相应的报关程序提交申报单证</td></tr>
<tr><td rowspan="2">出境货物类</td><td>需要征税的货样、广告品(实行许可证管理的、应征出口关税的、需出口收汇的、需出口退税的除外)</td><td>KJ2报关单、分运单、发票和海关需要的其他单证</td></tr>
<tr><td>其他出境的货物类</td><td>一律按出口货物相应的报关程序提交申报单证</td></tr>
</table>

#### 2)进出境快件查验

海关为确认快件申报是否属实,会对进出境快件进行查验,具体的海关查验流程和营运人配合查验情形如下：

第一步：海关通知报关人员，快件将被查验。查验货物必须在海关监管区内进行，需在海关监管区以外实施查验的，需经海关批准。

第二步：报关人员提交相关单证：①快件 KJ1 类报关单；②KJ2 类报关单；③KJ3 类报关单、总运单、分运单、发票及海关要求的其他单证；④普通货物类进出口货物报关单、总运单、分运单、发票及海关要求的其他单证。

第三步：海关查验时，报关人员到现场配合查验，负责所查验货物的搬移、开拆、查验后货物包装应当重封。

如货物包装有破损，应向海关出具航空公司或者快件运营人提供的破损记录单，海关在明确破损原因后实施查验。如货物是危险品、化学品或需要在一定条件下开拆但查验地点不具备查验条件的，报关人员应当正式提出书面申请，海关审批同意后另外安排核实的时间和地点查验。

第四步：海关查验完毕，报关人员在查验作业单或查验记录单上的"货主或其代理人意见"一栏中详细填写相关信息并签字。

**小贴士 6-1**

**怎样对进口快件进行看货取样？**

进口快件看货取样仅限于进口货物收货人申请在进口申报前查看货物或提取货样的情形，具体实施情况如下：

1.持正本提单、装箱单、商业发票、主管部门签发的检疫合格通知单或书面批准证明（属于法定检疫商品）、纸质舱单，并填写申请书，向海关提出申请；

2.如果仅为查看货物，需将查看结果填写查看记录单，如果另需取样，应将取样数量等内容记录清楚，并将样品返还情况予以登记；

3.查看货物以一般外形查看为主，通过外观能确定货物归类的，海关不予批准取样；取样货物属于动植物、动植物产品及其他需要法定检疫的货物，必须向海关提供主管部门签发的检疫合格通知单或书面批准证明；

4.查看货物和提取货样产生的费用由收货人承担。

**案例导读 6-4**

### 昆明国际快件监管助推跨境电子商务发展

位于昆明长水国际机场的昆明国际快件监管中心是一个集进出口快件通关、仓储、装卸、分理及物流信息综合处理等各项物流服务于一体的现代化国际快件通关中心，也是云南首个具备开展国际快件运营条件的海关监管场所。目前进境的快件大多是网上购买的境外保健品、化妆品、母婴食品等个人自用物品，主要来源于美国、加拿大、澳大利亚、新西兰、中国香港等国家或地区。昆明国际快件监管中心的成立结束了以往云南省国际快件只能在北京、上海、成都、重庆等设有海关快件监管中心的异地口岸通关的历史。

中心自成立以来,昆明海关积极采取措施支持快件中心的发展,加强窗口形象化建设,以企业需求为导向,做好海关政策宣传,强化关员服务意识;统筹“审、征、查、放”,优化海关作业流程,为企业提供优质服务;采取24小时预约通关制度,通过提前报关、X光机查验和即查即放的快速通关措施,为进出境国际快件提供高效快捷的通关服务。

随着跨境电商的快速增长,电子商务速递物流已成为现代物流的一个重要趋势,电子商务在我国进出口贸易中的比重将越来越大,市场潜力巨大。下一步昆明海关将不断创新监管理念,进一步增强服务意识,主动融入对外开放大局,做好推动云南省跨境电子商务试点各项服务工作,研究建立跨境电子商务零售出口商品集中监管模式,对电商企业以邮件、快件等方式运输零售出口的货物,以“清单核放、汇总申报”方式分批核放出境,定期将已核放的清单归并形成报关单。同时,推动跨境贸易电子商务监管中心建设工作,研究海关与电商、物流、支付企业的联网对接技术方案,以实现电子订单、电子运单、电子支付凭证的数据对接,确保货物、物品的备货、商品配置、物流分拣、物流配送以及海关申报、查验、放行均在监管中心内完成。

(资料来源:中华人民共和国昆明海关网。http://www.customs.gov.cn/publish/portal174/tab61586/info786811.htm)

## 6.5 货样、广告品报关

### 6.5.1 货样、广告品含义和分类

货样是指专供订货参考的进出口货物样品。

广告品是指用于宣传有关商品内容的进出口广告宣传品。

货样广告品分为A、B两类,有进出口经营权的企业购买或售出的货样、广告品为“货样广告品A”;没有进出口经营权的企业(单位)进出口及免费提供进出口的货样、广告品为“货样广告品B”。

### 6.5.2 货样广告品的报关

货样广告品的报关程序(除暂准进出境的货样、广告品外)与一般进出口报关程序一样,只有进出口报关的四个环节:进出口申报—配合查验—缴纳税费—提取或装运货物。其报关管理要点总结如表6-8所示。

**表6-8　货样广告品不同证件管理下的报关**

| 证件管理类别 | 适用条件 | 报关管理 | 税费缴纳 |
| --- | --- | --- | --- |
| 属于非许可证件管理的 | 有进出口经营权的企业,在其经营范围内进口货样、广告品(不论价购、价售或免费提供) | 凭经营权向海关申报 | 一律照章征税(法定减免税除外) |
| | 没有经营权的单位进口数量合理且价值低于1 000元人民币的 | 凭其主管司局级以上单位证明向海关申报 | |
| | 没有经营权的单位进口数量不合理或价值高于1 000元人民币的 | 凭省级商务主管部门的审批证件向海关申报 | |
| 属于许可证件管理的 | 进口 | 凭进口许可证向海关申报 | |
| 属于自动进口许可管理的 | 进口货样、广告品属于机电产品和一般商品,每批次价值低于5 000元人民币的 | 免交自动进口许可证(高于5 000元人民币的需交证) | |
| | 进口属旧机电产品的货样、广告品 | 按程序审批并按有关旧机电产品进口的规定申报 | |
| 出口许可证管理的 | 每批次货值低于3万元人民币的 | 免领出口许可证 | |
| 两用物相和技术出口许可证管理的 | 运出境外的两用五项和技术的货样或实验用样品 | 办理两用物项和技术出口许可证,并凭此证向海关申报 | |
| 法检目录的 | 列入《法检目录》的进出口货样、广告品 | 凭出入境检验检疫部门签发的出入境货物通关单向海关申报 | |

# 6.6 租赁货物的报关

## 6.6.1 租赁货物的含义和分类

租赁是指多有权和使用权之间的一种借贷关系。即由资产的所有者(出租人)按照契约规定,将租赁货物租给使用人(承租人),使用人在规定的期限内支付租金并享有对租赁物件使用权的一种经济行为。跨越国境(地区)的租赁就是国际租赁,以国际租赁方式进出境的货物成为租赁进出口货物。

国际租赁大体可以分为两类:一类是带有融资性质的金融租赁;一类是带有服务性质的经营租赁。即租赁进口货物分为金融租赁进出口货物和经营租赁进出口货物。本节主要讲租赁进口货物。

金融租赁进口货物一般不会复运出境,租赁期间,承租人按合同规定分期支付租金,在租赁期满后,出租人会以很低的名义价格转让给承租人,租金的总额一般都大于货物的总价格。

经营租赁进口货物一般是暂时进境,租赁期满后复运出境的,承租人按照合同规定支付租金,租金总额小于货物的总价格。

## 6.6.2 租赁货物的报关

根据《关税条例》的规定,租赁进口货物的进口税款应按照海关审查确定的租金作为完税价格,租金分期支付的,纳税义务人可以选择一次性缴纳税款或者分期缴纳税款。选择一次性缴纳税款的可以按照海关审查的货物价格作为完税价格,也可以按照海关审查确定的租金总额作为完税价格。因此,租赁进口货物的报关程序会因为纳税义务人选择不同的缴纳税款的完税价格而不同。

### 1)金融租赁进口货物的报关

由于金融租赁进口货物的总租金大于货物的总价格,因此,纳税义务人会选择一次性按照货物的总价格缴纳税款或者按照租金分期缴纳税款,一定不会选择一次性按照租金总额总来缴纳税款。

当纳税义务人选择按照货物总价来缴纳税款,收货人或其代理人报关时,应向海关提供租赁合同,按照进口货物的实际价格向海关申报,提供相关的进口许可证件和其他单证,按海关审核确定的货物完税价格计算税款数额,缴纳进口关税和进口环节代征税。海关现场放行后不再对货物进行监管。

当纳税义务人选择按照租金分期缴纳税款时,其报关程序为:

第一步:先海关提供租赁合同,按照第一期应当支付的租金和按照货物的实际价格分别填制两张报关单向海关申报,并提交相应的许可证件和其他单证;

第二步:按海关审查确定的第一期租金的完税价格计算税款数额,缴纳进口关税和进口环节海关代征税,海关按照货物的实际价格统计;

第三步:海关查验放行,收货人或其代理人安排提货;

第四步:海关对货物继续进行监管,纳税义务人在每次支付租金后的 15 日内(含第 15 日)按支付租金额向海关申报,并缴纳相应的进口关税和进口环节代征税,直到最后一期租金支付完毕;

第五步:货物租期届满之日起 30 日内,纳税义务人向海关申报办结海关手续,并将租赁进口货物退运出境,如不退运出境,以残值转让的,则按照转让的价格审查确定完税价格,向海关加纳进口关税和进口环节代征税。

**2)经营租赁进口货物报关**

由于经营租赁进口货物的总租金小于货物的总价格,货物在租赁期满后返还复运出境,纳税义务人会选择按租金分期缴纳税款,而不会选择一次性按货物价格缴纳税款。其报关程序与上述金融租赁进口货物按租金分期缴纳税款的报关程序一致。

## 6.7 加工贸易不作价设备的报关

### 6.7.1 加工贸易不作价设备的含义

加工贸易不作价设备是指与加工贸易经营企业开展加工贸易(包括来料加工、进料加工和外商投资企业履行产品出口合同)的境外厂商,免费(不需要境内加工贸易经营企业汇付,也不需要加工费或差价偿还)向经营单位提供的加工生产所需的设备。

加工贸易进口设备必须是不作价的,可以是由境外厂商免费提供,也可以是向境外厂商借用(临时进口不超过半年的单间模具、机器除外),进口设备方不能以任何形式、任何途径,包括加工费扣付、出口产品减价等方式来偿付提供设备的一方设备价款或租金。

### 6.7.2 加工贸易不作价设备的报关特征

加工贸易不作价设备的报关特征如表 6-9 所示。

表 6-9　加工贸易不作价设备的报关特征

| 区　别 | | 共同点 |
|---|---|---|
| 与保税加工货物的区别 | 与特定减免税设备的区别 | |
| 加工贸易不作价设备:是加工贸易生产设备,进境后使用时一般不改变形态,国家政策不强调复运出境;<br>保税加工货物:是加工贸易生产料件,进境后使用时一般改变形态,国家政策强调加工后复运出境 | 加工贸易不作价设备:海关按照保税货物进行管理;<br>特定减免税设备:海关按照特定减免税货物进行管理 | 加工贸易不作价设备、保税加工货物、特定减免税货物在海关放行后均需要继续监管 |

### 6.7.3　加工贸易不作价设备的范围

加工贸易境外厂商提供的不作价设备主要不属于国家禁止进口的商品范围,和《外商投资项目不予免税的进口商品目录》中的商品范围,则加工贸易企业均可向海关提出不作价设备免税进口的申请。《外商投资项目不予免税的进口商品目录》详见本书附件五。

### 6.7.4　加工贸易不作价设备的报关

加工贸易不作价设备的报关程序大致分为备案—进口—核销 3 个阶段。

**1)备案**

加工贸易不作价设备的备案合同应当是订有加工贸易不作价设备条款的加工贸易合同或者协议,单独的设备进口合同不能办理加工贸易不作价设备的合同备案。具体备案程序如下:

第一步:凭加工贸易合同(协议)和"加工贸易不作价设备申请备案清单"到加工贸易合同备案地主管海关办理合同备案申请手续。

第二步:主管海关根据加工贸易合同(协议)和"加工贸易不作价设备申请备案清单"及其他有关单证,对照《外商投资项目不予免税的进口商品目录》,审核备案资料。

第三步:海关根据情况对加工贸易不作价设备收取相当于进口设备应纳进口关税和进口环节代征税税款金额的保证金或者银行或非银行金融机构的保证函。加工贸易不作价设备不纳入加工贸易银行保证金台账管理的范围。

第四步:经营企业根据海关要求缴纳保证金或提交金融机构的保证函后,海关审核通过便发放加工贸易不作价设备登记手册。手册有效期一般为 1 年,到期前企业可以向海关提出延期申请。

**2)进口**

第一步:企业领取海关发放的备案登记手册后,便可拿着登记手册向海关办理进口报关手续，在填写报关单时其“贸易方式”栏填写“不作价设备”，无须交进口关税但需要缴纳进口环节增值税，若设备涉及进口许可证件的，可免交进口许可证件。

第二步：口岸海关凭登记手册、报关单和其他单证，对货物进行验放。

对临时进口（期限在6个月以内）加工贸易生产所需的不作价模具、单台设备，按暂时进境货物办理进口手续。

**3）核销**

加工贸易不作价设备进境后受海关监管，监管期限是5年，因此解除海关监管申请核销的情况有两种：在监管期内申请核销和监管期满后申请核销的。在监管期限内审核核销的，按照货物的实际流向办理核销，在监管期满后，若不退运出境，可以申请留用和申请放弃。具体情况如表6-10所示。

**表6-10　加工贸易不作价设备的核销**

| 解除监管 | 核销类型 | 核销手续 |
|---|---|---|
| 监管期内 | 结转 | 加工贸易不作价设备在享受同等待遇的不同企业之间结转及加工贸易不作价设备转为减免税设备的，转入和转出企业分别填制进、出口货物报关单 |
| | 转让 | 设备转让给不享受减免税优惠或者不能进口加工贸易不作价设备的企业，按照规定向海关办理进口报关手续，填制进口货物报关单，提供相关许可证件，并按照不作价设备规定条件使用时间与监管期限的比例缴纳进口关税 |
| | 留用 | 监管期未满本企业移作他用或虽未满监管期但加工贸易合同已经履行完毕本企业留用的，需按照规定向海关办理进口报关手续，填制进口货物报关单，提供相关许可证件，按照不作价设备规定条件使用时间与监管期限的比例缴纳进口关税 |
| | 修理、替换 | 可以使用加工贸易不作价设备登记手册申报出境和进境，也可以按照出境修理货物或者无代价抵偿货物办理进出境手续 |
| | 退运 | 凭批准件和加工贸易不作价设备登记手册到海关办理退运出境的海关手续 |
| 监管期满 | 留用 | 向海关申请解除监管，可以自动解除监管 |
| | 放弃 | 向海关申请放弃，海关比照放弃货物办理有关手续。放弃货物要填制进口货物报关单 |

# 6.8　出料加工货物的报关

## 6.8.1　出料加工货物的含义

出料加工货物是指我国境内企业运到境外进行技术加工过后复运进境的货物。

出料加工的目的是为了借助国外先进的加工技术提高我国产品的质量，因此，一般只有在我国现有的技术达不到和难以达到产品质量要求而必须到境外进行某项工序加工的情况下，才可以开展出料加工业务。原则上出料加工不能改变货物的物理形态，否则就属于一般出口了。

## 6.8.2　出料加工的报关

出料加工货物属于海关监管货物，其主要报关流程包含备案—进出口—核销三个阶段。

### 1）备案

开展出料加工的经营企业到主管海关办理出料加工合同备案申请，海关根据出料加工的有关规定审核决定是否受理备案，受理备案的发放“出料加工手册”。

### 2）进出口

第一步：出境申报。出料加工货物出境，发货人或其代理人向海关提交出料加工手册、出口货物报关单、货运单据及其他海关需要的单证申报出口，属于许可证件管理的货物，免交许可证件，属于应征出口税的，应向海关提供担保。

第二步：海关对出料加工货物附加标志、标记或留取货样。

第三步：出料加工货物自出境之日起6个月内应当复运进境，若应故无法正常期限内复运进境的，需提前向海关书面说明情况，申请延期，海关批准后，延期最长不得超过3个月（若无需延期，则此步骤取消）。

第四步：进境申报。出料加工货物复运进境，收货人或其代理人应向海关提交出料加工手册、进口货物报关单、货样单据及其他海关需要的单证申报进口，海关对出料加工复运进口货物以境外加工费、材料费、复运进境的运输及其相关费用和保险费审查确定完税价格，以征收进口关税和进口环节代征税。

### 3）核销

出料加工货物复运进境后，经营人应当向海关报核，海关进行核销后，之前提供担保的应当退还保证金或撤销担保。

若出料加工货物未在海关允许期限内复运进境,海关按照一般出口货物办理,并将货物出境时收取的税款担保金转为税款。货物进境时按一般进口货物征收进口关税和进口环节代征税。

## 6.9 无代价抵偿货物的报关

### 6.9.1 无代价抵偿货物的含义

无代价抵偿货物是指进出口货物在海关放行后,因残损、缺少、品质不良或者规格不符,由进出口货物的发货人、承运人或者保险公司免费补偿或者更换的与原货物相同或与合同规定相符的货物。

收发货人向海关申报的无代价抵偿货物,若与退运出境或者退运进境的原货物不完全相同或者与合同规定不完全相符的,经向海关说明理由,海关审核认为合理的且税号未发生改变的,仍属于无代价抵偿货物的范围;若申报的货物税则号与原进口货物的税则号列不一致的,不属于无代价抵偿货物范围,属于一般进出口货物范围。

### 6.9.2 无代价抵偿货物的报关特征

无代价抵偿货物海关监管的基本特征如下:

①进出口无代价抵偿货物免予交验进出口许可证件;

②进口无代价抵偿货物,不征收进口关税和进口环节代征税;出口无代价抵偿货物,不征收出口关税。但若进出口货物与原货物或合同规定不完全相符的应当按照规定计算与原进出口货物的税款差额,高出原征收税款数额的应当征收超出部分的税款,低于原征收税款,原进出口货物的发货人、承运人或者保险公司同时补偿货款,应当退还补偿货物部分的税款,未补偿货款的,不予退还。

③现场放行后,海关不再按照无代价抵偿货物进行监管。

### 6.9.3 无代价抵偿货物的报关

无代价抵偿大体可以分为两种:一种是短少抵偿;另一种是因残损、品质不良或规格不符的抵偿。这两种抵偿引起的货物其报关程序是不同的,具体报关如表 6-11 所示。

表 6-11　无代价抵偿货物的报关

| 无代价抵偿的种类 | 具体情形 | 报关管理 |
| --- | --- | --- |
| 短少抵偿 | 数量比合同要求的或实际申报的少、缺失 | 直接将短少部分的货物发货进境或出境，由于前面已经申报过了，无须征税和交验许可证件 |
| 因残损、品质不良或规格不符的抵偿。需先办理被更换货物的海关手续 | 将原进（出）口货物退运出（进）境 | 办理原进（出）口货物退运出（进）境报关手续，被更换的原进（出）口货物退运出（进）境时不征收出（进）口关税（和进口环节代征税） |
| | 原进口货物不退运出境，放弃交海关处理 | 海关应当依法处理并向收货人提供依据，凭以申报进口无代价抵偿货物 |
| | 原进口货物不退运出境也不放弃 | 原进口货物的收货人按照海关接受无代价抵偿货物申报进口之日适用的有关规定申报进口，并按照原进口货物重新估价来缴纳进口关税和进口环节代征税，交验相应的许可证件 |
| | 原出口货物不退运 | 原出口货物的发货人按照海关接受无代价抵偿货物申报出口之日适用的有关规定申报出口，并按照原出口货物重新估价来缴纳出口关税，交验相应的许可证件 |

## 6.10　进出境修理货物的报关

### 6.10.1　进出境修理货物含义和特征

进（出）境修理货物是指运进（出）境进行维护修理后复运出（进）境的机械器具、运输工具或者其他货物及为维修这些货物需要进（出）口的原材料、零部件。进（出）境修理货物包含原出（进）口货物运进境修理和其他货物运进（出）境修理。

进出境修理货物的海关监管特征有：

①进境修理货物免予缴纳进口关税和进口环节代征税，但需向海关提供担保，并接受海关的监管。也可以按照保税货物办理进境手续。

②出境修理货物进境时，在保修期内有境外免费维修的，可以免征进口关税和进口环节代征税；在保修期外或者在保修期内境外收取维修费用的，按照境外修理费和材料费审定完税价格计征进口关税和进口环节代征税。

③进出境修理货物免予交验许可证件。

### 6.10.2 进出境修理货物的报关

进出境修理货物的报关如表6-12所示。

表6-12 进出境修理货物的报关程序

| | 进境修理货物 | 出境修理货物 |
|---|---|---|
| 第一步 | 货物进境后,持维修合同或者含有保修条款的原出口合同及申报进口需要的所有单证办理货物进口申报手续,并提供进口税款担保 | 货物出境时,向海关提交维修合同或含有保修条款的原进口合同及申报出口需要的所有单证,办理出境申报手续 |
| 第二步 | 货物进口后在境内维修。维修期限为进境之日起6个月,可申请延长,延长期限不得超过6个月。在境内维修期间受海关监管 | 货物出境后,在境外维修的期限为出境之日起6个月,可以申请延长,延长期限不得超过6个月 |
| 第三步 | 货物复运出境时,向海关提供原修理货物进口申报时的报关单(留存联或者复印件),办理出境海关手续 | 货物复运进境时,向海关上申报在境外实际支付的修理费和材料费,由海关审核确定完税价格,计征进口关税和进口环节代征税 |
| 第四步 | 货物复运进境后,向海关申请销案,正常销案的,海关退还保证金和撤销担保。未复运出境部分货物办理进口申报纳税手续 | 货物复运出境后,向海关申报办理销案。超过海关期限复运出境的,海关按照一定进口货物计征进口关税和进口环节代征税 |

## 6.11 溢卸货物和误卸货物的报关

### 6.11.1 溢卸货物与误卸货物的含义

溢卸货物是指未列入进口载货清单、提单或运单的货物,或者对于进口载货清单、提单或运单所列数量的货物。

误卸货物是指将运往境外港口、车站或境内其他港口、车站而在本港(站)卸下的货物。

### 6.11.2 对溢卸和误卸货物的管理

经海关核实属于溢卸和误卸的货物,有载运货物的原运输工具负责人或货物的收发货人,自运输工具卸货之日起3个月内向海关申请办理退运或者申报进境手续,如需延期的,经海关批准可延期3个月办理退运或进境手续。超出以上期限未向海关办理退运或进境手续的,海关可提取依法变卖。若溢卸或误卸的货物属于危险品或者鲜活、易腐烂、易失效、易变质、易贬值等不宜长期保存的货物,海关可以根据实际情况,提前提取依法变卖,变卖所得价款按有关规定处理。

### 6.11.3 溢卸和误卸货物的报关

溢卸和误卸货物的报关程序是根据货物的实际处理进行的,具体的处理方式如表 6-13 所示。

表 6-13 溢卸和误卸货物的报关

| 溢卸误卸货物处置 | 报关程序 |
| --- | --- |
| 退运境外 | 能够提供发货人或者承运人书面证明文书的,当事人向海关申请办理直接退运手续 |
| 溢短相补 | 将溢卸货物抵补短卸货物的,限于同一运输工具、同一品质货物。如是非同一运输工具或同一运输工具非同一航次的,限于同一运输公司、同一发货人、同一品种的进口货物。短卸货物原收货人按照无代价抵偿货物的报关程序办理进口手续 |
| 物归原主 | 运往境外港口、车站的误卸货物,经海关核实后按照转运货物的报关程序办理海关手续,转运至境外。运往境内其他港口、车站的误卸货物,可由原收货人就地向进境地海关办理进口申报手续,也可以经进境地海关同意办理转关运输手续 |
| 就地进口 | 溢卸货物由原收货人接受的,按一般进口货物报关程序办理进口手续,填写进口货物报关单向进境地海关申报,并提供相关溢卸货物证明,交验相关许可证件,海关征收进口关税和进口环节代征税后,放行货物 |
| 境内转售 | 原收货人不接受溢卸、误卸货物,或不办理溢卸、误卸货物的退运手续,运输工具负责人可以要求在国内进行销售,由购货单位向海关办理相应的进口手续 |

## 6.12 退运货物的报关

### 6.12.1 退运货物的含义

退运货物是指原出口货物或进口货物因各种原因造成退运进口或者退运出口的货物。它包含一般退运货物和直接退运货物两种。

一般退运货物是指已经办理申报手续且海关已经放行出口或进口,因各种原因造成退运进口或退运出口的货物。

直接退运货物是指货物在进境后、办结海关放行手续前,进口货物收发货人、原运输工具负责人或其代理人申请直接退运境外,或者海关根据国家有关规定责令直接退运境外的全部或者部分货物。

若为进口转关货物在进境地海关放行后,当事人申请办理退运手续的,不属于直接退运货物,应按照一般退运货物办理退运手续。

### 6.12.2 一般退运货物的报关

一般退运货物的报关分为一般退运进口货物报关和一般退运出口货物报关。具体报关流程如表 6-14 所示。

**表 6-14 一般退运货物的报关**

<table>
<tr><th colspan="2">一般退运货物</th><th>报关程序</th><th>免税、退税情况</th></tr>
<tr><td rowspan="2">退运进口</td><td>原出口货物已收汇、已核销</td><td>填写进口货物报关单向进境地海关申报,并提供原货物出口时的出口货物报关单、已盖核销专用章的“外汇核销单出口退税专用联”或税务部门出具的“出口商品退运已补税证明”、保险公司证明或承运人溢装、漏装的证明等,向海关办理退运手续,海关签发一份进口货物报关单</td><td rowspan="2">因品质或者规格原因,出口货物自出口之日起 1 年内原状退货复运进境的,经海关核实后不予征收进口税;原出口时已经征收出口关税的,只要重新缴纳因出口而退还的国内环节税,自缴纳出口税款之日起 1 年内准予退还</td></tr>
<tr><td>原出口货物未收汇</td><td>提交原出口货物报关单、出口收汇核销单、报关单退税证明联向进口海关申报退运进口,同时填制一份进口货物报关单;若出口货物部分退运进口,海关在原出口货物报关单上批准退运的实际数量、金额后退回企业并留存复印件,海关核实无误后,验放退运货物进境</td></tr>
<tr><td>退运出口</td><td colspan="2">填写出口货物报关单申报出境,并提供原货物进口时的进口货物报关单、保险公司证明或承运人溢装、漏装的证明等有关资料,经海关核实无误后,验放有关货物出境</td><td>因品质或规格原因,进口货物自进口之日起 1 年内原状退货复运出境的,经海关核实后可以免征出口关税,已经征收的进口关税和进口环节海关代征税,自缴纳进口税款之日起 1 年内准予退还</td></tr>
</table>

### 6.12.3 直接退运货物的报关

#### 1)直接退运货物的范围

直接退运的货物包括当事人申请直接退运的和海关责令直接退运的货物,具体范围如表 6-15 所示。

表 6-15　直接退运货物的分类和范围

| 当事人申请直接退运的货物 | 海关责令直接退运的货物 |
|---|---|
| 1.因国家贸易管理政策调整,收货人无法提供相关证件的;<br>2.属于错发、误卸或者溢卸货物,能够提供发货人或者承运人书面证明文书的;<br>3.收发货人双方协商一致同意退运,能够提供发货人或者承运人书面证明文书的;<br>4.有关贸易发送纠纷,能够提供法院判决书、仲裁机构仲裁决定书或者无争议的有效货物所有权凭证的;<br>5.货物残损或者国家检验检疫不合格,能够提供国家检验检疫部门根据收货人申请而出具的相关检验证明书的 | 1.进口国家禁止进口的货物,经海关依法处理后的;<br>2.违反国家检验检疫政策法规,经国家检验检疫部门处理并且出具"检验检疫通知书"或者其他证明文书后的;<br>3.未经许可擅自进口属于限制进口用做原料的固体废物,经海关依法处理后的;<br>4.违反国家有关法律、行政法规,应当责令直接退运的其他情形 |

2)直接退运货物的报关

直接退运货物的报关具体如表 6-16 所示。

表 6-16　直接退运货物的报关

| 直接退运货物 | 报关不同点 | 报关共同点 |
|---|---|---|
| 当事人申请的 | 海关受理后制发"准予直接退运决定书",当事人填制进口报关单时,报关单"标记唛码及备注"栏填写"准予直接退运决定书"编号和关联报关单号(出口货物报关单) | 1.当事人向海关提交进口货物直接退运申请书(海关责令的免交)、证明进口实际情况的合同、发票、装箱清单、已报关货物的原报关单、提运单或者载货清单等相关单证,符合申请条件的相关证明文书及海关要求提供的其他文件。海关受理后发放相关"决定书"或"通知书";<br>2.当时人应先填写出口货物报关单向海关申报出口,在填写进口货物报关单向海关申报进口;<br>3.若货物错发、误卸或溢卸而申请(责令)退运的,免予填制报关单,凭"决定书"或"通知书"向海关直接办理退运手续;<br>4.直接退运货物无须交验进出口许可证件,免予各种税费和滞报金,不列入海关统计;<br>5.应从原进境地口岸退运出境,因运输原因需要改变运输方式或由另一口岸退运出境的,应当经由原进境地海关批准后,以转关运输方式出境 |
| 海关责令的 | 海关受理后制发"责令直接退运通知书",当事人填制进口报关单时,报关单"标记唛码及备注"栏填写"责令直接退运通知书"编号和关联报关单号(出口货物报关单) | |

## 案例导读 6-5

### 外贸综合服务平台为“中小微”铺路　促进贸易便利化

“用市场组织创新来解决贸易便利化难题”,“市场创新是贸易便利化的主旋律”。日前在北京举行的“2013 亚太贸易便利化论坛”之“中小企业国际贸易便利化创新”论坛上,外贸业界和专家学者呼吁,用市场组织创新来应对外贸主体的井喷式发展,降低中小微企业做外贸的成本。

10 年前,中国外贸主体为 10 余万家,并且以大企业为主。现在外贸主体数量高达 100 万家,未来 3~5 年,这一数据可能会被改写为 500 万家。“随着互联网和跨境电商的发展,成千上万的中小微企业涌入到外贸市场,这将彻底改变中国外贸格局,与过去相比,新增的外贸主体以中小企业为主,表现出小、多、杂的特点。仅仅靠监管机构的简化商检、便利通关是无法适应外贸主体井喷式增长的趋势。必须通过市场组织创新来解决这一难题。”国内最大外贸综合服务平台——深圳市一达通企业服务有限公司总经理魏强说。

1.外贸综合服务平台助力,中小外贸企业效率倍增

通关 2~3 天,融资 10 天或更长时间,退税 3~6 个月……这是中小微企业做外贸的尴尬现状。多年从事外贸的北京通蓝海科技发展有限公司董事总经理张建生说,7 月底,国务院出台了“一次申报、一次查验、一次放行”、工业制成品不再实行出口法检等 6 条措施,“使外贸的环节更为简化,极大地方便了外贸企业。但是对于我们这些中小微企业来说,由于缺少通关、融资、退税等各个环节的专业人才,订单散且小,外贸对我们来说依然是烦琐复杂” 。但是,通过外贸综合服务平台,中小企业做外贸的效率成倍提升。一位中小企业主说,通过外贸综合服务平台,通关从两三天缩减到 6 小时,退税从 3 个月缩减到 3 天,“更难以置信的是融资,从申请到拿到贷款 6 个小时,这在以前想都不敢想”。

与外贸综合服务平台合作的中国银行公司金融总部国际结算产品总监姜煦说,外贸综合服务平台的融资服务,不用再单独抽离数据,而是集中在外贸服务的前面十几个环节之后,只需要将客户数据抽调出来就可实现融资贷款。借助这个第三方平台,银行降低了风险和成本。

2.贸易便利化既需“硬手段”更需软手段

“过去,从事外贸的主体偏大,像机电进出口、纺织进出口等企业,属于‘大象’级别,与国家政策相适应,虽然国家政策每年都在简化,但随着互联网的发展,电子商务的应用,越来越多的企业和个人参与到外贸行列中,贸易频率急速增加,就像是繁忙的‘蚂蚁军团’,政策简化的速度赶不上外贸主体变小、杂、散的急剧变化,‘蚂蚁’和‘大象’不能走同一条路,解决贸易便利化除了优化政策上的‘硬手段’,还必须从服务的申报模式、方法进行重组,从‘软手段’入手解决,为‘蚂蚁’铺路。”魏强说。魏强表示,申报方式的改变,是指外贸的报关、报检、运输、物流、外汇、融资等综合服务,通过商业化手段,贸易过程重组,集中代办,使十几种服务环节通过电子商务的工具来完成,重组贸易路线,改变传统贸易方式。“通过电

商互联网建设外贸综合服务平台,化零为整,批量化处理降低了成本;而基于真实贸易背景下的服务又降低了风险,转危为安”。

对外经贸大学教授王健认为,通过外贸综合服务平台,一方面,中小外贸企业可以在通关、退税等方面享受到大企业的服务;另一方面,打一个形象的比喻,贸易便利化的政策和中小企业,一个相当于“高压电源”,另外一个相当于“低压电源”,有了外贸综合服务平台这个“转换器”,政策的便利性才不会仅仅体现在大企业身上。

3.商务部将出台扶持外贸综合服务企业政策

近年来,外贸综合服务企业这种外贸新业态呈现出快速发展的态势。深圳、上海、杭州等地均涌现出外贸综合企业。还有外贸综合服务企业跻身全国一般贸易十强。外贸综合服务企业发展引起政府的重视。7 月 24 日,国务院常务会议通过的《关于促进进出口稳增长、调结构的若干意见》第四条就明确提出“支持外贸综合服务企业为中小民营企业出口提供融资、通关、退税等服务”。

商务部外贸司商务参赞江伟在论坛上表示,外贸综合服务企业的出现,是我国外贸业务模式的创新。通过为中小企业提供进出口环节相关服务,降低了中小外贸企业的成本,壮大了外贸企业主体,对促进我国外贸转型升级具有积极意义。江伟透露,商务部正会同有关部门积极研究完善有关政策,促进外贸综合服务企业健康、有序发展,使其更好地为众多中小外贸企业提供服务。

(资料来源:中国经济导报,2013 年 9 月 24 日,作者:张守营)

## 案例实训

2013 年北京举行国际汽车展览会,美国某汽车公司参展产品由最新款汽车、概念车模型等。展览品及其他用品从天津新港海关进境后转关运至北京。在展会期间,其中一辆最新款汽车被国内客户购买,经查该批货物未申请 ATA 单证册。请为该批货物进行报关。

报关分析:根据以上案例可知,该批货物属于暂时进境的展览品,适合暂准进出境货物报关,具体报关涉及汽车暂时进出境报关、汽车内销报关。

任务一:汽车暂时进出境报关

由于九年级展览由境内展出单位的上级主管部门审批。北京举行的国际汽车展览会由商务部或北京市人民政府审批,所有参展的展品,均属于暂准进境货物。其具体报关步骤为:

①北京展会的办展人和参加展览会的参展人在汽车展览品进境前 20 个工作日内,向北京展会主管海关提交北京市人民政府批准的有关文件及展览品清单等相关单证,以办理备案手续。

②货物从天津港进境时,向天津港海关办理转关手续,填写转关申请并录入电子数据,

天津海关通过后，将汽车展览品在海关监管下从天津口岸转运至北京展览会举办地主管海关办理申报手续；报关员向北京海关提交报关单、展览品清单、提货单、发票、装箱单等。

③北京展览会主办单位或其代理人向海关提供担保。若是在北京海关指定场所或海关派关员监管的场所举行的展览会，可以免予向海关提供担保。

④取得海关签章的提货单并据以提货。

⑤北京海关在展览会举办地对展览品进行开箱检验。展览品开箱前，需通知海关。海关查验时，展览品所有人或其代理人应在现场，并负责搬移、开拆、封装货物。

⑥汽车展览品复出境。展会结束后，展览会主办单位或其代理人向北京海关递交汽车展览品核销清单和运输单据，办理汽车展览品出境手续，并随后向北京海关办理转关运输手续，北京海关签发相关单证，在海关监管下将货物运至天津港海关办理汽车展览品出境。天津海关签发货物出境证明，报关员凭此海关单证证明向北京海关办理核销手续。

任务二：汽车内销报关

展览会期间，一辆最新款汽车被国内客户购买，需凭相关批件办理一般货物进口报关手续。具体流程按照电子申报—纸质交单（包括许可证件）—缴纳税费—提货。

## 课内练习

### 一、单选题

1.根据现行海关规定，下列进口货物不属于海关减免税优惠范围的是（　　）。

A.保税区内自用的生产设备

B.残疾人组织进口的残疾人用品

C.外商在经济贸易活动中免费赠送我方的进口货物

D.科学研究机构进口的国内不能生产的自用的科技开发用品

2.外商投资企业A公司在我国东部地区进行飞机制造项目的投资，经海关审定该项目的减免税额度为5 000万元。该公司进口一套价值200万元的飞机制造设备。2年后，经批准按折旧价格（100万元）转让给同样享受减免税待遇的B公司（该公司的减免税额度为3 000万元），在海关办理了有关的结转手续。在本题中，目前A公司的减免税额度为（　　），B公司的减免税额度为（　　），该套设备海关对其还需监管（　　）。

A.5 000万元，3 000万元，5年　　B.4 800万元，2 900万元，5年

C.4 800万元，2 900万元，3年　　D.5 000万元，3 000万元，3年

3.北京某外资企业从美国购进大型机器成套设备，分三批运输进口，其中两批从天津进口，另一批从青岛进口。该企业在向海关申请办理该套设备的减免税手续的，下列做法正确的是（　　）。

A.向北京海关分别申领两份征免税证明

B.向北京海关分别申领三份征免税证明

C.向天津海关申领一份征免税证明,向青岛海关申领一份征免税证明

D.向天津海关申领两份征免税证明,向青岛海关申领一份征免税证明

4.在海关监管年限内,减免税申请人将进口减免税货物转让给不享受减免税优惠待遇的其他单位的,相关货物(　　)。

A.申请补缴税款和解除监管　　B.申请补缴税款,自动解除监管

C.不补缴税款,申请解除监管　　D.不补缴税款,自动解除监管

5.使用 ATA 单证册报关的展览品,暂准进出境期限为自进出境之日起(　　)。超过期限的,ATA 单证册持证人可以向海关申请延期。参加展期的 24 个月以上展览会的展览品,在 18 个月延长期届满后仍需要延期的,由(　　)审批。

A.6 个月;主管地直属海关　　B.6 个月;海关总署

C.12 个月;主管地直属海关　　D.12 个月;海关总署

6.暂准进出境货物,在规定期限内按原装浮云进出境,应当自(　　)起 6 个月内复运出境或复运进境。

A.申报之日　　B.进境或者出境之日

C.备案之日　　D.报关之日

7.从境外起运,在我国境内设立海关的地点换装运输工具,不通过境内陆路运输,继续运往境外的货物是(　　)。

A.通运货物　　B.转口货物　　C.过境货物　　D.转运货物

8.根据出料加工管理规定,在以下情况中,不能申请办理出料加工手续的情况是(　　)。

A.国内技术手段无法达到产品质量要求

B.国内尚不具备加工设备

C.国内尚无达到产品质量要求的加工企业

D.国内虽具备生产能力和技术条件但加工费用比国外高

9.上海某航运公司完税进口一批驳船,使用不久后发现大部分驳船油漆剥落,向境外供应商提出索赔,供应商同意减价 60 万美元,并应进口方的要求以等值的驳船用润滑油补偿。该批润滑油进口时应当办理的海关手续是(　　)。

A.按一般进口货物报关,缴纳进口税

B.按一般进口货物报关,免纳进口税

C.按无代价抵偿货物报关,缴纳进口税

D.按无代价抵偿货物报关,免纳进口税

10.经海关确认的溢卸、误卸货物从(　　)3 个月内,可由原装载船舶负责人或货物所有人向海关办理退运或进口手续。

A.运输工具进境之日起　　B.卸货之日起

C.卸完之日起　　　　D.向海关申报之日起

## 二、多选题

1.特定减免税通关制度具有显著的管理特征,主要体现在以下哪几个方面(　　)。

A.脱离特定使用范围,应按实际去向办理相应的报关和纳税手续

B.在特定条件下使用可减免进口关税

C.原则上免予交验进口许可证件

D.货物进口验放后仍需受海关监管

2.已进境的展览品在某些情形下不需要缴纳进口税,这些情形包括(　　)。

A.展览品复运出境的　　　　B.展览品放弃交由海关处理的

C.展览品被窃的　　　　D.展览品因不可抗力原因灭失的

3.下列关于按租金分期缴纳税款的租赁进口货物的报关手续,正确的是(　　)。

A.收货人或其代理人在租赁货物进口报关时应当向海关提供租赁合同

B.收货人或其代理人需要填制两张报关单,按照第一期应当支付的租金填制 1 张报关单用于征税,按照货物的实际价格填制 1 张报关单用于统计

C.纳税义务人在每次支付租金后的 15 日内(含第 15 日)按支付租金额向海关申报纳税

D.纳税义务人应当在租期届满之日起 15 日内,申请办结海关手续

4.出料加工货物按规定期限复进口,海关审定完税价格时,其价格因素包括(　　)。

A.原出口料件成本价

B.境外加工费

C.境外加工的材料费

D.复运进境的运输及其相关费用、保险费

5.短少抵偿的进口货物,收货人按照无代价抵偿货物向海关申报时,除填制报关单并提供基本单证外,还需要提交(　　)等特殊单证。

A.原进口货物报关单

B.原进口货物税款缴纳书或者进出口货物征免税证明

C.买卖双方签订的索赔协议

D.商品检验机构出具的原进口货物短少检验说明书

6.下列关于直接退运货物报关手续的表述,正确的是(　　)。

A.先报出口,再报进口　　　　B.因发货人错发的,免填报关单

C.不需要交验进出口许可证件　　　　D.免予征收各种税费及滞报金

7.在货物进境后、办结海关放行手续前,特定情形下依法应当退运的,由海关责令当事人直接退运境外。上述特定情形包括(　　)。

A.因国家贸易管理政策调整,收货人无法提供相关证件的

B.进口国家禁止进口的货物,经海关依法处理后的

C.违反国家检验检疫政策法规,经国家检验检疫部门处理并且出具检验检疫处理通知书的

D.未经许可擅自进口属于限制进口的固体废物用做原料,经海关依法处理后的

8.下列关于进境快件适用报关单证的表述,正确的是(  )。

A.文件类应当适用 KJ1 报关单

B.个人物品类应当适用快件个人物品报关单

C.海关规定准予免税的货样、广告品应当适用 KJ2 报关单

D.其他货物类应当适用 KJ3 报关单

## 课外实训

1.武汉某高校邀请国外一学术代表团来华进行学术交流。通过货运渠道从武汉天河国际机场口岸进口一批学术交流所必需的设备。货物进口时,武汉某高校作为收货人委托武汉某报关企业在机场海关办理该批设备的进口报关。交流结束后,武汉某高校通过与国外代表团协商,决定将设备中的一台国内尚无的机械设备留购,并以科教用品的名义办理减免税证明。请为此项设备办理报关手续。

2.上海公安局邀请境外一无线电设备生产厂商到上海展览馆展出其价值 100 万美元的无线电设备,并委托上海某展览报关公司 A 办理一切手续,并在展览结束后决定购买其中价值 20 万美元的设备,境外厂商为了感谢上海公安局,赠送了 5 万美元的设备给上海公安部门,其余设备退出境外,作为该项业务的报关员,请办理上海展出的报关手续和设备留购和赠送的报关手续,并最后办理销案手续。

# 第 3 编

# 报关技术编

# 第 7 章　进出口商品归类

## 案例导读 7-1

### 百事可乐错误使用商品编码逃避税款

2010 年 3 月，全球知名跨国企业百事可乐（中国）公司被指控故意使用错误的商品编码来逃避高额税率，共偷逃应缴税款 111 万元。同时被起诉的还有该公司的两名主管。明知进口报税的商品编码有误，却因为想继续享受意外得来的低税率而“将错就错”。据查明，2005 年 4 月，该公司采购人员黄旭怡在审核百事可乐向海关申报进口可乐果提取物 B 的应提交材料时，发现美国供应商提供的商业发票中可乐果提取物 B 所对应的商品编码是以“1302”开头的，与百事可乐此前向海关申报的以“3302”开头的编码不符，该编码的关税率为 15%。黄旭怡立即查阅了海关税则，随后确认公司一直沿用的商品编码是错误的，正确的商品编码应为以“1302”开头的编码，该编码的关税率为 20%。

此后，黄旭怡向时任百事可乐采购主管的林东报告了情况。随后，林东又将情况如实向时任百事可乐采购部经理王某强（另案处理）汇报。王某强决定继续使用原来的商品编码。为掩盖伪报走私的事实，逃避海关监管，黄旭怡建议林东联系美国供应商，让其删除发票上的商品编码。经王某强同意后，林东安排百事可乐采购文员黄某给美国供应商发邮件联系删除发票中的编码。后供应商在发票中增列以“3302”开头的商品编码。

经统计，从 2005 年 4 月至 2007 年 9 月，百事可乐共计进口可乐果提取物 B 一万余吨，偷逃应缴税款为 111 万元。公诉人认为，百事可乐以及黄旭怡、林东逃避海关监管，走私普通货物入境，偷逃应缴税款，构成走私普通货物罪。对此，百事可乐（中国）公司在网上发出非常简单的回应声明，称“百事公司恪守最高标准的企业道德，并严格遵守中国的相关法律法规，会紧急寻求解决该原材料进口的关税问题”。

（资料来源：新浪网，http://finance.sina.com.cn/roll/20100325/04097627817.shtml）

### 知识目标

1. 了解《商品名称及编码协调制度》的基本结构与特点。
2. 掌握归类总规则的具体规定。
3. 掌握正确进行商品归类的方法。
4. 熟悉我国海关进出口商品归类管理制度。

**技能目标**

1.能够熟练运用总规则,对进出口商品进行归类。

2.能够严格按照商品归类的操作程序和步骤进行归类。

3.能够正确运用归类依据对相关产品进行准确归类。

4.能够快速准确地找到货物的HS编码。

## 7.1 协调制度

### 7.1.1 《协调制度》的产生

《商品名称及编码协调制度》(The Harmonized Commodity Description and Coding System, HS),通常简称《协调制度》。它是在1973年5月由海关合作理事会(1995年更名为世界海关组织)成立的协调制度临时委员会在《海关合作理事会商品分类目录》(CCNN)和联合国的《国际贸易标准分类目录》(SITC)的基础上,协调参照国际上主要国家的税则、统计和运输等分类目录而制定的国际贸易商品分类目录。

《协调制度》是顺应国际贸易实践的需要而产生的一种国际公约性质的商品分类标准,被称为国际贸易商品分类的一种"标准语言"。经国务院批准,我国海关自1992年1月1日起开始采用《协调制度》,使进出口商品归类工作成为我国海关最早实现与国际接轨的执法项目之一。目前,全球已有200多个国家和地区采用《协调制度》作为对外贸易通关过程中的重要依据。

### 7.1.2 《协调制度》的基本结构

从总体结构上讲,《协调制度》与《海关合作理事会商品分类目录》基本一致,由三部分组成,分别为归类总规则、注释和商品编码表。它将国际贸易涉及的各种商品按照生产部类、自然属性和不同功能用途分为21类97章(其中第77章为备用章,第98和99章为某些特殊国家保留备用)。

《协调制度》的结构具体如图7-1所示。

**1)归类总规则**

《协调制度》卷首共有六条归类总规则作为解决商品名称和注释无法解决的商品归类问题的原则。

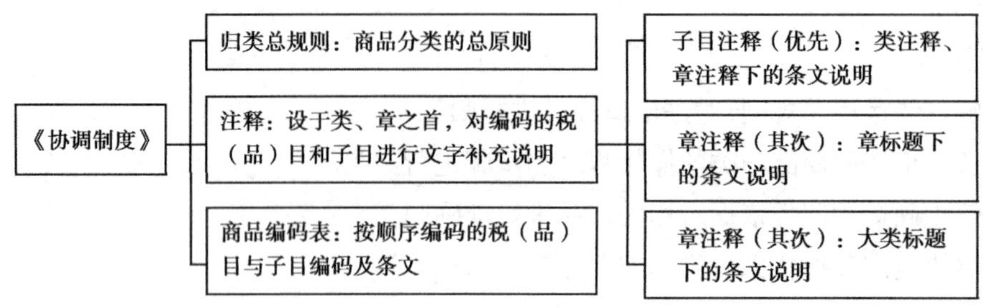


图 7-1 《协调制度》的结构

#### 2）注释

《协调制度》共有三种注释，分别为类注释、章注释以及子目注释。位于类标题下面的文字说明为“类注释”，简称“类注”；位于章标题下面的文字说明为“章注释”，简称“章注”；位于类或章标题下方的为“子目注释”。在进行产品注释时，子目注释在前，其次为章注释，最后为类注释。

注释主要采用定义形式、技术指标形式、列明形式和排出形式等方法界定归入某类或某章中的商品范围，简化项目条文，避免分类交叉情况。这些方法既可以单独使用，也可以综合使用。

小贴士 7-1

**注释的基本方法**

1.定义解释法：用解释名词或下定义的方式对品目及子目中的某些名字作出解释。例如，第 72 章章注一（五）将不锈钢定义为：按重量计含碳量在 1.2%及以下，含铬量在 10.5%及以上的合金钢，不论是否含有其他元素。而中国大百科全书“机械工程”手册中规定：不锈钢含铬量不小于 12%。显然两者规定不相同，但作为《协调制度》归类的法律依据是前者。

2.排除法：用排除法条款列举若干部能归类某一编码或某一章的商品。例如，第 1 章注释：本章包括所有活动物，但下列各项除外。

3.列举法：将归入某一编码的品目一一列出。例如，第 12 章章注一列举了归入品目 1207 的主要包括油料作物的果实；再如 25 章章注四列举了归入品目 2530 的主要商品。

4.技术指标法：以商品成分所含技术指标对项目范围加以限定。例如，在定义法中提到对金属的技术指标的规定。

5.阐述归类原则：例如，第九章章注一阐述了混合调味香料的归类原则。

3) **商品编码表**

《协调制度》商品分类目录的主体部分为商品编码表,由商品编码和商品名称组成,如表7-1 所示。不同商品名称对应不同的商品编码。

**表 7-1 商品编码表**

| 商品编码 | 商品名称 |
|---|---|
| 01.04 | 绵羊、山羊 |
| | 绵羊 |
| 0104.1010 | 改良种用绵羊 |
| 0104.1090 | 其他绵羊 |
| | 山羊 |
| 0104.2010 | 改良种用山羊 |
| 0104.2090 | 其他山羊 |

《协调制度》中,章下分为品目和子目,另有些章下设有分章。从类来看,基本上按照社会分工分类,将属于同一生产部类的商品归在同一类里,如食品均在第 4 类,矿产品均在第 5 类,机器、电气设备及零件均在第 16 类。从章来看,基本上按商品的自然属性或用途(功能)来划分。第 1—83 章(第 64—66 章除外)基本上按商品的自然属性划分,各章按照动物、植物和矿物的顺序排列,章内按照商品的加工程度按从低到高的顺序排列;第 64—66 章、第 84—97 章按商品的用途或功能进行排列划分,不考虑其使用何种原料,各章按不同的功能或用途排列,章内按商品的加工程度排列。

《协调制度》采用 6 位数结构性商品编码,商品编码的前 2 位数代表章的序号,如第 3 章,前两位记为 03;第 3 和第 4 位代表商品所属章下的品目序号,如 0302,表示第 3 章的第 2 个品目;第 5 和第 6 位代表子目号,子目又分为一、二级子目,如品下没有细分,用"0"表示。具体编码含义可如图 7-2 所示。

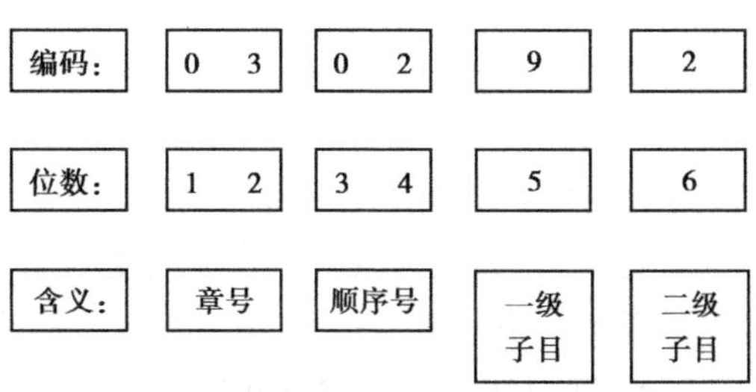


图 7-2 商品编码的含义对照

**小贴士 7-2**

《协调制度》中的编码只有6位数,而我国进出口税则中的编码为8位数,其中第7和第8位就是我国根据实际情况在《协调制度》的基础上增设的本国子目(三级和四级子目),并分别编制出《中华人民共和国进出口税则》和《中华人民共和国统计商品目录》。其次,如果在商品编码的第5~8位出现数字9,并不一定单标该级子目的实际顺序号,而是代表未具体列明的商品。

### 7.1.3 《协调制度》的发展

《协调制度》综合了国际上多种商品分类目录的优点,以完整的、系统的方式进行编排避免了各个工作环节的重新分类和重新编号,方便了国际间贸易发展,同时还照顾了商业习惯和实际操作的可能。被尊称为"《协调制度》之父"的原海关合作理事会目录归类司司长朝仓先生指出:"目前没有哪个国际贸易协定能够做到与《协调制度》无关,产业和贸易的高速发展促使世界海关组织必须及时地对《协调制度》进行更新,以免落后于时代的步伐。"实际上,《协调制度》生效的三十多年来,一直处于不断地发展中。

#### 1)《协调制度》影响面不断扩大

1987年,《协调制度》最初的缔约国仅有32个,而到目前为止,实际采用《协调制度》的国家和地区已经超过200余个,其覆盖面达到全球范围,全球贸易总量的98%以上都以《协调制度》进行分类。同时,该目录既适合用作海关税则目录,又适合用作对外贸易统计目录,还可以用来作国际货物运输、保险、贸易和生产等部门的商品分类目录。

#### 2)《协调制度》信息量不断修订

《协调制度》作为《商品名称及编码协调制度的国际公约》的一个附件,在国际上有专门的机构和人员对其进行维护和管理,定期对《协调制度》进行全面的重审与修订。截至目前,《协调制度》已经经历了六个版本,分别是1988年、1992年、1996年、2002年、2007年和2012年版本,使《协调制度》得到了不断完善,从而不断适应新的科学技术发展所改变的贸易格局。

#### 3)《协调制度》不断扩展

如前所述,《协调制度》的最初目的是为征收关税和国际贸易统计用途,但由于其结构的合理性和内容的不断完善与修订,使得其最终成为一个多用途的商品分类目录,为其不断适应新领域的需要奠定了坚实的基础。近年来,社会公共利益和环境保护问题越来越成为《协调制度》所关注的重要内容。在受控制麻醉品、化学武器前体及有害环境物质等新的领域,《协调制度》被寄予厚望,比如《鹿特丹公约》中曾提及:"各缔约方的会议应敦促世界海关组织为附约所列的化学品确定适当而具体的《协调制度》编码。某种化学品的编码一旦确定,每个缔约国应规定在其出口运输文件上列出该化学品的编码。"

小贴士 7-3

**HS 编码和海关商品编码的区别**

严格地说,两者有联系,但不是完全等同。(1)制定的主体不同。HS 由世界海关组织制定;海关编码则由各国海关制定。(2)位数不同。HS 只有 6 位;海关编码则各异,我国是 10 位。(3)使用范围不同。HS 只是指导、协调性的,所以叫 HARMONIZATION SYSTEM;而海关编码是海关管理实际进出口操作用的。但是在实际操作中,各国海关又是以 HS 为基础,并依照 WCO 的相关原则确定各自的海关编码。所以,在一定范围内,尤其在绝大多数操作中,都是把两者等同称呼。

HS 编码是海关合作理事会(现改为世界海关组织)编制的,1993 年 1 月 1 日我国海关正式采用 HS 编制中国的海关商品编码。我国海关采用的 HS 分类目录,前六位数是 HS 国际标准编码,第七、第八两位是根据我国关税、统计和贸易管理的需要加列的本国子目。在 8 位数分类编码的基础上,我国根据实际工作需要对部分税号又进一步分出了第九、第十位数编码。

## 7.2 进出口商品归类

### 7.2.1 我国海关进出口商品分类目录简介

#### 1)我国海关进出口商品分类目录的产生

我国海关自 1992 年 1 月 1 日起开始采用《协调制度》,进出口商品归类工作成为我国海关最早实现与国际接轨的执法项目之一。根据海关征税和海关统计工作的需要,我国在《协调制度》的基础上增设了本国子目(三级和四级子目),形成了我国海关进出口商品分类目录,据此分别编制出《中华人民共和国海关进出口税则》(以下简称《进出口税则》)和《中华人民共和国海关统计商品目录》(以下简称《海关统计商品目录》)。

为了明确增设的本国子目的商品含义和范围,我国又制定了《本国子目注释》,作为归类时确定三级和四级子目的依据。根据《商品名称及编码协调制度的国际公约》对缔约国权利义务的规定,我国《进出口税则》和《海关统计商品目录》与《协调制度》的各个版本同步修订。自 2012 年 1 月 1 日起,我国采用 2012 年版《协调制度》,并据此编制了 2014 年版《进出口税则》和《海关统计商品目录》。

#### 2)我国海关进出口商品分类目录的基本结构

《进出口税则》中商品的号列称为税号,每项税号后列出了该商品的税率;《海关统计商品目录》中的商品号列称为商品编号。为统计需要,每项商品编号后列出该商品的计量单位，并增加了第22类“特殊交易品及未分类商品”。

《协调制度》中的编码只有6位数，我国《进出口税则》中的编码为8位数，其中第7和第8位就是我国根据实际情况增设的“本国子目”。

编码的编排是有一定规律的，以0301.9310“鲤鱼苗”为例说明如下：

| 编码: | 0 | 3 | 0 | 1 | 9 | 3 | 1 | 0 |
|---|---|---|---|---|---|---|---|---|
| 位数: | 1 | 2 | 3 | 4 | 5 | 6 | 7 | 8 |
| 含义: | 章号 | | 顺序号 | | 一级子目 | 二级子目 | 三级子目 | 四级子目 |

从以上可以看出，第5位编码代表一级子目，第6位编码代表二级子目，第7位代表三级子目，第8位代表四级子目。如小贴士7-2提到的，若第5至8位出现数字“9”，并不一定代表在该级子目的实际顺序号，通常情况下代表未具体列明的商品，即在“9”的签名一般留有空序号，以便用于修订时增添新商品。如0407.0029中，第8位的“9”并不代表实际序列号，而是代表除鸡蛋、鸭蛋和鹅蛋以外未具体列明的其他带壳鲜禽蛋。在商品编码中的商品名称前分别用“-”、“--”、“---”和“----”代表一级子目、二级子目、三级子目和四级子目。如品目02.07-鸡（一级子目），--整只鲜或冷的（二级子目），---块（三级子目）和----带骨的（四级子目）。

### 3）各类、章的主要内容

第一类：活动物；动物产品（第1章至第5章）

第1章　活动物

第2章　肉及食用杂碎

第3章　鱼、甲壳动物、软体动物及其他水生无脊椎动物

第4章　乳品、蛋品、天然蜂蜜、其他食用动物产品

第5章　其他动物产品

第二类　植物产品（第6章至第14章）

第6章　活树及其他活植物；鳞茎、根及类似品；插花及装饰用簇叶

第7章　食用蔬菜、根及块茎

第8章　食用水果及坚果；甜瓜或柑橘属水果的果皮

第9章　咖啡、茶、马黛茶及调味香料

第10章　谷物

第11章　制粉工业产品；麦芽；淀粉；菊粉；面筋

第12章　含油子仁及果实；杂项子仁及果实；工业用或药用植物；稻草、秸秆及饲料

第13章　虫胶；树胶、树脂及其他植物液、汁

第14章　编结用植物材料；其他植物产品

第三类　动、植物油、脂及其分解产品；精制的食用油脂；动、植物蜡（第15章）

第15章　动、植物油、脂及其分解产品；精制的食用油脂；动、植物蜡

第四类：食品；饮料；酒及醋；烟草、烟草及烟草代用品的制品（第16章至第24章）

第 16 章　肉、鱼、甲壳动物、软体动物及其他水生无脊椎动物的制品

第 17 章　糖及糖食

第 18 章　可可及可可制品

第 19 章　谷物、粮食粉、淀粉或乳的制品；糕饼点心

第 20 章　蔬菜、水果、坚果或植物其他部分的制品

第 21 章　杂项食品

第 22 章　饮料、酒及醋

第 23 章　食品工业的残渣及废料；配制的动物饲料

第 24 章　烟草及烟草代用品的制品

第五类　矿产品（第 25 章至第 27 章）

第 25 章　盐；硫黄；泥土及石料；石膏料、石灰及水泥

第 26 章　矿砂、矿渣及矿灰

第 27 章　矿物燃料、矿物油及蒸馏产品；沥青物质；矿物蜡

第六类　化学工业及其相关工业的产品（第 28 章至第 38 章）

第 28 章　无机化学品；贵金属、稀土金属、放射性元素及其同位素的有机及无机化合物

第 29 章　有机化学品

第 30 章　药品

第 31 章　肥料

第 32 章　鞣料浸膏及染料浸膏；鞣酸及其衍生物；染料、颜料及其他着色料；油漆及清漆；油灰及其他类似胶粘剂；墨水、油墨

第 33 章　精油及香膏；芳香料制品及化妆盥洗品

第 34 章　肥皂、有机表面活性剂、洗涤剂、润滑剂、人造蜡、调制蜡、光洁剂、蜡烛及类似品、塑型用膏；牙科用蜡及牙科用熟石膏制剂

第 35 章　蛋白类物质；改性淀粉；胶；酶

第 36 章　炸药；烟火制品；火柴；引火合金；易燃材料制品

第 37 章　照相及电影用品

第 38 章　杂项化学产品

第七类　塑料及其制品；橡胶及其制品（第 39 章至第 40 章）

第 39 章　塑料及其制品

第 40 章　橡胶及其制品

第八类　生皮、皮革、毛皮及其制品；鞍具及挽具；旅行用品、手提包及类似品；动物肠线制品（第 41 章至第 43 章）

第 41 章　生皮（毛皮除外）及皮革

第 42 章　皮革制品；鞍具及挽具；旅行用品、手提包及类似品；动物肠线制品

第 43 章　毛皮、人造毛皮及其制品

第九类　木及木制品；木炭；软木及软木制品；稻草、秸秆、针茅或其他编结材料制品；篮

筐及柳条编结品(第44章至第46章)

第44章　木及木制品;木炭

第45章　软木及软木制品

第46章　稻草、秸秆、针茅或其他编结材料制品;篮筐及柳条编结品

第十类　木浆及其他纤维状纤维素浆;回收(废碎)纸或纸板;纸、纸板及其制品(第47章至第49章)

第47章　木浆及其他纤维状纤维素浆;回收(废碎)纸或纸板

第48章　纸及纸板;纸浆、纸或纸板制品

第49章　书籍、报纸、印刷图画及其他印刷品;手稿、打字稿及设计图纸

第十一类　纺织原料及纺织制品(第50章至第63章)

第50章　蚕丝

第51章　羊毛、动物细毛或粗毛;马毛纱线及其机织物

第52章　棉花

第53章　其他植物纺织纤维;纸纱线及其机织物

第54章　化学纤维长丝

第55章　化学纤维短纤

第56章　絮胎、毡呢及无纺织物;特种纱线;线、绳、索、缆及其制品

第57章　地毯及纺织材料的其他铺地制品

第58章　特种机织物;簇绒织物;花边;装饰毯;装饰带;刺绣品

第59章　浸渍、涂布、包覆或层压的纺织物;工业用纺织制品

第60章　针织物及钩编织物

第61章　针织或钩编的服装及衣着附件

第62章　非针织或钩编的服装及衣着附件

第63章　其他纺织制成品;成套物品;旧衣着及旧纺织品;碎织物

第十二类　鞋、帽、伞、杖、鞭及其零件;已加工的羽毛及其制品;人造花;人发制品(第64章至第67章)

第64章　鞋靴、护腿和类似品及其零件

第65章　帽类及其零件

第66章　雨伞、阳伞、手杖、鞭子、马鞭及其零件

第67章　已加工的羽毛、羽绒及其制品;人造花;人发制品

第十三类　石料、石膏、水泥、石棉、云母及类似材料的制品;陶瓷产品;玻璃及其制品(第68章至第70章)

第68章　石料、石膏、水泥、石棉、云母及类似材料的制品

第69章　陶瓷产品

第70章　玻璃及其制品

第十四类　天然或养殖珍珠、宝石或半宝石、贵金属、包贵金属及其制品;仿首饰、硬币

(第71章)

第71章 天然或养殖珍珠、宝石或半宝石、贵金属、包贵金属及其制品;仿首饰、硬币

第十五类 贱金属及其制品(第72章至第83章)

第72章 钢铁

第73章 钢铁制品

第74章 铜及其制品

第75章 镍及其制品

第76章 铝及其制品

第77章 (空章)

第78章 铅及其制品

第79章 锌及其制品

第80章 锡及其制品

第81章 其他贱金属、金属陶瓷及其制品

第82章 贱金属工具、器具、利口器、餐匙、餐叉及其零件

第83章 贱金属杂项制品

第十六类 机器、机械器具、电气设备及其零件;录音机及放声机、电视图像、声音的录制和重放设备及其零件、附件(第84章至第85章)

第84章 核反应堆、锅炉、机器、机械器具及其零件

第85章 电机、电气设备及其零件;录音机及放声机、电视图像、声音的录制和重放设备及其零件、附件

第十七类 车辆、航空器、船舶及有关运输设备(第86章至第89章)

第86章 铁道及电车道机车、车辆及其零件;铁道及电车道轨道固定装置及其零件、附件;各种机械(包括电动机械)交通信号设备

第87章 车辆及其零件、附件,但铁道及电车道车辆除外

第88章 航空器、航天器及其零件

第89章 船舶及浮动结构体

第十八类 光学、照相、电影、计量、检验、医疗或外科用仪器及设备、精密仪器及设备;钟表;乐器;上述物品的零件、附件(第90章至第92章)

第90章 照相、电影、计量、检验、医疗或外科用仪器及设备、精密仪器及设备;上述物品的零件、附件

第91章 钟表及其零件

第92章 乐器及其零件、附件

第十九类 武器、弹药及其零件、附件(第93章)

第93章 武器、弹药及其零件、附件

第二十类 杂项制品(第94章至第96章)

第94章 家具;寝具、褥垫、弹簧床垫、软座垫及类似的填充制品;未列名灯具及照明装

置;发光标志、发光铭牌及类似品;活动房屋

第 95 章　玩具、游戏品、运动用品及其零件、附件

第 96 章　杂项制品

第二十一类　艺术品、收藏品及古物(第 97 章)

第 97 章　艺术品、收藏品及古物

第二十二类(统计目录)　特殊交易品及未分类商品

第 98 章(统计目录)特殊交易品及未分类商品

第 99 章 (统计目录)(无标题)

**小贴士 7-4**

**商品编码顺口溜**

自然世界动植矿,一二五类在取样;三类四类口中物,矿产物料翻翻五;化工原料挺复杂,打开六类查一查;塑料制品放第七,橡胶聚合脂烷烯;八类生皮合成革,箱包容套皮毛造;九类木秸草制品,框板柳条样样行;十类木浆纤维素,报刊书籍纸品做;十一税则是大类,纺织原料服装堆;鞋帽伞杖属十二,人发羽毛大半归;水泥石料写十三,玻璃石棉云母粘;贵金珠宝十四见,硬币珍珠同类现;十五查找贱金属,金属陶瓷工具物;电子设备不含表,机器电器十六找;光学仪器十八类,手表乐器别忘了;武器弹药特别类,单记十九少劳累;杂项制品口袋装,家具文具灯具亮;玩具游戏活动房,体育器械二十讲;二十一类物品贵;艺术收藏古董类;余下运输工具栏,放在十七谈一谈;商品归类有点难,记住大类第一环。

### 7.2.2　归类总规则

归类总规则是为保证每一个商品,甚至是层出不穷的新商品都能始终归入同一个品目或子目,避免商品归类的争议而制定的商品归类应遵循的原则。归类总规则位于《协调制度》的部首,共有六条构成,它们是指导并保证商品归类统一的法律依据。这里值得注意的是,归类总规则的使用顺序为规则一优先于规则二,规则二优先于规则三,必须按照顺序使用。以下逐一介绍这六条归类总规则。

**1)规则一**

(1)规则一的内容

类、章及分章的标题,仅为查找方便而设。具有法律效力的归类,应按品目条文和有关类注或章注确定,如品目、类注或章注无其他规定,按以下规则确定。

(2)规则一的解释

第一段"类、章及分章的标题,仅为查找方便而设"。要将数以万计的商品归入编码表中的几千个子目之内并非易事,为便于查找编码,《协调制度》将一类或一章商品加以概括并冠以标题。由于现实中的商品种类繁多,通常情况下一类或一章标题很难准确地对本类、章商

品加以概括，所以类、章及分章的标题仅为查找方便而设，不具有法律效力，即类章中的商品并不是全部都符合标题中的描述。例如，第22章的标题为“饮料、酒及醋”，但是通常被我们认为是饮料的瓶装蒸馏饮用水却不归入该章，而应归入第28章“无机化学品”，类似的例子还很多。

第二段“具有法律效力的归类，应按品目条文和有关类注或章注确定”。这里有两层含义。第一，具有法律效力的商品归类，是按品目名称和有关类注或章注确定商品编码；第二，许多商品可直接按目录规定进行归类。

第三段“如品目、类注或章注无其他规定”，旨在明确品目条文及与其相关的类、章注释是最重要的。换言之，它们是在确定归类时应首先考虑的规定。例如，第31章的注释规定该章某些编码仅包括某些货品，因此，这些编码就不能够根据规则二(2)扩大为包括该章注释规定不包括的商品。这里需注意的是，不能因为品目条文不明确，不论类注、章注有无规定，就按规则二归类，而必须是在品目条文、类注、章注都无其他规定的条件下才能按规则二归类。

规则一应用举例：

**【例7-1】**对商品牛尾毛进行商品归类。

**【解析】**牛尾毛--------->查阅类、章名称—第5章“其他动物产品”----------->税目0511中未提到牛尾毛；

再按其他未列名动物产品归类----------->查阅第5章章注四：“马毛”包括马科、牛科的尾毛--------->归入05119940。

**2）规则二**

(1)规则二的内容

①品目所列货品，应包括该项货品的不完整品或未制成品，只要在进口或出口时该项不完整品或未制成品具有完整品或制成品的基本特征；还应包括该项货品的完整品或制成品（或按本款可作为完整品或制成品归类的货品）在进口或出口时的未组装件或拆散件。

②品目中所列材料或物质，应视为包括该种材料或物质与其他材料或物质混合或组合的物品。品目所列某种材料或物质构成的货品，应视为包括全部或部分由该种材料或物质构成的货品。由一种以上材料或物质构成的货品，应按规则三归类。

(2)规则二的解释

规则二分两大部分。第一部分实际上是扩大编码的商品范围，这里有两层意思：第一层意思是品目所列商品包括其不完整品或未制成品，只要其具有完整品或制成品的基本特征，就应包括在内。例如，缺一个轮子的汽车，因其缺少的部件并不能影响产品本身的特征，故应按完整品归类。第二层意思是还应视为包括该项货品的完整品或制成品在进口或出口时的未组装件或拆散件。例如，完整的一辆汽车和缺少某些零部件的汽车，在归类时都按整汽车归。之所以这样规定，是因为编码品目有限，不可能将各种情况的商品一一列出。此外，需要注意的是，规则二的第一部分不适用于第一至第六类的商品（第三十八章及以前的各章）。

小贴士 7-5

**不完整品、未制成品的概念区分**

1.不完整品:是指某个商品还不完整,缺少某些零部件,但却具有完整品的基本特征。例如,缺少一个轮胎或倒车镜等零部件的汽车,仍应按完整的汽车归类,并不因为缺少了一个轮胎而不叫汽车;缺少键盘的便携式电脑仍应按完整的便携式电脑归类等。如没有这项规则,则需将每缺一个零部件的商品单列一个子目,一是难以列全,二是很烦琐且浪费目录资源。

2.未制成品:指已具备了成品的形状特征,但还不能直接使用,需经进一步加工才能使用的商品。例如,已具有钥匙形状的铜制钥匙坯片。

3.因运输、包装、加工贸易等原因,进口时未组装件或拆散的货品。例如,机电产品的成套散件,此类成套散件只需简单组装即可成为完整成品。

规则二第二部分有两层意思。第一,品目中所列某种材料包括该种材料的混合物或组合物,也是对品目商品范围的扩大;第二,其适用条件是加进去的东西或组合起来的东西不能失去原商品的特征。即混合或组合后的商品不存在看起来可归入两个及以上品目的问题。例如,加糖的牛奶,还应按牛奶归类, 添加了糖的牛奶并未改变牛奶的特性。所以决不会产生是按糖归类还是按牛奶归类的疑问。而添加了花椒粉的盐则改变了盐的特性,使之属性从盐改变为调味品。

规则二应用举例:

**【例 7-2】**对缺少键盘的笔记本电脑进行商品归类(整机特征)。

**【解析】**缺少键盘的笔记本电脑---->查阅类章名称:属于第 84 章物品 按规则二(1),未制成品如已具备制成品的基本特征应按制成品归类---->按规则一规定查阅第 84 章章注,未提到该物品是否有具体列名---- >查阅 84 章品目条文,按笔记本电脑自动处理数据的特性,归入 8471----->按规则二 1 按整机归入 84713000。

**【例 7-3】**对做手套用已剪成型的针织棉进行商品归类(未制成品)。

**【解析】**做手套用已剪成型的针织棉---->查阅类、章名称,针织棉布属第 52 章,手套属第 61 章---->按规则二①,未制成品如已具备制成品的基本特征应按制成品归类---->按规则一规定查阅第 52 章、61 章章注,未提到该物品是否具体列名---->按规则二①归入 61169200。

**【例 7-4】**对由靠背、支架和坐板组成的铝制椅子散件进行商品归类(组合物)。

**【解析】**由一个靠背、一个支架、一个坐板组成的铝制椅子散件,组装即可使用---->查阅类章名称:属于第 94 章的商----->按规则二(2)应归入 94017900。

**3)规则三**

(1)规则三的内容

当货品按规则二②或由于其他原因看起来可归入两个或两个以上品目时,应按以下规

则归类:

①列名比较具体的品目,优先于列名一般的品目。但是,如果两个或两个以上品目都仅述及混合或组合货品所含的某部分材料或物质,或零售的成套货品中的某些货品,即使其中某个品目对该货品描述得更为全面、详细,这些货品在有关品目的列名应视为同样具体。

②混合物、不同材料构成或不同部件组成的组合物以及零售的成套货品,如果不能按规则三①归类时,在本款可适用的条件下,应按构成货品基本特征的材料或部件归类。

③货品不能按规则三①或②归类时,应按号列顺序归入其可归入的最末一个品目。

(2)规则三的解释

第一部分,“不论是按规则二②或其他任何原因归类,货品看起来可归入两个或两个以上品目时,应按以下规则归类”,这是规则三运用的前提。规则三有三条,可概括为:具体列名;基本特征和从后归类。

规则三①讲的是当一个商品涉及两个或两个以上品目时,哪个品目相对于商品表述更为具体,就归入哪个品目。但是,如果两个或两个以上品目都仅述及混合或组合货品所含的某部分材料或物质,或零售的成套货品中的某些货品,即使其中每个税目对该货品描述得更为全面、详细,这些货品在有关品目的列名应视为同样具体。要想制定几条规定来确定哪个列名更具体是困难的,但作为一般原则可作以下理解:

①商品的具体名称与商品的类别名称相比,商品的具体名称较为具体。比如,紧身胸衣是一种女内衣,有两个编码可归的,一个是 6208 女内衣,一个是 6212 妇女紧身胸衣,前一个是类名称,后一个是具体商品名称,故应归入 62123000。如两个税号属同一类商品,可根据它的功能(用途)进行深度比较,哪个功能(用途)更为接近,就应视为更具体。

②如果一个品目所列名称更为明确地包括某一货品,则该品目要比所列名称不完全包括该货品的其他品目更为具体。

规则三①应用举例:

【例 7-5】对汽车用风挡刮雨器进行商品归类。

【解析】汽车用风挡刮雨器——>可能归入两个税号:①8708 的汽车零件,②85 章的电动工具——>查阅第 16 类、17 类及 84 章、85 章注释,并无具体规定——>按规则三(1)应选列明最明确的品目——>8512 是机动车风挡刮雨器,比 8708 的汽车零件更为具体,最终应归入 85124000。

规则三②归类原则适用条件为混合物;不同材料的组合货品;不同部件的组合货品和零售的成套货品。此外,还必须注意只有在不能按照规则三①归类时,才能运用本款。也只有在可适用本款规定的条件下,货品才可按构成货品基本特征的材料或部件归类。不同货品确定其基本特征的因素有所不同,一般来说确定商品的主要特征,可根据商品的外观形态、使用方式、主要用途、购买目的、价值比例、贸易习惯、商业习惯、生活习惯等诸多因素进行综合考虑分析来确定。

**小贴士 7-6**

规则三②所称“零售的成套货品”,是指同时符合以下三个条件的货品:

1.至少由两种看起来可归入不同编码的不同物品构成的;

2.为了适应某一项活动的特别需要而将几件产品或物品包装在一起的;

3.其包装形式适于直接销售给用户而货物无需重新包装的。

规则三②应用举例:

**【例 7-6】**为由面饼、脱水蔬菜包和调味包组成的袋装方便面进行商品归类。

**【解析】**由一块面饼、一个脱水蔬菜包、一个调味包组成的袋装方便面——>可能归入①第 19 章的面食,②第 7 章的干制蔬菜,③第 9 章的调味料——>查阅 19 章、7 章、9 章的注释,并无具体规定——>按规则三①选最明确的品目第 19 章的面食构成了整袋方便面的基本特征,比干制蔬菜和调味料更具体——>应归入 19023030。

规则三③只能用于不能按规则三①或三②归类的货品。它规定商品应归入同样值得考虑的品目中的顺序排列为最后的品目内。但相互比较的编码或品目只能同级比较。也就是说如果看起来一个商品可以归入两个或两个以上品目时,比较起来每个品目都同样具体,那么就按在商品编码表中位置靠后的那个品目进行归类。

规则三③应用举例:

**【例 7-7】**为由 50%棉和 50%聚酰胺短纤织成每平方米重量超过 170 克的浅蓝色平纹机织物进行商品归类。

**【解析】**浅蓝色的平纹机织物,由 50%棉、50%聚酰胺短纤织成每平方米重量超过 170 克---->查阅类、章标题,棉属 52 章聚酰胺属 55 章------->查阅第 11 类和 52 章、55 章注释,并无提到该合成织物的归类------>查阅第 11 类和 52 章、55 章注释,并无提到该合成织物的归类------>按聚酰胺应归 5514。所以应从后归入 55143010。

### 4)规则四

(1)规则四的内容

根据上述规则无法归类的货品,应归入与其最相类似的品目。

(2)规则四的解释

这条规则所述的“最相类似”,是指名称、功能、用途或结构上的相似。实际操作中往往难以统一认识。一般来说,这条规则不常使用,尤其在 HS 编码中,每个品目都下设有“其他”子目,不少章节单独列出“未列名货品的品目”(如编码 8479、8543、9031 等)来收容未考虑到的商品。因此,规则四实际使用频率很低。

### 5)规则五

(1)规则五的内容

除上述规则外,本规则适用于下列货品的归类:

①制成特殊形状仅适用于盛装某个或某套物品并适合长期使用的,如照相机套、乐器盒、枪套、绘图仪器盒、项链盒及类似容器,如果与所装物品同时进口或出口,并通常与所装物品一同出售的,应与所装物品一并归类。但本款不适用于本身构成整个货品基本特征的容器。

②除规则五①规定的以外,与所装货品同时进口或出口的包装材料或包装容器,如果通常是用来包装这类货品的,应与所装货品一并归类。但明显可重复使用的包装材料和包装容器可不受本款限制。

(2)规则五的解释

规则五是一条关于包装物品归类的专门条款。

规则五①仅适用于同时符合以下各条规定的容器:

①制成特定形状或形式,专门盛装某一物品或某套物品的,专门设计的,有些容器还制成所装物品的特殊形状。

②适合长期使用的,容器的使用期限与所盛装某一物品使用期限是相称的:"在物品不使用期间,这些容器还起保护作用。"

③与所装物品一同进口或出口,不论其是否为了运输方便而与所装物品分开包装;单独进口或出口的容器应归入其应归入相应的品目。

④通常与所装物品一同出售的。

⑤包装物本身并不构成整个货品的基本特征,即包装物本身无独立使用价值。

规则五①不适用于本身构成整个商品基本特征的容器。例如,装有茶叶的银质茶叶罐,银罐本身价值昂贵,远远超出茶叶的价格,并已构成整个货品的基本特征,因此应按银制品归入税目 71141100;又如装有糖果的成套装饰性瓷碗应按瓷碗归类而不是按糖果归类。

规则五②实际上是对规则五①规定的补充。当包装材料或包装容器不符合规则五①条件时,如果通常是用来包装某类货品的,则应与所装货品一同归类。但本款不适用于明显可以重复使用的包装材料或包装容器,如装有压缩液化气体的钢瓶应按钢铁制品和液化气分别归类。

### 6)规则六

(1)规则六的内容

货品在某一品目项下各子目的法定归类,应按子目条文或有关的子目注释以及以上各条规则来确定,但子目的比较只能在同一数级上进行。除《协调制度》条文另有规定的以外,有关的类注、章注也适用于本规则。

(2)规则六的解释

由于 HS 编码列有五位数级、六位数级子目。因此,有必要对五、六位数级子目的归类规则作出规定,规则六就是这样产生的。

①以上规则一至五在必要的地方加以修改后,可适用于同一品目下的各级子目。

②规则六中所称"同一数级"子目,是指同为五位数级或同为六位数级的子目。据此,当

按照规则三①规定考虑某一物品在同一品目项下的两个及两个以上五位数级子目的归类时,只能依据有关的五位数级子目条文来确定哪个五位数级子目所列名称更为具体或更为类似。只有在确定了列名更为具体的五位数级子目后,而且该子目项下又再细分了六位数级子目时,才能根据有关六位数级子目条文考虑物品应归入这些六位数级子目中的哪个子目。

③"除条文另有规定的以外"是指类、章注释与子目条文或子目注释不相一致的情况。例如,第 71 章注释四②所规定的"铂"的范围,与第 71 章子目注释二所规定的"铂"的范围不相同。因此,在解释子目号 711011 及 711019 的范围时,应采用子目注释二,而不应考虑该章注释四②。即类、章注释与子目注释的应用次序为:子目注释——章注释——类注释。

④某个五位数级子目下所有六位数级子目的商品总和不得超出其所属的五位数级子目的商品范围;同样,某个四位数级税目下所有五位数级子目的商品总和也不得超出其所属的四位数级品目的商品范围。

总之,规则六表明,只有在货品归入适当的四位数级品目后,方可考虑将它归入合适的五位数级或六位数级子目,并且在任何情况下,应优先考虑五位数级子目后再考虑六位数级子目的范围或子目注释。此外,规则六注明只有属同一级别的子目才可作比较并进行归类选择,以决定哪个子目较为合适;比较方法为同级比较,层层比较。

规则六应用举例:

**【例 7-8】**为金属制带软垫的理发椅进行商品归类。

**【解析】**金属制带软垫的理发用椅——>可涉及的品目:9401 和 9402——>因该两子目不是同一 4 位数级下的子目,因此不能比较——>所以应先看哪个 4 位品目更适合——9402——>9402 列名更具体——>9402 下比较应归 94021010。

### 7.2.3 进出口商品归类的一般方法

商品归类是外贸进出口业务中必不可少的环节。归类的正确与否直接关系到进出口商品能否顺利通关。要对进出口商品进行正确归类,必须要熟悉税则结构,掌握其编排规律;同时,还要注意积累必要的商品知识,了解相关商品的区别和联系特性,以正确使用归类依据,准确归类。商品归类的一般步骤和方法如下。

#### 1)确定品目(四位数级编码)

从商品特性分析开始,初判大概位置,查品目条文,查类注、章注,运用规则二、规则三,确定品目。具体如下:

①根据有关资料分析商品特性,如结构、加工、用途等;

②根据 HS 的分类规律初步分析该商品可能涉及的章和品目;

③查找涉及的几个有关品目的品目条文;

④查看所涉及品目所在章和类的注释,检查相关章注和类注是否有特别的规定;

⑤仍有几个品目可归而不能确定时,运用规则二与规则三。

2）确定子目（五至八位数级编码）

比较所属品目的一级子目条文和子目注释。如对该商品规定得很明确，则可直接确定一级子目（五位数级），如无关规定明确则运用变化了的归类总规则二至规则五确定一级子目。一次重复前述程序，确定二、三和四级子目，即六、七和八位数级子目，最终完成归类。需要注意的是，子目的比较只能在统一数级上进行。

### 7.2.4　商品归类时易发生的错误

1）品目归类时解题程序上易发生的错误

（1）抓不准待归商品的特征

通常根据《协调制度》进行分类时，对原料性产品按商品的自然属性设章；制成品按所具有的原理、功能及用途设章；对难以按常用的分类标志进行分类的进出口商品，则以杂项制品为名专列类、章。所以首先应该判断的是，待归类商品究竟是按原料、材料上的特征设章，还是按原理、功能及用途上的特征设章，或是应列入杂项制品。

此外，商品归类题目中有时还会给出一些与归类无关的调剂，如产地、品牌等，应注意避免这些因素对归类思路的影响和干扰。例如，中国产生漆，纸箱包装、净重 5 千克的绿豆粉制的干粉丝，奔驰轿车用电动机风挡刮雨器，所给出的条件“中国产”“纸箱包装”和“奔驰”就与归类无关。

【例 7-9】对四缸汽车用内燃发动机，气缸容量 1 500 毫升进行商品归类。

【解析】汽车用内燃发动机从用途上看是汽车的零部件，从功能上看是机械，查阅类、章标题，当视为前者时归入第 87 章“车辆及其零件、附件，但铁道及其电车道车辆除外”；当视为后者时应归入第 84 章“核反应堆、锅炉、机器、机械器具及其零件”，相应品目分别为 87.08 和 84.07。

【例 7-10】对用于腐蚀性流体的瓷制龙头（莫氏硬度 9 以下的瓷制成）进行商品归类。

【解析】从商品构成材料上看是瓷制品，从商品用途上看是特殊的通用零件。查阅类、章标题，当作为前者时，应归入第 69 章“陶瓷产品”；当作为后者时应当归入第 84 章“核反应堆、锅炉、机器、机械器具及其零件”。

（2）误将标题作为具有法律效力的归类依据

在上述归类中，类、章及分章的标题不具备法律效力，仅为查找方便而设。

【例 7-11】对石棉制安全帽（帽内衬有纯棉机织物制衬里）进行商品归类。

【解析】有的同学一看见帽子，就按照第 65 章的章标题“帽类机器零件”，将商品归入第 65 章，进而归入以安全帽列名的子目 6506.1000。实际上该商品看起来既是帽类（按用途）又是石棉制品（按材料）。当作为前者归类时应归入第 65 章品目 65.06，当作为后者归类时应归入第 68 章品目 68.12。再查询两个章的注释，从第 65 章章注一、本章不包括：（二）石棉制帽类（品目 68.12）。品目 68.12 的条文明确包括石棉的制品（如纱线、机织物、服装和帽类……）。因为归类时章标题不具有法律效果，正确的归类方法是按照条文和注释的规定归类，本题商品应归入子目 6812.9100。

（3）忽视运用注释解决归类

注释时为限定协调制度中各类、章、品目和子目所属货品的准确范围，简化品目和子目条文文字，杜绝商品分类的交叉，保证商品归类的唯一性而设立的，是非常重要的归类依据。在货品看起来可归入两个或两个以上品目的情况下，尤其要想到运用注释确定归类。特别要关注涉及归类优先级、划分多个编码的界限、归类原则以及排他性的注释规定。

**【例 7-12】**对超过 100 年的水墨画原件（有收藏价值）进行商品归类。

**【解析】**水墨画原件是手绘艺术品，查阅类、章标题应归入第 97 章。看起来既是手绘画，也是超过 100 年的古物。如作为前者应该归入品目 97.01“油画、粉画及其他手绘画”；如作为后者应归入品目 97.06“超过 100 年的古物”。

因为第 97 章章注释四第（二）条规定品目 97.06 不适用于可以归入该章其他各品目的物品，所以超过 100 年的水墨画原件应归入品目 97.01，最终归入子目 9701.1010。本例的关键是牢记注释和品目条文在归类时处于同样优先的地位。如果忽视运用注释，就会误用规则三（3）从后归类的方法即归入品目 97.06。

（4）错误运用归类总规则

归类总规则是商品归类时必须遵循的总原则，其应用条件是在品目条文和注释不能解决归类的情况下才能应用。

**2）子目归类时解题程序上易发生的错误**

（1）误将子目归类优先于品目归类

**【例 7-13】**为氯乙烯-乙酸乙烯酯共聚物，按重量含乙酸乙烯酯单体单元为 60%（水分散体）进行商品归类。

**【解析】**氯乙烯-乙酸乙烯酯共聚物是以氯乙烯和乙酸乙烯酯为共聚单体的合成物资，是塑料，查阅类、章标题应归入第 39 章“塑料及其制品”。

因例 7-13 中的商品是初级形状，所以应归入第 1 分章。该分章未见明确列有氯乙烯-乙酸乙烯酯共聚物的品目。此混合物中按重量最大的那种共聚单体单元所构成的聚合物的品目归类。因按重量计乙酸乙烯酯聚合物归类，归入品目 39.05。因 39.05 品目下有一个“其他”子目，所以子目的归类应参照子目注释 1 办理，即因本例商品乙酸乙烯酯的含量不足 95%，所以不能视为聚乙酸乙烯酯，而应视为乙酸乙烯酯共聚物，最终归入子目 3905.2100。但是有的同学对氯乙烯-乙酸乙烯酯共聚物不了解，忙于到子目条文寻求帮助，当发现品目 39.04 项下有以氯乙烯-乙酸乙烯酯共聚物列明的子目后，就误归入 3904.3000。

（2）非同级子目进行比较

有时，品目归队了，但会因为忽视了子目归类时应按照归类总规则六规定的原则——子目的比较只能在统一数级上进行，造成归类错误。

# 7.3 海关对进出口货物商品归类的管理

商品归类是海关正确执行国家关税政策与贸易管制措施以及准确编制海关出口统计数据的基础。因此,正确地进行商品归类,在进出口货物通关中具有十分重要的意义。

## 7.3.1 进出口商品归类的依据

我国的商品归类以《协调制度》为体系,以《进出口税则》和《海关统计商品目录》为执法依据。《海关法》规定:"进出口货物的商品归类按照国家有关商品归类的规定确定。"具体来说,主要包括以下两个方面。

### 1) 主要依据

①《中华人民共和国海关法》《中华人民共和国进出口关税条例》《中华人民共和国海关进出口货物征税管理办法》;

②《中华人民共和国海关进出口税则》归类总规定、类注、章注、子目注释和税目条文;

③海关总署下发的关于商品归类的有关规定,主要包括海关总署的文件、归类决定、归类行政裁定、归类技术委员会决议和由海关总署转发的世界海关组织归类决定等;

④《进出口税则商品及品目注释》;

⑤《中华人民共和国进出口税则本国子目注释》。

### 2) 其他依据

在进出口商品归类过程中,海关可以要求进出口货物的收发货人提供商品归类所需要的材料,并将其作为商品归类的依据。必要时,海关可以组织化验和检验过程,并将海关认定的化验和检验结果作为商品归类的依据。

## 7.3.2 进出口商品归类的申报要求

商品归类是一项技术性较强的工作。申报的货物名称、规格和型号等必须能满足归类的要求,报关员应向海关详细提供归类所需要的货物的形态、性质、成分、加工程度、结构原理、功能和用途等技术指标和技术参数等。

为了规范进出口企业的申报行为,提高通关数据质量,加快通关速度,促进贸易便利化,海关总署关税征管司根据 2014 年《中华人民共和国进出口税则》的变化情况,编制了 2014 年《中华人民共和国海关进出口商品规范申报目录》(以下简称《目录》),发布 8 位税号对应商品的申报要素。

该《目录》采用了与《中华人民共和国进出口税则》一致的结构,所列商品按照类、章的层次排列。正文由“税则号列”“商品名称”“申报要素”和“说明举例”组成，其中申报要素包括归类要素、价格要素、审单及其他要素。进出口货物收发货人或其代理人在填报海关进出口货物报关单的“商品名称和规格型号”栏目时，应按照目录中所列商品申报要素的内容来填报。

**小贴士 7-7**

如果货物的主人以商业秘密为由拒绝提供详细货物申报资料怎么办?

如实申报是进出口商品归类申报的最基本要求，海关可以要求进出口货物收发货人或其代理人提供确定商品归类所需的材料，必要时可以要求其进行补发以及补充申报。如若收发货人以商业秘密为由拒绝提供详细资料，如果确实涉及商业机密，可通过事前书面申请的方式要求海关予以保密。若货物收发货人或其代理有所隐瞒、拖延或拒绝提供有关单证资料的情况，海关可以根据其申报的内容依法进行调查，并确认该商品的正确商品编码。

### 7.3.3 商品预归类

商品预归类是世界海关组织向各国海关当局和企业组织推荐的一种现代贸易通关中的商品管理工作模式，属于一种国际通行的做法。简单地说，预归类就是把商品归类的过程前置，在海关注册登记的进出口货物经营单位（以下简称申请人），在货物实际进出口的 45 日前，向直属海关申请就其拟进出口的货物预先进行商品归类。

#### 1）预归类的申请

预归类的申请人申请预归类时，应当填写《中华人民共和国海关商品预归类申请表》，如表 7-2 所示，以一式两份提交给进出口地海关。

**表 7-2　中华人民共和国海关商品预归类申请表**

| 申请人： |
|---|
| 企业代码： |
| 通信地址： |
| 联系电话： |
| 商品名称（中、英文）： |
| 其他名称： |
| 商品描述（规格、型号、结构原理、性能指标、功能、用途、成分、加工方法、分析方法等）： |
| 进出口计划（进出口日期、口岸、数量等）： |
| 随附资料清单（有关资料请附后）： |
| 此前如就相同商品持有海关商品预归类决定书的，请注明决定书编号： |

续表

| 申请人(章)<br><br><br>年 月 日 | 海关(章)<br>预归类申字 号<br>接收日期: 年 月 日<br>签收人: |
|---|---|

注:1.填写此申请表前阅读《预归类暂行办法》;
2.本申请表一式两份,申请人和海关各一份;
3.本表加盖申请人和海关印章方为有效。

**小贴士 7-8**

**预归类申请时应该注意的问题**

1. 申请人应该按照海关要求提供足以说明申报商品情况的资料,如进出口合同复印件、照片、说明书、分析报告和平面图等,必要时提供商品样品。申请所附文件如果为外文,应同时提交中文译文。

2. 申请人应对其提供资料的真实性负责,不得向海关隐瞒或向海关提供影响预归类准确性的倾向性资料;如实际进出口货物与《中华人民共和国海关进出口商品预归类决定书》(以下简称《预归类决定书》)所述及的商品不相符,申请人应承担法律责任。

3. 一份预归类申请表中应只包含一项商品,申请人对多项商品申请预归类的应分别填表提出申请。

4. 申请人不得就同一种商品向两个人或两个以上海关提出预归类申请。

5. 申请人可向海关申请对其进出口货物所涉及的商业秘密进行保密。

6. 在预归类决定书的有效期内,申请人对归类决定持有异议,可向作出决定的海关提出复核。

7. 申请表必须加盖申请单位印章,所提供的资料与申请表必须加盖骑缝章。

#### 2)预归类的受理和预归类的决定

海关根据规定对预归类申请进行复查,申请预归类的商品归类事项,经直属海关审核认为符合《中华人民共和国进出口税则》《海关进出口税则——统计目录商品及品目注释》和《中华人民共和国进出口税则本国子目注释》以及海关总署发布的关于商品归类的行政裁定,商品归类决定有明确规定的,应当在接受申请之日起 15 个工作日制发《预归类决定书》,并且告知申请人。属于没有明确说明的,应当在接受申请之日 7 个工作日内告知申请人按照规定申请行政裁定。

#### 3)预归类决定书的效力

预归类决定书对该决定的申请人和作出决定的海关具有约束力,对该决定书所述货物的海关商品归类在其有效期内具有约束力。直属海关作出的预归类决定在本关区范围内有效，海关总署作出的预归类决定书在全国范围内有效。

预归类决定书的有效期为海关签发之日后1年内，只允许申请人使用。

海关在作出预归类决定后，不得随意更改。有关规定发生变化导致相关预归类决定书不再适用的，作出预归类决定的直属海关应当制发“变更通知书”或者发布公告，通知申请人停止使用有关预归类决定书。

小贴士 7-9

**商品预归类、商品归类行政裁定与商品归类决定的对比**

| 名称 | 启动人 | 内容性质 | 决定人 | 适用对象 | 适用范围 |
|---|---|---|---|---|---|
| 商品预归类 | 管理相对人 | 有明确规定 | 直属海关 | 申请人 | 对应的直属海关关区 |
| 商品归类行政裁定 | 管理相对人 | 无明确规定 | 海关总署或其授权机构 | 所有管理相对人 | 关境内统一适用 |
| 商品归类决定 | 海关 | 有或无明确规定 | 海关总署或其授权机构 | 所有管理相对人 | 关境内统一适用 |

## 案例实训

2009年3月，浙江华通机电进出口公司为杭州瑞丰混凝土公司代理进口10辆机动混凝土搅拌车，浙江华通机电进出口公司委托汉德报关行办理商品归类和确定海关监管条件。

任务1：要认知，要“识货”；

任务2：套用六大归类总规则；

任务3：归出税则号；

任务4：利用INTERNET电子途径确定海关监管条件。

**【解答】**

操作1：识货。汽车车辆类—货车—机动车—混凝土车—混凝土搅拌车

操作2：可套用规则三(1)“具体列名”

操作3：归出税则号87054000

操作4：http://shanghai.customs.gov.cn/default.aspx 上海海关网→查询→商品编码查询→输入商品编码，可知该混凝土搅拌车的海关监管条件为：“AB6O”。A(入境货物通关单)、B(出境货物通关单)、6(旧机电产品禁止进口)、O(自动进口许可证)。对于本例来说只需要“AO”。

# 课内练习

## 一、不定项选择题

1.进口一辆缺少轮子的汽车,在进行该商品的海关税则归类时,应按(　　)归类。

A.汽车的零部件　　B.汽车底盘　　C.汽车车身　　D.汽车整车

2.按照商品归类总规则,下列叙述中正确的是(　　)。

A.在进行商品归类时,商品的包装容器应单独进行税则归类

B.在进行商品归类时,混合物可以按照其中一种成分进行税则归类

C.在进行商品归类时,列明比较具体的税目优先于一般的税目

D.从后归类的原则是商品税则归类的普遍使用原则

3.HS 中的税(品)目中所列货品,除完整品和制成品外,还应包括(　　)。

A.在进出口时具有完整品基本特征的不完整品

B.在进出口中具有制成品基本特征的未制成品

C.完整品或制成品在进出口时的未组装件或拆散件

D.具有完整品或制成品基本特征的不完整品或未制成品在进出口时的未组装件或拆散件

4.下列货品属于 HS 归类总规则所规定的"零售的成套货品"的是(　　)。

A.一个礼盒、内有咖啡一瓶、咖啡伴侣一瓶、杯子两只

B.一个礼盒、内有白兰地酒一瓶、打火机一只

C.一包方便面、调料包两包、叉子一把

D.一个礼盒、一块巧克力、一个塑料玩具

5.请指出下列叙述中错误的是(　　)。

A.《海关进出口税则》的类、章及分章的标题,仅为查找方便设立

B.归类总规则一规定,具有法律效力的商品归类,应按品目条文和有关类注或章注确定

C.子目的比较只能在同一数级上进行

D.当税目条文、类注和章注没有专门规定,而商品归类不能确定时,按与该商品最相类似的商品归类

6.对商品进行归类时,品目条文所列的商品,应包括该项商品的非完整品或未制成品,只要在进口或出口时这些非完整品或未制成品具有完整品或制成品的(　　)。

A.基本功能　　B.相同用途　　C.基本特征　　D.核心组成部件

7.适合供长期使用的包装容器,必须符合下列(　　)个方面的要求,应与所装的物品一

同归类。

A.制成特定形状或形式

B. 适合长期使用

C. 与所装物品一同报验、一同出售

D.不构成整个物品的基本特征

8.下列货品进出口时,包装物与所装物品应分别归类的是（　　）。

A.装液化气用的钢瓶　　B.装茶叶的银制茶叶罐

C.装电视机的纸箱　　D.分别进口的照相机和照相机套

## 二、判断题

1.已具有成品零件的形状特征,但是还不能直接使用的毛坯件,可按成品零件归类(除另有规定外)。（　　）

2."从后归类"的原则是进行商品归类时优先使用的原则。（　　）

3.当货品看起来可归入两个或两个以上税目时,应按"基本特征"的原则归类。（　　）

4.按照归类总规则的规定,税目所列货品,还应视为包括该货物的完整品或制成品在进出口时的未组装件和拆散件。（　　）

5.进出口商品在品目项下各子目的归类应当按照品目条文和类注、章注确定。（　　）

## 三、为下列商品进行商品归类

1.冻扇贝(供食用)

2.活珍珠鸡(供食用,重 2 千克)

3.供食用的野鸭

4.仅经过洗涤处理的野鸭羽绒(制羽绒被用)

5.供食用的活甲鱼

# 课外实训

## 一、为下列商品进行商品归类

1.供人食用的冷猪肝

2.干海马

3.供食用的冻大闸蟹

4.鳗鱼苗

5.混合冻鸡杂碎(非供人食用)

## 二、请完成以下工作任务

浙江胜利大剧院(以下简称大剧院)施工中需要配置一套闭路电视监控系统,经过公开投标,德国博视明电子技术有限公司(以下简称博视明公司)中标。大剧院委托浙江兴茂进出口有限公司(以下简称兴茂公司)代理进口,三方签订了进口合同,合同总金额为18.5万欧元。这套闭路电视监控系统不仅仅是一个监控系统,还由摄像机、监视器、录像机、视频分配器等多个独立功能的机器组成。一个月后,货物将会如期到达港口。兴茂公司委托明达通关服务有限公司办理商品归类和确定海关监管条件。假设你为该公司指派该项工作的员工,请简述以下你该完成的任务:

任务1:要对商品有所认识。

任务2:套用六大归类总规则,归出税则号。

任务3:确定海关监管条件。

# 第 8 章　进出口税费的计算

## 案例导读 8-1

### 27 岁小伙 3 年骗税 1.8 亿元人民币

张某发，1986 年生，2007 年，大专毕业的他来到深圳，在一家外贸公司工作，积累了不少骗取出口退税的门道。2008 年 5 月，他成立注册了深圳市隆泰祥进出口有限公司，据其后来向公安机关交代，“成立隆泰祥公司的目的就是用来骗税的，隆泰祥接收的发票都是虚开的。”

骗取出口退税的手法有多种，产品主要以服装、电子产品和家具为主。举例来说，A 从河南农民手中收购棉花，但农民没发票只能写收据，价格高低随意写，A 拿收据去税务机关抵扣，开出棉花的发票，税收成本大约 3%，B 则从 A 处收购棉花后，加工成纱线，征税约 5%，外贸公司再以 6%~7%的成本，从 B 手里大量购买增值税发票。

原本从纱线到服装，中间还需大量的工序，但坐在办公室里闭门造车的外贸公司要从这些环节生产企业处购票，操作起来很麻烦，因此，外贸公司提供的一张服装发票，纱线的原材料发票就占九成，这个明显的作假痕迹，一经检查则易暴露。

张某发团伙控制了 17 家服装生产企业和 7 家外贸公司。张某发与服装企业之间达成协议，由其为企业支付场地租金，或者每虚开一百万元给予 1%的好处费，企业则为张某发虚开增值税发票提供条件。

据办案人员计算，出口退税率最高为 16%~17%，一张贸易骗税单扣除买发票的成本 6%~7%、配货配票环节花费 3%左右以及找地下钱庄出资的手续费 1%~2%后，外贸公司可赚取 5%~7%的利润率。

警方侦查，从 2008 年到 2011 年底，以张某发为首的犯罪团伙虚开发票遍布福建、江苏、甘肃等多个省份，2013 年 3 月 20 日、3 月 23 日、4 月 12 日和 6 月 19 日，专案组先后 4 次开展联合行动，广东警方共出动警力数百人次，一举捣毁 4 个虚开、骗税团伙，共抓获犯罪嫌疑人 30 余名，捣毁以生产企业和外贸公司为作案窝点的场所 26 家，查扣作案电脑 25 台，印章、银行卡、ukey 近百个，查获近百家涉案企业的各类票证超过 5 吨。经查，该案涉及 17 家深圳生产企业、12 家深圳外贸企业和 5 家外地企业。涉案生产企业自 2008 年年底至案发日止，共虚开增值税专用发票 7 787 份，票面金额高达 12.8 亿元人民币，骗取国家税款 1.8 亿余元。

警方提醒，一般的中小企业作为小规模纳税人，无法开具增值税发票，只有升级为一般纳税人后才能开增值税发票，但两三个人的外贸公司，不需要任何生产成本，一两百万元就可开展业务，却被允许开增值税发票。骗税的“毒瘤”在于有报关行和货代公司的配合，在现实中不太可能取缔这两个行业，因为真实的货物出口必须找这两个公司来运作。是否可以降低5个百分点的出口退税率，这也正是骗税分子所能赚取的利润率，如果去除了利润空间，骗税分子就无利可图。

（资料来源：优步税率网，http://www.shuilv.org/news/4423.html）

**知识目标**

1.掌握关税、进口环节税、船舶吨税、税款滞纳金以及滞报金的概念。

2.了解我国海关审价的依据和进出口完税价格审定方法。

3.熟悉货物原产地申报要求以及原产地认定标准。

4.掌握税率适用的规定和实际运用规定。

5.理解税费的计算、缴纳与减免等规定。

**技能目标**

1.能够正确审定进出口货物的完税价格。

2.能够确定进出口货物的原产地。

3.能够合理应用进出口税率。

4.能够正确计算关税、滞纳金和进口环节税等。

## 8.1　进出口税费概述

进出口税费是指货物在进出口环节由海关依法征收的关税，其中进口环节由海关代征的是增值税和消费税以及船舶吨税。征收税费是海关的四大基本任务之一。本章将介绍进出口环节各种税费的种类、完税价格和税率确定办法、具体计算方式、减免税货物的确定以及税费缴纳等知识。进出口税费的具体种类，如图8-1所示。

### 8.1.1　关税

关税是国家税收的重要组成部分，是由海关代表国家按照国家制定的关税政策和有关法律、行政法规的规定，对准许进出关境的货物和物品向纳税义务人征收的一种流转税。关税是一种国家税收，其征收的主体是国家，由海关代表国家向纳税义务人征收；课税对象是进出关境的物品。

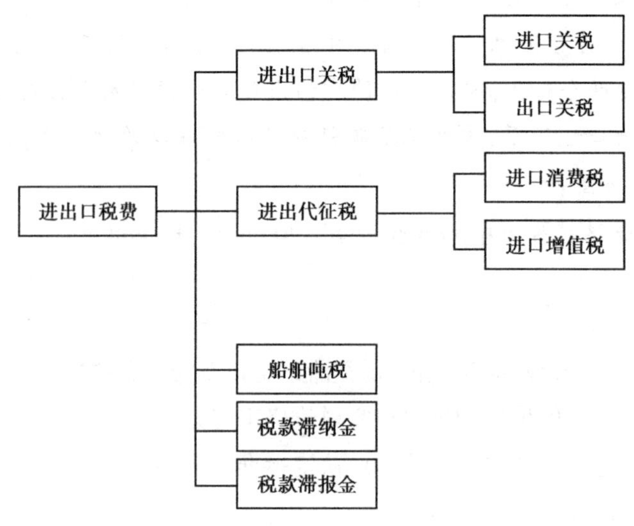


图 8-1 进出口税费的种类示意图

**小贴士 8-1**

**关税的起源**

关税的起源很早。随着社会生产力的发展,出现了商品的生产和交换。关税正是随着商品交换和商品流通领域的不断扩大,以及国际贸易的不断发展而产生和逐步发展的。

在古代,统治者在其领地内对流通中的商品征税,是取得财政收入的一种最方便的手段和财源。近代国家出现后,关税成为国家税收中的一个单独税种,形成了近代关税。其后,又发展成为现代各国所通行的现代关税。

在我国,西周时期(约公元前 11 世纪至公元前 771 年)就在边境设立关卡(最初主要是为了防卫)。《周礼·地官》中有了"关市之征"的记载,春秋时期以后,诸侯割据,纷纷在各自领地边界设立关卡,"关市之征"的记载也多起来。关税从其本来意义上是对进出关卡的物品征税;市税是在领地内商品聚散集市上对进出集市的商品征税。征税的目的是"关市之赋以待王之膳服"。据《周礼·天官》记载,周朝中央征收九种赋税,关市税是其中一种,直接归王室使用,关和市是相提并论的。边界关卡之处也可能是商品的交换集市。关税和市税都是对商品在流通环节中征税。《管子·问篇》曾提到"征于关者勿征于市,征于市者勿征于关",对同一商品不主张重复征税,以减轻商人负担。关市之征是我国关税雏形,我国"关税"的名称也是由此演进而来的。

秦统一天下以后,汉唐各代疆界不断扩大。在陆地边境关口和沿海港口征税,具有了边境关税的性质。但我国古代对外贸易虽有陆上和海上"丝绸之路"的贸易往来,但较之欧洲各国,发展不快,数量不大。边境关卡征税不是其主要任务。而在国内关、津各卡征税以"供御府声色之费",一直是官府收入的财源之一。如唐朝的"关市税"和明朝的"钞关税"主要是指在内地关卡征税。在沿海港口对进出港的货物征税,各朝代有不同的名称。如唐朝的"下碇税",宋朝的"抽解",明朝的"引税""船钞"等,由称为市舶司(使)的机关负责征税。到清朝康熙年间才在沿海设立粤、闽、浙、江四个"海关",对进出口的货物征收船钞和货税。直到鸦片战争后,受到西方国家的入侵,门户被迫开放,海关大权落入外人之手,尤其是英人一直统治着我国海关,引进了近代关税概念和关税制度,国境关税和内地关税才逐渐有所区别。到1931年取消了常关税、子口税、厘金税等国内税(转口税不久也取消),此后,我国的关税就只指进口税和出口税。对进出国境的货物只在进出境时征收关税。

新中国成立后,我国真正取得了关税自主权。但在新中国成立初期,由于发达资本主义国家对我封锁禁运等一些历史原因,我国关税工作比较简单,关税不被重视。自20世纪80年代实施对外开放政策后,国际间的经济贸易往来大量增多,经济改革使关税的作用日益受到重视,国际间的关税协定的有关关税的事务日益繁多,关税制度不断改革和完善,逐步实现了现代化和国际化。

#### 1)进口关税

进口关税是指一国海关以进境货物和物品为课税对象所征收的关税,包括正税和附加税两种,根据不同标准,进口关税可以进行不同的分类。按照征收方式可以分为四种,分别是从价税、从量税、复合税以及滑准税;按照税率种类方式也可分为四种,分别是最惠国待遇关税、协定关税、特惠关税以及普通关税,具体可如表8-1所示。本章着重介绍按照征收方式对进口关税的分类说明。

表8-1 进口关税的分类方式

| 按征收方式分类 | 按税率种类分类 |
|---|---|
| 从价税 | 最惠国待遇关税 |
| 从量税 | 协定关税 |
| 复合税 | 特惠关税 |
| 滑准税 | 普通关税 |

(1)从价税

从价税是以货物或物品的价格作为计税标准,以应征税额占货物价格的百分比为税率,价格和税额成正比例关系的关税。从价税是包括中国在内的大多数国家正在使用的计税标准,其优点是易于计算和实施,缺点是完税价格的确定可能会存在争议。从价税计算公式如下：

应征税额 = 进口货物完税价格 × 进口从价税税率

减税征收的进口关税税额 = 进口货物完税价格 × 减按进口关税税率

在计算从价税时需要注意三个问题：首先，完税价格一般认为是货物的 CIF 价格，若进口货物或物品是以其他的贸易术语报价的，在计算关税时要统一转换为 CIF 报价。其次，应将应税货物归入适当的税号，再根据原产地规则和税率适用规定，确定应税货物所使用的税率，具体的确定在后面的小节有详细讲解。最后，将外币折算成人民币完税价格，然后按照计算公式正确计算应征税款。

**【例 8-1】**杭州方正进出口公司进口冰岛鱼肝油 50 箱，每箱装 24 瓶，每瓶 120 粒装，成交价格为每瓶 FOB 雷克雅未克 50 美元，保险费 700 美元，实际支付运费 2 000 美元。已知外汇牌价为 1 美元=6.60 元，请计算应征关税税额。

**【解析】**首先对该产品进行商品归类，鱼肝油归入税目税号：15041000。

根据原产地规则和税率规定，鱼肝油进口普通税率为 30%，优惠税率为 12%，增值税率为 17%，最终原产冰岛鱼肝油进口使用优惠税率 12%。

审定完税价格，转换为 CIF 价格。

CIF 价格 = FOB 价格 + 运费 + 保险费 = 50×50×24+700+2 000 = 62 700（美元）

人民币完税价格为 62 700×6.60=413 820（元）

应征税额=进口货物完税价格× 进口从价税税率 = 413 820×12% = 49 658.40（元）

所以，这批进口鱼肝油的应征关税为 49 658.40 元。

（2）从量税

从量税是以货物或物品的计量单位作为计税标准，按每计量单位的应征税额征收的关税。其优点是征收简便，但缺点是税负不尽合理，发挥关税的调节作用有限。目前我国对冻鸡、石油原油、啤酒和胶卷等类进口商品征收从量税。从量税计算公式如下：

应征税额 = 进口货物数量 × 单位税额

在计算从量税时需要注意，首先应按照归类原则确定税则归类，将应税货物归入适当的税号，再根据原产地规则和税率适用规则，将应税货物的适用税率确定下来，最终将外币折算为人民币后再按照计算公式计算应征税额。

**【例 8-2】**重庆银星进出口有限公司于 2011 年 5 月进口德国生产的彩色胶卷 10 000 卷（每卷 0.057 75 平方米），其规格为 135/16，税则号列为 37025410，经海关审定成交价为 CIF 上海 10 000 美元，已知当时外汇牌价为 1 美元=6.50 元，请计算应征关税税额。

**【解析】**归入税则号列：37025410；

根据原产地规则确定税率，适用最惠国税率为 120 元每平方米；

确定进口货物数量为 10 000×0.057 75 = 577.5（平方米）

应征税额=进口货物数量×单位税额=577.5×120 = 69 300（元）

所以，这批进口胶卷的征税税额为 69 300 元。

(3)复合税

复合税,也被称作混合税,是指在具体征税计算时,将一个税目中的商品同时使用从价和从量两种标准进行计税,计税时按两者之和作为应征税额征收的关税,应用完税价格的梯度变化确定征税方式。整体上看,复合税结合了从价税和从量税的优点,缺点是计算麻烦,推广难度较大。目前我国对录像机、放像机、摄像机、非家用型摄录一体机和部分数字照相机等进口商品征收复合型关税。复合税计算公式如下:

应征税额=进口货物完税价格 × 进口从价税税率+进口货物数量 × 单位税额

【例 8-3】台州华宇经贸有限公司于 2013 年 8 月进口日本原产索尼摄像机 100 台,其中的 60 台以每台 3 000 美元进口,其余 40 台以每台 4 800 美元进口,已知当时外汇牌价为 1 美元=6.30 元,请计算应征关税税额。

【解析】首先将商品归入税号:8 525.309 1,使用复合税征收关税:每台完税价在 4 000 美元及以下的征收从价税,税率为 20%,4 000 美元以上的征收从量税,单位税额 4 000 元每台,另加收 3%从价税;根据原产地规则确定税率,原产日本,使用最惠国税率;

确定人民币完税价格:

60 台每台 3 000 美元的摄像机:60×3 000×6.30 = 1 134 000(元)

40 台每台 4 800 美元的摄像机:40×4 800×6.30 = 1 209 600(元)

应征税额=进口货物完税价格 × 进口从价税税率+进口货物数量 × 单位税额

=1 134 000×20%+40×4 000+1 209 600×3%

=226 800+160 000+36 288=423 088(元)

所以,该批摄像机应征税额为 423 088 元。

(4)滑准税

滑准税是指预先按照产品的价格高低分档定制若干不同的税率,然后根据进口商品价格的变动而增减进口税率的一种关税。当商品的价格上涨时采用较低税率,当商品价格下跌时采用较高税率,其目的是使该种商品在国内的市场价格保持相对稳定。我国目前对关税配额外进口的一定数量的棉花实行滑准税。

**小贴士 8-2**

棉花(税则号列:52010000),确定滑准税暂定关税税率可有以下规定:

当进口棉花完税价格高于或等于 11.397 元/千克时,按 0.570 元/千克计征从量税。

当进口棉花完税价格低于 11.397 元/千克时,暂定关税税率按下述公式计算:

$$Ri = 8.686/Pi + 2.526\% \times Pi - 1$$

对该公式精算结果四舍五入保留 3 位小数。将 Ri 值转换为暂定关税税率,高于 40%时,取 40%;Pi 为关税完税价格,单位为“元/千克”。

2)出口关税

出口关税是指海关出境货物或物品为课税对象所征收的关税。为鼓励出口,世界各国一般不征收出口税或仅对少数商品征收出口税。但之所以征收出口关税,是限制和调控某些商品的过度、无序出口,特别是防止本国一些重要自然资源和原材料的无序出口,如稀土、矿石等。我国出口关税主要以从价税为计征标准。具体计算公式如下:

应征出口关税税额 = 出口货物完税价格×出口关税税率

出口货物是以 FOB 价格成交的,应以该价格扣除出口关税后作为完税价格。

完税价格 = FOB/(1+出口关税税率)

如果出口货物是以其他贸易术语成交的,应换算成 FOB 价,然后再按上述公式计算。实际上,我国会在一定时期内对部分出口商品临时开征出口暂定关税,或者在不同阶段实行不同的出口暂定关税税率,或者加征特别出口关税。根据《关税条例》的规定,适用出口税率的出口货物有暂定税率的,应当适用暂定税率。

**【例 8-4】**温州明德贸易公司于 2014 年 10 月出口一批货物,共 100 公吨到土耳其,成交价为 CFR 伊斯坦布尔每公吨 500 美元,进海关确定该货物需缴纳出口关税,使用暂定税率为 20%,已知国际运费为每公吨 40 美元,当日外汇牌价为 1 美元 = 6.40 元,请计算应征关税税额。

**【解析】**确定完税价格为 FOB 价格 = CFR 价格 - 运费 = 500-40 = 460 美元/公吨

完税价格 = FOB/(1+出口关税税率)= 460×6.40/(1+20%)= 2 453.333 3 (元)

出口关税税额 = 出口货物完税价格×出口关税税率 = 2 453.333 3×20%×100

= 49 066.67 (元)

∴ 该批货物应征税额为 49 066.67 元。

### 8.1.2 进口代征税

按照国家规定,境外货物进入境内市场流通应该与境内生产货物在税收环节相同管理,应依法缴纳国内税,其中包括进口环节的消费税、增值税和船舶吨税,由海关代征。

#### 1)进口环节消费税

(1)定义

消费税是指以消费品或消费行为的流转额作为课税对象而征收的一种流转税。《消费税暂行条例》规定,开征消费税的目的是调节我国的消费结构,引导消费方向,确保国家财政收入。我国的消费税由税务机关征收,进口环节的应税消费品的消费税由海关代征。

(2)征收范围

根据我国经济社会发展现状和现行的消费政策、人民群众的消费结构以及财政需要,并借鉴国外的通行做法确定消费税的征税范围,目前主要征收对象包括以下几种:

①一些过度消费会对人的身体健康、社会秩序和生态环境等方面造成危害的特殊消费品,比如烟、酒、酒精、鞭炮和焰火等;

②奢侈品、非生活必需品，如贵重首饰及珠宝宝石、化妆品等；

③高能耗的高档消费品，比如小轿车、摩托车和汽车轮胎等；

④不可再生和替代的资源类消费品，如汽油和柴油等。

(3)计算方式

我国进口的应税消费品消费税采用了从价、从量和复合计税的方式计征。消费税采用价内税的计算方法，即计税价格中包含了消费税税额。

①从价法：

消费税应纳税额=消费税组成计税价格 × 消费税比例税率

= (进口货物完税价格+关税税额+消费税税额)×消费税比例税率

= (进口货物完税价格+关税税额)/(1-消费税率)×消费税比例税率

②从量法：

消费者应纳税额 = 应征消费税消费品数量 × 消费税单位税额

③复合法：

消费税应纳税额=应征消费税消费品数量×消费税单位税额+

消费税组成计税价格×消费税比例税率

在计算进口环节消费税时要注意三点：首先，要按照归类原则确定税则归类，将应税货物归入适当的税号，并确定应税货物所适用的消费税税率；其次，确定应税货物的 CIF 价格，并折算成人民币的完税价格；最后，按照计算公式正确计算消费税税款。进口环节消费税的起征点是人民币 50 元，低于 50 元的货物进行免征。进口环节消费税的征收管理，适用关税征收管理的规定。

**【例 8-5】**上海明珠公司进口一批比赛用的摩托车，共计 20 辆，成交价为 CIF 上海 1 500 美元，已知该类型摩托车进口关税税率为 25%，消费税税率为 7%，当日外汇牌价为 1 美元=6.40 元，请计算其进口应缴纳的消费税。

**【解析】**确定完税价 = 1 500×20×6.40 = 192 000 (元)

进口关税额= 192 000×25% = 48 000 (元)

消费税组成计税价格=（进口货物完税价格+关税税额）/(1-消费税率)

= (192 000+48 000)/(1-7%)

= 258 064.52 (元)

消费税应纳税额 = 消费税组成计税价格 × 消费税比例税率

=258 064.52 × 7%

=18 064.52 (元)

∴ 该批摩托车进口应缴纳的消费税为 18 064.52 元。

**2)进口环节增值税**

(1)定义

进口环节增值税是在货物或物品进口时,由海关依法向进口货物的法人或自然人征收的一种增值税。进口环节增值税由海关依法征收,其他环节的增值税由税务机关征收。

(2)征收范围

我国增值税的征收原则是中性、简便和规范,采取基本税率再加一档低税率的征收模式。一般规定纳税人销售或者进口除适用低税率的货物以外的货物,以及提供加工、修理修配劳务适用基本税率为17%。纳税人销售或者进口下列货物适用低税率13%。

①粮食和食用植物油;

②自来水、暖气、冷气、热水、煤气、石油液化气、天然气、沼气和居民用煤炭制品;

③图书、包子和杂志;

④饲料、化肥、农药、农机和农膜;

⑤国务院规定的其他货物。

(3)计算公式

进口环节增值税以组成价格作为计税价格,征税时不得抵扣任何税额。进口环节的增值税组成价格由关税完税价格加上关税税额组成,应征消费税的品种的增值税组成价格要加上消费税税额,其计算公式如下:

增值税应纳税额=增值税组成计税价格 × 增值税税率

=(进口关税完税价格+进口关税税额+消费税税额)×增值税税率

在计算进口环节增值税时,首先要注意按照归类原则确定税则归类,将应税货物归入适当的税号并确定应税货物所适用的增值税税率,确定应税货物的 CIF 价格,并折算为人民币的完税价格;然后计算关税税款、消费税税款,最终按照公式计算消费税税款。我国进口环节增值税的起征点与进口环节消费税的起征点一致为人民币 50 元,低于 50 元的免征。

**【例 8-6】**友民农资公司委托浙江金华进出口有限公司从俄罗斯进口一批化肥,共计 30 公吨,成交价格为 CIF 上海每公吨 1 000 美元,已知该类型化肥进口关税税率为 5%,消费税税率为 8%,增值税为 13%,当日外汇牌价为 1 美元=6.50 美元,请计算其进口应缴纳的增值税是多少。

**【解析】**确定完税价格 = 1 000×30×6.50 = 195 000 (元)

进口关税额 = 195 000×5% = 9 750 (元)

消费税应纳税额=(进口货物完税价格+关税税额)/(1-消费税率)×消费税比例税率

= (195 000+9 750)/(1-8%)×8%

= 17 804.35 (元)

增值税应纳税额=(进口关税完税价格+进口关税税额+消费税税额)×增值税税率

=(195 000+9 750+17 804.35)×13%

= 28 932.07（元）

∴ 该批化肥进口应缴纳的增值税为 28 932.07 元。

小贴士 8-3

**出口欧洲转运清关的 3 种免交进口增值税的小妙招**

1. 汉堡转运 Fiscal Representative 免进口增值税

根据德国《营业税法》（§ 22a ff. UstG）的相关规定：对于所有来自欧盟成员国的非德国进口商(比如波兰、捷克、匈牙利、意大利、法国等)，在德国尚且没有分公司，其进口货物也不直接在德国境内销售。当他们从中国进口的商品经过德国港口过境运输到其他欧盟国家，就可以利用“商务财务代理(Fiscal Representative)”的优势，在清关时只需缴纳欧盟统一关税，而其“立即支付进口增值税”一项则将通过代理在进口申报时得到豁免。此种做法只适用于从中国 FOB，CFR，CIF 到德国，不适用于 DDU 和 DDP 目的地操作。

2.欧盟境内销售免进口增值税

如果经营贸易业务的公司或者合作伙伴公司在德国有税号 Steuernummer / Tax number，可以把从非欧盟国家的货物，以德国公司名义先进口到德国，然后再卖到其他欧盟国家，这样在德国报关申请免进口增值税时就需要两个 Invoice ，一个是从第三国到德国，还有就是德国到其他欧盟国家，但前提条件是货物清关后必须马上运出德国到其他欧盟国家。如果在没有任何延迟的情况下把货物从集装箱转到卡车再运走也是可以的。

3.鹿特丹/安特卫普转运 Fiscal Representative 免进口增值税

对于所有来自欧盟成员国的进口商，他们从中国进口的商品经过鹿特丹或安特卫普港口过境运输到其他欧盟国家，就可以利用“商务财务代理”的优势，在清关时只需缴纳欧盟统一关税，而其“立即支付进口增值税”一项则将通过代理在进口申报时得到豁免。区别于德国转运的是，在这里同样适用于 DDU 和 DDP 目的地操作。

### 8.1.3 船舶吨税

#### 1）定义

船舶吨税是港口国家针对运输船舶进行出境所征收的使用税，由海关代收。征收目的主要是为了航道设施的建设。

#### 2）征税依据和范围

（1）征税依据

根据《中华人民共和国海关船舶吨暂行办法》和《船舶吨税征收管理作业规程》，船舶吨税由海关代交通部征收，海关征收后就递上缴中央国库。船舶吨税税率分为优惠税率和普通税率两种。

(2)征收范围

①正常征收范围：

A.在我国港口行驶的外国籍船舶；

B.外商租用的中国籍船舶；

C.中外合营的海运企业自有或租用的中、外籍船舶；

D.我国租用(包括国外华商所有的和租用的)航行国外及兼营国内沿海贸易的外国籍船舶。

②免征范围：对以下各种外籍船舶，免征船舶吨税

A.与我国建立外交关系国家的大使馆、公使馆、领事馆使用的船舶；

B.有当地港务机关证明，属于避难、修理、停驶或拆毁的船舶，并不上下客货的；

C.专供上下客货及存货之泊定埠船、浮桥宽船及浮船；

D.中央或地方政府征用或租用的船舶；

E.进入我国港口后 24 小时或停泊港口外 48 小时以内离港并未装卸任何客户的船舶；

F.来我国港口专为添装船用燃料、物料并符合上述第 5 条规定的船舶；

G.吨税税额不满 10 元的船舶；

H.在吨税执照期满后 24 小时内不上下客货的船舶。

(3)计算方法

①时间规定。船舶吨税起征日为船舶直接抵达港口之日，即进口船舶应自申报进口之日起征收。船舶吨税的征收方法分为 90 天缴纳期和 30 天缴纳期两种，并分别确定税额，缴纳期限由纳税义务人在申请完税时自动选择。

②计算公式。应纳船舶吨税税额 = 注册净吨位 × 船舶吨税税率(元/净吨)

净吨位 = 船舶的有效容积 × 吨/立方米

按照我国现行规定，凡同时持有大小吨位两种吨位证书的船舶，不论实际装货情况，一律按照大吨位计征吨税。船舶净吨位的尾数，按四舍五入原则，半吨以下的免征尾数，半吨以上的按 1 吨计算。不及 1 吨的小型船舶，除经海关总署特准免征者，一律按 1 吨计征。

(4)船舶吨税退补

当出现下列情形时，海关凭船舶负责人或其代理人提供的有效证明文件，在 1 年内办理船舶吨税的退补手续：

①船舶负责人因不明规定而造成重复缴纳船舶吨税的；

②其他原因造成错征和漏征的。

小贴士 8-4

**船舶吨税曾经又叫“梁头税”**

闽海关时期,船舶吨税称梁头税。它根据船只的长、宽和梁头的高度相乘的容积计征税费。

康熙二十四年(1685 年),清政府准许闽海关开征沿海帆船梁头税。闽海关的梁头税征自国内外商船。国内商船按梁头丈尺计征。凡南台、厦门、泉州、涵江 4 口各类商船,1 丈以内,每尺征税银 5 钱;1 丈以上,2 丈以下征银 1 两;2 丈以上征 2 两,每年征 2 次。道光二十三年九月(1843 年 10 月)后,根据《虎门条约》,海关规定凡商船进口按吨位每吨缴银 5 钱,小船不及 150 吨者,每吨缴银 1 钱。咸丰八年(1858 年)后,凡船 150 吨以上,每吨交纳船钞银改为 4 钱,不及 150 吨者照旧。交纳船钞后,4 个月内转往其他通商口岸,“毋庸另纳船钞”。新关设立后,闽厦两关按章对外商轮船征收船钞。闽海常关对国内民船征收梁课和船例。根据咸丰八年(1858 年)的《天津条约》,闽厦两关征收的船钞主要用于口岸的海务建设。同治和光绪年间也编制了《征免洋商船钞章程》和《通商口岸海关征免船钞章程》,对各类船只船钞征免都作了明确的管理与规定。

### 8.1.4 税款滞纳金

#### 1)定义

滞纳金是指应纳税的单位或个人因逾期向海关缴纳税款而依法应缴纳的款项。海关管理规定,关税、进口环节消费税和进口环节增值税的纳税义务人或其代理人,应当自海关填发税款缴款书之日起 15 日内向指定银行缴纳税款,逾期缴纳的,海关依法在原应纳税款的基础上,按日加收滞纳税款 0.5‰的滞纳金。

#### 2)缴纳金的计算

缴纳金的计算核心是确定滞纳天数,尤其是遇到法定节假日的情况。

(1)正常缴纳期限确定

在实际计算纳税期限时,应从海关填发税款缴纳款书之日的第二天起计算,填发当天不计入期限。缴纳期限的最后一日是星期六、星期日或法定节假日的,关税缴纳期限顺延至周末或法定节假日过后的第一个工作日。如果税款缴纳期限内含有星期六、星期日或法定节假日,则不予扣除。例如,2014 年 4 月 4 日(星期五)海关填发税款缴款书并交予纳税人,则正常的缴纳期限为 4 月 5 日至 19 日(周六),4 月 20 日为周日,19 日和 20 日为法定休息日,故纳税正常期限顺延至法定休息日后的第一个工作日,即 4 月 21 日(周一),也就是说 4 月 21 日为最后期限。

(2)滞纳期限的规定

滞纳天数从缴纳期限最后一日的第二天起,按照实际滞纳天数计算,滞纳期限内的星期六、星期日或法定节假日一并计算。

按照上述的例子,若纳税人在4月21日仍未缴纳税费,而是在4月25日才办理完纳税手续,则从其期限的最后一日的第二日开始,即4月22日开始计算滞纳天数,一直计算到缴纳当天即4月25日,共滞纳4天。

(3)滞纳金计算公式

关税滞纳金金额 = 滞纳关税税额 × 0.5‰ × 滞纳天数

进口环节税滞纳金金额 = 滞纳的进口环节税税额 × 0.5‰ × 滞纳天数

**【例8-7】**萧山西湖进出口有限公司于2015年3月从日本进口数码一批配件,海关核算该货物需缴纳进口关税4 000元人民币,增值税为6 000元人民币,海关于2015年3月13日(周五)填发税款缴款书,该公司一直到4月3日才缴纳税费,请计算应缴纳的滞纳金。

**【解析】**确定正常缴税期限:3月14日到28日,但28日和29日为周末法定休息日,故正常最后期限为3月30日;所以滞纳天数为3月31日到4月3日,共4天。

关税滞纳金金额=滞纳关税税额 × 0.5‰ × 滞纳天数

= 4 000×0.5‰×4 = 80 (元)

增值税滞纳金金额=滞纳的增值税税额 × 0.5‰ × 滞纳天数

= 6 000×0.5‰×4 = 12 (元)

∴ 应缴纳关税滞纳金80元,增值税滞纳金12元。

**【例8-8】**绍兴金华进出口公司从南非进口一批黄金矿砂共5吨,成交价格为每吨CIF宁波USD100 000,进口关税率为10%,增值税率为17%,外汇牌价为1美元=6.50元,海关于2015年2月3日(周二)开出税款缴款书,该公司于3月25日缴清税款,请计算其正确的滞纳天数和需要交纳的滞纳金是多少。

**【解析】**正常的缴税期限为2月4日到2月18日(周三),从2月19日(周四)开始至3月25日为滞纳期,共计35天。

进口关税滞纳金=滞纳关税税额 × 0.5‰ × 滞纳天数

= 5×100 000×6.50×10%×0.5‰×35

= 5 687.5 (元)

进口环节增值税滞纳金=滞纳的增值税税额 × 0.5‰ × 滞纳天数

=5×100 000×6.50×17%×0.5‰×35

= 9 668.75 (元)

∴ 应缴纳进口关税滞纳金5 687.5元,进口环节增值税滞纳金9 668.75元。

### 8.1.5 滞报金

#### 1)定义

滞报金是海关对未在法定期限内向海关申报进口货物的收发货人采取的依法加属经济

制裁性质的款项。各类货物的申报期限如表 8-2 所示。

**表 8-2 各类货物的申报期限**

| 货物种类 | 申报期限 |
| --- | --- |
| 邮运进口货物 | 邮局送达领取通知单之日起 14 日内 |
| 转关货物 | 自运输工具申报进境之日起 14 日内,向进境地海关办理转关手续 |
| 其他运输方式的货物 | 载运进口货物运输工具申报进境之日起 14 日 |

征收滞报金的目的是为了加速口岸疏运,加强海关对进口货物的管理,促进进口货物收货人按规定时限申报。

### 2)滞报金的计算

(1)滞报期限的规定

进口货物收货人应当自运输工具申报进境之日起 14 日内向海关申报。未按照规定期限向海关申报的,由海关自起征日起至海关接受申报之日止,按日征收相应货物完税价格 0.5‰的滞报金。实际操作中,滞报天数以运输工具申报进境之日起第 15 日为起征日,以海关接受申报之日为截止日,起征日和截止日都计入,规定的期限内含有星期六、星期日或法定节假日不予扣除,规定的起征日是星期六、星期日或法定节假日的,可顺延至下一个工作日。国务院临时调整休息日与工作日的,海关应当按照调整后的情况确定滞报金的起征日。

(2)滞报金计算公式

滞报金按日计征,征收金额为完税价格的 0.5‰,起征点为人民币 50 元,不足人民币 50 元的免征。

进口货物滞报金金额=进口货物完税价格 × 0.5‰ × 滞报天数

**【例 8-9】**运载进口货物的运输工具在 4 月 1 日申报进境,收货人于 4 月 17 日(星期一)向海关申报,当天被海关接受,请计算滞报期为几天。

**【解析】**海关规定,进口货物的申报期限为自装载货物的运输工具申报进境之日起 14 日内(从运输工具申报进境之日的第二天起算)。进口货物收货人超过规定期限向海关申报的,滞报金的征收,以自运输工具申报进境之日起第 15 日为起始日,以海关接受申报之日为截止日。进口货物滞报金按日计征。起始日和截止日均计入滞报期间。滞报金的计征起始日如遇法定节假日或休息日,则顺延至其后第一个工作日。

根据规定,本题从 4 月 2 日起算,到 4 月 15 日为 14 天,16 日为滞报金计征起始日,但 16 日是星期天,顺延至 17 日;17 日申报,而 17 日为截止日。截止日与起始日为同一天,所以滞报期为 1 天。

## 8.2 进出口货物完税价格的确定

进出口货物完税价格是海关对进出口货物征收从价税时审查固定的应税价格。我国海关对实行从价税的进出口货物征收关税时,必须依法确定货物应缴纳的价格,即经海关依法审定的完税价格,也就是海关对进出口货物征收从价税时审查固定的应税价格。整体上,进口货物完税价格的审定包括一般进口货物完税价格的审定和特殊进口货物完税价格的审定。

小贴士 8-5

目前,我国海关审价的法律依据可分为 3 个层次:第一层是法律层次,即《海关法》;第二层是行政法律层次,即《进出口关税条例》;第三层是部门规章层次,即《中华人民共和国海关审定进出口货物完税价格办法》(以下简称《审价办法》)。

### 8.2.1 一般进口货物完税价格的审定

一般进口货物的完税价格由海关以该货物的成交价格为基础审查确定,并应包含货物运抵我国境内输入地点起卸前的运输机器相关费用和保险费。运输及其相关费用中的“相关费用”主要是指与运输有关的费用,包括装卸费用和搬运费用等,属于广义的运费范畴。

海关确定进口货物完税价格的估价方式有 6 种,包括成交价格法、相同或无成交价格法、类似货物成交价格法、倒扣价格法、计算价格法和合理方法。这 6 种估价方式在使用时需要按照规定的顺序依次尝试,只有当前面的估价方法不能使用时,才可以顺延后面的估价方式。如果进口货物收货人提出要求并提供相关材料,经过海关统一,可以颠倒倒扣价格法和计算价格法的适用次序,具体 6 种估价方式如图 8-2 所示。

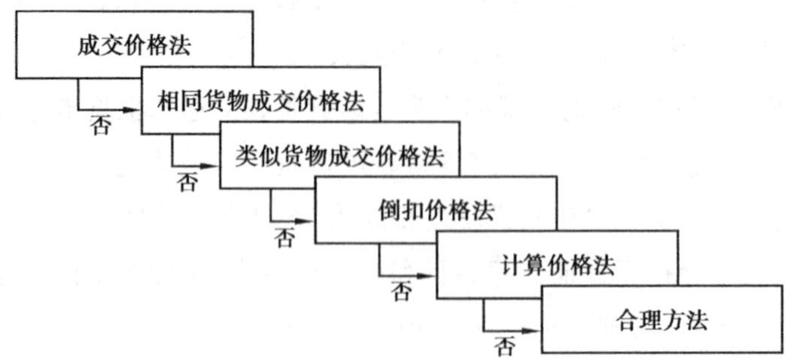


图 8-2 海关依次使用的 6 种估价方法

### 1) 成交价格法

成交价格法是第一种估价方法，它是建立在进口货物实际发票价格或合同价格的基础上，在海关估价实践中使用率最高。

成交价格可以从三个层面进行理解。首先是买方购进进口货物，购买必须符合两个条件，第一是买方支付货款；第二是卖方向买方转移货物所有权。不符合条件的即不存在购买的，不能采用进口货物成交价格法。

其次，成交价格可以是根据《进出口关税条例》相关条款和《审价办法》的相关规定调整后的价格，不完全等同于贸易中发生的发票价格，而是需要按有关规定进行调整。

最后，成交价格是指向卖方实付和应付的价款，包括直接支付的价款和间接支付的价款。买方支付价款的目的是为了获得进口货物，支付的对象也包括卖方和与卖方有联系的第三方，支付的价款为已经支付的和即将支付的货款之和。

成交价格有两个调整因素，分别是计入因素和扣减因素。成交价格的计入项目如图 8-3 所示。

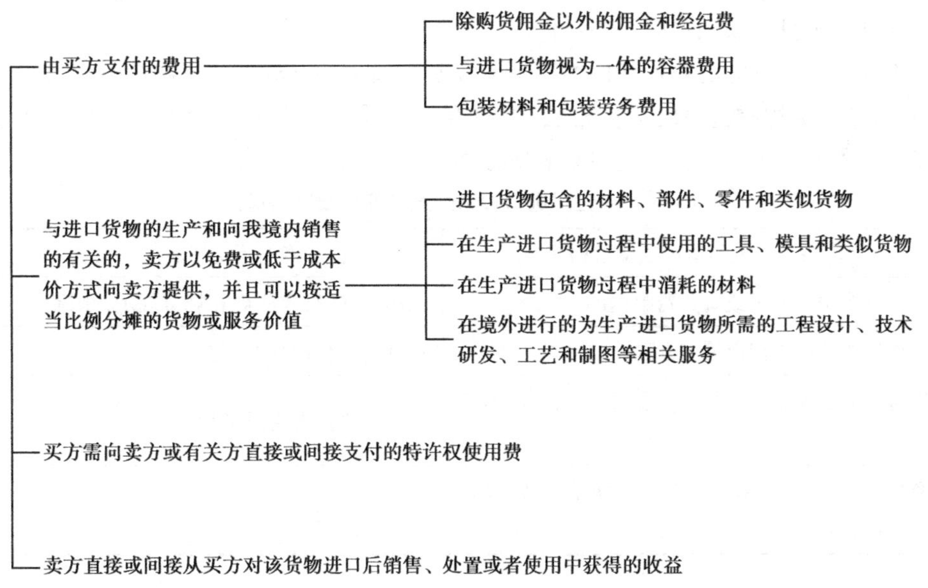


图 8-3　成交价格计入项目

上述所有项目的费用或价值计入成交价格中，必须同时满足 3 个条件：首先是由买方负担；其次是未包括在进口货物的实付或应付价格中；最后是有客观量化的数据资料。如果缺少客观量化的数据，导致无法确定应计入的准确金额的，则不应使用成交价格法估价。

成交价格法的第二个调整因素是扣减因素，成交价格扣减项目如图 8-4 所示。

上述所有项目的费用或价值扣减，必须同时满足 3 个条件：第一，有关税收或费用已经包括在进口货物的实付、应付价格中；第二，有关费用是分列的，并且有客观量化的数据资料；最后，有关费用应在合理范围内。如果贸易中存在上述规定的税收或费用之一，但是买

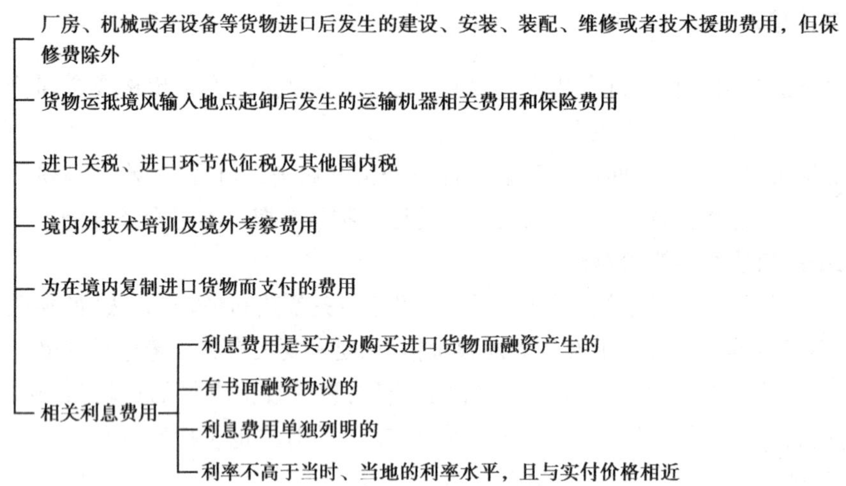


图 8-4　成交价格扣减项目

卖在贸易安排中为单独列明上述费用的，或者缺乏客观量化资料的，则所述费用不得扣除。

成交价格本身必须满足的 4 项条件：

①买方对进口货物的处置和使用权不受限制。如果买方对进口货物的处置和使用权受到限制，则进口货物不适用成交价格法，但也存在虽受限制但并不影响成交价格成立的情形。买方对进口货物处置和使用限制的情形如表 8-3 所示。

**表 8-3　买方对进口货物处置和使用限制的情形**

| 完税价格的审定不适用成交价格法 | 完税价格的审定依然使用成交价格法 |
| --- | --- |
| 进口货物只能用于展示或者免费赠送的 | 国内法律、行政法规和规章规定的限制 |
| 进口货物只能销售给指定第三方的 | 对货物转售地域的限制 |
| 进口货物加工为成品后只能销售给卖方或指定第三方的 | 对货物价格无实质影响的限制 |
| 其他经海关审查，认定买方对进口货物的处置或者使用受到限制的 | 无 |

②货物的价格不应受到导致该货物成交价格无法确定的条件或因素的影响。

③卖方不得直接或间接获得因买方销售、处置或使用进口货物而产生的任何收益，除非该收益能被合理确定。

④买卖双方不存在特殊关系，或虽然有特殊关系但未对成交价格产生任何影响。

如果不能满足这 4 项条件，应当顺延采用下一种估价方式。

**小贴士 8-6**

根据《审价办法》第十六条的规定，有8种情形，海关应当认定买卖双方存在特殊关系：

1.买卖双方互为对方的高级职员或董事；

2.买卖双方为法律承认的商业合伙人；

3.买卖双方为雇主和雇员关系；

4.一方直接或间接拥有、控制另一方5%或以上公开发行的有表决权的股票或股份；

5.一方直接或间接地接受另一方控制；

6.双方都直接或间接地受第三方控制；

7.双方共同直接或间接地控制第三方；

8.双方同为一家族成员。

### 2)相同或类似货物成交价格法

相同或类似进口货物成交价格法是指以与被估货物同时或大约同时向我国境内销售的相同货物及类似货物的成交价格为基础，审定进口货物完税价格的方法。

整体上对相同或类似货物成交价格法的理解可以分为三层。

首先，针对“相同货物或类似货物”。“相同货物”是指与进口货物在同一国家或者地区产生的，在物理性质、质量和信誉等所有方面都相同的货物，但是表面微小差异允许存在。“类似货物”是指与进口货物在同一国家或者地区生产的，虽然不是在所有方面都相同，但却具有相似的特征、相似的组成材料和相同的功能，并且在商业中可以互换的货物。

其次，针对“与被估货物同时或大约同时进口”。“同时或大约同时”是指进口货物接受申报之日前后各45天以内。

最后，针对“相关相同及类似货物成交价格法的运用”。是指采用相同及类似货物成交价格法应具备五大要素：第一，货类同，即必须与进口货物相同或类似；第二，产地同，即必须与进口货物在同一国家或者地区生产；第三，时间同，即必须与进口货物同时或大约同时进口；第四，数量同，即必须与进口货物的商业水平与进口数量相同或大致相同；最后，价最低，即当存在多个价格时，必须选择最低的价格。

### 3)倒扣价格法

倒扣价格法是指以进口货物、相同或类似进口货物在境内第一环节的销售价格为基础，扣除境内发生的有关费用来估定完税价格。

在使用倒扣价格法时，需要满足5项条件：

①在被估货物进口的同时或大约同时，以该货物、相同或类似进口货物在境内销售的价格为基础。“同时或大约同时”是指在进口货物接受申报之日的前后各45天以内。

②按照该货物进口时的状态销售的价格。如果没有按照货物进口时的状态销售的价

格,应纳税人要求,可以使用经过加工后在境内销售的价格作为倒扣的基础。

③在境内第一环节销售的价格。"第一环节"是指有关货物进口后进行的第一次转售,且转售者与境内买方之间不能有特殊关系。

④向境内无特殊关系方销售的价格。即成交价格估价方法规定的特殊关系。

⑤按照该价格销售的货物合计销售总量最大。"合计销售总量最大"是指必须使用被估的进口货物、相同或类似进口货物以最大总量单位授予境内无特殊关系方的价格为基础估定完税价格。

**小贴士 8-7**

**倒扣项目的规定**

1.同等级或者同种类货物在境内第一销售环节销售时,通常的利润和一般费用(包括直接费用和间接费用)及通常支付的佣金。

2.货物运抵境内输入地点之后的运输及相关费用。

3.进口关税、进口环节代征税及其他国内税。

4.加工增值额,指如果使用经过加工后再境内转售的价格作为倒扣的基础,必须扣除这部分价值。

**4)计算价格法**

计算价格法既不是以成交价格,也不是以在境内的转售价格作为基础,而是以发生的生产国或地区的生产成本作为基础的价格。如果进口货物纳税义务人提出要求,并经海关同意,可以与倒扣价格法颠倒顺序使用。

使用计算价格法的进口货物完税价格由以下各项目的总和构成:

①生产该货物所使用的原材料价值和进行装备或其他加工的费用;

②与向我国境内出口销售同级或同类货物相符的利润和一般费用;

③货物运抵我国境内输入地点起卸前的运输及相关费用和保险费。

**5)合理方法**

合理方法实际上不是一种具体的估价方法,而是规定了使用方法的范围和原则,即运用合理方法,必须符合《关税条例》和《审价办法》的公平、统一和客观的估价原则,必须以境内可以获得的数据资料为基础。

在使用合理方法估价时,不得使用以下 6 种价格:

①境内生产的货物在境内销售的价格,即国内生产的商品在国内的价格;

②在备选价格中选择高的价格,即从高估价的方法;

③货物在出口地市场的销售价格,即出口地境内的市场价格;

④以计算价格法规定之外的价值或者费用计算的相同或者类似货物的价格;

⑤出口到第三国或地区货物的销售价格;

⑥最低限价或武断、虚构的价格。

### 8.2.2 特殊进口货物完税价格的审定

#### 1) 加工贸易进口料件或者其制品的一般估价办法

部分加工贸易进口料件或者其制成品因故转为内销，需要依法对其实时估价后征收进口税款，其估价的核心问题是按制成品征税还是按料件征税，以及征税的环节是在进口环节还是在内销环节，其估价方法如表 8-4 所示。

表 8-4 加工贸易进口料件或其制成品的估价方法

| 适用情形 | 完税价格的确定 | 征税环节 | 备注 |
| --- | --- | --- | --- |
| 进口时需要征税的进料加工进口料件 | 以申报进口时的成交价格为基础 | 进口环节 | 进口时有成交价格 |
| 进料加工进口料件或其制成品内销时 | 以料件原进口成交价格为基础 | 内销环节 | 进口时有成交价格 |
| 来料加工进口料件或其制成品的内销时 | 以接受内销申报的同时或大约同时进口的相同或类似的进口价格为基础 | 内销环节 | 进口时无成交价格 |
| 加工企业内销加工中产生的边角料或副产品 | 以海关审定的内销价格为基础 | 内销环节 | 不论有无成交价格 |

加工贸易内销货物的完税价格按照上述规定仍然不能确定的，由海关按照合理的方法审定。

#### 2) 保税区内加工企业内销进口料件或者其制成品的估价办法

保税区内加工企业内销进口料件或其制成品的估价方法如表 8-5 所示。

表 8-5 保税区内加工企业内销进口料件或其制成品的估计方法

| 适用情形 | 保税区内加工企业 |
| --- | --- |
| 内销的进口料件或者其制成品（包括瑕疵品） | 以接受内销申报的同时或大约同时进口的相同或类似的进口价格为基础审定完税价格 |
| 内销的进口料加工制成品（含国产料件） | 以制成品所含从境外购入的料件原进口成交价格为基础审定完税价格 |
| 内销的来料加工制成品（含国产料件） | 以接受内销申报的同时或大约同时进口的制成品所含从境外购入的料件相同或类似的进口成交价格为基础审定完税价格 |
| 内销加工中产生的边角料或副产品 | 以海关审定的内销价格作为完税价格 |

**3）出口加工区内加工企业内销制成品的估价办法**

①内销的制成品（包括残次品），海关已接受内销申报的同时或者大约同时进口的相同或类似货物的进口成交价格为基础审定完税价格。

②内销加工过程中产生的边角料或者副产品，以海关审定的内销价格作为完税价格。

**4）从保税区、出口加工区、保税物流园区、保税物流中心等区域、场所进入境内需要征税的货物的估价方法**

以从上述区域进入境内的销售价格为基础审定完税价格，加工贸易进口料件及其制成品除外。

**5）出境修理和出境加工等复运进境货物的估价办法**

当特殊情况需要进行出境修理和出境加工复运进境的货物的情况，在规定期限内，出境加工复运进境货物的估价方法如表8-6所示。

**表8-6　出境修理和出境加工复运进境货物的估价方法**

| 估价方法 | 规定期限内（6个月）<br>（出境修理可申请延长6个月，出料加工可延长3个月） | 规定期限外 |
|---|---|---|
| 出境修理复运进境货物的估价办法 | 海关以境外修理费和料件费审查确定完税价格 | 按一般进口或无审定完税价格 |
| 出境加工复运进境货物的估价办法 | 海关以境外加工费和料件费，以及复运进境的运输及相关费用和保险费审定完税价格 | |

**6）其他进口货物的估价方法**

除了上述这些特殊进口货物之外，还有暂时进境货物、租赁进口货物、减免税货物、无成交价格货物以及软件介质等特殊货物，这些其他进口货物的估价方法如表8-7所示。

**表8-7　其他进口货物的估价方法**

| 类别 | 适用情况 | 完税价格确定 |
|---|---|---|
| 暂时进境货物 | 应缴纳税款的 | 按一般进口或无完税价格审定规则审定完税价格 |
| | 留购的 | 以海关审查确定的留购价格为完税价格 |
| 租赁进口货物 | 分期缴税的 | 以海关审定的该货物的租金为完税价格（利息计入） |
| | 一次性缴税的 | 以海关审定的租金总额或总价值作为完税价格 |
| | 留购的 | 以海关审定的留购价格作为完税价格 |
| 减免税货物 | 改变用途的 | 原进口时的价格，扣除折旧部分作为完税价格 |
| 无成交价格货物 | 易货贸易 | 不适用成交价格法，依次采用相同或类似成交价格法、倒扣法、计算法和合理方法审定完税价格 |
| | 寄售、捐赠、赠送 | |
| 软件介质 | 与所载软件分列 | 以介质本身的价值或成本为基础审定完税价格 |

### 8.2.3 出口货物完税价格的审定

#### 1)出口货物的完税价格

出口货物的完税价格由海关以该货物的成交价格为基础审查确定,包括货物运至我国境内输出地点装载前的运输机器相关费用和保险费。

#### 2)出口货物的成交价格

出口货物的成交价格是指该货物出口销售时,卖方为出口该货物向买方直接收取和间接收取的价款总额。

#### 3)不计入出口货物完税价格的税收、费用

不计入出口货物完税价格的税收、费用包括以下内容:

①出口关税;

②在货物价款中单独列明的货物运至我国境内输出地点装载后的运费及其相关费用和保险费;

③在货物价款中单独列明由卖方承担的佣金。

#### 4)出口货物其他估价方法

出口货物的成交价格不能确定的,海关经了解有关情况,并与纳税义务人进行价格磋商后,依次以下列价格审查确定该货物的完税价格:

①同时或者大约同时向同一国家或地区出口的相同货物的成交价格;

②同时或者大约同时向同一国家或地区出口的类似货物的成交价格;

③根据境内生产相同或者类似货物的成本、利润和一般费用(包括直接费用和间接费用)、境内发生的运输及其相关费用和保险费计算所得的价格;

④按照合理方法固定的价格。

#### 5)出口货物完税价格计算公式

出口货物完税价格 = FOB 价 - 出口关税 = FOB 价/(1+出口关税税率)

### 8.2.4 海关估价中的价格质疑程序和价格磋商程序

#### 1)价格质疑程序

在确定完税价格过程中,海关对申报价格的真实性或准确性有疑问或有理由认为买卖双方的特殊关系可能影响到成交价格时,向纳税义务人或者其代理人执法《中华人民共和国海关价格质疑通知书》,将质疑的理由书面告知纳税义务人或其代理人。

纳税义务人或者其代理人应自收到价格质疑通知书之日起 5 个工作日内，以书面形式提供相关资料或者其他证据，证明其申报价格真实、准确或者双方之间的特殊关系没有影响到成交价格。纳税义务人或者其代理人确有正当理由无法在规定时间内提供前款资料或证据的，可以在规定期限届满前以书面形式向海关申请延期。除特殊情况外，延期不得超过10 个工作日。

**2）价格磋商程序**

价格磋商是指海关在使用除成交价格以外的估价方法时，在保守商业秘密的基础上，与纳税义务人交换彼此掌握的用于确定价格的数据资料的行为。

海关按照《审价办法》规定通知纳税义务人进行价格磋商时，纳税义务人须自收到《中华人民共和国海关价格磋商通知书》之日起 5 个工作日内与海关进行价格磋商。

**3）免除价格质疑和价格磋商的情形**

对符合下列情形之一的，应纳税义务人书面申请，海关可以不进行价格质疑及价格磋商，依法审定进出口货物的完税价格。

①同一合同项下分批进出口的货物，海关对其中一批货物已经实时估价的；

②进出口货物的完税价格在 10 万元以下或者关税及进口环节代征税总额在 2 万元以下的；

③进出口货物属于危险品、鲜活品、易腐品、易失效品、废品和旧品的。

### 8.2.5 纳税义务人在海关审定完税价格时的权利和义务

纳税义务人在海关审定完税价格时的权利和衣服如表 8-8 所示。

**表 8-8 纳税义务人在海关审定完税价格时的权利和义务**

| 权 利 | 义 务 |
|---|---|
| 要求具保放行货物的权利 | 如实申报 |
| 估价方法的选择权 | 如实申报及举证 |
| 知情权，即纳税义务人可以提出书面申请，要求海关就如何确定其进出口货物的完税价格作出书面说明 | 举证证明特殊关系未对进口货物的成交价格产生影响的义务 |
| 申诉权，即依法向上一级海关申请行政复议，对复议决定不服的，可依法向人民法院提起行政诉讼的权利 | |

## 8.3 进出口货物原产地的确定与适用税率

在对外贸易中,原产地概念是指货物生产的国家或地区,可以理解为货物的“国籍”。原产地的不同决定了进口商品所享受的待遇不同。

各国为了适应国际贸易的需要,并未执行本国关税及非关税方面的国别歧视性贸易措施,必须对进出口商品的原产地进行认定。为此,各国以本国立法形式制定出其鉴别货物“国籍”的标准,这就是原产地原则。

世界贸易组织《原产地规则协议》将原产地规则定义为:一国或地区为确定货物的原产地而实施的普遍适用的法律、法规和行政决定。

### 8.3.1 原产地规则的类别

从使用目的角度划分,原产地规则分为优惠原产地规则和非优惠原产地规则。

#### 1)优惠原产地规则

优惠原产地规则是指一国为了实施国别优惠政策而制定的法律、法规,是以优惠贸易协定通过双边、多边协定或本国自主形式制定的一些特殊原产地认定标准,因此也称为协定原产地规则。

优惠原产地规则具有很强的排他性,优惠范围以原产地为受惠国(地区)的进口产品为限。优惠原产地规则的实施方式有两种:第一,通过自主方式授予,如欧盟普惠制(Generalized System of Preferences, GSP)、中国对最不发达国家的特别优惠关税待遇;第二,通过协定以互惠性方式授予,如北美自由贸易协定、中国—东盟自贸区协定等。

**小贴士 8-8**

从加入世贸组织至2015年6月止,中国已签署自由贸易协定14个,涉及22个国家和地区。分别是中国与东盟、新西兰、新加坡、巴基斯坦、智利、秘鲁、哥斯达黎加、冰岛、瑞士、韩国和澳大利亚的自贸协定,中国内地与香港、澳门的更紧密经贸关系安排(CEPA),以及大陆与台湾的海峡两岸经济合作框架协议(ECFA)。

与这些国家和地区签订自贸协定,给老百姓带来了不少实惠。比如,中韩贸易协定将让泡菜、韩国护肤品等大部分商品更便宜地进入中国;中国和东盟的自贸协定让榴莲、山竹、火龙果等热带水果不再是奢侈消费,普通百姓也能安心享用;中澳自贸协定让85%澳洲出口中国的商品享受零关税。

#### 2)非优惠原产地规则

非优惠原产地规则,是一国根据实施其海关税则和其他贸易措施的需要,由本国立法自主制定的，因此也称为自主原产地规则。按照世界贸易组织的规定，即必须普遍、无差别地适用于所有原产地为最惠国的进口货物。它包括实施最惠国待遇、反倾销和反补贴、保障措施、数量限制或关税配额、原产地标记或贸易统计和政府采购时所采纳的原产地规则。《WTO协调非优惠原产地规则》正在统一协调中，完成后，世界贸易组织成员将实施统一的协调非优惠原产地规则，以取代各国自主制定的非优惠原产地规则。

**小贴士 8-9**

**原产地规则的作用**

1. 关税方面。在采用多种进口税率的情况下，如果从不同的国家或地区进口的货物在关税规定中享受不同的待遇，则进口国或地区首先必须确定进口货物的原产地，从而进一步对来自不同国家或地区的货物给予不同的关税待遇。

2. 海关统计方面。在实施配额和许可证管理等贸易政策时，往往以产品原产地为根据统计某特定国家或地区年度内货物进口量，一次为政府提供贸易统计数据。政府则根据海关统计的数据检查许可证的配额等制度的执行情况，并制定和修改地区贸易政策，掌握国家和地区政策，实现外贸平衡。

3. 在非关税方面。进口国根据某些限制规定，对来自不同国家或地区的货物给予不同关税待遇，则必须首先确定进口货物的原产地。这些限制包括的范围非常广泛，如在提起反倾销诉讼时一国或地区常以原产地为依据统计某项进口商品在国家或地区内市场上的占有量，以此判断该项产品给国内或地区的工业是否造成了“重大损害或产生重大威胁或者对某一国家或地区内工业的重建产生重要阻碍”。此外，国家间实行贸易报复或其他原因排斥某些国家或地区货物的进口也是以产品的原产地为依据的。

### 8.3.2 原产地认定标准

在认定货物的原产地时，会出现以下两种情况：一种是货物完全在一个国家或地区获得或生产制造；另一种是货物由两个或两个以上国家或地区生产或制造。无论是优惠原产地规则还是非优惠原产地规则，都要确定这两种货物的原产地认定标准。

对于完全在一国或地区获得的产品，如农产品或矿产品，各国的原产地认定标准基本一致，即以产品的种植、开采或生产国为原产国，这一标准通常称为“完全获得标准”。对于经过几个国家或地区加工、制造的产品，各国多以最后完成实质性加工的国家为原产国，这一标准通常为“实质改变标准”。实质改变标准通常包括税则归类改变标准、从价百分比标准（或称增值百分比标准、区域价值成分标准等）、加工工序标准和混合标准等。

**1）优惠原产地认定标准**

（1）完全获得标准

完全获得，即从优惠贸易协定某一成员国或地区直接运输进口的货物，是完全在该成员国或地区获得或生产的货物，包括以下几类：

①在该成员国或地区境内收获、采摘或采集的植物产品；

②在该成员国或地区境内出生并饲养的活动物；

③在该成员国或地区领海开采、提取的矿产品；

④其他符合相应优惠贸易协定项下完全获得标准的货物。

(2)税则归类改变

税则归类改变是指原产于非成员国或地区的材料在出口成员国或地区境内进行制造、加工后，所得货物在《协调制度》中税则归类发生了变化。

(3)区域价值成分标准

区域价值成分，是指出口货物船上交货价格 FOV 扣除该货物生产过程中该成员国或地区非原产材料价格后，所余价款在 FOB 价中所占的百分比。不同协定框架下的优惠原产地规则中的区域价值成分标准各有不同，部分贸易协定的区域价值成分标准如下：

《〈亚太贸易协定〉项下原产地管理办法》规定，在生产过程中所使用的非成员国原产的或不明原产地的材料、零件或产品的总价值不超过该货物 FOB 价的 55%，原产于最不发达受惠国(即孟加拉国)的产品以上比例不超过 65%。

《〈中国—东盟合作框架协议〉项下原产地管理办法》规定，在东盟成员国非完全获得或生产的货物，其生产过程中使用的非原产于中国—东盟自贸区的材料、零件或产品的总价不超过该货物 FOB 价的 60%，并且最后生产工序在东盟成员国境内完成，或其生产过程中使用的原产于任一东盟成员国的中国—东盟自贸区成分不低于该货物 FOB 价的 40%。

港澳 CEPA 项下的原产地规则要求，在港澳获得的原料、组合零件、劳工价值和产品开发支出价值的合计，与在港澳生产或获得产品 FOB 价的比例应不低于 30%。

“特别优惠关税待遇”项下进口货物原产地规则的从价百分比标准是指在受惠国对非该国原产材料进行制造、加工后的增值部分不小于所得货物价值的 40%。

《〈海峡两岸经济合作协议〉项下原产地管理办法》规定，在台湾地区使用非台湾地区原产材料生产的货物，以该协议项下产品特定原产地规则中该货物所对应的区域价值成分为标准。

(4)制造加工工序标准

制造加工工序，是指赋予加工后所得货物基本特征的主要工序。

(5)其他标准

其他标准是指除上述标准外，成员国或地区一致同意采用的确定货物原产地的其他标准。

(6)直接运输规则

直接运输是指优惠贸易协定项下进口货物从该协定成员国或地区直接运输至中国境内，途中未经过该协定成员国或地区以外的其他国家或地区。

### 2)非优惠原产地认定标准

目前,我国的非优惠原产地认定标准主要有完全获得标准和实质性改变标准。

(1)完全获得标准

完全在一个国家或地区获得货物,以该国家或地区为原产地;两个或两个以上国家或地区参与生产的货物,以最后完成实质性改变的国家或地区为原产地。

在确定货物是否在一个国家或地区完全获得时,为运输、储存期间保存货物而做的加工或处理,为货物便于装卸而进行的加工或处理,为货物销售而进行的包装而进行的包装等加工或处理等,不予考虑。

(2)实质性改变标准

以税则改变为基本标准,税则归类改变不能反映实质性改变的,以从价百分比,制造或者加工工序等为补充标准。

税则归类改变,是指在某一国家或地区对非该国家或地区原材料进行制造、加工后,所得货物在《进出口税则》中的4位数税号一级的税则归类发生改变。

制造或者加工工序,是指在某一国家或地区进行的赋予制造、加工后所得货物基本特征的主要工序。

从价百分比,是指在某一国家或地区对非该国家或地区的原材料进行制造、加工后的增值部分,不低于所得货物价值的30%,用公式表示如下:

(工厂交货价-非该国或地区原产材料价值)/工厂交货价×100% ≥ 30%

上述“工厂交货价”是指支付给制造厂所生成的成本的价格。而“非该国或地区原产材料价值”是指直接用于制造或转给最终产品而进口原料、零部件的价值(含原产地不明的原理、零部件),以其进口的成本、保险费加运费价格(CIF价)计算。

实质性改变标准适用于非优惠性贸易措施项下两个及以上货架或地区所参与生产的货物原产地的确定。

**小贴士8-10**

**原产地认定案**

案由:

1886年美国在贸易的贝壳案中最早提出了关于产品原产地认定的思路。该案争论的焦点是“进口的经清洗和磨光后的贝壳是否仍为贝壳制品”,如果是贝壳制品,按美国当时的法律应征收35%的从价税;如果不是贝壳制品,则免征进口税。

裁决:

美国最高法院最后认定“经清洗及磨光后的贝壳仍为贝壳。与贝壳相比,清洗及磨光后的贝壳并未加工成具有完全不同的名称、特征或用途的一项不同的新产品”。

点评：

这一贝壳案对于原产地认定的思路对于后来国际贸易中货物“原产地”的界定产生了重大影响。目前普遍接受的“原产地”定义是：经一个以上国家加工制造的产品的原产地，是对该产品施加最后一个实质性改变的国家，而原产地原则的主要作用体现在关税的征收上。假设有甲、乙两国是WTO的成员国，丙国不是WTO成员。丙国生产的服装对乙国出口，再将其出口到甲国，对这一交易甲国打算征收15%的关税。假设甲国在WTO中的承诺关税是10%，是否可以控告甲国违背WTO的承诺或是最惠国待遇原则？回答是否定的，因为服装产于丙国，而它不是WTO成员方，不受WTO规则的约束和保护。

我国在原产地问题上的规定，随着进出口的增加，也在从无到有，不断完善。但是我国的原产地规则存在很多问题，标准还没有完全和WTO及国际惯例接轨，可操作性差，在国际贸易中保护本国产业的作用不强。我国应尽快完善原产地原则，不但大的框架要改进，甚至对某一种产品的特别规定都要完善。只有这样，才能保证关税的正常征收和对国内企业的适当保护。总之一个原则，越是全球化，越要注意运用原产地原则。

### 8.3.3 原产地申报要求

#### 1）进口货物申报要求

货物申报进口时，进口货物收货人或其店里人应当按照海关的申报规定填制“中华人民共和国海关进口货物报关单”，申明使用协定税率或特惠税率，并同时提交货物的有效原产地证书正本，或相关优惠贸易协定的原产地声明文件，货物的商业发票正本。运输单证等其他商业单证。货物经过其他国家或地区运输至中国境内的，还应当提交证明符合《中华人民共和国海关进出口货物优惠原产地管理规定》（以下简称《优惠原产地管理规定》）有关规定的联运提单等证明文件，在其他国家或地区临时储存的，还应当提交该国家或地区海关出具的证明符合《优惠原产地管理规定》有关规定的其他文件。进口货物收货人或其代理人向海关提交的原产地证书，应当符合相应优惠贸易协定关于证书格式、填制内容、签章和提交期限等规定，并与商业发票和报关单等单证的内容相符。

原产地申报为优惠贸易协定成员国或地区的货物，进口货物收货人及其代理人未依照《优惠原产地管理协定》有关协定提交原产地证书、原产地证明的，应当在申报进口时就进口货物是否具备相应优惠协定成员国或地区原产资格，按《优惠原产地管理规定》有关规定的格式要求向海关进行补充申报。海关可以根据进口货物收货人或其代理人的申请，按当时协定税率或特惠税率收取保证金后放行货物，并按照规定办理进口手续，进行海关统计。

有下列情形之一的，进口货物不适用协定税率或特惠税率：

①进口货物收货人或其代理人在货物申报进口时没有提交符合规定的原产地证书、原产地声明，也未就进口货物是否具备原产地资格进行补充申报的。

②进口货物收货人或其代理人未提供商业发票、运输单证等其他商业单证，也未提交其他证明符合《优惠原产地管理规定》第十四条规定的文件的。

③经查验或者检查，确认货物原产地申报内容不符，或者无法确定货物真是原产地的。

④其他不符合《优惠原产地管理规定》及相应优惠贸易协定的情形。

**2）部分优惠贸易协定申报要求**

（1）《亚太贸易协定》

货物申报进口时，进口货物收货人应当按照海关的申报规定填制“中华人民共和国海关进口货物报关单”，申明适用《亚太贸易协定》协定税率或特惠税率，并同时提交下列单证。

①由《亚太贸易协定》成员国政府制定的机构在货物出口时签发或货物装运后3个工作日内签发的原产地证书正本。因不可抗力不能在原产地证书签发之日起1年内提交原产地证书的，进口货物收货人应当一并提交证明材料。

②货物商业发票正本、装箱单及相关运输单证。货物经过其他国家或地区运输至我国境内的，进口货物收货人应当提交在该成员国境内签发的联运提单、货物商业发票正本，以及证明符合《〈亚太贸易协定〉项下原产地管理办法》有关规定的相关文件。

（2）《中国—东盟合作框架协议》申报要求

货物申报进口时，进口货物收货人或其代理人应按照海关的申报规定填制“中华人民共和国海关进口货物报关单”，申明适用中国—东盟自贸区协定税率，并提交下列单证。

①由东盟成员国签证机构签发的有效原产地证书正本，有流动证明正本，《〈中国—东盟合作框架协议〉项下原产地管理办法》有关规定免于提交原产地证书或者流动证明的情况除外。

②货物的商业发票正本、装箱单及其相关运输单证。

货物经过其他国家或地区运输至我国境内的，应当提交在出口国境内签发的联运提单、货物商业发票正本，以及其他国家或地区海关出具的证明文件，或其他证明货物符合《〈中国—东盟合作框架协议〉项下原产地管理办法》有关规定的相关文件。

原产于东盟成员国的进口货物，每批船上交货价格FOB价不超过200美元的，免于提交原产地证书或流动证明。进口货物收货人应当同时按照有关要求就进口货物具备原产地资格进行书面声明，为避免管理规定，一次或多次进口货物的，不适用此规定。

（3）港澳CEPA申报要求

纳税义务人应当主动向申报地海关申明该货物适用零关税税率。除了按照其进口货物所需提交的单证之外，纳税义务人还应当向海关提交符合港澳CEPA项下规定的有效原产地证书作为报关单随附单证。

如果是香港CEPA项下原产于香港的受惠产品，应当从香港直接运输至内地口岸，除了上述单证之外，纳税义务人还可以提交承运人提供的香港海关查验报告以适用绿色关锁制度。

如果是澳门CEPA项下原产于澳门的受惠产品，且是经过香港转运至内地口岸的，除了上述单证之外,纳税义务人还应当向海关交验在澳门签发的联运提单、中国检验(香港)有限公司出具的未再加工证明文件等。

(4)最不发达国家特别优惠关税待遇申报要求

货物申报进口时,进口货物收货人或其代理人应当按照海关的申报规定填制“中华人民共和国海关进口货物报关单”,申明适用特惠税率,并提交下列单证。

①由出口受惠国或地区政府指定的原产地证书签发机构签发,并由该国家或地区海关在出口时加盖印章的有效原产地证书正本及第二副本。未提交有效原产地证书正本及第二副本的,应当按照《优惠原产地管理规定》的规定,就该进口货物是否具备原产资格向海关进行补充申报。

②货物的商业发票正本。

③货物的运输单证。

货物从受惠国或地区直接运输至我国境内,进口货物收货人或其代理人应当提交在出口受惠国或地区签发的运输单证。

货物经过其他国家或地区运输至我国境内,进口货物收货人或其代理人应当提交在出口受惠国签发的联运提单,以及证明符合《最不发达国家特别优惠关税待遇进口货物原产地管理办法》有关规定的相关文件等。受惠国或地区为内陆国家,因运输原因货物必须从其他国家或地区起运的,进口货物收货人或其代理人可以提交国际联运始发的其他国家或地区签发的联运提单,由出口受惠国或地区运输至签发联运提单的国家或地区的运输单证,以及证明符合《最不发达国家特别优惠关税待遇进口货物原产地管理办法》有关规定的相关文件等。

在其他国家或地区临时储存的,进口货物收货人或其代理人应当提交货物全程运输单证,以及临时储存货物的国家或地区海关出具的证明符合《最不发达国家特别优惠关税待遇进口货物原产地管理办法》有关规定的相关文件。

(5)海峡两岸经济合作框架协议申报要求

《〈海峡两岸经济合作协议〉项下原产地管理办法》规定,货物申报进口时,进口货物收货人或其代理人应当按照海关的申报规定填制“中华人民共和国海关进口货物报关单”,申明适用该协议协定税率,并同时提交下列单证:由中国台湾身份证机构签发的有效原产地证书正本、货物的商业发票正本、装箱单以及相关运输单证。

货物经过中国大陆和台湾地区以外的第三方运输至中国大陆的,应当提交在台湾地区签发的联运单据、第三方海关出具的证明文件,以及海关任课的其他证明文件。

货物申报进口时,进口货物收货人或其代理人未提交有效原产地证书正本,也未就该进口货物是否具备台湾地区原产地资格向海关进行补充申报,海关应当依法按照货物适用的最惠国税率、普通税率或其他税率计征关税及进口环节海关代征税,并按照规定办理进口手续、进行海关统计。收货人或其代理人在货物征税放行后向海关提交原产地证书的,海关不予受理,已征税款不予调整。

**3)出口货物申报要求**

出口货物申报时,出口货物发货人应当按照海关的申报规定填制"中华人民共和国海关出口货物报关单",并向海关提交原产地证书电子数据或原产地证书正本的复印件。海关认为必要时,可以对优惠贸易协定项下出口货物原产地进行核查,以确定其原产地。应优惠贸易协定成员国或地区要求,海关可以对出口货物原产地证书或原产地进行核查,并应当在相应优惠贸易协定规定的期限内反馈该检查结果。

**4)货物申报其他要求**

优惠贸易协定项下进出口货物及其包装上标有原产地标记的,其原产地标记所标明的原产地应当与依照《优惠原产地管理规定》有关规定确定的货物原产地一致。

为确定货物原产地是否与进出口货物收发货人提交的原产地证明书及其他申报单证相符,海关可以对进出口货物进行查验,具体程序按照《中华人民共和国海关进出口货物查验管理办法》有关规定办理。

进出口货物收发货人可以依照《中华人民共和国海关行政裁定管理暂行办法》有关规定,向海关申请原产地行政裁定。海关总署可以依据有关法律、行政法规和海关规章的规定,对进出口货物作出具有普遍约束力的原产地决定。

### 8.3.4 原产地证书

原产地证书是证明产品原产于某地的书面文件。它是受惠国的产品出口到给惠国时享受关税优惠的凭证,同时也是进口货物是否使用反倾销、反补贴税率及保障措施等贸易政策的参考凭证。

**1)适用优惠原产地规则的原产地证书**

(1)《亚太贸易协定》原产地证书

该证书需符合以下三个条件:由该成员国政府制定机构以手工或者电子形式签发;符合海关要求的格式,用国际标准A4纸印制,所用文字为英语;证书印章与该成员国通知中国海关的印章印模相符。

该证书一年内有效,不得涂改和叠印,所有未填空白之处应当予以划去,以防事后填写。

(2)《中国—东盟合作框架协议》原产地证明书

进口货物收货人或代理人向海关提交的原产地证书、流动证明应当同时符合下列条件:由东盟成员国身份证机构签发;符合《〈中国—东盟合作框架协议〉项下原产地管理办法》附件1所列格式,以英文填制并由出口商署名和盖章;原产地证书,流动证明的签证机构印章、签证人员签名,与东盟成员国通知中国海关的签证机构印章、身份人员签名样本相符;所列的一项或多项货物为同一批次的进口货物;仅有一份正本,并且具有不重复的原产地证书编号;注明确定货物具有原产资格的依据。

进口货物原产地证书自签发之日起一年内有效。

(3)港澳 CEPA 的原产地证书

原产地证书应与海关总署发布的有关原产地证书及其签章的备案材料一致(香港原产地证书签发机构包括香港工贸署、香港总商会、香港印度商会、香港工业总会、香港中华厂商联合会和香港中华总商会6家机构,澳门原产地证书签发机构为澳门经济局)。原产地证书必须在有效期内使用,并且证书编号和商品编码两项内容必须与报关单所报内容相符(海关只要求前8位编码必须一致),申报数量不得超出原产地证书上的数量,原产地证书的签证机构、签发地区、到货口岸等内容应与实际相符。原产地证书与海关联网相对无误。一个原产地证书只适用于一批进口货物,不可多次重复使用。一份报关单不可涉及多份原产地证书或含非原产地证书商品。

海关因故无法进行联网核对的,应纳税义务人书面申请并经海关审核同意后,按照适用的最惠国税率或暂定税率征收相当于应缴纳税款等值保证金后先予以放行货物,办理进口手续。海关应当自该货物放行之日起90天内核定其原产地证书的真实情况,根据核查结果办理退还保证金或保证金转税手续。

(4)最不发达国家特别优惠关税待遇原产地证书

享受最不发达国家特别优惠关税待遇进口货物适用的原产地证书应当由一份正本和三份副本组成。原产地证书自签发之日起一年内有效。

进口货物收货人或其代理人向海关提交的原产地证书应当同时符合下列条件:由签证机构在货物出口前或出口时签发;符合《最不发达国家特别优惠关税待遇进口货物原产地管理办法》附件所列表格,以英文填制;符合与受惠国通知中国海关的印章样本相符等安全要求;具有出口受惠国海关在出口时加盖的印章;所列的一项或多项货物为同一批次的进口货物;具有不重复的原产地证书编号;注明确定货物具有原产资格的依据;证书在有效期内。

(5)《海峡两岸经济合作框架协议》原产地证书

《海峡两岸经济合作框架协议》原产地证书自签发之日起12个月内有效。进口货物收货人或其代理人向海关提交的原产地证书应当同时符合下列条件:由台湾地区身份证机构在货物申报出口前签发;证书在有效期内;以规定的格式正确填制、署名和盖章;仅有一份正本,并且具有单一证书编号;所列的货物为同一批次的进口货物,项数不超过20项;一份进口货物报关单所列货物应对应一份原产地证书。

#### 2)适用费优惠原产地规则的原产地证书

(1)对适用反倾销、反补贴措施的进口商品的要求

进口经营单位申报进口与实施反倾销措施的被诉倾销产品相同的货物时,应向海关提交原产地证书。

对于进口经营单位确定无法提交原产地证书的,海关可以通过实际查验确定货物的原产地,海关按与该货物相同的被诉倾销产品的最高反倾销税率或保证金征收比率征收反倾销税或现金保证金。

对于加工贸易保税进口与被诉倾销产品相同的货物,进口经营单位在有关货物实际进口申报时,也应向海关提交原产地证书。

对于在反倾销措施实施之前已经申报进口的加工贸易和其他报税进口货物,因故申报内销是在反倾销措施实施期间的,进口经营单位应在申报内销时向海关提交原产地证书。对于进口经营单位确实无法提交原产地证书,经海关实际查验不能确定货物的原产地的,海关按与该货物相同的被诉倾销产品的最高反倾销税率或保证金征收比率征收反倾销税或现金保证金。

(2)对适用最终保障措施的进口商品的要求

自海关总署公告规定的加征关税之日起,进口企业申报进口涉案产品时,不能提供不适用最终保障措施的国家或地区的原产地证书或尚不应加征关税的适用最终保障措施的国家或地区的原产地证书,或者海关对其所提供的原产地证书的真实性有怀疑的,如经海关审核有关单证(包括合同、发票和提运单等)及对货物实际验估能够确定原产地的,应按照相关规定处理;如仍不能确定原产地,且进口企业也不能进一步提供能够证明原产地的其他材料的,应在现行使用的关税税率的基础上,按照相应的涉案产品适用的加征关税税率加征关税。

在海关审核认定原产地期间,进口企业可在提供相当于全部税款的保证金担保后,要求先行验放货物。

原产地证书并不是确定货物原产地的唯一标准。若海关通过查验货物或审核单证认为所提供的原产地证书可能不真实,海关可以请求出口国或地区的有关机构对该货物的原产地进行核查。

## 8.3.5 进出口税率适用的规定和实际运用

### 1)税率适用的规定

进口税则分为最惠国税率、协定税率、特惠税率和关税配额税率等税率。对进口货物在一定期限内可以实行暂定税率。根据我国加入世界贸易组织时承诺的关税减让义务,2007年以来我国的进口关税总水平保持在9.8%。

出口税则按进口税则列目方式确定出口税则税目,对部分出口商品实行暂定出口税率。

(1)进口税率

对于同时适用多种税率的进口货物,在选择适用的税率时,基本原则是“从低适用”,特殊情况除外。

原产于共同适用最惠国待遇条款的世界贸易组织成员的进口货物,原产于与中华人民共和国签订的含有相互给予最惠国待遇条款的双边贸易协定的国家或地区的进口货物,以及原产于中华人民共和国境内的进口货物,适用最惠国税率。

原产于中华人民共和国签订的含有关税优惠条款的区域性贸易协定的国家或地区的进口货物,适用协定税率。原产于与中华人民共和国签订的含有特殊关税优惠条款的贸易协定的国家或地区的进口货物,或者原产于中华人民共和国自主给予特别优惠关税待遇的国家或地区的进口货物,适用特惠税率。

上述之外的国家或地区的进口货物,以及原产地不明的进口货物,适用普通税率。

适用最惠国税率的进口货物有暂定税率的,应当适用暂定税率;适用协定税率、特惠税率的进口货物有暂定税率的,应当从低适用税率;适用普通税率的进口货物,不适用暂定税率。对于无法确定原产国或地区的进口货物,按普通税率征税。

按照国家规定实行关税配额管理的进口货物,关税配额内的,适用关税配额税率;关税配额以外的,其税率的适用按其所适用的其他相关规定执行。

按照有关法律、行政法规的规定对进口货物采取反倾销、反补贴和保障措施的,其税率的适用按照《反倾销条例》《反补贴条例》和《保障措施条例》的有关规定执行。

任何国家或地区违反与中华人民共和国签订或共同参加的贸易协定及相关协定,对中华人民共和国在贸易方面采取禁止、限制、加征关税或其他影响正常贸易措施的,对原产于该国家或地区的进口货物可以征收报复性关税,适用报复性关税税率。征收报复性关税的货物、适用国别、税率、期限和征收办法,由国务院关税税则委员会决定并公布。

凡进口原产于我国达成优惠贸易协定的国家或地区并享受协定税率的商品,同时该商品又属于我国实施反倾销或反补贴措施范围内的,应按照优惠贸易协定税率计征进口关税;凡进口原产于与我国达成优惠贸易协定的国家或地区并享受协定税率的商品,同时该商品又属于我国采取保障措施范围内的,应在该商品全部或部分中止、撤销、修改关税减让义务后所确定的适用税率基础上计征进口关税。

执行国家有关税率减征政策时,首先应当在最惠国税率基础上计算有关税目的减征税率,然后根据进口的原产地及各种税率形式的适用范围,将这一税率与同一税目的特惠税率、协定税率、进口协定最惠国税率进行比较,税率从低进行比较,税率从低执行。但不得在暂定最惠国税率基础上再进行减免。

从2002年起,我国对部分非全税目信息技术产品的进口按ITA(Information Technology Associates)税率征税。

(2)出口税率

对于出口货物,在计算出口关税时,出口暂定税率的执行优先于出口税率。

**2)税率的实际运用**

《关税条例》规定,进出口货物应当适用海关接受该货物申报进口或出口之日实施的税率。

在实际应用时应区分以下不同情况。

进口货物到达前,经海关核准先行申报的,应当适用装载该货物的运输工具申报进境之日实施的税率。

进口转关运输货物,应当适用指运地海关接受该货物申报进口之日实施的税率;货物运抵指运地前,经海关核准先行申报的,应当适用装载该货物的运输工具抵达指运地之日实施的税率。

出口转关运输货物,实行集中申报的进出口货物,应当适用每次货物进出口时海关接受该货物申报之日实施的税率。

因超过规定期限未申报而海关依法变卖的进口货物,其税款计征应当适用装载该货物的运输工具申报进境之日实施的税率。

因纳税义务人违反规定需要追征税款的进出口货物,应当适用违反规定的行为发生之日实施的税率;行为发生之日不能确定的,适用海关发现该行为之日实施的税率。

已申报进境并放行的报税货物、减免税货物、租赁货物或者已申报进出境并放行的暂时进出境货物,有下列情形之一的需要缴纳税款的,应当适用海关接受纳税义务人再次填写报关单申报办理纳税及有关手续之日实施的税率:保税货物经批准不复运出境的;保税仓储货物转入国内市场销售的;减免税货物经批准转让或者移作他用的;可暂不缴纳税款的暂时进出境货物,经批准不复运出境或者进境的;租赁进口货物,分期缴纳税款的。

进出口货物关税的补征和退还,按照上述规定确定适用的税率。

## 8.4 进出口税费的减免、缴纳与退补

### 8.4.1 进出口税费的减免

进出口税费的减免是指海关按照《海关法》《进出口关税条例》和其他有关法律、行政法规的规定,对进出口货物的税费给予减征或免征。关税的减免分为三大类:法定减免税、特定减免税和临时减免税。

#### 1)法定减免税

法定减免税是指进出口货物按照《海关法》《进出口关税条例》和其他有关法律、行政法规的规定可以享受的减免关税的优惠。海关对法定减免税货物一般无需前期申领批件,也不进行后续管理。

下列进出口货物、进出境物品,可减征或者免征关税:

①关税税额在人民币 50 元以下的一票货物;

②无商业价值的广告品和货样;

③外国政府、国际组织无偿赠送的物资;

④在海关放行前遭受损坏或者损失的货物;

⑤进出境运输工具装载的途中必需的燃料、物料和饮食用品；

⑥我国缔结或者参加的国际条约规定减征、免征关税的货物或物品；

⑦法律规定的其他减免税货物。

#### 2）特定减免税

特定减免税是指海关根据国家规定，对特定地区、特定用途、特定企业给予的减免关税和进口环节海关代征税的优惠，也称政策性减免税。

**小贴士 8-11**

**法定减免和特定减免的区别**

法定减免是按照《海关法》《进出口关税条例》和其他有关法律、行政法规的减免。属于法定减免范围的进出口货物，进出口人或其代理人无须事先提出申请，即可直接办理有关减免，海关放行后也无需进行后续管理。

特定减免是为了进一步鼓励利用外资和引进技术，扩大对外贸易、发展科教文卫事业，而给予针对特定地区、特定用途、特定企业的减免，申请特定减免税的单位和企业，应在货物进出口前向海关提出申请，由海关按照规定的程序进行审核，符合规定的由海关发给征免税证明，受惠单位和企业凭证明申报进口特定减免税货物。由于特定减免税货物有地区、企业和用途的限制，海关需要对其进行后续管理。

#### 3）临时性减免

临时性减免是指法定减免税和特定减免税以外的其他减免税，是由国务院根据某个单位、某类商品、某个时期或某批货物的特殊情况，给予特别的临时性减免。

**小贴士 8-12**

**汶川地震灾后重建进口物资实施临时性减免税**

为支持和帮助汶川地震受灾地区积极开展生产自救，重建家园，自 2008 年 7 月 1 日起，对受灾地区企业、单位，或支援受灾地区重建的企业、单位，进口国内不能满足供应并直接用于灾后重建的大宗物资、设备等，3 年内免征进口关税和进口环节增值税。

#### 4）减免税申报办理手续

(1) 减免税备案

减免税申请人应持下列单证原件向主管海关申请办理减免税备案手续，同时提交加盖减免税申请人有效印章的复印件，具体单证包括：

①进出口货物减免税备案申请表；

②企业营业执照或者事业单位法人证书、国家机关设立文件、社团登记证书、民办非企业单位登记证书、基金会登记证书等证明材料；

③相关政策规定的享受进出口税后优惠政策资格的证明材料;

④海关认为需要提供的其他材料。

(2)减免税审批手续

①审批提交的材料。减免税申请人应当在货物申报进出口前,持下列单证向主管海关申请办理进出口货物减免税审批手续,下述单证减免税申请人应当交验原件,同时提交加盖减免税申请人有效印章的复印件:

A.进出口货物征免税申请表;

B.企业营业执照或者事业单位法人证书、国家机关设立文件、社团登记证书、民办非企业单位登记证书、基金会登记证书等证明材料;

C.进出口合同、发票以及相关货物的产品情况资料;

D.相关政府规定的享受进出口税收优惠政策资格的证明材料;

E.海关认为需要提供的其他材料。

②海关审核结果

海关审核同意后向减免税申请人签发"中华人民共和国海关进出口货物征免税证明",即征免税证明。

### 8.4.2 进出口税费的缴纳

#### 1)税款缴纳的地点和方式

(1)纳税地点:属地纳税

纳税义务人应当在货物的进出境地向海关缴纳税款,经海关批准也可以在纳税义务人所在地向其主管海关缴纳税款,即属地纳款。

(2)纳税方式

纳税方式主要名称包括:柜台支付税款和网上支付税款两种情况。

柜台支付税款是指纳税义务人持缴款书到指定银行营业柜台办理税费交付手续。

网上支付税费是指纳税义务人、银行、中国电子口岸数据中心和海关按照网上支付项目管理规定,通过中国电子口岸数据平台办理进出口税费缴纳手续的付税方式。实行网上支付的税费有:进出口关税、反倾销税及其他特别关税、进口增值税、进口消费税以及缓税利息。

#### 2)缴纳凭证

海关征收进出口关税和进口环节税时,应向纳税义务人或其代理人填发"海关专用缴款书"(含关税和进口环节税)。纳税义务人或其代理人凭"海关专用缴款书"向银行缴纳税款,具体缴款书各联名称及其用途如表8-9所示。

表 8-9 海关专用缴款书各联及其用途

| 海关专用缴款书 | 用途 |
|---|---|
| 第一联 收据 | 国库收款签章后交缴款单位或缴纳人 |
| 第二联 付款凭证 | 缴库单位开户银行作付出凭证 |
| 第三联 收款凭证 | 收款国库作收入凭证 |
| 第四联 回执 | 国库盖章后退回海关财务部分 |
| 第五联 报查 | 关税由国库收款后退回海关,进口环节代征税送当地税务机关 |
| 第六联 存根 | 填发单位存查 |

进口货物收货人或其代理人缴纳税款后,应将“海关专用缴款书”第一联送签发海关验核,海关凭以办理有关手续。

### 8.4.3 进出口税费的退还

#### 1)退税范围

下列情况经海关核准可予以办理退税手续:

①已缴纳进口关税和进口环节代征税税款的进口货物,因品质或者规格原因原装退货复运出境的;

②已缴纳出口关税的出口货物,因品质或者规格原因原装退货复运进境,并已重新缴纳因出口而退还的国内环节有关税收的;

③已缴纳出口关税的货物,因故未装运出口,已退关的;

④已征税放行的散装进出口货物发生短卸、短装,如果该货物的发货人、承运人或者保险公司已对短卸、短装部分退还或者赔偿相应货款的,纳税义务人可以向海关申请退还进口或者出口短卸、短装部分的相应税款;

⑤进出口货物因残损、品质不良、规格不符的原因,由进出口货物的发货人、承运人或者保险公司赔偿相应货款的,纳税义务人可以向海关申请退还赔偿货款部分的相应税款;

⑥因海关误征,致使纳税义务人多缴税款的。

#### 2)退税期限

海关发现多征税款的,应当立即通知纳税义务人办理退还手续。

纳税义务人发现多缴纳税款的,自缴纳税款之日起 1 年内,可以以书面形式要求海关退还多缴的税款并加算银行同期活期存款利息。所退利息按照海关填发收入退还书之日中国人民银行规定的活期储蓄存款利息计算。计算所退利息的期限自纳税义务人缴纳税款之日起至海关填发收入退还书之日。

进口环节增值税已予抵缴的除国家另有规定外不予退还。已征收的滞纳金不予退还。

海关应当自受理退税申请之日起 30 日内查实并通知纳税义务人办理退还手续。纳税义务人应当自收到通知之日起 3 个月内办理有关退税手续。

退税必须在原征税海关办理。办理退税时,纳税义务人应填写"退税申请表"并持原进口或出口报关单、原盖有银行收款章的税款缴纳收据正本及其他必要单证(包括合同、发票、协议和商检机构证明等)送海关审核,海关同意后,应按原征税或者补税之日所实施的税率计算退税额。

**3)退税凭证**

海关退还已征收的关税和进口环节代征税时,应填发"收入退还书"(海关专用),同时通知原纳税义务人或其代理人。海关将"收入退还书"(海关专用)送交制定银行划拨款,"收入退还书"(海关专用)的各联名称及其用途如表 8-10 所示。

**表 8-10　收入退还书(海关专用)各联及其用途**

| 收入退还书 | 用　途 |
| --- | --- |
| 第一联 收据通知 | 交收款单位 |
| 第二联 付款凭证 | 退款国库作付出凭证 |
| 第三联 收款凭证 | 收款单位开户银行作收入凭证 |
| 第四联 付款通知 | 国库随收入统计表送退库海关 |
| 第五联 报查凭证 | 由国库收款后退回海关,进口环节代征税送当地税务机关 |
| 第六联 存根 | 填发海关存查 |

### 8.4.4　税款追征和补证

税款的追征是指因纳税义务人违反规定而造成少征或漏征的,海关可以在一定期限内发现其违规行为并要求纳税义务人补充缴纳的行为;税款的补征是指进出口货物放行后,海关发现少征或漏征税款,应在缴纳税款或货物放行之日起一年内,向纳税义务人继续征收剩下部分税收。

**1)追征和补征范围**

海关追征和补征纳税义务人税款的范围主要包括:

①进出口货物放行后,海关发现少征或者漏征税款的;

②因纳税义务人违反规定造成少征或者漏征税款的;

③海关监管货物在海关监管期内因故改变用途按照规定需要补征税款的。

**2)追征和补征期限**

根据海关追征和补征纳税义务人税款的范围的不同,其期限也有所不同。

①进出口货物放行后,海关发现少征税款的,应当自缴纳税款之日起一年内,向纳税义务人补征税款;海关发现漏征税款的,应当自货物放行之日起一年内,向纳税义务人补征税款。

②因纳税义务人违反规定造成少征或者漏征税款的,海关可以自缴纳税款或者货物放行之日起三年内追征税款,并按规定加收滞纳金。

③海关发现海关监管货物因纳税义务人违反规定造成少征或者漏征税款的,应当自纳税义务人应缴纳税款之日起三年内追征,并按规定加收滞纳金。

#### 3)追征和补征凭证

海关追征或补征进出口货物关税和进口环节代征税时,应当向纳税义务人填发"海关专用缴款书"(含关税和进口环节代征税)。纳税义务人凭"海关专用缴款书"向指定银行或开户银行缴纳税款。进口货物收货人或其代理人缴纳税款后,应将盖有"收讫"章的"海关专用缴款书"第一联送至签发海关验核,海关凭以办理有关手续。

**小贴士 8-13**

**税费缴纳、退补的凭证比较**

进出口关税、进口环节税、滞纳金以及补税的缴纳凭证相同,都是海关专用缴款书。但退税凭证则不是海关专用缴款书;滞报金的缴纳凭证也不同于滞纳金。各种税费缴纳、退补的凭证如表 8-11 所示。

**表 8-11 税费缴纳、退补的凭证比较**

| 税费缴纳种类 | 适用的缴纳凭证 |
|---|---|
| 进出口关税、进口环节税 | 海关专用缴款书 |
| 退税 | 收入退还书 |
| 补税 | 海关专用缴款书 |
| 滞纳金 | 海关专用缴款书 |
| 滞报金 | 海关行政事业收费专用票据 |

## 案例实训

广东天宇贸易有限公司从新加坡进口一批"SONY"牌彩色数字电视机,该产品采用日本牌号和商标,其中显像管为新加坡生产,集成电路板为香港生产,机壳由马来西亚生产,最后在新加坡组装成整机。经查《海关进口税则》获知,该产品最惠国税税率为30%,中国—东盟协定税率为12%,普通税率为13%。假如你是天宇贸易有限公司的报关员,工作任务包括：

任务1：向海关申报时，该彩色数字电视机的原产地应填报为哪个国家？

任务2：该进口货物在申报时，应适用哪个税率？

任务3：应如何向海关进行申报？

【解答】

操作1：新加坡。

操作2：协定税率为12%。

操作3：原产地证书（要求提交原产地证书正本和第三联）、报关单、提单、装箱单、发票等。若是经过第三国，还需第三国海关的未再加工证明文件。

## 课内练习

### 一、不定项选择题

1.属于按征收方法不同分类的进出口关税是(　　)。

A.从价税　　B.从量税　　C.滑准税　　D.特惠税

2.由于当前世界上多数国家加入了WTO，成员国（地区）之间在关税方面相互提供最惠国待遇并享受最惠国税税率，因此，人们通常将最惠国税称之为(　　)。

A.优惠关税　　B.特惠关税　　C.正常关税　　D.普惠关税

3.下列驶入我国港口或者行驶于我国港口之间的船舶中，应征收船舶吨税的是(　　)。

A.已在香港缴纳船舶吨税的俄罗斯籍货船

B.由某中外合资经营国际运输公司租用的中国籍货船

C.中国远洋运输公司自有的班轮

D.中国远洋运输公司租用的在固定国际航线上营运的希腊籍船舶

4.海关在征收船舶吨税时，以船舶的(　　)计征。

A.注册总吨位　　B.注册净吨位　　C.实际装货吨位　　D.小吨位

5.在下列情形中，海关可以不接受纳税义务人提供的成交价格作为完税价格而另行估定的是(　　)。

A.买卖合同规定买方必须将进口货物转售给卖方指定的第三方

B.买方是卖方的子公司，但成交价格并未受此关系的影响

C.买卖合同是在买方购货不少于1 000公吨的条件下订立的

D.卖方的执行董事在买方的公司中担任副总经理

6.韩国某公司将原产于澳大利亚的羊皮，在印度经鞣制、抛光加工成皮革后在韩国制成皮革箱包，后来港商采购了这批箱包并在香港更换了销售包装转销我国内地。我国海关应

当以(　　)为该进口货物的原产地。

A.韩国　　B.澳大利亚　　C.印度　　D.香港

7.浙江金华某化工进出口公司以“FCA 杭州”价格条件出口巴基斯坦尿素一批，出口暂定税率为 30%，货物实际从上海装船出境。海关以该货物的成交价格为基础确定完税价格时，应当扣除的项目是(　　)。

A.金华至杭州的运费和保险费　　B.杭州至上海的运费和保险费

C.出口产品的包装费用　　D.出口关税

8.海关以“成交价格法”确定一般进口货物的完税价格时，下列各项中的(　　)不应计入完税价格中。

A.买方支付给采购代理人的购货佣金

B.买方支付给销售代理人的销售佣金

C.买方支付给经纪人的经纪费

D.买方返回给卖方的部分收益

## 二、判断题

1.关税由海关代表国家向纳税义务人征收，因此关税的征税对象是关税的纳税义务人。(　　)

2.因纳税义务人违反规定造成少征或者漏征税款的，海关除追征税款外还应加收滞纳金。(　　)

3.在买卖双方没有特殊关系时进口货物的申报价格才能被海关所接受作为完税价格的基础。(　　)

4.以进口货物相同货物的成交价格来确定进口货物的完税价格时，相同货物的销售必须与被估货物处于同一商业水平，数量基本一致，否则上述相同货物的成交价格不能被采用。(　　)

5.运往境外修理货物，应当以该出境货物在境外修理时支付的修理费和料件费加上该货物复运进境的运输及其相关费用、保险费审查确定完税价格。(　　)

## 三、计算题

1.某单位出口鳗鱼苗一批，离岸价格(FOB)为人民币 10 万元。2007 年暂定出口税率为 10%，最惠税率为 20%。试计算该批出口货物的关税。

2.山东华丰食品进出口贸易有限公司从法国进口冷冻整鸡 2 000 千克，以每千克 1.95 美元 CIF 青岛价格条件成交，买方自行向其购货代理人支付佣金 200 美元。经查，冷冻整鸡税目税号 02071200，按从量税征收进口关税，最惠国税税率为 1.30 元/千克，增值税税率为 13%，该商品无进口环节消费税，海关计征汇率为 1 美元 = 7.20 元人民币。经海关审定以成交价格作为完税价格征收进口关税和进口环节增值税。试计算，该批冷冻整鸡应总计缴纳多少进口税费？

3. 某贸易公司于2007年5月11日(周五)申报进口一批货物,海关于当日开出税款缴款书。其中关税税款为人民币24 000元,增值税税款为人民币35 100元,消费税税款为人民币18 900元。该公司实际缴纳税款日期为6月7日(周四)。计算该公司应缴纳的滞纳金。

## 课外实训

### 一、计算题

1.境内某公司从日本进口电焊机一批。已知该批货物关税税额为人民币15 000元,进口环节增值税税额为人民币30 000元。海关于2007年4月16日(星期一)填发海关专用缴款书,该公司于2007年5月10日缴纳税款,应缴的税款滞纳金是多少?

2.某公司从德国进口奔驰豪华小轿车一辆,成交价格为50 000美元CIF上海,当时海关的计征汇率为1美元=7.20人民币元,该型号的小轿车的最惠国税税率为25%,消费税税率为15%。计算:该公司应缴纳多少消费税?

### 二、综合实务题

杭州市某中外合资企业向其合资外方在境外的母公司进口属自动许可管理的纺织机械设备10台,成交总价为每台1 200美元CIF Less 3% Quantity Discount上海(即3%数量折扣价)。合同规定,折扣款在买方付款时自行扣除,若买方将该进口设备转售给其他企业,则应从获取的利润中返回10%给卖方。装载该货物的船舶于2007年12月2日申报进境,进口货物收货人于12月8日向海关申报。海关在审核完税价格时认为买卖双方存在特殊关系,不能用成交价格作为完税价格,决定采用上个月进口的与该货物型号完全相同的机械设备的成交价格每台1 320美元作为完税价格。该进口货物按从价税征收进口关税,税率为10%,进口环节增值税税率为17%,海关计征汇率为1美元=7.48人民币元。根据上述情况,请回答下列问题

(1)若进口货物收货人在(　　)之后向海关申报,则海关应当加收滞报金。

A.12月14日　　B.12月15日　　C.12月16日　　D.12月17日

(2)根据我国《进出口关税条例》的规定,这批货物应按(　　)征收进口关税。

A.一般进口货物　　B.特殊进口货物　　C.法定免税进口货物　　D.外资设备物品

(3)海关对纳税义务人所申报的价格表示怀疑,应当首先采用(　　)要求纳税义务人提供资料以证明其申报价格的真实性。

A.司法程序　　B.仲裁程序　　C.价格质疑程序　　D.价格磋商程序

(4)假如该进口货物确实以"每台1 200美元CIF Less 3% Discount上海价"成交,除买

方向其代理人支付了 360 美元的购货佣金外无其他任何瓜葛。海关决定以该成交价格来估定完税价格,估价时不应计入的是(　　)。

A.保险费　　B.购货佣金　　C.海运运费　　D.折扣款

(5)若海关以“相同货物成交价格法”审定完税价格,纳税义务人对该批进口货物总计应缴纳的进口税额是(　　)。

A.98 736.00 元　　B.9 873.60 元　　C.18 463.63 元　　D.28 337.23 元

# 第 9 章　报关单的填制

## 案例导读 9-1

### 篡改海关报关单造假进口肥料产品 15 万余元

2016 年 4 月 27 日，四川在线眉山频道记者从眉山市丹棱县工商质监局获悉，县工商质监局在全市率先开展流通领域“假进口”肥料产品“治虚假、强维权”专项行动，并查获了一起全省首例涉嫌通过篡改海关报关单内容来伪造产地、冒用他人厂名的两款“假进口”肥料产品，总价值 15 万余元。

“近年来，不少假进口肥料涌入市场，严重侵害了农民利益。”朱晶介绍，2016 年 2 月，一则“革命老区数百亩果树遭药害！记者追踪五省市揪幕后黑手！”的农资新闻引起县工商执法人员高度关注，因其内容提到“德国红牛国际化工集团(中国)有限公司”，而根据巡查记录记载，执法人员曾在今年初开展农资市场巡查时发现过该公司经销生产的肥料产品。

执法人员第一时间将该情况作了汇报，局领导高度重视，立即安排执法人员在全县展开肥料市场专项检查。果然，在一乡镇农资经销商处发现了标称为“德国红牛国际化工集团(中国)有限公司”经销生产的两款肥料产品。执法人员随即顺藤摸瓜，锁定了县级经销商，于 2016 年 3 月 8 日在县城内查获并暂扣“德国红牛国际化工集团(中国)有限公司”经销生产的国产有机肥 42.64 吨、进口硫酸钾 12.6 吨，货值金额 15 万余元。

执法人员查获的两款肥料包装精美，公司名称、地址、执行标准、登记证号、商标、养分含量一应俱全，仅从外观观察，不仅老百姓无法判断真假，连执法人员也不能现场判定真伪。但是，执法人员在调查中发现，经销商在推广这两款肥料时声称进口原料、进口肥料、德国品质，强烈暗示为德国肥料。然而经执法人员查看，两款肥料中有机肥登记证归内蒙古吉人化肥有限公司，硫酸钾的合格证载明原产地为俄罗斯，与经销商宣传内容并不一致。执法人员以此为切入点，要求经销商提供两款肥料的相关材料，一层一层揭开了“假德国”“假进口”肥料伪装。

调查过程并不顺利，经销商挤牙膏似的一点一点提供证据，从最初只提供营业执照到商标注册证，再到出入境检验检疫证明、海关报关单、买卖合同等，材料貌似完善齐备。

执法人员将经销商提供的材料进行逐一查看核实，终于发现端倪：国产有机肥标称内蒙古吉人化肥有限公司为其联合运营商，而在前文提到的农资新闻上载明内蒙古吉人化肥有限公司曾发表声明称与德国红牛国际化工集团(中国)有限公司无任何合作关系；进口硫酸钾的入境货物检验检疫证明和海关进口货物报关单上所载明的进口合同号与该进口硫酸钾外包装标注的进口合同号均不一致。执法人员初步判定所查获的两款肥料系涉嫌冒用他人厂名、伪造产地的产品。

疑点已经发现,如何证明执法人员的观点成了难题。因为根据法律程序,暂扣有规定期限,同时该案涉及多个地区、多个部门,为了缓解执法压力,提高执法效率,县局领导当机立断,派出执法人员奔赴千里,先后到呼和浩特市工商局、内蒙古吉人化肥有限公司、中国满洲里海关、满洲里检验检疫局等地采用调查"海关报关单"的方式实地取证。在当地友好单位的协助下,仅用三天时间将证据核实固定,查实上述两款肥料确系冒用他人厂名、伪造产地的产品。

证据一经确凿,该案进程大幅推进,目前已进入查处尾声。

执法人员在此提醒广大消费者和肥料产品经营者,购销进口肥料需谨慎,凡是无法证明产品合法来源,无法提供产品检验报告,与同类产品价差过大,标明"最优质、最有效"等涉嫌虚假夸大宣传的肥料不宜购买。同时,敬请广大消费者和肥料产品经营者,凡是发现有肥料产品存在上述问题,立即向执法部门举报。

(资料来源:四川在线,http://sichuan.scol.com.cn/msxw/201604/54502791.html)

**知识目标**

1.了解进出口货物报关单的含义。

2.了解进出口货物报关单的类别。

3.掌握进出口货物报关单各联填制的基本要求。

4.熟悉进出口货物报关单填制规范。

**技能目标**

1.能够区分进出口货物报关单各联的用途。

2.能够熟练填制进出口货物报关单表头栏目。

3.能够准确填制进出口货物报关单标题栏目。

# 9.1 报关单概述

## 9.1.1 进出口货物报关单的概念及其分类方法

### 1)进出口货物报关单的概念

进出口货物报关单是指进出口货物收发货人或其代理人按照海关规定的格式对进出口货物的实际情况作出书面申请,以此要求海关对其货物按适用的海关制度办理报关手续的法律文书。

进出口货物报关单是报关员代表报关单位向海关办理货物进出境手续的主要单证，是办理通关手续的法律文书，在对外贸易活动中具有重要的法律效力。根据《中华人民共和国进出口货物申报管理规定》（以下简称《货物申报管理规定》）和《中华人民共和国海关进出口货物报关单填制规范》（以下简称《报关单填制规范》）的要求，规范、完整、有效地填制报关单是每个报关员执业的基本技能。

**2）进出口货物报关单的分类**

根据货物的进出口状态、表现形式、海关监管方式和用途的不同，进出口货物报关单有不同的类型，报关单的分类如表9-1所示。

**表9-1　报关单的分类**

| 分类方法 | 类　型 | |
|---|---|---|
| 按进出口状态分 | 进口货物报关单 | 出口货物报关单 |
| 按表现形式分 | 纸质报关单 | 电子数据报关单 |
| 按用途分 | 报关单录入凭单 | 预录入报关单 |
| | 电子数据报关单 | 报关单证明联 |
| 按海关监管方式分 | 粉红色底纹黑字：进料加工进（出）口货物报关单 | |
| | 浅绿色底纹黑字：来料加工及补偿贸易进（出）口货物报关单 | |
| | 白色底纹黑字：一般贸易及其他贸易进（出）口货物报关单 | |
| | 黄色底纹黑字：需国内退税的出口货物报关单 | |
| | 浅蓝色底纹黑字：外商投资企业进（出）口货物报关单 | |

## 9.1.2　进出口货物报关单各联及其用途

**1）进出口货物报关单各联**

纸质进口货物报关单一式四联，包括海关作业联、企业留存联、海关核销联和进口付汇证明联；纸质出口货物报关单一式五联，包括海关作业联、企业留存联、海关核销联、出口收汇证明联和出口退税证明联。

**2）进出口货物报关单各联的用途**

（1）海关作业联

海关作业联是保管员配合海关查验、缴纳税费、提取或者装运货物的重要单据，也是海关查验货物、征收税费、海关统计及处理其他事务的重要凭证。

(2)企业留存联

企业留存联是合法进出口货物的依据,是在海关放行货物和结关后,报关企业向海关申领进口付汇证明联、出口受惠证明联和出口退税证明联的文件。

(3)海关核销联

海关核销联是接受申报的海关对已实际申报进口或出口的货物所签发的证明文件,是海关办理加工贸易合同核销、结案手续的重要凭证。加工贸易货物进出口后,申报人应向海关申领进出口货物报关单海关核销联,并以此向主管海关办理加工贸易合同核销手续。该联在报关时与海关作业联一并提供。

(4)进口付汇证明联和出口收汇证明联

这两联是海关对实际进出境的货物所签发的证明文件,是银行和国家外汇管理部门办理售汇、付汇和收汇及核销手续的重要依据之一。对需办理进口付汇或出口收汇核销的货物,进出口货物的收发货人或其代理人应当在海关放行后,向海关申领进口货物报关单进口付汇证明联或出口货物报关单出口收汇证明联,并凭此向银行或国家外汇管理部门办理付汇、收汇核销手续。

(5)出口退税证明联

出口退税证明联是海关对已实际申报出口并已装运离境的货物所签发的证明文件,是国家税务部门办理出口货物退税手续的重要凭证之一。

### 9.1.3 海关对进出口货物报关单填制的一般要求

①进出境货物收发货人或其代理人必须按照《海关法》《货物申报管理规定》及《报关单填制规范》的相关规定和要求,如实向海关申报,做到"两个相符",即单证相符和单货相符。单证相符是指所填报关单各栏目的内容必须与合同、发票、装箱单、提单及批文等随附单据相符;单货相符是指所填报各栏目的内容必须与实际进出口货物的情况相符,不得伪报、瞒报或虚报。

**小贴士 9-1**

**进出口货物报关单填制涉及的主要单证**

进出口业务涉及许多单证,包括三大类:第一类为金融单证,主要是指信用证、汇票、支票和本票;第二类为商业单证,主要是指发票、装箱单、提单、航空运单和装货单等;第三类为主要用于政府管理的单证,主要包括许可证、原产地证书和商检证书等。

②报关单的填写要求准确、齐全、完整,字迹清晰、整洁、端正,不得使用铅笔或红色复写纸填写;更正必须在更正项目上加盖校对章。

③不同许可证号的货物、同一批货物中不同贸易方式的货物、不同备案号的货物、不同提运单的货物、不同运输方式或运输方式相同但航次不同和运输工具名称不同的货物等,应分单填报。一份原产地证书只能对应一份报关单。同一份报关单上的商品不能同时享受协定税率和减免税。在同一批货物中,对于实行原产地证书联网管理的,如果涉及多份原产地证书或包含非原产地证书商品,也该分单填报。

④已向海关申报的货物报关单,若原填报的内容与实际进出口货物不一致而又有正当理由的,申报人可以向海关提交书面更正申请,由海关核准后对原填报内容进行更改或撤销。

小贴士 9-2

**填写报关单的小技巧**

报关单内容查找时可以从不同的单据中分类寻找,具体技巧如表 9-2 所示。

**表 9-2 报关单内容查找技巧**

| 查找来源 | 报关单内容 |
| --- | --- |
| 发票 | 收发货人、消费使用/生产销售单位、境内目的地/货源地、成交方式、运费、保费、杂费、合同协议号、商品名称、规格型号、数量及单位、原产国(地区)/最终目的国(地区)、单价、总价、币值 |
| 装箱单和提运单 | 进口/出口口岸、运输方式、运输工具名称、提运单号、贸易国(地区)、启运国(地区)/运抵国(地区)、装货港/指运港、件数、包装种类、毛重、净重、集装箱号、标记唛头及备注 |
| 自行推断 | 监管方式、免征性质、特殊关系确认、价格确认影响、支付特权使用费确认、部分备注的内容 |

## 案例导读 9-2

### 单据不准确,报关有麻烦

2015 年 9 月,深圳某台商自美国进口一批 150 公吨的牛皮卡纸。由于该台商工厂仓库容量有限,因此均分两批将 6 个 40 英尺(1 英尺 = 0.305 米,以下相同)的货柜运抵深圳。9 月底,首批 3 个货柜运抵深圳某海关,该公司保管员带起所有的单证和填好的报关单、司机簿及进境汽车载货清单,向海关保管。但报关时发现此批货物共有三辆货柜车,而美国的原始发票是整批货物共 6 个货柜,海关官员不同意该公司进行保管。该公司立刻与美国公司取得联络,要求美国公司改填两份发票及装箱单,一份为三个货柜,另一份也为三个货柜。次日,该公司保管员再次报关,海关依然拒绝接受美国开来的原始发票,因为该发票上只有签名没有印鉴。于是该公司再次与美国公司取得联络,但由于时差的关系,等收到美方传真时已经是第三日清晨。该公司报关员第三次进行申报,仍然没有顺利进行,海关发现该公司填写的报关单注明的货物名称是牛皮卡纸,而司机的载货清单上标注的是白板纸。海关认为,报关单上写明的牛皮卡纸为每公吨 300 美元,而司机的载货清单上列明的白板纸为每公吨 1 000 美元,该公司涉嫌逃漏国家关税,有走私嫌疑。

海关要求开箱检查,查验中报关员将每一箱纸的外层捅破,虽然最后证明货物确实是牛皮卡纸,货物得以放行,但三个货柜多花了两夜的租箱费以及检查费、包装破坏费、司机的过夜费以及临时请车费等,共损失了人民币两万多元。请仔细分析案例,总结一下报关时必须注意的几个事项。

案例解答:该案例告诉我们,在报关过程中,应该注意至少以下三点:

1.必须如实申报。报关人必须按照《海关法》和《报关单填制规范》的有关规定和要求,向海关如实进行申报。报关单的填报必须真实,不得伪报、瞒报和虚报,否则可能会构成走私或者走私罪。本案例中前后进行了三次申报,对于货物的箱数、单据的填写以及货物名称的误填都为企业带来了损失与不利。

2.申报必须做到两个相符。在申报过程中,必须要做到单单相符和单货相符。在单单相符中,报关单要与合同、发票、装箱单、提单以及批文等随附单据相符;在单货相符中报关单中所填报的内容要求与实际进出口货物情况相符。特别是货物的品名、规格、数量和价格等内容更应该注意规范申报,不得出现差错,更不能伪报、瞒报和谎报。在本案中,第一次申报时,货物的分批运输与整批运输误填,导致单货不一致;第三次申报时,货物名称由“牛皮卡纸”错误地填写为“白板纸”,造成单单不一致,最终无法顺利通关。

3.向我国关境内各海关报关,应尊重我国的商业习惯。本案中第二次报关时,由于没有印鉴,海关拒绝接受发票,是因为中西方商业习惯有差异,我国海关在相关单证确定上只认可印鉴。

总之,报关单据的任何细微差错,都可能造成货物无法放行,只有报关员正确填报进出口报关单,提交真实、有效的报关单证,才能使货物顺畅通关。

## 9.2 报关单表头各栏目的填报

### 9.2.1 进出口货物报关单式样

进出口货物报关单式样如表9-3,表9-4所示。

**表9-3 中华人民共和国海关进口货物报关单**

预录入编号　　　　　　　　　　　　　　　　海关编号

<table>
<tr><td colspan="2">收发货人</td><td colspan="2">进口口岸</td><td>进口日期</td><td>申报日期</td></tr>
<tr><td colspan="2">消费适用单位</td><td>运输方式</td><td colspan="2">运输工具名称</td><td>提运单号</td></tr>
<tr><td colspan="2">申报单位</td><td colspan="2">监管方式</td><td>征免性质</td><td>备案号</td></tr>
<tr><td>贸易国(地区)</td><td colspan="2">起运国(地区)</td><td colspan="2">装货港</td><td>境内目的地</td></tr>
</table>

续表

<table>
<tr><td>许可证号</td><td>成交方式</td><td>运费</td><td>保费</td><td>杂费</td></tr>
<tr><td colspan="5"></td></tr>
<tr><td>合同协议号</td><td>件数</td><td>包装种类</td><td>毛重/千克</td><td>净重/千克</td></tr>
<tr><td>集装箱号</td><td colspan="4">随附单证</td></tr>
<tr><td colspan="5">标记唛码及备注</td></tr>
<tr><td colspan="5">项号　商品编号　商品名称、规格型号　数量及单位　原产国(地区)　单价　总价　币制　征免</td></tr>
<tr><td colspan="5"></td></tr>
<tr><td colspan="5"></td></tr>
<tr><td colspan="5">特殊关系确认：　价格影响确认：　支付特权使用费确认：</td></tr>
<tr><td colspan="2">录入员　录入单位</td><td colspan="2">兹声明以上内容承担如实申报、依法纳税之法律责任</td><td rowspan="2">海关批注及签章</td></tr>
<tr><td colspan="2">报关人员</td><td colspan="2">申请单位(签章)</td></tr>
</table>

**表 9-4　中华人民共和国海关进口货物报关单**

预录入编号　　　　海关编号

<table>
<tr><td colspan="2">收发货人</td><td colspan="2">出口口岸</td><td>出口日期</td><td>申报日期</td></tr>
<tr><td colspan="2">生产销售单位</td><td>运输方式</td><td colspan="2">运输工具名称</td><td>提运单号</td></tr>
<tr><td colspan="2">申报单位</td><td colspan="2">监管方式</td><td>征免性质</td><td>备案号</td></tr>
<tr><td>贸易国(地区)</td><td colspan="2">运抵国(地区)</td><td colspan="2">指运港</td><td>境内货源地</td></tr>
<tr><td>许可证号</td><td>成交方式</td><td colspan="2">运费</td><td>保费</td><td>杂费</td></tr>
</table>

续表

<table>
<tr><td>合同协议号</td><td>件数</td><td>包装种类</td><td>毛重/千克</td><td>净重/千克</td></tr>
<tr><td>集装箱号</td><td colspan="4">随附单证</td></tr>
<tr><td colspan="5">标记唛码及备注</td></tr>
<tr><td colspan="5">项号　商品编号　商品名称、规格型号　数量及单位　最终目的国(地区)　单价　总价　币制　征免</td></tr>
<tr><td colspan="5"></td></tr>
<tr><td colspan="5"></td></tr>
<tr><td colspan="5">特殊关系确认：　价格影响确认：　支付特权使用费确认：</td></tr>
<tr><td colspan="2">录入员　录入单位</td><td colspan="2">兹声明以上内容承担如实申报、依法纳税之法律责任</td><td rowspan="2">海关批注及签章</td></tr>
<tr><td colspan="4">报关人员　申请单位(签章)</td></tr>
</table>

**小贴士 9-3**

**预录入编号和海关编号不需要填写**

预录入编号是指申报单位或预录入单位对该单位填制录入的报关单的编号，用于该单位与海关之间应用其申报后尚未批准放行的报关单。报关单录入凭单的编号规则由申报单位自行决定。预录入报关单及 EDI 报关单的预录入编号由接受申报的海关决定编号规则，计算机自动打印；海关编号是指海关接受申报时给予报关单的编号。海关编号由各海关在接受申报环节时确定，应标示在报关单的每一联上。

报关单海关编码为 9 位数码，其中前 2 位为分关(办事处)编号，第 3 位由各海关自定义，后 6 位为顺序编号。各直属海关对进口报关单和出口报关单应分别编号。理单归档编号不得在部门外用于报关单标识。

### 9.2.2　报关单表头栏目的填写

如表 9-3 和表 9-4 所示，报关单表头栏目是指从“收发货人”开始直到“标记唛码及备注”栏的内容，共有 29 项栏目需要填写。

1)收发货人

(1)含义

收发货人栏目,曾称为经营单位,是指在海关注册的对外签订并执行进出口贸易合同的中国境内法人、其他组织和个人。

(2)填报要求

本栏目填报在海关注册的对外签订并执行进出口贸易合同的中国境内法人、其他组织或个人的名称及编码。编码可选填18位法人和其他组织统一社会信用代码或10位海关注册编码任意一项。

(3)特殊情况

①进出口货物合同的签订者和执行者非同一企业的,填报执行合同的企业。

②外商投资企业委托进出口企业进口投资设备、物品的,填报外商投资企业,并在标记唛码及备注栏注明"委托某进出口企业进口",同时注明被委托企业的18位法人和其他组织统一社会信用代码。

③有代理报关资格的报关企业代理其他进出口企业办理进出口报关手续时,填报委托的进出口企业。

④使用海关核发的《中华人民共和国海关加工贸易手册》、电子账册及其分册(以下统称《加工贸易手册》)管理的货物,收发货人应与《加工贸易手册》的"经营企业"一致。

小贴士 9-4

**收发货人编码设置规则**

1.第1至4位:表示收发货人单位属地的行政区划代码,其中1至2位表示省、自治区、直辖市。例如,上海市为"31",广东省为"44"。第3至4位表示省辖市(地区、省直辖行政单位,包括省会城市、计划单列城市和沿海开放城市)。

2.第5位,表示市内经济区域,数字的含义分别如下:

1——经济特区(深圳特区可用"0");

2——经济技术开发区和上海浦东新区、海南杨浦经济开发区;

3——高新技术产业开发区;

4——保税区;

5——出口加工区;

6——报税港区;

7——保税物流园区;

9——其他未列明地区。

3.第6位,表示收发货人企业经济类型的代码,标明企业性质,数字的含义分别如下:

1——有进出口经营权的国有企业;

2——中外合作企业;

3——中外合资企业;

4——外商独资企业；

5——有进出口经营权的集体企业；

6——有进出口经营权的私营企业；

7——有进出口经营权的个体工商户；

8——有报关权而无进出口经营权的企业(主要包括报关行和有报关权的货代公司等)；

9——其他类型(包括外商企业驻华机构、外国驻华使领馆等机构和临时有进出口经营权的单位)。

4.第7至10位:顺序号。

**思考:**

A公司是外贸公司,出口一批由B公司生产的产品,由B公司开具增值税发票给A公司,A公司开具出口退税发票,报关单中收发货人填________。

#### 2)进口口岸/出口口岸

(1)含义

进口口岸/出口口岸也称为关境口岸,原指国家对外开放的港口及边界关口,在进出口货物报关单中特指海关名称。因此,本栏目是填口岸海关,而非口岸城市。

(2)填报要求

本栏目应根据货物实际进出境的口岸海关,填报海关规定的《关区代码表》中相应口岸海关的名称及代码。

(3)特殊情况

①进口转关运输货物应填报货物进境地海关名称及代码,出口转关运输货物应填报货物出境地海关名称及代码。按转关运输方式监管的跨关区深加工结转货物,出口报关单填报转出地海关名称及代码,进口报关单填报转入地海关名称及代码。

②在不同海关特殊监管区域或保税监管场所之间调拨、转让的货物,填报对方特殊监管区域或保税监管场所所在的海关名称及代码。

③其他无实际进出境的货物,填报接受申报的海关名称及代码。

**思考:**

1.北京一进出口公司从美国运进设备一批,由天津新港海关(0202)转关至北京海关朝阳口岸办事处(0118),报关单的进口口岸应填________。

2.北京平谷服装加工贸易企业,在北京海关朝阳口岸办事处(0118)申报海运转关出口韩国服装一批,由天津新港(0202)装船出境,其转关货物报关单上的出口口岸应填________。

**3）进口日期/出口日期**

（1）含义

进口日期指运载进口货物的运输工具申报进境的日期，出口日期指运载出口货物的运输工具办结出境手续的日期。

（2）填报要求

①本栏目供海关签发打印报关单证明联用，在申报时免予填报。

②无实际进出境的报关单填报海关接受申报的日期。

③本栏目为8位数字，顺序为年（4位）、月（2位）、日（2位），如2016.08.18。

**思考：**

资料中写"运输工具载运货物于2015年7月16日运抵口岸，当日向天津新港海关办理申报进境"，则"进口日期"栏应填写________。

**4）申报日期**

（1）含义

申报日期指海关接受进出口货物收发货人、受委托的报关企业申报数据的日期。

（2）填报要求

①以电子数据报关单方式申报的，申报日期为海关计算机系统接受申报数据时记录的日期。

②以纸质报关单方式申报的，申报日期为海关接受纸质报关单并对报关单进行登记处理的日期。

③申报日期为8位数字，顺序为年（4位）、月（2位）、日（2位），如2016.08.18。

④本栏目在申报时免予填报。

**小贴士9-5**

进出口报关单申报日期填写时要注意，进口货物申报日期不能早于进口日期，出口货物申报日期不能晚于出口日期。

**5）消费使用单位/生产销售单位**

（1）含义

消费使用单位，曾称为收货单位，指自行从境外进口货物的单位，或者委托有外贸进出口经营权的企业进口货物的单位，为进口报关单填报栏目。

生产销售单位，曾称为发货单位，指自行出口货物的单位，或者委托有外贸进出口经营权的企业出口货物的单位，为出口报关单填报栏目。

(2)填报要求

①本栏目可选填18位法人和其他组织统一社会信用代码或10位海关注册编码或9位组织机构代码任一项。没有代码的应填报“NO”。

②有10位海关注册编码或18位法人和其他组织统一社会信用代码或加工企业编码的消费使用单位/生产销售单位,本栏目应填报其中文名称及编码,没有编码的应填报其中文名称。

③使用《加工贸易手册》管理的货物,消费使用单位/生产销售单位应与《加工贸易手册》的“加工企业”一致;减免税货物报关单的消费使用单位/生产销售单位应与《中华人民共和国海关进出口货物征免税证明》(以下简称《征免税证明》)的“减免税申请人”一致。

**小贴士 9-6**

消费使用单位/生产销售单位与收/发货人的关系

1. 一般情况下,消费使用单位/生产销售单位是名义进出口人,收/发货人是实际进/出口人。
2. 若无外贸委托代理,名义进出口就是实际进出口人。

消费使用单位/生产销售单位与收/发货人的关系如表9-5所示。

**表9-5　消费使用单位/生产销售单位与收/发货人的逻辑关系**

| 进出口状况 | 收/发货人 | 消费使用单位/生产销售单位 | 备　注 |
|---|---|---|---|
| 外贸代理进出口 | 外贸流通企业 | 国内委托进出口的单位 | 不包括外商投资企业在投资总额内委托进出口 |
| 外贸自营进出口 | 外贸流通企业 | 外贸流通企业 | |
| 外商投资企业自营进出口 | 外商投资企业 | 外商投资企业 | |
| 外商投资企业在投资总额内委托进出口 | 外商投资企业 | 外商投资企业 | 实际经营单位应在备注栏说明 |
| 签约与执行合同分离 | 执行合同的外贸流通企业 | 执行合同的外贸流通企业或委托进出口的单位 | |
| 直接接受进出口 | 直接接受货物的国内单位 | 直接接受货物的国内单位 | 该批货物的进出口应经批准 |

**思考:**

A公司是外贸公司,出口一批由B公司生产的产品,由B公司开具增值税发票给A公司,A公司开具出口退税发票,报关单中生产销售单位填________。

6)运输方式

(1)含义

运输方式包括实际运输方式和海关规定的特殊运输方式,前者指货物实际进出境的运输方式,按进出境所使用的运输工具分类;后者指货物无实际进出境的运输方式,按货物在境内的流向分类。

(2)填报要求

本栏目应根据货物实际进出境的运输方式或货物在境内流向的类别,按照海关规定的《运输方式代码表》选择填报相应的运输方式。

(3)特殊情况

①非邮件方式进出境的快递货物,按实际运输方式填报。

②进出境旅客随身携带的货物,按旅客所乘运输工具填报。

③进口转关运输货物,按载运货物抵达进境地的运输工具填报;出口转关运输货物,按载运货物驶离出境地的运输工具填报。

④不复运出(入)境而留在境内(外)销售的进出境展览品、留赠转卖物品等,填报“其他运输”(代码9)。

⑤无实际进出境货物在境内流转时填报要求如下:

A.境内非保税区运入保税区货物和保税区退区货物,填报“非保税区”(代码0)。

B.保税区运往境内非保税区货物,填报“保税区”(代码7)。

C.境内存入出口监管仓库和出口监管仓库退仓货物,填报“监管仓库”(代码1)。

D.保税仓库转内销货物,填报“保税仓库”(代码8)。

E.从境内保税物流中心外运入中心或从中心运往境内中心外的货物,填报“物流中心”(代码W)。

F.从境内保税物流园区外运入园区或从园区内运往境内园区外的货物,填报“物流园区”(代码X)。

G.保税港区、综合保税区、出口加工区、珠澳跨境工业区(珠海园区)、中哈霍尔果斯边境合作区(中方配套区)等特殊区域与境内(区外)(非特殊区域、保税监管场所)之间进出的货物,区内、区外企业应根据实际运输方式分别填报,“保税港区/综合保税区”(代码Y),“出口加工区”(代码Z)。

H.境内运入深港西部通道港方口岸区的货物,填报“边境特殊海关作业区”(代码H)。

I.经横琴新区和平潭综合实验区(以下简称综合试验区)二线指定申报通道运往境内区外或从境内经二线制订申报通道进入综合试验区的货物,以及综合试验区内按选择性征收关税申报的货物,填报“综合试验区”(代码T)。

J.其他境内流转货物,填报“其他运输”(代码9),包括特殊监管区域内货物之间的流转、调拨货物,特殊监管区域、保税监管场所之间相互流转货物,特殊监管区域外的加工贸易余料结转、深加工结转、内销等货物。

小贴士 9-7

海关规定《运输方式代码表》如表 9-6 所示。

表 9-6　运输方式代码表

| 运输方式 | 代　码 | 运输方式 | 代　码 |
|---|---|---|---|
| 0 | 非保税区运入保税区和保税区退区货物 | 8 | 保税仓库转内销货物 |
| 1 | 境内存入出口监管仓库和出口监管仓库退仓货物 | 9 | 其他运输 |
| 2 | 水路运输 | H | 边境特殊海关作业区 |
| 3 | 铁路运输 | T | 综合试验区 |
| 4 | 公路运输 | W | 物流中心 |
| 5 | 航空运输 | X | 物流园区 |
| 6 | 邮件运输 | Y | 保税港区 |
| 7 | 保税区运往非保税区货物 | Z | 出口加工 |

7) 运输工具名称

(1) 含义

运输工具名称是指载运货物进出境的运输工具的名称或运输工具的编号。

(2) 填报要求

本栏目填报载运货物进出境的运输工具名称或编号。填报内容应与运输部门向海关申报的舱单(载货清单)所列相应内容一致。

①直接在进出境地或采用区域通关一体化通关模式办理报关手续的报关单填报要求如下:

A.水路运输:填报船舶编号(来往港澳小型船舶为监管簿编号)或者船舶英文名称。

B.公路运输:启用公路舱单前,填报该跨境运输车辆的国内行驶车牌号,深圳提前报关模式的报关单填报国内行驶车牌号+"/"+"提前报关"。启用公路舱单后,免予填报。

C.铁路运输:填报车厢编号或交接单号。

D.航空运输:填报航班号。

E.邮件运输:填报邮政包裹单号。

F.其他运输:填报具体运输方式名称,如管道、驮畜等。

②转关运输货物的报关单填报要求如下:

A.进口货物报关单转关运输工具名称填写如表 9-7 所示。

**表 9-7　进口货物报关单转关运输货物运输工具名称的填写**

<table>
<tr><td>运输方式</td><td>直接、提前报关填报</td><td>中转填报</td></tr>
<tr><td>水路运输</td><td rowspan="2">“@”+16 位转关申报单预录入号（或 13 位载货清单号）</td><td>进境英文船名</td></tr>
<tr><td>航空运输</td><td>@</td></tr>
<tr><td>铁路运输</td><td>“@”+16 位转关申报单预录入号</td><td>车厢编号</td></tr>
<tr><td>公路运输</td><td colspan="2">“@”+16 位转关申报单预录入号（或 13 位载货清单号）</td></tr>
</table>

以上各种运输方式使用广东地区载货清单转关的提前报关货物填报“@”+13 位载货清单号。

B.出口货物报关单转关运输工具名称填写如表 9-8 所示。

**表 9-8　出口货物报关单转运运输货物运输工具名称的填写**

<table>
<tr><td>运输方式</td><td>非中转</td><td colspan="2">中　转</td><td>多张报关单通过一张转关单转关</td></tr>
<tr><td rowspan="3">水路运输</td><td rowspan="5">“@”+16 位转关申报单预录入号（或 13 位载货清单号）</td><td>境内水路</td><td>驳船船名</td><td rowspan="5">@</td></tr>
<tr><td>境内铁路</td><td>车名（主管海关 4 位关区代码+“TRAIN”）</td></tr>
<tr><td>境内公路</td><td>车名（主管海关 4 位关区代码+“TRUCK”）</td></tr>
<tr><td>航空运输</td><td>—</td><td>—</td></tr>
<tr><td>铁路运输</td><td>—</td><td>—</td></tr>
<tr><td>公路运输</td><td colspan="4">“@”+16 位转关申报单预录入号（或 13 位载货清单号）</td></tr>
</table>

③采用“集中申报”通关方式办理报关手续的，报关单本栏目填报“集中申报”。

④无实际进出境的报关单，本栏目免予填报。

**思考：**

试根据下列情景资料填写“运输工具名称”栏目。

1.提单提示：Vessel：APL HONG KONG，VOY. NO 116E；Port of Loading：ANTWERP；Port of Discharge：DALIAN；Place of Delivery：DALIAN

2.提单提示：FROM BUSAN，KOREA TO HUANG PU，CHINA，VIA HONG KONG BY HEUNG-ANAGOYA 413S

3.提单提示：Vessel：COSCO HONGFENG，VOY. NO 302N；Port of Loading：SANTOS BRAZILIAN PORT；Port of Discharge：HONG KONG；Place of Delivery：DALIAN，CHINA

#### 8)航次号

(1)含义

航次号是指运输工具的航次编号。船舶每次航行都会指定一个航次号,航次一般为4位字符。每一条船都有一个固定的名称,为了区别船舶在不同时间上每次的航行,需要给予一个编号。

(2)填报要求

本栏目填报载运货物进出境的运输工具的航次编号。

①直接在进出境地或采用区域通关一体化通关模式办理报关手续的报关单。

A.水路运输:填报船舶的航次号。

B.公路运输:启用公路舱单前,填报运输车辆的8位进出境日期〔顺序为年(4位)、月(2位)、日(2位),下同〕。启用公路舱单后,填报货物运输批次号。

C.铁路运输:填报列车的进出境日期。

D.航空运输:免予填报。

E.邮件运输:填报运输工具的进出境日期。

F.其他运输方式:免予填报。

②转关运输货物的报关单。

A.进口转关运输货物报关单航次号填报如表9-9所示。

**表9-9　进口转关运输货物报关单航次号的填写**

<table>
<tr><td>运输方式</td><td>中　转</td><td>直转、提前报关</td></tr>
<tr><td>水路运输</td><td>“@”+进境干线船舶航次</td><td>免予填报</td></tr>
<tr><td>铁路运输</td><td colspan="2">“@”+8位进境日期</td></tr>
<tr><td>航空运输</td><td colspan="2">免予填报</td></tr>
<tr><td>公路运输</td><td colspan="2">免予填报</td></tr>
<tr><td>其他运输方式</td><td colspan="2">免予填报</td></tr>
</table>

B.出口转关运输货物报关单航次号填报如表9-10所示。

**表9-10　出口转关运输货物报关单航次号的填写**

<table>
<tr><td>运输方式</td><td colspan="2">中　转</td><td>非中转</td></tr>
<tr><td rowspan="3">水路运输</td><td>境内水路</td><td>驳船航次号</td><td>免予填报</td></tr>
<tr><td>境内铁路</td><td rowspan="2">6位启运日期〔顺序为年(2位)、月(2位)、日(2位)〕</td><td rowspan="2"></td></tr>
<tr><td>境内公路</td></tr>
</table>

续表

| 运输方式 | 中　转 | 非中转 |
| --- | --- | --- |
| 铁路运输<br>（拼车拼箱捆绑出口） | 免予填报 | |
| 航空运输 | 免予填报 | |
| 公路运输 | 免予填报 | |
| 其他运输方式 | 免予填报 | |

③无实际进出境的报关单，本栏目免予填报。

9）**提运单号**

（1）含义

提运单号是指进出口货物提单或运单的编号，编号必须与运输部门向海关提供的载货清单所列相应内容一致。

（2）填报要求

本栏目填报进出口货物提单或运单的编号。一份报关单只允许填报一个提单或运单号，一票货物对应多个提单或运单时，应分单填报。

①直接在进出境地或采用区域通关一体化通关模式办理报关手续的。

A.水路运输：填报进出口提单号。如有分提单的，填报进出口提单号+"＊"+分提单号。

B.公路运输：启用公路舱单前，免予填报；启用公路舱单后，填报进出口总运单号。

C.铁路运输：填报运单号。

D.航空运输：填报总运单号+"_"+分运单号，无分运单的填报总运单号。

E.邮件运输：填报邮运包裹单号。

②转关运输货物的报关单。

A.进口转关运输货物报关单提运单号的填写如表9-11所示。

**表9-11　进口转关运输货物报关单提运单号的填写**

| 运输方式 | 直转、中转 | 提前报关 |
| --- | --- | --- |
| 水路运输 | 提单号 | 免予填报 |
| 铁路运输 | 铁路运单号 | 免予填报 |
| 航空运输 | 总运单号+"_"+分运单号 | 免予填报 |
| 其他运输 | 免予填报<br>在广东省内用公路运输转关的，填报车牌号 | |

B.出口转关运输货物报关单提运单号的填写如表 9-12 所示。

**表 9-12 出口转关运输货物报关单提运单号的填写**

| 运输方式 | 中转 | 非中转 |
| --- | --- | --- |
| 水路运输 | 提单号 | 免予填报 |
| 其他运输 | 免予填报 | |
| | 广东省内汽车运输提前报关的转关货物，填报承运车辆的车牌号 | |

③采用"集中申报"通关方式办理报关手续的，报关单填报归并的集中申报清单的进出口起止日期[按年(4 位)月(2 位)日(2 位)年(4 位)月(2 位)日(2 位)]。

④无实际进出境的，本栏目免予填报。

**小贴士 9-8**

**航空运输单号填报要求**

航空运单分两种：一种是航空公司签发的，称为总运单(Master Airway Bill, MAWB)；另一种是航空公司代理人签发的，称为分运单(House Airway Bill, HAWB)。

航空运输分运单号用"HAWB:××××××××"表示，一般由 8 位数字组成。分运单号一般出现在航空分运单的右上角，只填写 8 位数字于总运单的后面。总运单号用"MAWB:×××-×××× ××××"或"M:×××-×××× ××××"表示，由 11 位数字组成。

填写时，总运单号只填写数字，其中的"-"和空格不填。但在总运单号和分运单号同时出现时，需要在总运单号和分运单号之间加上"-"。例如，分运单号为"4087 1532"，总运单号为"MAWB: 790-8127 3721"，"提运单号"栏目则应填写为"79081273721-40871532"。

10)**申报单位**

(1)含义

申报单位是指自理报关的出口企业和委托代理报关的企业。

(2)填报要求

①自理报关的，本栏目填报进出口企业的名称及编码；委托代理报关的，本栏目填报报关企业名称及编码。

②本栏目可选填 18 位法人和其他组织统一社会信用代码或 10 位海关注册编码任一项。

③本栏目还包括报关单左下方用于填报申报单位有关情况的相关栏目，包括报关人员、申报单位签章。

11）监管方式

（1）含义

监管方式，曾称为贸易方式，是指以国际贸易中进出口货物的交易方式为基础，结合海关对进出口货物的征税、统计及监管条件综合设定的海关对进出口货物的管理方式。其代码由4位数字构成，前两位是按照海关监管要求和计算机管理需要划分的分类代码，后两位是参照国际标准编制的贸易方式代码。

（2）填报要求

本栏目应根据实际对外贸易情况按海关规定的《监管方式代码表》选择填报相应的监管方式简称及代码。一份报关单只允许填报一种监管方式，常见的监管方式如表9-13所示。

表9-13　常见监管方式代码表

| 监管方式代码 | 监管方式代码简介 | 监管方式代码全称 |
|---|---|---|
| 0110 | 一般贸易 | 一般贸易 |
| 0214 | 来料加工 | 来料加工配装贸易进口料件及加工出口货物 |
| 0615 | 进料对口 | 进料加工（对口合同） |
| 0654 | 进料深加工 | 进料深加工结转货物 |
| 2025 | 合资合作设备 | 合资合作企业作为投资进口设备物品 |
| 2225 | 外资设备物品 | 外资企业作为投资进口的设备物品 |
| 3010 | 货样广告品 A | 有经营权单位进出口的货样广告品 |
| 3100 | 无代价抵偿 | 无代价抵偿货物 |
| 3339 | 其他进出口免费 | 其他进出口免费提供货物 |
| 4500 | 直接退运 | 放行结关前直接退运货物 |

（3）特殊情况

①进口少量低值辅料（即5 000美元以下，78种以内的低值辅料）按规定不使用《加工贸易手册》的，填报“低值辅料”。使用《加工贸易手册》的，按《加工贸易手册》上的监管方式填报。

②外商投资企业为加工内销产品而进口的料件，属非保税加工的，填报“一般贸易（0110）”。外商投资企业全部使用国内料件加工的出口成品，填报“一般贸易（0110）”。

③加工贸易料件结转或深加工结转货物，按批准的监管方式填报。

④加工贸易料件转内销货物以及按料件办理进口手续的转内销制成品、残次品、未完成品，应填制进口报关单，填报“来料料件内销（0245）”或“进料料件内销（0644）”；加工贸易成

品凭《征免税证明》转为减免税进口货物的，应分别填制进、出口报关单，出口报关单本栏目填报“来料成品减免(0345)”或“进料成品减免(0744)”，进口报关单本栏目按照实际监管方式填报。

⑤加工贸易出口成品因故退运进口及复运出口的，填报“来料成品退换(4400)”或“进料成品退换(4600)”；加工贸易进口料件因换料退运出口及复运进口的，填报“来料料件退换(0300)”或“进料料件退换(0700)”；加工贸易过程中产生的剩余料件、边角料退运出口，以及进口料件因品质、规格等原因退运出口且不再更换同类货物进口的，分别填报“来料料件复出(0265)”“来料边角料复出(0865)”“进料料件复出(0664)”“进料边角料复出(0864)”。

⑥备料《加工贸易手册》中的料件结转转入加工出口《加工贸易手册》的，填报“来料加工(0214)”。

⑦保税工厂的加工贸易进出口货物，根据《加工贸易手册》填报“来料加工(0214)”。

⑧加工贸易边角料内销和副产品内销，应填制进口报关单，填报“来料边角料内销(0845)”或“进料边角料内销(0844)”。

⑨企业销毁处置加工贸易货物未获得收入，销毁处置货物为料件、残次品的，填报“料件销毁(0200)”；销毁处置货物为边角料、副产品的，填报“边角料销毁(0400)”。

企业销毁处置加工贸易货物获得收入的，填报为“进料边角料内销(0844)”或“来料边角料内销(0845)”。

#### 12)征免性质

(1)含义

征免性质是指海关根据《海关法》和《关税条例》及国家有关政策对进出口货物实施的征、减、免税管理的性质类别。海关根据征免性质来确定是否征税及查验相关手续。

(2)填报要求

①本栏目应根据实际情况按海关规定的《征免性质代码表》选择填报相应的征免性质简称及代码，持有海关核发的《征免税证明》的，应按照《征免税证明》中批注的征免性质填报，常用的征免性质代码表如表9-14所示。

**表9-14 主要的征免性质代码表**

| 代 码 | 名 称 | 含 义 |
|---|---|---|
| 101 | 一般征税 | 包括除其他征税性质另有规定外的一般照章(包括按照公开暂定税率)征税或补税的进出口货物 |
| 299 | 其他法定 | 对除无偿援助进出口物资外的其他实行法定减免税费的进出口货物，以及其他非按全额贷值征税的部分进出口货物 |

续表

| 代　码 | 名　称 | 含　义 |
|---|---|---|
| 501 | 加工设备 | 适用于加工贸易收发货人按照有关征减免税政策进口的外商免费（即不需要收发货人付汇，也不需要加工费和差价偿还）提供的加工生产所需设备 |
| 502 | 来料加工 | 适用于来料加工装配和补偿贸易进口所需的料件，以及经加工后出口的成品和半成品 |
| 503 | 进料加工 | 适用于为生产外销产品用外汇购买进口的料件，以及加工后返销出口的成品和半成品 |
| 601 | 中外合资 | 适用于中外合资企业自产的出口产品 |
| 602 | 中外合作 | 适用于中外合作企业自产的出口产品 |
| 603 | 外资企业 | 适用于外商独资企业自产的出口产品 |
| 789 | 鼓励项目 | 适用于按规定程序审批的国家鼓励发展的国内投资和外商投资项目在投资总额按减免税政策进口的，以及1998年后利用外国政府和国际金融组织贷款项目进口的设备和技术等 |
| 799 | 自有资金 | 适用于鼓励类外商投资企业、外商投资研究开发中心、现金技术型和产品出口型外商投资企业，以及符合中西部利用外资优势产业和优势项目目录的项目，利用投资总额外的自有资金，按照有关征减免税政策进口的设备和技术等 |

②加工贸易货物报关单应按照海关核发的《加工贸易手册》中批注的征免性质简称及代码填报。

③一份报关单只允许填报一种征免性质。

(3)特殊情况

①保税工厂经营的加工贸易，根据《加工贸易手册》填报“进料加工(503)”或“来料加工(502)”。

②外商投资企业为加工内销产品而进口的料件，属非保税加工的，填报“一般征税(101)”或其他相应征免性质。

③加工贸易转内销货物，按实际情况填报(如一般征税、科教用品、其他法定等)。

④料件退运出口、成品退运进口货物填报“其他法定(0299)”。

⑤加工贸易结转货物，本栏目免予填报。

#### 13)备案号

(1)含义

备案号是指经营进出口货物的消费使用单位/生产销售单位在向海关办理申报手续时，

应向海关递交的备案审批文件的编号,如"加工贸易手册编号""电子账册及编号"和"进出口货物征免税证明编号"等。

备案号长度为12位,其中第一位是标记码,第2至5位是关区代码,第6位是年份,第7至12位为序列号,各标记码的具体含义如表9-15所示。

表9-15 备案号标记码

| 备案手册标记码 | 含 义 |
|---|---|
| B | 加工贸易手册(来料加工) |
| C | 加工贸易手册(进料加工) |
| D | 《加工贸易不作价设备登记手册》进口的外商免费提供的用于加工贸易的不作价设备 |
| E | 加工贸易联网企业适用的电子账册 |
| F | 加工贸易异地报关分册 |
| G | 加工贸易深加工结转分册 |
| H | 出入出口加工区的保税货物的电子账册 |
| Y | 原产地证书代码,仅表示使用中国香港、澳门特别行政区原产地证书适用CEPA的进口货物 |
| Z | 进口的享受特定减免税的设备物品使用的《征免税证明》 |

(2)填报要求

本栏目填报进出口货物收发货人、消费使用单位、生产销售单位在海关办理加工贸易合同备案或征、减、免税备案审批等手续时,海关核发的《加工贸易手册》《征免税证明》或其他备案审批文件的编号。

①一份报关单只允许填报一个备案号。

②加工贸易项下货物,除少量低值辅料按规定不使用《加工贸易手册》及以后续补税监管方式办理内销征税的外,填报《加工贸易手册》编号。

使用异地直接报关分册和异地深加工结转出口分册在异地口岸报关的,本栏目应填报分册号;本地直接报关分册和本地深加工结转分册限制在本地报关,本栏目应填报总册号。

加工贸易成品凭《征免税证明》转为减免税进口货物的,进口报关单填报《征免税证明》编号,出口报关单填报《加工贸易手册》编号。

对加工贸易设备之间的结转,转入和转出企业分别填制进、出口报关单,在报关单"备案号"栏目填报《加工贸易手册》编号。

③涉及征、减、免税备案审批的报关单,填报《征免税证明》编号。

④涉及优惠贸易协定项下实行原产地证书联网管理(如香港CEPA、澳门CEPA)的报关单,填报原产地证书代码"Y"和原产地证书编号。

⑤减免税货物退运出口，填报《中华人民共和国海关进口减免税货物准予退运证明》的编号；减免税货物补税进口，填报《减免税货物补税通知书》的编号；减免税货物进口或结转进口（转入），填报《征免税证明》的编号；相应的结转出口（转出），填报《中华人民共和国海关进口减免税货物结转联系函》的编号。

**思考：**

1. 某公司进口纯棉花布 10 000 米，其中 6 000 米用于加工产品后再出口，并事先在海关备案取得手册 C04025004321，而另外的 4 000 米用于加工产品在国内销售，报关单上的备案号栏目应填写为________。

2. 北京一进出口贸易公司，海运进口"内地与香港更紧密经贸关系"（CEPA）项下的水产品一批，该单位向海关提供的原产地证书编号：20050198111，目前国家有关部门已对其进行网络系统管理，报关单上备案号栏目应填写为________。

**14）贸易国（地区）**

（1）含义

贸易国（地区）指对外贸易中与境内企业签订贸易合同的外方所属的国家或地区。

（2）填报要求

本栏目填报对外贸易中与境内企业签订贸易合同的外方所属的国家（地区）。进口填报购自国，出口填报售予国。

①未发生商业性交易的填报货物所有权拥有者所属的国家（地区）。

②本栏目应按海关规定的《国别（地区）代码表》选择填报相应的贸易国（地区）或贸易国（地区）中文名称及代码。

③无实际进出境的，填报"中国"（代码 142）。

**15）启运国（地区）/运抵国（地区）**

（1）含义

启运国（地区）是指进口货物直接运抵或者在运输中转国（地区）未发生任何商业性交易的情况下运抵我国的起始发出的国家（地区）。

运抵国（地区）是指出口货物离开我国管径直接运抵或者在运输中转国（地区）未发生任何商业性交易的情况下最后运抵的国家（地区）。

（2）填报要求

本栏目应按海关规定的《国别（地区）代码表》选择填报相应的启运国（地区）或运抵国（地区）中文名称及代码。

①无实际进出境的，填报"中国"（代码 142）。

②不经过第三国（地区）转运的直接运输进出口货物，以进口货物的装货港所在国（地区）为启运国（地区），以出口货物的指运港所在国（地区）为运抵国（地区）。

③经过第三国(地区)转运的进出口货物,如在中转国(地区)发生商业性交易,则以中转国(地区)作为启运/运抵国(地区)。

小贴士 9-9

"启运国/运抵国(地区)"分析

进口案例:我国某公司进口一批货物,货物从伦敦启运途中经过中国香港然后转运上海。

如果在中国香港中转时没有发生买卖关系,则启运国仍为英国;如果在中国香港中转时发生了买卖关系,那么启运国为中国香港。

是否发生买卖关系,从发票的出票人来进行判断,看是由谁开出的发票。在本案例中,如果是由英国公司开出发票,在中国香港中转时没有发生买卖关系,货物仍然是由英国公司卖给我国企业的,则启运国为英国。如果是由中国香港开具的发票,说明货物在中国香港有中转的买卖关系,货物是由中国香港公司卖给我国企业的,则启运国为中国香港。

出口案例:我国某公司出口一批货物,货物从广州启运经新加坡中转运至汉堡。

如果在新加坡中转时没有发生买卖关系,则出口货物报关单"运抵国(地区)"栏目填写德国。如果在新加坡中转时发生了买卖关系,则出口货物报关单"运抵国(地区)"栏目填写新加坡。

是否发生买卖关系从发票抬头(即收货人)来进行判断,看发票的收货人是谁。在本例中,发票的收货人如果是德国的公司,在新加坡中转时没有发生买卖关系,货物是卖给德国公司的,则运抵国为德国。发票的收货人如果是新加坡的公司,在新加坡中转时则发生了买卖关系,货物最终卖给新加坡公司,则运抵国是新加坡。

**16)装货港/指运港**

(1)含义

装货港也称装运港,指装运货物的港口;指运港也称目的港,指最终卸货的港口,可填报其中文名称。

(2)填报要求

装货港填报进口货物在运抵我国关境前的最后一个境外装运港。指运港填报出口货物运往境外的最终目的港;最终目的港不可预知的,按尽可能预知的目的港填报。

①本栏目应根据实际情况按海关规定的《港口代码表》选择填报相应的港口中文名称及代码。

②装货港/指运港在《港口代码表》中无港口中文名称及代码的,可选择填报相应的国家中文名称或代码。

③无实际进出境的,本栏目填报"中国境内"(代码142)。

**小贴士 9-10**

"启运国""运抵国""原产国""最终目的国""装货港"和"指运港"在报关单填报的都是国外的情况，或是"国家"或"港口"。其中，"装货港"仅受"中转"影响，"启运国"和"运抵国"因"同时同地"发生"中转"和"商业性行为"而改变，其他比如"原产国""最终目的国"和"指运港"则不受任何影响。

**思考：完成下列填空部分。**

**表 9-16**

| 进　口 | 启运国 | 装货港 | 原产国 |
| --- | --- | --- | --- |
| 货物从纽约港直接运抵上海港 | | | |
| 货物从纽约港启运，在中国香港中转，最终运抵上海 | | | |
| 货物从纽约港启运，在中国香港中转并发生商业性交易，最终运抵上海 | | | |
| 出　口 | 运抵国 | 指运港 | 最终目的地 |
| 货物从上海港直接运抵纽约港 | | | |
| 货物从上海港启运，在新加坡中转，最终运抵纽约港 | | | |
| 货物从上海港启运，在新加坡中转并发生商业性交易，最终运抵纽约港 | | | |

**17）境内目的地/境内货源地**

（1）含义

境内目的地是指已知的进口货物在境内的消费、适用地区或最终运抵的地点，境内货源地是指已知的出口货物在境内生产地或原始发货地（包括供货地点）。

（2）填报要求

本栏目按海关规定的《国内地区代码表》选择填报相应的国内地区名称及代码。

①境内目的地填报已知的进口货物在国内的消费、使用地或最终运抵地，其中最终运抵地为最终使用单位所在的地区。最终使用单位难以确定的，填报货物进口时预知的最终收货单位所在地。

②境内货源地填报出口货物在国内的产地或原始发货地。出口货物产地难以确定的，填报最早发运该出口货物的单位所在地。

**思考:**

江苏南通富士通电子有限公司(320693××××)进口电子设备一批,企业自用,宁波鞋业有限公司(330244××××)将自产的皮鞋委托宁波某进出口公司(330224××××)出口非洲。

请问:1. 上述资料中进口货物报关单的"境内目的地"栏目填写为________。

2. 上述材料中出口货物报关单的"境内货源地"栏目填写为________。

### 18)许可证号

(1)含义

进出口许可证是指一国根据其进出口管制法令,由商务主管部门签发的允许管制商品进出口的证件。许可证号是指由商务部及其授权发证机关签发的进出口货物许可证的编号。

(2)填报要求

本栏目填报以下许可证的编号:进(出)口许可证、两用物项和技术进(出)口许可证、两用物项和技术出口许可证(定向)、纺织品临时出口许可证。

一份报关单只允许填报一个许可证号。

**小贴士 9-11**

**许可证号注意事项**

《监管证件代码表》中的代码为"1—进口许可证""4—出口许可证""X—有毒化学品环境管理放行通知单"和"Y—原产地证明"的才要填入"许可证号"一栏,而其他监管征减都属于其他许可证件,要求填报在"随附单据"一栏中。

许可证号的编号格式是:××—××—××××××。第一、第二位代表年份,第三、第四位代表发证机关(AA 代表商务部许可证事务局发证,AB、AC 代表许可证事务局驻各地特派员办事处发证,01、02 代表地方发证),后六位为顺序号。

**思考:**

某企业一般贸易海运进口钢材一批。"重要工业品自动进口许可证"编号为C0020030714011,则在进口货物报关单中"许可证号"栏目应填写为"C0020030714011",是否正确,为什么?

### 19)成交方式

(1)含义

成交方式是指国际贸易中的贸易术语,也称价格术语,我国习惯称为价格条件。可以理解为买卖双方就成交的商品在价格构成、责任、费用和风险的分担,以及货物所有权转移界限的约定。

成交方式包括两个方面的内容:一方面是表示交货的条件;另一方面是表示成交价格的构成因素。

(2)填报要求

本栏目应根据进出口货物实际成交价格条款,按海关规定的《成交方式代码表》选择填报相应的成交方式代码。

无实际进出境的报关单,进口填报 CIF,出口填报 FOB,常见成交方式代码表如表 9-17。

**表 9-17　成交方式代码表**

| 代　码 | 名　称 | 代　码 | 名　称 |
|---|---|---|---|
| 1 | CIF | 4 | C&I |
| 2 | CFR(CNF/C&F) | 5 | 市场价 |
| 3 | FOB | 6 | 垫仓 |

**小贴士 9-12**

**“成交方式”栏目填报注意事项**

由于海关规定的“成交方式代码”只有 6 种成交方式可供选择填报,所以这 6 种成交方式不完全等同于国际贸易实务中贸易术语的概念,它适用于所有的运输方式。代码表给出的成交方式主要体现成本、运费和保险费等成交价格的构成因素,目的在于方便海关确定完税价格和计算税费。因此,在填制报关单时,如果买卖双方成交实际使用的成交方式不属于海关规定的“成交方式代码表”中的成交方式,则要依照实际成交方式中的成本、运费和保险费等成交价格构成因素选择代码表中具有相同价格构成的代码填报。例如,在填制报关单时,一批空运货物出口实际成交使用的贸易术语是 FCA。因为 FCA 的价格构成只包括成本不包括运费和保险费,所以应该选择《成交方式代码表》同样只包括成本的成交方式,即填写 FOB。尽管在国际贸易中,FOB 只适用于江海运输,但在填写报关单时也要填写 FOB。对于国际贸易中使用的实际成交方式是 CIP/CPT/FCA 的,也应转换成“成交方式代码表”中的成交方式后填报。

**20)运费**

(1)含义

运费是指进出口货物从始发地至目的地的国际运输所需要的各种费用。

(2)填报要求

本栏目填报进口货物运抵我国境内输入地点起卸前的运输费用,出口货物运至我国境内输出地点装载后的运输费用。

运费可按运费单价、总价或运费率三种方式之一填报，注明运费标记（运费标记“1”表示运费率，“2”表示每吨货物的运费单价，“3”表示运费总价），并按海关规定的《货币代码表》选择填报相应的币种代码，常见的货币代码如表 9-18 所示。

表 9-18 常见货币代码表

| 货币代码 | 货币符号 | 货币名称 | 货币代码 | 货币符号 | 货币名称 |
|---|---|---|---|---|---|
| 110 | HKD | 港币 | 132 | SGD | 新加坡元 |
| 116 | JPY | 日元 | 133 | KRW | 韩国元 |
| 118 | KWD | 科威特第纳尔 | 136 | THB | 泰铢 |
| 121 | MOP | 澳门元 | 142 | CNY | 人民币 |
| 129 | PHP | 菲律宾比索 | 300 | EUR | 欧元 |
| 302 | DKK | 丹麦克朗 | 326 | NOK | 挪威克朗 |
| 303 | GBP | 英镑 | 330 | SEK | 瑞典克朗 |
| 304 | DEM | 德国马克 | 331 | CHF | 瑞士法郎 |
| 305 | FRF | 法国法郎 | 332 | SUR | 苏联卢布 |
| 307 | ITL | 意大利里拉 | 501 | CAD | 加拿大元 |
| 312 | ESP | 西班牙比塞塔 | 502 | USD | 美元 |
| 315 | ATS | 奥地利先令 | 601 | AUD | 澳大利亚元 |
| 318 | FIM | 芬兰马克 | 609 | NZD | 新西兰元 |

21）保费

（1）含义

保费，又称为保险费，是指在国际运输过程中，由被保险人支付给保险人的保险费用。

（2）填报要求

本栏目填报进口货物运抵我国境内输入地点起卸前的保险费用，出口货物运至我国境内输出地点装载后的保险费用。

保费可按保险费总价或保险费率两种方式之一填报，注明保险费标记（保险费标记“1”表示保险费率，“3”表示保险费总价），并按海关规定的《货币代码表》选择填报相应的币种代码。

22）杂费

（1）含义

杂费是指成交价格以外的，应计入货物价格或应从货物价格中扣除的费用，如手续费、佣金和折扣等。

(2)填报要求

本栏目填报成交价格以外的,按照《中华人民共和国进出口关税条例》相关规定应计入完税价格或应从完税价格中扣除的费用。

①可按杂费总价或杂费率两种方式之一填报,注明杂费标记(杂费标记"1"表示杂费率,"3"表示杂费总价),并按海关规定的《货币代码表》选择填报相应的币种代码。

②应计入完税价格的杂费填报为正值或正率,应从完税价格中扣除的杂费填报为负值或负率。例如,应计入完税价格的1.5%的杂费率填报为1.5/1;应从完税价格中扣除的1%的回扣率填报为-1/1。

③杂费总价填报杂费币值代码+"/"+杂费总价的数值+"/"+杂费总价标记,如应计入完税价格的500英镑杂费总价填报为303/500/3。

**小贴士 9-13**

**运保费栏目与成交方式栏目的逻辑关系如表 9-19 所示。**

**表 9-19　运保费栏目与成交方式栏目逻辑关系**

| 货物流向 | 成交方式 | 运　费 | 保　费 |
|---|---|---|---|
| 进口 | CIF | 不填 | 不填 |
| | CFR | 不填 | 填 |
| | FOB | 填 | 填 |
| 出口 | FOB | 不填 | 不填 |
| | CFR | 填 | 不填 |
| | CIF | 填 | 填 |

**思考:完成下列填空**

**表 9-20**

| 项　目 | 杂费率(1) | 单　价(2) | 总　价(3) |
|---|---|---|---|
| 运费 | 5%——(　　) | USD50/吨——(　　) | HKD5,000——(　　) |
| 保费 | 0.27%——(　　) | / | EUR5,000——(　　) |
| 应计入的杂费 | 1%——(　　) | / | GBP5,000——(　　) |
| 应扣除的杂费 | 1%——(　　) | / | JPY5,000——(　　) |

23)合同协议号

(1)含义

合同协议号是指在进出口贸易中,买卖双方或多方当事人根据国际贸易管理或国家的法律、法规,资源按照一定条件买卖某种商品所签署的合同协议的编号。

(2)填报要求

本栏目填报进出口货物合同(包括协议或订单)编号。未发生商业性交易的免予填报。

24)件数

(1)含义

件数是指有外包装的单间进出口货物的实际件数,货物可以单独计数的一个包装称为一件。

(2)填报要求

①舱单件数为集装箱的,填报集装箱个数。
②舱单件数为托盘的,填报托盘数。
③本栏目不得填报为零,裸装货物填报为“1”。

25)包装种类

(1)含义

商品的包装是指包裹和捆扎货物用的内部包装盒捆扎的总称。一般情况下,应以装箱单或提运单据的货物处于运输状态时的最外层包装或称运输包装作为“包装种类”向海关申报,并相应计算件数。一般填报除集装箱以外的最大外包装。

(2)填报要求

本栏目应根据进出口货物的实际外包装种类,按海关规定的《包装种类代码表》选择填报相应的包装种类代码。

**思考:**
某企业海运进口设备一批,提单显示为(1×20)英尺、(2×40)英尺集装箱,总件数56件,则该票进口货物报关单的“件数”栏目、“包装种类”栏目该如何填写?

26)毛重(千克)

(1)含义

毛重是指商品的重量加上商品的外包装物料的重量。在计算运费中通常使用毛重。

(2)填报要求

本栏目填报进出口货物及其包装材料的重量之和,计量单位为千克,不足一千克的填报为“1”。

小贴士 9-14

**"毛重"栏目填写注意事项**

如单证中是"GROSS WEIGHT 1.5MT",则此栏目填写"1 500"。

如单证中是"GROSS WEIGHT 0.4KG",则此栏目填写"1"。

如单证中是"GROSS WEIGHT 98.22889KG",则此栏目填写"98.228 8"。

如单证中是"G. WT 234.5KG",则此栏目应填写"234.5",小数点后不足 4 位的,按实际填写,不用额外用 0 补足。

**27)净重(千克)**

(1)含义

净重是指毛重减去外包装材料后的重量。通常在计算价格中使用净重。净重通常等于法定重量。

(2)填报要求

本栏目填报进出口货物的毛重减去外包装材料后的重量,即货物本身的实际重量,计量单位为千克,不足一千克的填报为"1"。

思考:

空运进口一批钻石,毛重为 900 克,净重为 880 克,则进口报关单中的"毛重"栏目填写为________,"净重"栏目填写为________。

**28)集装箱号**

(1)含义

集装箱号是在每个集装箱箱体两侧标示的全球唯一编码。集装箱号的组成规则是:箱主代号(3 位字母)+设备识别号"U"+顺序号(6 位数字)+校验码(1 位数字),如 EASU9809490。

(2)填报要求

本栏目填报装载进出口货物(包括拼箱货物)集装箱的箱体信息。一个集装箱填一条记录,分别填报集装箱号(在集装箱箱体上标示的全球唯一编号)、集装箱的规格和集装箱的自重。非集装箱货物填报为"0"。

小贴士 9-15

**集装箱小常识**

集装箱规格分为 20 英尺(以外部的长计)、40 英尺(以外部的长计)、45 英尺、48 英尺和 53 英尺。自重是指集装箱本身的种类,以千克计算。20 英尺的集装箱自重一般在 2 000 千克以上,40 英尺的集装箱自重一般在 4 000 千克以上。

**思考:**

请根据背景资料判断下列陈述正误,若不对,请更正。

1.某粮油进出口公司海运进口小麦100吨,包装麻袋重1吨,"毛重"栏目填写"101吨"。

2.青岛某光学有限公司从美国购买一批光学仪器,由洛杉矶启运,提运单上显示:Container No.TRIU8675912, Seal No. BH245, SIZE 40'×1,Tare Weight 4,000KGS,则"集装箱号"栏目填写"TRIU8675912/BH245"。

### 29)随附单证

(1)含义

随附单证是指随进(出)口货物报关单一并向海关递交的单证或文件。虽然提单、装箱单、发票和许可证等单证都是随附单证的范畴,但本栏目的填写只涉及"监管证件名称代码表"中许可证以外的监管证件。

(2)填报要求

①加工贸易内销征税报关单,随附单证代码栏填写"c",随附单证编号栏填写海关审核通过的内销征税联系单号。

②优惠贸易协定项下进出口货物。

有关优惠贸易协定项下报关单填制要求将另行公告。

### 30)标记唛码及备注

(1)含义

标记唛码指运输标志,是为了方便收货人查找,便于在装卸、运输、储运过程中识别而设。标记唛码英文表述为Marks、Marking、MKS、Marks & No.、Shipping Marks等。

备注指报关单其他栏目下不能填写完全,以及需要额外说明的内容,或其他需要备注、说明的事项。

(2)填报要求

①标记唛码中除图形以外的文字、数字。

②受外商投资企业委托代理其进口投资设备、物品的进出口企业名称。

③与本报关单有关联关系的,同时在业务管理规范方面又要求填报的备案号,填报在电子数据报关单中"关联备案"栏。

A.加工贸易结转货物及凭《征免税证明》转内销货物,其对应的备案号应填报在"关联备案"栏。

B.减免税货物结转进口(转入),报关单"关联备案"栏应填写本次减免税货物结转所申请的《中华人民共和国海关进口减免税货物结转联系函》的编号。

C.减免税货物结转出口(转出),报关单"关联备案"栏应填写与其相对应的进口(转入)

报关单“备案号”栏中《征免税证明》的编号。

④与本报关单有关联关系的，同时在业务管理规范方面又要求填报的报关单号，填报在电子数据报关单中“关联报关单”栏。

A.加工贸易结转类的报关单，应先办理进口报关，并将进口报关单号填入出口报关单的“关联报关单”栏。

B.办理进口货物直接退运手续的，除另有规定外，应当先填写出口报关单，再填写进口报关单，并将出口报关单号填入进口报关单的“关联报关单”栏。

C.减免税货物结转出口（转出），应先办理进口报关，并将进口（转入）报关单号填入出口（转出）报关单的“关联报关单”栏。

⑤办理进口货物直接退运手续的，本栏目填报《进口货物直接退运表》或者《海关责令进口货物直接退运通知书》编号。

⑥保税监管场所进出货物，在“保税/监管场所”栏填写本保税监管场所编码，其中涉及货物在保税监管场所间流转的，在本栏填写对方保税监管场所代码。

⑦海关加工贸易货物销毁处置申报表编号。（根据 2014 年 33 号公告补充）

⑧当监管方式为“暂时进出货物”（2600）和“展览品”（2700）时，如果为复运进出境货物，在进出口货物报关单的本栏内分别填报“复运进境”“复运出境”。

⑨跨境电子商务进出口货物，在本栏目内填报“跨境电子商务”。

⑩加工贸易副产品内销，在本栏内填报“加工贸易副产品内销”。

⑪公式定价进口货物应在报关单备注栏内填写公式定价备案号，格式为：“公式定价”+备案编号+“@”。对于同一报关单下有多项商品的，如需要指明某项或某几项商品为公式定价备案的，则备注栏内填写应为：“公式定价”+备案编号+“#”+商品序号+“@”。

⑫获得《预审价决定书》的进出口货物，应在报关单备注栏内填报《预审价决定书》编号，格式为预审价（P+2 位商品项号+决定书编号），若报关单中有多项商品为预审价，需依次写入括号中，如预审价（P01VD511500018P02VD511500019）。

⑬含预归类商品报关单，应在报关单备注栏内填写预归类 R-3-关区代码-年份-顺序编号，其中关区代码、年份、顺序编号均为 4 位数字，如 R-3-0100-2016-0001。

⑭含归类裁定报关单，应在报关单备注栏内填写归类裁定编号，格式为“c”+四位数字编号，如 c0001。

⑮申报时其他必须说明的事项填报在本栏目。

**思考：**

某加工贸易企业将进料加工的材料转内销，进料加工登记手册编号为 C×××，进口单位申领的征免税证明的编号为 Z×××，该加工贸易企业向海关申报。请问“备案号”栏目和“备注”栏目该如何填写。

# 9.3 报关单表体各栏目的填报

## 9.3.1 报关单表体栏目的构成

报关单表题栏目是指“标记唛码及备注”栏目之后的所有栏目,包括由项号、商品编号、商品名称、规格型号、数量及单位、原产国(地区)/最终目的国(地区)、单价、总价、币值、征免、税费征收情况和录入员等多项内容。

## 9.3.2 报关单表体栏目的填写

### 1)项号

(1)含义

项号是指同一票货物在报关单中的商品排列序号和在备案文件上的商品序号。

一张纸质报关单最多可打印 8 项商品(表体共有 8 栏),另可多附带 6 张纸质报关单,合计最多打印 50 项商品。

对于商品编号不同的,商品名称不同的,原产国(地区)/最终目的国(地区)不同的,征免不同的,都应各自占据表体的一栏。

(2)填报要求

本栏目分两行填报及打印。第一行填报报关单中的商品顺序编号;第二行专用于加工贸易、减免税等已备案、审批的货物,填报和打印该项货物在《加工贸易手册》或《征免税证明》等备案、审批单证中的顺序编号。

①有关优惠贸易协定项下报关单填制要求将另行公告。

②加工贸易项下进出口货物的报关单,第一行填报报关单中的商品顺序编号,第二行填报该项商品在《加工贸易手册》中的商品项号,用于核销对应项号下的料件或成品数量。

(3)特殊情况

对于第二行属于特殊情况的填报要求如下:

①深加工结转货物,分别按照《加工贸易手册》中的进口料件项号和出口成品项号填报。

②料件结转货物(包括料件、制成品和未完成品折料),出口报关单按照转出《加工贸易手册》中进口料件的项号填报;进口报关单按照转进《加工贸易手册》中进口料件的项号填报。

③料件复出货物(包括料件、边角料),出口报关单按照《加工贸易手册》中进口料件的项号填报;如边角料对应一个以上料件项号时,填报主要料件项号。料件退换货物(包括料件,不包括未完成品),进出口报关单按照《加工贸易手册》中进口料件的项号填报。

④成品退换货物,退运进境报关单和复运出境报关单按照《加工贸易手册》原出口成品的项号填报。

⑤加工贸易料件转内销货物(以及按料件办理进口手续的转内销制成品、残次品、未完成品)应填制进口报关单,填报《加工贸易手册》进口料件的项号;加工贸易边角料、副产品内销,填报《加工贸易手册》中对应的进口料件项号。如边角料或副产品对应一个以上料件项号时,填报主要料件项号。

⑥加工贸易成品凭《征免税证明》转为减免税货物进口的,应先办理进口报关手续。进口报关单填报《征免税证明》中的项号,出口报关单填报《加工贸易手册》原出口成品项号,进、出口报关单货物数量应一致。

⑦加工贸易货物销毁,本栏目应填报《加工贸易手册》中相应的进口料件项号。

⑧加工贸易副产品退运出口、结转出口,本栏目应填报《加工贸易手册》中新增的变更副产品的出口项号。

⑨经海关批准实行加工贸易联网监管的企业,按海关联网监管要求,企业需申报报关清单的,应在向海关申报进出口(包括形式进出口)报关单前,向海关申报"清单"。一份报关清单对应一份报关单,报关单上的商品由报关清单归并而得。加工贸易电子账册报关单中项号、品名、规格等栏目的填制规范比照《加工贸易手册》。

**2)商品编号**

(1)含义

商品编号也称商品编码,是按《进出口税则》确定的进出口货物的编号。

(2)填报要求

本栏目填报的商品编号由 10 位数字组成。前 8 位为《中华人民共和国进出口税则》确定的进出口货物的税则号列,同时也是《中华人民共和国海关统计商品目录》确定的商品编码,后 2 位为符合海关监管要求的附加编号。

**3)商品名称、规格型号**

(1)含义

商品名称是指所申报的进出口商品规范的中文名称。

规格型号是指反映商品性能、品质和规格的一系列指标,如品牌、等级、成分、含量、纯度和大小等。一般商品名称及规格型号都在发票的 Description of Goods、Products and Description、Goods Description、Quantities and Description 栏目有具体的描述。

商品名称和规格型号都要规范、准确、详尽,这样才能够保证归类准确、统计清晰,便于监管。

(2)填报要求

本栏目分两行填报及打印。第一行填报进出口货物规范的中文商品名称,第二行填报规格型号。

①商品名称及规格型号应据实填报,并与进出口货物收发货人或受委托的报关企业所提交的合同、发票等相关单证相符。

②商品名称应当规范,规格型号应当足够详细,以能满足海关归类、审价及许可证件管理要求为准,可参照《中华人民共和国海关进出口商品规范申报目录》中对商品名称、规格型号的要求进行填报。

③加工贸易等已备案的货物,填报的内容必须与备案登记中同项号下货物的商品名称一致。

④对需要海关签发《货物进口证明书》的车辆,商品名称栏应填报"车辆品牌+排气量(注明 cc)+车型(如越野车、小轿车等)"。进口汽车底盘不填报排气量。车辆品牌应按照《进口机动车辆制造厂名称和车辆品牌中英文对照表》中"签注名称"一栏的要求填报。规格型号栏可填报"汽油型"等。

⑤由同一运输工具同时运抵同一口岸并且属于同一收货人,使用同一提单的多种进口货物,按照商品归类规则应当归入同一商品编号的,应当将有关商品一并归入该商品编号。商品名称填报一并归类后的商品名称;规格型号填报一并归类后商品的规格型号。

⑥加工贸易边角料和副产品内销,边角料复出口,本栏目填报其报验状态的名称和规格型号。

⑦进口货物收货人以一般贸易方式申报进口属于《需要详细列名申报的汽车零部件清单》(海关总署 2006 年第 64 号公告)范围内的汽车生产件的,应按以下要求填报:

A.商品名称填报进口汽车零部件的详细中文商品名称和品牌,中文商品名称与品牌之间用"/"相隔,必要时加注英文商业名称;进口的成套散件或者毛坯件应在品牌后加注"成套散件""毛坯"等字样,并与品牌之间用"/"相隔。

B.规格型号填报汽车零部件的完整编号。在零部件编号前应当加注"S"字样,并与零部件编号之间用"/"相隔,零部件编号之后应当依次加注该零部件适用的汽车品牌和车型。

C.汽车零部件属于可以适用于多种汽车车型的通用零部件的,零部件编号后应当加注"TY"字样,并用"/"与零部件编号相隔。

D.与进口汽车零部件规格型号相关的其他需要申报的要素,或者海关规定的其他需要申报的要素,如"功率""排气量"等,应当在车型或"TY"之后填报,并用"/"与之相隔。

E.汽车零部件报验状态是成套散件的,应当在"标记唛码及备注"栏内填报该成套散件装配后的最终完整品的零部件编号。

F.进口货物收货人以一般贸易方式申报进口属于《需要详细列名申报的汽车零部件清单》(海关总署 2006 年第 64 号公告)范围内的汽车维修件的,填报规格型号时,应当在零部件编号前加注"W",并与零部件编号之间用"/"相隔;进口维修件的品牌与该零部件适用的整车厂牌不一致的,应当在零部件编号前加注"WF",并与零部件编号之间用"/"相隔。其余申报要求同上条执行。

已填好的商品名称、规格型号如表 9-21 所示。

表 9-21 商品名称、规格型号填写事例

| 商品名称、规格型号 | |
|---|---|
| 氨纶弹力丝 ELASTANE | 第一行:规范的中文名称+原文 |
| LYCRA 40 DENIER TYPE 1498 MERGE 17124 5KG TUBE | 第二行:规格型号 |

4)数量及单位

(1)含义

数量是指进出口商品的实际数量;单位是指针对数量的计量单位。它包括成交计量单位和法定计量单位。数量和单位是相对应的,因此,报关单中的数量既包括成交计量单位的数量,也包括法定计量单位的数量。

小贴士 9-16

**成交计量单位与法定计量单位**

成交计量单位是指买卖双方用以成交的计量单位(用以确定成交数量或者价格的单位)。例如,中国的厂商向国外的客户出口地毯,在一定的规格下国外客户通常是以卖多少张或条(数量),以每条或张的单价来确定最后的成交价格,这里的"张"或者"条"就是成交计量单位。在国际贸易中,常用的计量单位有长度单位、面积单位、体积单位、容积单位和个数单位,具体使用哪一种根据商品由买卖双方协定商议。

法定计量单位是按照《中华人民共和国计量法》的规定所采用的计量单位,我国采用国际制的计量单位,以《海关统计商品目录》中规定的计量单位为准。实际应用中,法定计量单位是指《进出口税则》中标注在每个商品编码后面的计量单位。根据商品的不同,有些商品可以有一个法定计量单位,有些商品有两个法定计量单位。两个计量单位用"/"区分,"/"前面是法定第一计量单位,后面是法定第二计量单位。例如,"个/千克","个"是法定第一计量单位,"千克"是法定第二计量单位。

成交计量单位可能和法定计量单位一致,也可能不同。一致时只需要填写法定计量单位,不一致时除了要填写法定计量单位外还需要单独填写成交计量单位。

(2)填报要求

本栏目分三行填报及打印。

①第一行应按进出口货物的法定第一计量单位填报数量及单位,法定计量单位以《中华人民共和国海关统计商品目录》中的计量单位为准。

②凡列明有法定第二计量单位的,应在第二行按照法定第二计量单位填报数量及单位。无法定第二计量单位的,本栏目第二行为空。

③成交计量单位及数量应填报并打印在第三行。

④法定计量单位为“千克”的数量填报，特殊情况下填报要求如下：

A.装入可重复使用的包装容器的货物，应按货物扣除包装容器后的重量填报，如罐装同位素、罐装氧气及类似品等。

B.使用不可分割包装材料和包装容器的货物，按货物的净重填报（即包括内层直接包装的净重重量），如采用供零售包装的罐头、化妆品、药品及类似品等。

C.按照商业惯例以公量重计价的商品，应按公量重填报，如未脱脂羊毛、羊毛条等。

D.采用以毛重作为净重计价的货物，可按毛重填报，如粮食、饲料等大宗散装货物。

E.采用零售包装的酒类、饮料，按照液体部分的重量填报。

⑤成套设备、减免税货物如需分批进口，货物实际进口时，应按照实际报验状态确定数量。

⑥具有完整品或制成品基本特征的不完整品、未制成品，根据《商品名称及编码协调制度》归类规则应按完整品归类的，按照构成完整品的实际数量填报。

⑦加工贸易等已备案的货物，成交计量单位必须与《加工贸易手册》中同项号下货物的计量单位一致，加工贸易边角料和副产品内销、边角料复出口，本栏目填报其报验状态的计量单位。

⑧优惠贸易协定项下进出口商品的成交计量单位必须与原产地证书上对应商品的计量单位一致。

⑨法定计量单位为立方米的气体货物，应折算成标准状况（即摄氏零度及 1 个标准大气压）下的体积进行填报。

**思考：**

请根据背景资料判断是否正确，若不对请更正：

1.珠海服装进出口公司与美国某公司签约，出口服装 144 件。发票上显示：112 美元/打，总额 1 344 美元，“数量及单位”栏目填写“144 件”。

2.某汽车装配厂进口三辆载重汽车全套组装件，分装在 6 个木箱中向海关申报，“数量及单位”栏目填写“6 个”。

**小贴士 9-17**

数量及单位填制规范如表 9-22 所示。

**表 9-22 数量及单位填制规范**

| 计量单位状态 | 填制要求 | | |
|---|---|---|---|
| | 第一行 | 第二行 | 第三行 |
| 成交与法定第一计量单位一致，无法定第二计量单位 | 法定计量单位及数量 | 空 | 空 |
| 成交与法定一致，并有法定第二计量单位 | 法定第一计量单位及数量 | 法定第二计量单位及数量 | 空 |
| 成交与法定第一计量单位不一致，无法定第二计量单位 | 法定计量单位及数量 | 空 | 成交计量单位及数量 |
| 成交与法定不一致且有法定第二计量单位 | 法定第一计量单位及数量 | 法定第二计量单位及数量 | 成交计量单位及数量 |

### 5) 原产国(地区)/最终目的国(地区)

(1) 含义

原产国(地区)指进口货物的生产、开采或加工制造的国家或地区。经过几个国家或地区加工制造的货物,以最后一个对货物进行经济上可以视为实质性加工的国家或地区作为原产国。常见提示:Made in 、Origin/Country of Origin、Manufacture 等。

最终目的国(地区)指已知出口货物最后交付、实际消费、使用或作进一步加工制造的国家或地区。

(2) 填报要求

本栏目应按海关规定的《国别(地区)代码表》选择填报相应的国家(地区)名称及代码。

①原产国(地区)的填报。原产国(地区)应依据《中华人民共和国进出口货物原产地条例》《中华人民共和国海关关于执行〈非优惠原产地规则中实质性改变标准〉的规定》以及海关总署关于各项优惠贸易协定原产地管理规章规定的原产地确定标准填报。同一批进出口货物的原产地不同的,应分别填报原产国(地区)。进出口货物原产国(地区)无法确定的,填报"国别不详"(代码 701)。

②最终目的国(地区)。最终目的国(地区)填报已知的进出口货物的最终实际消费、使用或进一步加工制造国家(地区)。不经过第三国(地区)转运的直接运输货物,以运抵国(地区)为最终目的国(地区);经过第三国(地区)转运的货物,以最后运往国(地区)为最终目的国(地区)。同一批进出口货物的最终目的国(地区)不同的,应分别填报最终目的国(地区)。进出口货物不能确定最终目的国(地区)时,以尽可能预知的最后运往国(地区)为最终目的国(地区)。

### 6) 单价、总价、币制

(1) 含义

进出口商品价格是指商品价格的货币表现。单价是指商品的一个计量单位以某一种货币表示的价格,总价是指进出口货物实际成交的商品总价,币制是指进出口货物实际成交时的计价货币。

(2) 填报要求

①单价。本栏目填报同一项号下进出口货物实际成交的商品单位价格。无实际成交价格的,本栏目填报单位货值。

②总价。本栏目填报同一项号下进出口货物实际成交的商品总价格。无实际成交价格的,本栏目填报货值。

③币制。本栏目应按海关规定的《货币代码表》选择相应的货币名称及代码填报,如《货币代码表》中无实际成交币种,需将实际成交货币按申报日外汇折算率折算成《货币代码表》列明的货币填报。

**思考:**

发票上显示,Quantity:8,000KGS,Unit Price:USD10/KG, Amount:USD80,000,Freight Charge:USD2,200,Price Term: CFR SHANGHAI, 则“单价”和“总价”栏目应如何填写?

7)征免

(1)含义

征免是指海关按照《海关法》和《进出口关税条例》及其他法律、行政法规的规定,对进出口货物进行征税、减税、免税或特案处理的实际操作方式。

(2)填报要求

本栏目应按照海关核发的《征免税证明》或有关政策规定,对报关单所列每项商品选择海关规定的《征减免税方式代码表》中相应的征减免税方式填报。

加工贸易货物报关单应根据《加工贸易手册》中备案的征免规定填报;《加工贸易手册》中备案的征免规定为“保金”或“保函”的,应填报“全免”。

**小贴士 9-18**

**“征免”分类**

1.照章征税:指对进出口货物依照法定税率计征各类税费。

2.折半征税:指依照主管海关签发的征免税证明或海关总署的通知,对进出口货物依照法定税率折半计征关税的增值税,但照章征收消费税。

3.全免:指依照主管海关签发的征免税证明或海关总署的通知,对进出口货物免征关税和增值税,但消费税是否免征应按照有关批文办理。

4.特案减免:指依照主管海关签发的征免税或海关总署通知规定的税率计征各类税费。

5.随征免性质:指对某些监管方式下进出口货物按照征免性质的特殊计税公式或税率计征税费。

6.保证金:指经过海关批准具保放行的货物,由担保人向海关缴纳现金的一种担保形式。

**思考:**

请根据背景资料填写报关单“征免”栏目。

1. 某外商独资企业凭“征免税证明”进口投资总额内设备一台,该设备属国家鼓励的项目,则“贸易方式”栏目、“征免”栏目如何填写?

2. 广州某中外合资企业进口料件一批,加工之后内销,则“贸易方式”栏目和“征免”栏目如何填写?

#### 8)特殊关系确认

(1)含义

特殊关系是指《中华人民共和国海关审定进出口货物完税价格办法》(以下简称《审价办法》)中规定的行为。

(2)填报要求

本栏目根据《审价办法》第十六条,填报确认进出口行为中买卖双方是否存在特殊关系,有下列情形之一的,应当认为买卖双方存在特殊关系,在本栏目应填报“是”,反之则填报“否”:

①买卖双方为同一家族成员的;

②买卖双方互为商业上的高级职员或者董事的;

③一方直接或者间接地受另一方控制的;

④买卖双方都直接或者间接地受第三方控制的;

⑤买卖双方共同直接或者间接地控制第三方的;

⑥一方直接或者间接地拥有、控制或者持有对方5%以上(含5%)公开发行的有表决权的股票或者股份的;

⑦一方是另一方的雇员、高级职员或者董事的;

⑧买卖双方是同一合伙的成员的。

买卖双方在经营上相互有联系,一方是另一方的独家代理、独家经销或者独家受让人,如果符合前款的规定,也应当视为存在特殊关系。

#### 9)价格影响确认

(1)含义

价格影响是指根据《审计办法》,确认进出口行为中买卖双方存在的特殊关系是否影响到成交价格。

(2)填报要求

本栏目根据《审价办法》第十七条,填报确认进出口行为中买卖双方存在的特殊关系是否影响成交价格,纳税义务人如不能证明其成交价格与同时或者大约同时发生的下列任何一款价格相近的,应当视为特殊关系对进出口货物的成交价格产生影响,在本栏目应填报“是”,反之则填报“否”:

①向境内无特殊关系的买方出售的相同或者类似进出口货物的成交价格;

②按照《审价办法》倒扣价格估价方法的规定所确定的相同或者类似进出口货物的完税价格;

③按照《审价办法》计算价格估价方法的规定所确定的相同或者类似进出口货物的完税价格。

**10) 支付特许权使用费确认**

(1) 含义

支付特许权使用费是指根据《审价办法》,确认进出口行为中买方是否存在向卖方或者有关方直接或者间接支付特许权使用费。

(2) 填报要求

本栏目根据《审价办法》第十三条,填报确认进出口行为中买方是否存在向卖方或者有关方直接或者间接支付特许权使用费。特许权使用费是指进出口货物的买方为取得知识产权权利人及权利人有效授权人关于专利权、商标权、专有技术、著作权、分销权或者销售权的许可或者转让而支付的费用。如果进出口行为中买方存在向卖方或者有关方直接或者间接支付特许权使用费的,在本栏目应填报"是",反之则填报"否"。

**11) 版本号**

本栏目适用加工贸易货物出口报关单。本栏目应与《加工贸易手册》中备案的成品单耗版本一致,通过《加工贸易手册》备案数据或企业出口报关清单提取。

**12) 货号**

本栏目适用加工贸易货物进出口报关单。本栏目应与《加工贸易手册》中备案的料件、成品货号一致,通过《加工贸易手册》备案数据或企业出口报关清单提取。

**13) 录入员**

本栏目用于记录预录入操作人员的姓名。

**14) 录入单位**

本栏目用于记录预录入单位名称。

**15) 海关批注及签章**

本栏目供海关作业时签注。

**案例导读 9-3**

"买货配柜",竟以 180 倍价报关骗补贴

近日,黄埔海关隶属老港海关查获广州某报关有限公司通过虚构代理关系,虚报价格以骗取出口补贴的典型虚假贸易案例。

2016 年 6 月 8 日,老港海关在进行数据监控时发现有 6 个集装箱的瓷砖申报价值异常偏高,于是对其进行布控。经查验,该批货物存在商品归类不符且单票价值超 50 万元人民

币的情况，经缉私部门立案调查发现，其国内采购总价2万余美元，与实际采购价格相比，申报货值高报近180倍。这是老港海关近期查获的涉嫌虚假贸易典型案例，主要是报关行“买货配柜”，虚构出口报关，来骗取出口补贴或出口退税。

据悉，今年以来，黄埔海关核查虚假贸易高风险企业376家，通关环节锁定报关企业30家，针对170余家异常企业进行了处置，涉及进出口货值近600亿元，并向企业注册地的省（市）政府通报了处理结果。

“虚假贸易具有虚构代理、贸易虚假、价格虚高、拆单申报等手法，严重扰乱口岸对外贸易正常秩序。今后，黄埔海关将加强对高风险报关企业的管理，对涉嫌虚假贸易的相关案件线索和违法责任人员，将通报相关政府部门。”黄埔海关有关负责人表示。

今年以来，黄埔海关缉私部门共对涉及虚假贸易行为立案206宗，涉及金额2亿多元。1—6月份，共向19个直属海关发函协查企业242家，其中异常企业169家，异常率约7成；向核查信息失实的13个省市的外汇管理、国税及地方商务部门函告提示风险，核查本地经营单位及报关企业134家。

（案例来源：根据人民网-广东频道、新浪广东等整理）

## 案例实训

根据下列资料填写报关单。

以下是上海兰生股份有限公司的一份出口资料，请根据该资料的有关内容填写出口货物报关单。

上海兰生股份有限公司

SHANGHAI LANSHENG CORPORATION

HEADQUARTERS 1230-1240 ZHONGSHAN ROAD N.1 SHANGHAI 2000437 CHINA

BRANCH：128.HUQIU ROAD.

SHANGHAI 200002 CHINA

B/L No.HJSHB142939

To：GOLDEN MOUNTAIN TRADING LTD.

ROOM 611.TOWER B.HUNG HOM COMM CENTRE. 37-39

MA TAU WAI ROAD HUNG HOM.KOWLOON.HONGKONG

发票号码

Invoice Number 03A702758

订单或合约号码

Sales Confirmation No 03A3272

发票日期

Date of invoice 16.12.10

INVOICE/PACKING LIST

| 装船口岸 From ______ 上海 SHANGHAI ______ | 目的地 To ______ LOS ANGELES ______ |
|---|---|
| 信用证号数 Letter of Credit No ______ T/T ______ | 开征银行 Issued by ______ |
| Vessel：HANJIN DALIAN/014E | |

续表

| 唛头号码<br>Marks & Numbers | 数量与货品名称<br>Quantities and Descriptions | 总值<br>Amount |
|---|---|---|
| RNS NO.: 7920<br>MADE IN CHINA<br>PORT:<br>LOSANGELES<br>C/NO.: 1-117 | FOOTWEAR 皮鞋(胶底)<br>ARI.NO.CC10758-112 ORDER NO.RNS7920 COL:<br>WHITE SZ:5-10 2106 PRS<br><br>HS CODE 64039900 计量单位:双<br>TOTAL G.WT: 1638.000 KGS<br>TOTAL N.WT: 1404.000 KGS<br>TOTAL MEAS: $5.616m^3$<br>TOTAL PACKED IN 117 CARTONS ONLY<br>手册: C22077100502 列手册第 2 页 非对口合同<br>外汇核销单编号: 28/155451<br><br>出口商检证: 03-12-020E<br><br>上海兰生股份有限公司(黄浦区)发货<br>该货于 16.12.20 出口,委托上海久盛报关公司于 16.12.18 向吴淞海关申报。 | CIF LOS ANGELES<br><br>@ USD3.15 USD6633.90<br>USD6633.90<br><br>F: USD 800<br>I: 0.27% |

上海兰生股份有限公司
SHANGHAI LANSHENG CORPORATION
企业编号: 3109915020

分 析:

出口货物报关单的填写应严格按照实务操作中的相关规定,现将本案例出口货物报关单的填写分析如下。

1.收发货人:在中文提示中说明生产销售单位为上海兰生股份有限公司,收发货人经营单位 10 位数代码为 3109915020.

2.出口口岸:在中文提示中说明向吴淞海关申报。

3.出口日期:在中文提示中说明于 16.12.20 出口。

4.申报日期:在中文提示中说明于 16.12.18 申报。

5.生产销售单位:在中文提示中说明发货单位为上海兰生股份有限公司。

6.运输方式:在发票中注明运输方式为 VESSEL,即船运,江海运输。

7.运输工具名称:根据填制规范,海运在运输工具一栏应填写船名航次。在 VESSEL 一栏即是船名航次:HANJIN DALIAN/014E.

8.提运单号:发票的右上角 B/L NO.HJSHB142939 即是运单号。

9.申报单位:根据发票企业编号得知,申报单位的企业编码为 3109915020.

10.监管方式:手册号的第一位数表示监管方式代码。资料中手册号第一位数为 C,应为进料加工。在海关的贸易方式代码中,进料加工分为进料对口和进料非对口。在资料中特别说明是非对口,因此可以认定贸易方式为进料非对口。

11.征免性质：贸易方式为进料非对口,其征免性质与贸易方式对应也为进料加工。

12.备案号：填制规范中要求,如申领了加工贸易手册,该栏目应填写手册编号。在中文提示中有手册号：C22077100502.

13.贸易国(地区)：出口填报对方国家,美国,代码502.

14.运抵国：在发票中显示目的地为LOS ANGELES,即洛杉矶,故美国为运抵国。

15.指运港：依据同上。

16.境内货源地：境内货源地包括发货单位所在地。资料中显示发货单位所在地为上海黄浦区。

17.许可证号：根据规范,只有出口需申领出口许可证的商品才能填写本栏目。资料中未显示有许可证号,故不应填写。

18.成交方式：应填写实际成交方式。资料中显示成交方式为CIF LOSANGELES,故该栏目应为CIF.

19.运费：出口成交方式为CIF,则应填写运费,发票中显示为800美元,美元代码为502,根据规范应填写为502/800/3.

20.保费：出口方式为CIF,则应填写保费,发票中显示为0.27%,根据规范应填写为0.27/1.

21.杂费：资料中未显示有杂费,故可不予填写。

22.合同协议号：在订单或合约号码一栏中显示为03A3272.

23.件数：应填写货物外包装数量。在数量与货品名称中显示一共有117个纸箱,故件数应为117.

24.包装种类：根据装箱单应填写为纸箱。

25.毛重：装箱单中GROSS即表示毛重,故填写1638.

26.净重：装箱单中NET表示净重,故填写1404.

27.集装箱号：只有运输采用集装箱,才有集装箱号。运单中并未显示有集装箱运输,故不存在集装箱号。

28.随附单据：根据规范应填写监管证件的代码,资料中显示需提供出口商检证,故出口商检证的代码B应填写在该栏目。

29.标记唛码及备注：根据规范应包括标记中除图案外所有的文字、字符。故MARKS中所有内容均应填写在此栏。同时,如有监管证件,还应将监管证件的编码写在此栏。故03-12-020E应填写在备注中。

30.项号：根据规范,加工贸易进出口货物应存在两个项号。其中一个为货物在报关单中所处的项号,另一个为货物在加工贸易手册中所处的项号。在中文提示中显示该批货物列手册第2项,故在项号一栏除报关单所处的1项外应在此下方填入02.

31.商品编号：应为8位数编码,在中文提示中显示HS CODE为64039900.

32.商品名称：根据发票中对货物的描述显示商品应为皮鞋(胶底),同时应将显示的英文名称及规格型号填写在该栏目。

33.数量及单位：根据规范应按照法定计量单位填写。在资料中显示,法定计量单位为双,故应将2106 PRS填写在数量一栏。

34.最终目的国：标记中显示运到LOSANGELES,故所在国美国为最终目的国。

35.单价：应填写实际成交的单价，在发票中显示单价为3.15.
36.总价：应填写实际成交的总价，发票中显示总价为6 633.90.
37.币制：发票中显示为USD（美元）。
38.征免：根据规范，进料非对口对应的征免方式应为照章。
39.特殊关系确认：无特殊说明，填否。
40.价格影响确认：无特殊说明，填否。
41.支付特权使用费确认：无特殊说明，填否。
【解答】出口报关单填写如下

**表9-23 中华人民共和国海关出口货物报关单** 进料加工专用

预录入编号 527642076- 海关编号

| 收发货人<br>上海兰生股份有限公司<br>（3109915020） | 出口口岸<br>上海吴淞海关 | | 出口日期<br>16.12.20 | 申报日期<br>16.12.18 |
|---|---|---|---|---|
| 生产销售单位<br>上海兰生股份有限公司 | 运输方式<br>江海 | 运输工具名称<br>HANJIN DALIAN/014E | | 提运单号<br>HJSHB142939 |
| 申报单位<br>上海兰生股份有限公司<br>（3109915020） | 监管方式<br>进料非对中 | | 征免性质<br>进料加工 | 备案号<br>C22077100502 |
| 贸易国（地区）<br>502 | 运抵国（地区）<br>美国 | 指运港<br>洛杉矶 | | 境内货源地<br>上海黄浦区 |
| 许可证号 | 成交方式<br>CIF | 运费<br>502/800/3 | 保费<br>0.27/1 | 杂费<br>1404 |
| 合同协议号<br>03A3272 | 件数<br>117 | 包装种类<br>纸箱 | 毛重/千克<br>1 638 | 净重/千克<br>1 404 |
| 集装箱号 | 随附单证<br>B | | | |
| 标记唛码及备注 RNS No.7920<br>MADE IN CHINA B:03-12-020E<br>PORT:LOS ANGELES<br>C/No:1-117 | | | | |

| 项号 | 商品编号 | 商品名称、规格型号 | 数量及单位 | 最终目的国（地区） | 单价 | 总价 | 币制 | 征免 |
|---|---|---|---|---|---|---|---|---|
| 01 | 64039900 | 皮胶鞋 FOOTWEAR | 2106.00 双 | 美国 | 3.15 | 6633.90 | 美元 | 照章 |
| 02 | | ART NO.CC10758-1223<br>COL:WHITE SZ:5-10 | | | | | | |

续表

| 特殊关系确认:否 | | 价格影响确认:否 | 支付特权使用费确认:否 |
| --- | --- | --- | --- |
| 录入员<br>××× | 录入单位<br>××××××× | 兹声明以上内容承担如实申报、依法纳税之法律责任 | 海关批注及签章 |
| 报关人员 | | 申请单位(签章) | |

## 课内练习

### 单项选择题

1.北京某纺织加工贸易企业,将来料加工后的产品,从北京海关车站办事处(关区代码0111)结转给天津武清某纺织厂,继续深加工出口。其进口报关单上的"进口口岸"应填报为(　　)。

A.天津海关 (0200)　　B.北京海关(0100)

C.北京海关车站办事处(0111)　　D.武清海关(0210)

2.北京平谷某服装加工贸易企业,在北京海关朝阳办事处(关区代码 0118)申报海运转关出口日本服装一批,由天津新港(关区代码 0202)装船出境。其转关运输货物报关单上的"出口口岸"应填报为(　　)。

A.平谷海关(0110)　　B.新港海关(0202)

3.北京市残联(海关临时经营单位编码 1100931000),接受日本政府赠送的残疾人轮椅一批。由北京银盾报关行(经营单位编码 1105981810)代为申报进口。其进口货物报关单上的"经营单位"应填报为(　　)。

A.北京市残联(1100931000)　　B.北京银盾报关行(1105981810)

4. 北京机械进出口公司(申报单位编码 1102914832),委托北京银盾报关行(申报单位编码 1105981810),代为申报进口设备一批。其进口货物报关单上的"申报单位"应填报为(　　)。

A.北京机械进出口公司(1102914832,报关员:×××,地址:××××,邮政编码:××××××,电话号码:××××××××)

B.北京银盾报关行(1105981810,报关员:×××,地址:××××,邮政编码:××××××,电话号码:××××××××)

5.北京黄河进出口公司(海关注册编码 1105951000),自行进口日本产钢材一批。其进口货物报关单上的“收货单位”应填报为(　　)。

A.北京黄河进出口公司(1105951000)　　B.北京黄河进出口公司

C.1105951000

6. 北京土畜产进出口公司(海关注册编码 1106912131),采购北京怀柔后家峪乡出产的板栗出口。其出口货物报关单上的“发货单位”应填报为(　　)。

A.1106912131 (北京土畜产进出口公司)　　B.北京怀柔后家峪乡

7. 北京吉普汽车有限公司,经日本(国别代码 116)转机,从美国(国别代码 502)空运进口汽车零件一批。其进口货物报关单上的“起运国(地区)”应填报为(　　)。

A.日本(116)　　B.美国(502)

8. 内蒙古某进出口贸易公司,铁路运输经俄罗斯联邦(国别代码 344),向德国(国别代码 304)出口工具一批。其出口货物报关单上的“运抵国(地区)”应填报为(　　)。

A.俄罗斯联邦(344)　　B.德国(304)

## 课外实训

### 一、填空题

1.我国某渔业捕捞公司,申报进口,自备捕捞船在公海上采购的、韩国(国别代码 133)渔船捕捞的黄鱼一批。其进口货物报关单上的“原产国(地区)”应填报为________。

2.北京五矿进出口公司,向香港[国别(地区)代码 110]某公司,出口铁矿粉一批。该公司又将本批货物,直接卖给日本(国别代码 116)某公司。其出口货物报关单上的“最终目的国(地区)”应填报为________。

3.北京某合资企业,经海关同意,将原从日本横滨港(港口航线代码 1354),海运进口的投资设备,转为内销。其进口货物报关单上的“装货港”应填报为________。

4.位于北京市朝阳区内(国内地区代码 11059)的北京轻工进出口公司,代理位于北京市西城区(国内地区代码 11029)的北京西单商场,空运进口法国产化妆品一批。其进口货物报关单上的“境内目的地”应填报为________。

5.位于北京市宣武区(国内地区代码 11049)的北京机械进出口公司,代理位于北京市朝阳区(国内地区代码 11059)的燕京印刷机器厂,向印度海运出口高速五色胶印机一批。其出口货物报关单上的“境内货源地”应填报为________。

6.北京某服装加工贸易企业,于 2005 年 2 月 1 日,采用 H2000 通关系统,向北京海关朝阳办事处申报,进口 78 种列名客供辅料一批,价值 3 000 美元,用于为日本厂商来料加工护士服。该护士服加工贸易合同的《加工贸易手册》编号为:B01170305211。其进口报关单上的“备案号”应填报为________。

## 二、填制报关单

请根据所提供的原始单据，按照报关单填制规范的要求，在报关单相对应的选项中，选出最合适的答案。

资料 1：上海土产进出口公司(3122215031)接受南京木材加工厂(320191××××)的委托，在 98TSP-5402SP 号合同下进口一批木材，属法检商品。装载货物轮船于 2006 年 9 月 4 日进口，9 月 16 日由上海捷运报关行持 B23186200101 手册向上海吴淞海关申报，该货列手册第三项。该货物海关计量单位为立方米。

中华人民共和国海关进口货物报关单(空白)略

资料 2：

INVOICE

Messrs：SHANGHAI N/P I/E CORP　　　　Invoice No. GXM0011A-98

Shipped Per m.v.　　　　Date. 12 AUG 2016

DA HE/048　　　　Order No. 06J0032

| DESCRIPTION OF GOODS | QUANTITY | UNIT PRICE | AMOUNT |
|---|---|---|---|
| AUSTRALIA SAW TIMBER | 28 BUNDLES<br>6,956 PIECES<br>63.9739m$^3$ | US $ 270.00/m$^3$ | CIF<br>SHANGHAI CHINA<br>US $ 17,272.95 |
| SHIPMENT FROM：<br>SYDNEY AUSTRALIA PORT<br>SHIPMENT TO：<br>SHANGHAI, CHINA<br><br>Kind Packgaes& Nos：<br>28 Bundles in Container<br>Origin ：Australia<br>HS CODE ：4407990<br><br>GELORYVIEW CORPORATION PTE LTD<br>Director ________<br>E & O.E | | | PAYMENT：<br><br>FREE OF CHARGE |

资料 3：

<table>
<tr><td colspan="2">YANGMING Marine Transport Corporation</td><td colspan="2">BILL OF LADING</td></tr>
<tr><td colspan="2" rowspan="2">Shipper：GLORYVIEW CORPORATION PTE LTE<br>No.8，KAKI BUKIT ROAD 2，No.04-36<br>RUBY WAREHOUSE COMPLEX<br>SINGAPORE 417841</td><td>Booking No. 10177</td><td>B/L No. YMLU140306033</td></tr>
<tr><td colspan="2">Export References</td></tr>
<tr><td colspan="2" rowspan="2">Consignee　　TO ORDER</td><td colspan="2">Forwarding agent reference</td></tr>
<tr><td colspan="2">Point and Country of Origin of goods<br>SYDNEY. AUSTRALIA</td></tr>
<tr><td colspan="2">Notify party<br>SHANGHAI N/P I/E CORP.<br>NO.XX，XXX，PUDONG XINQU<br>SHANGHAI，CHINA<br>Tel：　　　Fax：</td><td colspan="2">ALSO NOTIFY</td></tr>
<tr><td colspan="2">VESSEL　　Voy No.　　Port of Loading<br>DA HE　　V.048　　SYDNEY. AUSTRALIA</td><td colspan="2"></td></tr>
<tr><td colspan="2">Place of Delivery<br>SHANGHAI.CHINA</td><td colspan="2">3rd ORIGINAL</td></tr>
<tr><td colspan="4">PARTICULARS FURNISHED BY MERCHANT</td></tr>
<tr><td>MKS & NOS/Container Nos.</td><td>NO. OF PKGS</td><td>DESCRIPTION OF PACKAGES AND GOODS</td><td>NET/GROSS(KGS)</td></tr>
<tr><td colspan="2">SHIPPER'S LOAD STOW AND COUNT<br>SHIPPER'S DECLARED SEAL NUMBER<br>2×40' CONTAINERS SAID TO COTAIN：<br>28 BOUNDLES=6,956 OCS=63.9739M3<br>AUSTRALIA　SAWN　TIMBER</td><td colspan="2">G.W.　42,222.77<br>N.W.　41,583</td></tr>
<tr><td colspan="4">CONTAINER NO.<br>YMLU4434462 FCL/FCL×40<br>YMLU4297272 FCL/FCL×40</td></tr>
<tr><td colspan="4">ON：08/16/2016</td></tr>
</table>

续表

<table>
<tr><td>ITEM</td><td>NO</td><td>CHG</td><td>RATED AS</td><td>PER</td><td>RATE</td><td>PREPAID</td><td>COLLECT</td><td rowspan="2">The recipe custody, carriage and advice of the are subject to the time appearing on the face and Here of and carrier's applicable tariff.<br>In witness where of the number of criminal exile of XU the same lunar and dele range Being accomplished. The other to stand void<br>THE MALAY SATES SHIPPING CO PTE L1 AS AGENT FOR THE BARRIER YANGMING<br>By ____________</td></tr>
<tr><td colspan="8">FREIGHT AS ARRANGED</td></tr>
<tr><td colspan="8">The of exchange 0.0000<br>Number of Original B/Ls THREE<br>Total</td><td>No.8, KAKI BUKIT ROAD 2, No.04-36<br>RUBY WAREHOUSE COMPLEX<br>SINGAPORE 417841</td></tr>
</table>

请根据上述材料填写进口货物报关单。

预录入编号　　　　　　　　　　　　　　　　　　海关编号

<table>
<tr><td colspan="2">收发货人</td><td colspan="2">进口口岸</td><td>进口日期</td><td>申报日期</td></tr>
<tr><td colspan="2">消费适用单位</td><td>运输方式</td><td colspan="2">运输工具名称</td><td>提运单号</td></tr>
<tr><td colspan="2">申报单位</td><td colspan="2">监管方式</td><td>征免性质</td><td>备案号</td></tr>
<tr><td>贸易国(地区)</td><td colspan="2">启运国(地区)</td><td colspan="2">装货港</td><td>境内目的地</td></tr>
<tr><td>许可证号</td><td>成交方式</td><td colspan="2">运费</td><td>保费</td><td>杂费</td></tr>
</table>

续表

<table>
<tr><td>合同协议号</td><td>件数</td><td>包装种类</td><td>毛重/千克</td><td>净重/千克</td></tr>
<tr><td>集装箱号</td><td colspan="4">随附单证</td></tr>
<tr><td colspan="5">标记唛码及备注</td></tr>
<tr><td colspan="5">项号　商品编号　商品名称、规格型号　数量及单位　原产国(地区)　单价　总价　币制　征免</td></tr>
<tr><td colspan="5"></td></tr>
<tr><td colspan="5"></td></tr>
<tr><td colspan="5">特殊关系确认：　价格影响确认：　支付特权使用费确认：</td></tr>
<tr><td>录入员　录入单位</td><td colspan="2" rowspan="2">兹声明以上内容承担如实申报、依法纳税之法律责任<br><br>申请单位(签章)</td><td colspan="2" rowspan="2">海关批注及签章</td></tr>
<tr><td>报关人员</td></tr>
</table>

# 附　件

附件 1

## 海关认证企业标准
## （高级认证）

说　明

### 一、关于认证标准的分类

本认证标准分为内部控制、财务状况、守法规范、贸易安全和附加标准，共 5 大类 18 条 32 项。其中前 4 类为基础标准，第 5 类为附加标准。

### 二、关于认证标准的赋分规则

#### （一）基础标准赋分规则

赋分选项分为两种，一是“达标”“不达标”，对应分值为“0”“-2”；二是“达标”“部分达标”“不达标”，对应分值为“0”“-1”“-2”。

达标：企业实际情况符合该项标准。该项标准中有分项标准（用（1）、（2）、（3）等表示）的，也应符合每个分项标准。

部分达标：企业实际情况基本符合该项标准。该项标准中有分项标准（用（1）、（2）、（3）等表示）的，也应基本符合每个分项标准。

不达标：企业实际情况不符合该项标准。

相关标准项不适用于该经营类别企业的，海关不再对该项标准进行认证。

#### （二）附加标准赋分规则

设定“符合”和“不适用”选项，对应分值为“2”和“0”。附加标准分值最高为“2”，不重复记分。

### 三、关于认证标准的通过条件

企业同时符合下列两个条件并经海关认定的，通过认证：

**(一)所有赋分项目均没有不达标(-2分)情形**

**(二)认证标准总分在95分(含本数)以上**

认证标准总分=100+(所有赋分项目得分总和)。

## 四、关于认证标准的自我评估

企业向海关提出适用认证企业管理申请前,应当按照本认证标准进行自我评估,并将自我评估报告随认证申请一并提交海关。

## 五、关于规范改进情形的适用

除本认证标准第12、13、14、15、17、22、23项外,其他项不达标或者部分达标的,允许企业规范改进。规范改进期限由海关确定,最长不超过90日。根据规范改进情况,海关认定是否通过认证。

**海关认证企业标准**

**(高级认证)**

| 认证标准 | | | 达标情况 | | | |
|---|---|---|---|---|---|---|
| 一、内部控制标准 | | | 达标<br>0 | 部分达标<br>-1 | 不达标<br>-2 | 不适用<br>— |
| (一)组织机构控制 | 1.内部组织架构 | (1)进出口业务、财务、内部监督等部门职责分工明确。 | | | | |
| | | (2)指定高级管理人员负责关务,对企业认证建立书面或者电子档案。 | | | | |
| | 2.海关业务培训 | (1)企业应当建立海关法律法规等相关管理规定的内部培训制度。 | | | | |
| | | (2)法定代表人或者其授权人员、负责关务的高级管理人员应当每年至少参加1次海关法律法规等相关管理规定的内部培训,及时了解、掌握相关管理规定。 | | | | |
| (二)进出口业务控制 | 3.单证控制 | 具备进出口单证复核或者纠错制度或者程序。<br>进出口货物收发货人:在申报前或者委托申报前有专门部门或者岗位人员对进出口单证涉及的价格、归类、原产地、数量、品名、规格等内容的真实性、准确性和规范性进行内部复核。<br>报关企业:代理申报前,有专门部门或者岗位人员对委托人提供的监管证件、商业单据、进出口单证等资料的真实性、完整性和有效性进行合理审查。<br>物流企业:有专门部门或者岗位人员对运输工具进出境申报信息、舱单及相关电子数据、转关单(载货清单)等物流信息的准确性、一致性进行复核。 | | | | |

续表

| 认证标准 | | | 达标情况 | | | |
|---|---|---|---|---|---|---|
| （二）进出口业务控制 | 4.单证保管 | （1）按海关要求建立进出口单证管理制度，确保企业保存的进出口纸质和电子报关单证、物流信息档案的及时性、完整性、准确性与安全性。 | | | | |
| | | （2）妥善保管报关专用印章，以及海关核发的证书、法律文书。 | | | | |
| | 5.进出口活动 | 进出口业务管理流程设置合理、完备，涉及的货物流、单证流、信息流能够得到有效控制，经抽查，未发现有不符合海关监管规定的情形。 | | | | |
| （三）内部审计控制 | 6.内审制度 | （1）设立专门的内部审计机构或者岗位，或者聘请外部专职人员独立对进出口业务等实施内部审计。 | | | | |
| | | （2）每年至少内审1次，建立内审书面或者电子档案。 | | | | |
| | 7.责任追究 | （1）建立对进出口业务发现问题或者违法行为的责任追究制度或者措施。 | | | | |
| | | （2）建立对企业人员和报关人员私揽货物报关、假借海关名义牟利、向海关人员行贿等行为的责任追究制度或者措施。 | | | | |
| | 8.改进机制 | （1）建立改进制度或者措施。 | | | | |
| | | （2）对海关要求的规范改进事项，应由负责关务的高级管理人员直接负责具体规范改进实施。 | | | | |
| （四）信息系统控制 | 9.信息系统 | 具备真实、准确、完整、有效记录企业生产经营、进出口或者代理报关活动的信息系统，特别是财务控制、关务、物流控制等功能模块有效运行。 | | | | |
| | 10.数据管理 | （1）生产经营数据以及与进出口活动有关的数据及时、准确、完整录入系统。系统数据自进出口货物办结海关手续之日起保存3年以上。 | | | | |
| | | （2）进出口或者代理报关活动等主要环节在系统中能够实现流程检索、跟踪。 | | | | |
| | 11.信息安全 | （1）建立信息安全管理制度，保护信息系统安全，并对员工进行相关培训。 | | | | |
| | | （2）有专门程序或者制度，识别信息系统的非正常使用，包括非法入侵信息系统，篡改或者更改业务数据，并对上述行为有严格的责任追究。信息系统要使用专人账户和密码，并且定期更改用户密码。 | | | | |
| | | （3）有专门程序或者制度，保护系统和数据，有数据恢复、备份等手段防止信息丢失，应用反病毒软件和防火墙技术。 | | | | |

续表

<table>
<tr><td colspan="3">认证标准</td><td colspan="4">达标情况</td></tr>
<tr><td colspan="3">二、财务状况标准</td><td>达标<br>0</td><td>部分达标<br>-1</td><td>不达标<br>-2</td><td>不适用<br>—</td></tr>
<tr><td rowspan="6">（五）<br>财务状况</td><td rowspan="2">12.会计信息</td><td>(1)会计账簿和财务会计报告等会计资料真实、准确、完整记录和反映进出口活动的有关情况，财务处理及时、规范。</td><td rowspan="2"></td><td rowspan="2"></td><td rowspan="2"></td><td rowspan="2"></td></tr>
<tr><td>(2)企业申请认证的，提交当年度会计师事务所审计报告，审计报告所反映的企业财务状况真实、完整、规范、合法；重新认证的，企业自成为高级认证企业起每年接受会计师事务所审计，审计报告所反映的企业财务状况真实、完整、规范、合法。</td></tr>
<tr><td rowspan="2">13.偿付能力</td><td>(1)企业财务的速动比率在安全或者正常范围内。</td><td rowspan="2"></td><td rowspan="2"></td><td rowspan="2"></td><td rowspan="2"></td></tr>
<tr><td>(2)企业财务的资产负债率在安全或者正常范围内。</td></tr>
<tr><td>14.盈利能力</td><td>企业主营业务利润率在安全或者正常范围内。</td><td></td><td></td><td></td><td></td></tr>
<tr><td>15.缴税能力</td><td>生产型进出口货物收发货人：上月末固定资产净值不低于其3年内向海关单笔纳税最高额；<br>非生产型进出口货物收发货人：上年度经营性现金净流量不为负。</td><td></td><td></td><td></td><td></td></tr>
<tr><td colspan="3">三、守法规范标准</td><td>达标<br>0</td><td colspan="2">不达标<br>-2</td><td>不适用<br>—</td></tr>
<tr><td rowspan="3">（六）<br>遵守法律法规</td><td>16.人员违法</td><td>企业法定代表人（负责人）、负责关务的高级管理人员和财务负责人连续2年无故意犯罪记录。</td><td></td><td colspan="2"></td><td></td></tr>
<tr><td rowspan="2">17.企业违法</td><td>(1)连续2年无走私犯罪、走私行为。</td><td rowspan="2"></td><td rowspan="2" colspan="2"></td><td rowspan="2"></td></tr>
<tr><td>(2)非报关企业：连续1年无因违反海关监管规定被处罚金额超过3万元的行为；<br>报关企业：连续1年无因违反海关监管规定被处罚金额超过1万元的行为。</td></tr>
</table>

续表

| 认证标准 | | | 达标情况 | | |
|---|---|---|---|---|---|
| （六）遵守法律法规 | 17.企业违法 | （3）非报关企业：1 年内违反海关监管规定行为的处罚金额累计 5 万元以下，且违法次数在 5 次以下或者虽然超过 5 次，但违法次数与上年度企业进出口相关单证（报关单及进出境备案清单、运输工具进出境申报信息、舱单及相关电子数据、转关单（载货清单））总票数比例不超过千分之一。（企业自查发现并主动向海关报明，被海关处以警告以及 3 万元以下罚款的除外）<br>报关企业：1 年内违反海关监管规定行为的次数不超过上年度代理申报报关单及进出境备案清单总票数的万分之一，且处罚金额累计 3 万元以下。（企业自查发现并主动向海关报明，被海关处以警告以及 1 万元以下罚款的除外） | | | |
| （七）进出口业务规范 | 18.注册信息 | 报关单位：按规定报送《报关单位注册信息年度报告》，企业及报关人员在海关的注册登记内容与实际相符。<br>其他企业：在海关的注册登记内容与实际相符。 | | | |
| | 19.进出口记录 | 上年度或者本年度有进出口活动或者为进出口活动提供相关服务。 | | | |
| | 20.申报（传输）规范 | （1）报关企业：连续 4 个季度单季报关差错率不超过同期全国平均报关差错率。<br>进出口货物收发货人：连续 4 个季度单季报关差错率或者所委托报关企业报关差错率不超过同期全国平均报关差错率。<br>物流企业：连续 4 个季度单季舱单及相关电子数据传输差错率不超过同期全国平均传输差错率，连续 4 个季度单季运输工具进出境申报信息、转关单（载货清单）等物流信息的申报差错率不超过同期全国平均申报差错率。 | | | |
| | | （2）连续 2 个季度单季规范申报率超过 90%。 | | | |
| | | （3）上年度及本年 1 至上月手（账）册超期未报核情事不超过 1 次。 | | | |
| | 21.税款缴纳 | （1）上年度以及本年度 1 至上月滞纳税款报关单率不超过 5%。 | | | |
| | | （2）截至认证期间，没有超过法定缴款期限尚未缴纳税款及罚没款项情事。 | | | |

续表

| 认证标准 | | | 达标情况 | | | |
|---|---|---|---|---|---|---|
| （八）符合海关管理要求 | 22.管理要求 | (1)连续2年未发现有向海关提供虚假情况或者隐瞒重要事实、拒绝或者拖延提供账簿单证资料、故意转移、隐匿、篡改、毁弃账簿单证资料等逃避海关稽查、逃避税款征缴的情形，或者无正当理由拒不配合海关执法或者管理的情形。 | | | | |
| | | (2)连续2年未发现企业报送信息有隐瞒真实情况、弄虚作假的情形。 | | | | |
| | | (3)连续2年未发现有假借海关或者其他企业名义获取不当利益的情形。 | | | | |
| | | (4)连续2年未发现有向海关人员行贿的行为。 | | | | |
| （九）未有不良外部信用 | 23.外部信用 | 企业或者其法定代表人（负责人）、负责关务的高级管理人员、财务负责人连续1年在工商、商务、税务、银行、外汇、检验检疫、公安、检察院、法院等部门未被列入经营异常名录、失信企业或者人员名单、黑名单企业、人员。 | | | | |
| 四、贸易安全标准 | | | 达标<br>0 | 部分达标<br>-1 | 不达标<br>-2 | 不适用<br>— |
| （十）场所安全控制措施 | 24.场所安全 | 企业有检查、阻止未载明的货物和未经许可的人员进入场所、货物装卸和储存区域的书面制度和程序；进出口货物进出的区域设有隔离设施，以防止未经许可的人员进入。<br>(1)大门和传达室：车辆、人员进出的大门配备人员驻守。<br>(2)建筑结构：建筑物的建造方式能够防止非法闯入。定期对建筑物进行检查和修缮，确保其完好无损。<br>(3)照明：企业生产经营场所配备充足的照明，包括以下区域：出入口，货物装卸和储存区，围墙周边及停车场/停车区域。 | | | | |
| | | (4)报警系统及视频监控摄像机：装配报警系统和视频监控摄像机，监测以下区域：出入口，货物装卸和储存区，围墙周边及停车场/停车区域，防止未经许可进入货物存储以及装卸区。<br>(5)存储区域：在货物装卸和储存区域，以及用于存放进出口货物的区域，设有隔离设施，以阻止任何未经许可的人员进入。<br>(6)锁闭装置及钥匙保管：所有内外窗户，大门和围栏都设有足够数量的锁闭装置。管理层或者保安人员要保管所有锁和钥匙。 | | | | |

续表

| 认证标准 | | | 达标情况 | | | |
|---|---|---|---|---|---|---|
| （十一）进入安全控制措施 | 25.进入安全 | 企业实行门禁管理，有实施员工和访客进出、保护公司资产的书面制度和程序。<br>（1）员工：具有员工身份识别系统，对员工进行身份识别和进入控制。对员工、访客的身份标识（比如钥匙、钥匙卡等）的发放和回收进行统一管理和登记。<br>（2）访客：对进入企业的访客要检查带有照片的身份证件并进行登记，访客要佩戴临时身份标识并且有内部人员陪同。<br>（3）未经许可进入、身份不明的人员：有识别、质询和确认未经许可进入、身份不明的人员的程序；发现可疑人员进入的，企业员工要及时报告。 | | | | |
| （十二）人员安全控制措施 | 26.人员安全 | 企业有审查拟聘员工和定期审查现有员工的书面制度和程序，提供动态的员工清单，包含姓名、出生日期、身份证号码、担任职位。<br>（1）聘用前审核：聘用员工前，要对其应聘申请信息（例如就业经历、推荐信等）进行核实。<br>（2）背景调查：聘用员工前，要对其进行有无违法犯罪记录等安全背景的检查或者调查。一经录用，要根据员工表现，以及对处于重要敏感工作岗位的员工进行定期审查和重新调查。<br>（3）员工离职程序：有书面制度和程序，对离职或者停职员工及时收回工作证件、设备，并禁止其进入企业生产经营场所及使用企业信息系统。<br>（4）安全培训：要对员工进行供应链安全意识的日常性培训，员工要了解企业应对某种状况以及进行报告的程序。 | | | | |
| （十三）商业伙伴安全控制措施 | 27.商业伙伴安全 | 企业有评估、要求、检查商业伙伴供应链安全的书面制度和程序。<br>（1）全面评估：在筛选商业伙伴时根据本认证标准对商业伙伴进行全面评估，重点评估守法合规和贸易安全，并有书面制度和程序。<br>（2）书面文件：在合同、协议或者其他书面资料中要求商业伙伴按照本认证标准优化和完善贸易安全管理。 | | | | |

续表

| 认证标准 | | | 达标情况 | | | |
|---|---|---|---|---|---|---|
| （十三）商业伙伴安全控制措施 | 27.商业伙伴安全 | (3)监控检查:定期监控或者检查商业伙伴遵守贸易安全要求的情况,并有书面制度和程序。 | | | | |
| （十四）货物安全控制措施 | 28.货物安全 | 企业有确保供应链中货物在运输、搬运和存放过程中的完整性和安全性的措施和程序。<br>(1)装运和接收货物:运抵的货物要与货物单证的信息相符,核实货物的重量、标签、件数或者箱数。离岸的货物要与购货订单或者装运订单上的内容进行核实。在货物关键交接环节有签名、盖章等保护制度。<br>(2)货物差异:在出现货物溢、短装或者其他异常现象时要及时报告或者采取其他应对措施,并有书面制度和程序。 | | | | |
| （十五）集装箱安全控制措施 | 29.集装箱安全 | 企业有确保集装箱的完整性,以防止未经许可的货物或者人员混入的措施和程序。<br>(1)集装箱检查:在装货前检查集装箱结构的物理完整性和可靠性,包括门的锁闭系统的可靠性,并做好相关登记。检查建议采取“七点检查法”(即对集装箱按照以下顺序检查:前壁、左侧、右侧、地板、顶部、内/外门、外部/起落架)。<br>(2)集装箱封条:已装货集装箱要施加高安全度的封条,所有封条都要符合或者超出现行 PAS ISO 17712 对高度安全封条的标准,封条有专人管理、登记。要建立施加和检验封条的书面制度和程序,以及封条异常的报告机制。<br>(3)集装箱存储:集装箱要保存在安全的区域,以防止未经许可的进入或者改装,有报告和解决未经许可擅自进入集装箱或者集装箱存储区域的程序。 | | | | |
| （十六）运输工具安全控制措施 | 30.运输工具安全 | 企业有确保运输工具(拖车和挂车)的完整性,防止未经许可的人员或者物品混入的书面制度和程序。<br>(1)运输工具的检查程序:有专门程序或者制度检查出入运输工具,防止藏匿可疑物品。 | | | | |

续表

| 认证标准 | | | 达标情况 | | | |
|---|---|---|---|---|---|---|
| （十六）运输工具安全控制措施 | 30.运输工具安全 | （2）运输工具存储：运输工具要停放在安全的区域，以防止未经许可的进入或者其他损害，有报告和解决未经许可擅自进入或者损害的程序。<br>（3）司机身份核实：在货物被接收或者发放前，应对装运或者接收货物的驾驶员进行身份认定。 | | | | |
| （十七）危机管理控制措施 | 31.危机管理 | 企业有应对灾害或者紧急安全事故等异常情况的书面制度和程序。<br>（1）应急机制：具备对灾害或者紧急安全事故等异常情况的报告、处置等应急程序或者机制。<br>（2）应急培训：要对员工进行应急培训。<br>（3）异常报告：发现有灾害或者紧急安全事故等异常情况、非法或者可疑活动，要报告海关或者其他有关执法机关。 | | | | |
| 五、附加标准 | | | 符合<br>2 | | 不适用<br>0 | |
| （十八）加分标准 | 32.加分项目 | 有下列情形之一的，经海关确认后可以加分：<br>（1）属于海关特殊监管区域内企业。<br>（2）属于国家鼓励和扶持的信息技术、节能环保、新能源、高端装备制造、新材料等产业之一的企业。<br>（3）被中国报关协会等全国性行业组织评为优秀报关企业等荣誉称号的。<br>（4）属于中国外贸出口先导指数样本企业，且1年内填报问卷及时率在90%以上、问卷答案与出口增速的吻合度在0.3以上的；或者属于进口货物使用去向调查样本企业、其他统计专项调查样本企业，且1年内填报问卷及时率和复核准确率在90%以上的。<br>（5）属于积极配合海关开展报关单证企业存单，且连续4个季度单季存单及时率、准确率高于全国平均水平的企业。 | | | | |

附件 2

# 海关认证企业标准
## (一般认证)
## 说　明

### 一、关于认证标准的分类

本认证标准分为内部控制、财务状况、守法规范、贸易安全和附加标准,共 5 大类 18 条 29 项。其中前 4 类为基础标准,第 5 类为附加标准。

### 二、关于认证标准的赋分规则

#### (一) 基础标准赋分规则

赋分选项分为两种,一是“达标”“不达标”,对应分值为“0”“-2”;二是“达标”“部分达标”“不达标”,对应分值为“0”“-1”“-2”。

达标:企业实际情况符合该项标准。该项标准中有分项标准(用(1)、(2)、(3)等表示)的,也应符合每个分项标准。

部分达标:企业实际情况基本符合该项标准。该项标准中有分项标准(用(1)、(2)、(3)等表示)的,也应基本符合每个分项标准。

不达标:企业实际情况不符合该项标准。

相关标准项不适用于该经营类别企业的,海关不再对该项标准进行认证。

#### (二) 附加标准赋分规则

设定“符合”和“不适用”选项,对应分值为“2”和“0”。附加标准分值最高为“2”,不重复记分。

### 三、关于认证标准的通过条件

企业同时符合下列两个条件并经海关认定的,通过认证:

#### (一) 所有赋分项目均没有不达标(-2 分)情形

#### (二) 认证标准总分在 95 分(含本数)以上

认证标准总分=100+(所有赋分项目得分总和)。

### 四、关于认证标准的自我评估

企业向海关提出适用认证企业管理申请前,应当按照本认证标准进行自我评估,并将自我评估报告随认证申请一并提交海关。

## 五、关于规范改进情形的适用

除本认证标准第9、10、11、12、14、19、20项外，其他项不达标或者部分达标的，允许企业规范改进。规范改进期限由海关确定，最长不超过90日。根据规范改进情况，海关认定是否通过认证。

**海关认证企业标准**

**（一级认证）**

<table>
<tr><td colspan="3">认证标准</td><td colspan="4">达标情况</td></tr>
<tr><td colspan="3">一、内部控制标准</td><td>达标<br>0</td><td>部分达标<br>-1</td><td>不达标<br>-2</td><td>不适用<br>—</td></tr>
<tr><td rowspan="3">（一）组织机构控制</td><td>1.内部组织架构</td><td>指定高级管理人员负责关务，对企业认证建立书面或者电子档案。</td><td></td><td></td><td></td><td></td></tr>
<tr><td rowspan="2">2.海关业务培训</td><td>（1）企业应当建立海关法律法规等相关管理规定的内部培训制度。</td><td rowspan="2"></td><td rowspan="2"></td><td rowspan="2"></td><td rowspan="2"></td></tr>
<tr><td>（2）法定代表人或其授权人员、负责关务的高级管理人员应当每年至少参加1次海关法律法规等相关管理规定的内部培训，及时了解、掌握相关管理规定。</td></tr>
<tr><td rowspan="3">（二）进出口业务控制</td><td>3.单证控制</td><td>具备进出口单证复核或者纠错制度或者程序。<br>进出口货物收发货人：在申报前或者委托申报前有专门部门或者岗位人员对进出口单证涉及的价格、归类、原产地、数量、品名、规格等内容的真实性、准确性和规范性进行内部复核。<br>报关企业：代理申报前，有专门部门或者岗位人员对委托人提供的监管证件、商业单据、进出口单证等资料的真实性、完整性和有效性进行合理审查。<br>物流企业：有专门部门或者岗位人员对运输工具进出境申报信息、舱单及相关电子数据、转关单（载货清单）等物流信息的准确性、一致性进行复核。</td><td></td><td></td><td></td><td></td></tr>
<tr><td rowspan="2">4.单证保管</td><td>（1）按海关要求建立进出口单证管理制度，确保企业保存的进出口纸质和电子报关单证、物流信息档案的及时性、完整性、准确性与安全性。</td><td rowspan="2"></td><td rowspan="2"></td><td rowspan="2"></td><td rowspan="2"></td></tr>
<tr><td>（2）妥善保管报关专用印章，以及海关核发的证书、法律文书。</td></tr>
</table>

续表

| 认证标准 | | | 达标情况 | | | |
|---|---|---|---|---|---|---|
| （三）内部审计控制 | 5.内审制度 | (1)设立专门的内部审计机构或者岗位，或者聘请外部专职人员独立对进出口业务等实施内部审计。 | | | | |
| | | (2)每年至少内审1次，建立内审书面或者电子档案。 | | | | |
| | 6.责任追究 | (1)建立对进出口业务发现的问题或者违法行为的责任追究制度或者措施。 | | | | |
| | | (2)建立对企业人员和报关人员私揽货物报关、假借海关名义牟利、向海关人员行贿等行为的责任追究制度或者措施。 | | | | |
| | 7.改进机制 | (1)建立改进制度或者措施。 | | | | |
| | | (2)对海关要求的规范改进事项，应由负责关务的高级管理人员直接负责具体的规范改进实施。 | | | | |
| （四）信息系统控制 | 8.信息安全 | (1)建立信息安全管理制度，保护信息系统安全，并对员工进行相关培训。 | | | | |
| | | (2)有专门程序或者制度，识别信息系统的非正常使用，包括非法入侵信息系统，篡改或者更改业务数据，并对上述行为有严格的责任追究。信息系统要使用专人账户和密码，并且定期更改用户密码。 | | | | |
| | | (3)有专门程序或者制度，保护系统和数据，有数据恢复、备份等手段防止信息丢失，应用反病毒软件和防火墙技术。 | | | | |
| 二、财务状况标准 | | | | | | |
| （五）财务状况 | 9.会计信息 | 会计账簿和财务会计报告等会计资料真实、准确、完整记录和反映进出口活动的有关情况，财务处理及时、规范。 | | | | |
| | 10.偿付能力 | (1)企业财务的速动比率在安全或者正常范围内。 | | | | |
| | | (2)企业财务的资产负债率在安全或者正常范围内。 | | | | |
| | 11.盈利能力 | 企业主营业务利润率在安全或者正常范围内。 | | | | |

续表

<table>
<tr><th colspan="3">认证标准</th><th colspan="3">达标情况</th></tr>
<tr><td>（五）<br>财务状况</td><td>12.缴税能力</td><td>生产型进出口货物收发货人：上月末固定资产净值不低于其3年内向海关单笔纳税最高额。<br>非生产型进出口货物收发货人：上年度经营性现金净流量不为负。</td><td colspan="3"></td></tr>
<tr><td colspan="3">三、守法规范标准</td><td>达标<br>0</td><td>不达标<br>-2</td><td>不适用<br>—</td></tr>
<tr><td rowspan="4">（六）<br>遵守法律法规</td><td>13.人员违法记录</td><td>企业法定代表人（负责人）、负责关务的高级管理人员、财务负责人连续2年无故意犯罪记录。</td><td></td><td></td><td></td></tr>
<tr><td rowspan="3">14.违法记录</td><td>（1）连续2年无走私犯罪、走私行为。</td><td rowspan="3"></td><td rowspan="3"></td><td rowspan="3"></td></tr>
<tr><td>（2）非报关企业：1年内因违反海关监管规定被处罚金额超过3万元且10万元以下的行为不超过1次。<br>报关企业：1年内因违反海关监管规定被处罚金额超过1万元且3万元以下的行为不超过1次。</td></tr>
<tr><td>（3）非报关企业：1年内违反海关监管规定行为的处罚金额累计10万元以下，且违法次数在5次以下或者虽然超过5次，但违规次数与上年度企业进出口相关单证（报关单及进出境备案清单、运输工具进出境申报信息、舱单及相关电子数据、转关单（载货清单））总票数比例不超过千分之一。（企业自查发现并主动向海关报明，被海关处以警告以及3万元以下罚款的除外）<br>报关企业：1年内违反海关监管规定行为的次数不超过企业上年度代理申报报关单及进出境备案清单总票数比例不超过万分之三，且处罚金额累计5万元以下。（企业自查发现并主动向海关报明，被海关处以警告以及1万元以下罚款的除外）</td></tr>
<tr><td rowspan="2">（七）<br>进出口业务规范</td><td>15.注册信息</td><td>报关单位：按规定报送《报关单位注册信息年度报告》，企业及报关人员在海关的注册登记内容与实际相符。<br>其他企业：在海关的注册登记内容与实际相符。</td><td></td><td></td><td></td></tr>
<tr><td>16.进出口记录</td><td>上年度或者本年度有进出口活动或者为进出口活动提供相关服务。</td><td></td><td></td><td></td></tr>
</table>

续表

| 认证标准 | | | 达标情况 | | |
|---|---|---|---|---|---|
| （七）进出口业务规范 | 17.申报（传输）规范 | (1)报关企业：连续4个季度单季报关差错率不超过同期全国平均报关差错率。<br>进出口货物收发货人：连续4个季度单季报关差错率或者所委托报关企业报关差错率不超过同期全国平均报关差错率。<br>物流企业：连续4个季度单季舱单及相关电子数据传输差错率不超过同期全国平均传输差错率，连续4个季度单季运输工具进出境申报信息、转关单（载货清单）等物流信息的申报差错率不超过同期全国平均申报差错率。 | | | |
| | | (2)连续2个季度单季规范申报率超过85%。 | | | |
| | | (3)上年度及本年1至上月手（账）册超期未报核情事不超过1次。 | | | |
| | 18.税款缴纳 | (1)上年度以及本年度1至上月滞纳税款报关单率不超过5%。 | | | |
| | | (2)截至认证期间，没有超过法定缴款期限尚未缴纳的税款及罚没款项情事。 | | | |
| （八）符合海关管理要求 | 19.管理要求 | (1)连续2年未发现有向海关提供虚假情况或者隐瞒重要事实、拒绝或者拖延提供账簿单证资料、故意转移、隐匿、篡改、毁弃账簿单证资料等逃避海关稽查、逃避税款征缴的情形，或者无正当理由拒不配合海关执法或者海关管理的情形。 | | | |
| | | (2)连续2年未发现企业报送信息有隐瞒真实情况、弄虚作假的情形。 | | | |
| | | (3)连续2年未发现有假借海关或者其他企业名义获取不当利益的情形。 | | | |
| | | (4)连续2年未发现有向海关人员行贿的行为。 | | | |
| （九）未有不良外部信用 | 20.外部信用 | 企业或者其企业法定代表人（负责人）、负责关务的高级管理人员、财务负责人连续1年在工商、商务、税务、银行、外汇、检验检疫、公安、检察院、法院等部门未被列入经营异常名录、失信企业或者人员名单、黑名单企业、人员。 | | | |

续表

| 认证标准 | | | 达标情况 | | | |
|---|---|---|---|---|---|---|
| 四、贸易安全标准 | | | 达标 0 | 部分达标 -1 | 不达标 -2 | 不适用 — |
| （十）场所安全控制措施 | 21.场所安全 | 企业有检查、阻止未经许可的人员进入企业生产经营场所的书面制度和程序。<br>（1）大门和传达室：车辆、人员进出的大门配备人员驻守。<br>（2）建筑结构：建筑物的建造方式确保能够防止非法闯入。定期对建筑物进行检查和修缮，确保其完好无损。<br>（3）锁闭装置及钥匙保管：所有内外窗户，大门和围栏都设有足够数量的锁闭装置。管理层或者保安人员要保管所有锁和钥匙。 | | | | |
| （十一）进入安全控制措施 | 22.进入安全 | 企业实施员工和访客进出管理，有保护公司资产的书面制度和程序。<br>（1）员工：具有员工身份识别系统，对员工进行身份识别和进入控制。对员工、访客的身份标识（比如钥匙、钥匙卡等）的发放和回收进行统一管理和登记。<br>（2）访客：对进入企业的访客要检查带有照片的身份证件并进行登记，访客要佩戴临时身份标识并且有内部人员陪同。 | | | | |
| （十二）人员安全控制措施 | 23.人员安全 | 企业有审查拟聘员工和定期审查现有员工的书面制度和程序，提供动态的员工清单，包含姓名、出生日期、身份证号码、担任职位。<br>（1）聘用前审核：聘用员工前，应对其应聘申请信息（例如就业经历、推荐信等）进行核实。<br>（2）背景调查：聘用员工前，应对其进行有无违法犯罪记录进行安全背景的检查或者调查。一经录用，要根据员工表现，以及对处于重要敏感工作岗位的员工进行定期审查和重新调查。<br>（3）员工离职程序：应有书面制度和程序，对离职或者停职员工及时收回工作证件、设备，并禁止其进入企业生产经营场所及使用企业信息系统。 | | | | |

续表

| 认证标准 | | | 达标情况 | | | |
|---|---|---|---|---|---|---|
| （十三）商业伙伴安全控制措施 | 24.商业伙伴安全 | 企业有要求商业伙伴供应链安全的书面制度和程序。<br>书面文件：在合同、协议或者其他书面资料中要求商业伙伴按照本认证标准优化和完善贸易安全管理。 | | | | |
| （十四）货物安全控制措施 | 25.货物安全 | 企业有确保供应链中货物在运输、搬运和存放过程中的完整性和安全性的措施和程序。<br>(1)装运和接收货物：运抵的货物要与货物单证的信息相符，核实货物的重量、标签、件数或者箱数。离岸的货物要与购货订单或者装运订单上的内容进行核实。在货物关键交接环节有签名、盖章等保护制度。<br>(2)货物差异：在出现货物溢、短装或者其他异常现象时要及时报告或者采取其他应对措施，并有书面制度和程序。 | | | | |
| （十五）集装箱安全控制措施 | 26.集装箱安全 | 企业有确保集装箱的完整性，以防止未经许可的货物或者人员混入的措施和程序。<br>集装箱检查：在装货前检查集装箱结构的物理完整性和可靠性，包括门的锁闭系统的可靠性，并做好相关登记。 | | | | |
| （十六）运输工具安全控制措施 | 27.运输工具安全 | 企业有确保运输工具（拖车和挂车）的完整性，防止未经许可的人员或者物品混入的书面制度和程序。<br>(1)运输工具存储：运输工具要停放在安全的区域，以防止未经许可的进入或者其他损害，有报告和解决未经许可擅自进入或者损害的程序。<br>(2)司机身份核实：在货物被接收或者发放前，应对装运或者接收货物的驾驶员进行身份认定。 | | | | |
| （十七）危机管理控制措施 | 28.危机管理 | 企业有应对灾害或者紧急安全事故等异常情况的书面制度和程序。<br>应急机制：具备对灾害或者紧急安全事故等异常情况的报告、处置等应急程序或者机制。 | | | | |

续表

| 认证标准 | | | 达标情况 | |
|---|---|---|---|---|
| 五、附加标准 | | | 符合<br>2 | 不适用<br>0 |
| （十八）<br>加分标准 | 29.加分项目 | 有下列情形之一的，经海关确认后可以加分：<br>(1)属于海关特殊监管区域内企业。<br>(2)属于国家鼓励和扶持的信息技术、节能环保、新能源、高端装备制造、新材料等产业之一的企业。<br>(3)被中国报关协会等全国性行业组织评为优秀报关企业等荣誉称号的。<br>(4)属于中国外贸出口先导指数样本企业，且1年内填报问卷及时率在90%以上、问卷答案与出口增速的吻合度在0.3以上的；或者属于进口货物使用去向调查样本企业、其他统计专项调查样本企业，且1年内填报问卷及时率和复核准确率在90%以上的。<br>(5)属于积极配合海关开展报关单证企业存单，且连续4个季度单季存单及时率、准确率高于全国平均水平的企业。 | | |

附件 3

# 加工贸易限制类商品目录(2015 版)

| 序号 | 海关商品编码 | 商品名称 | 限制方式 | 管理方式 |
|---|---|---|---|---|
| 1 | 3901902000 | 线型低密度聚乙烯 | 出口 | |
| 2 | 3902200000 | 初级形状的聚异丁烯 | 出口 | |
| 3 | 3902900010 | 端羧基聚丁二烯,CTPB | 出口 | |
| 4 | 3902900020 | 端羟基聚丁二烯,HTPB | 出口 | |
| 5 | 3902900090 | 其他初级形状的烯烃聚合物 | 出口 | |
| 6 | 3903199000 | 他初级形状的聚苯乙烯 | 出口 | |
| 7 | 3903900000 | 初级形状的其他苯乙烯聚合物 | 出口 | |
| 8 | 3904300000 | 氯乙烯-乙酸乙烯酯共聚物 | 出口 | |
| 9 | 3904400000 | 初级形状的其他氯乙烯共聚物 | 出口 | |
| 10 | 3904500000 | 初级形状的偏二氯乙烯聚合物 | 出口 | |
| 11 | 3904900000 | 初级形状的其他卤化烯烃聚合物 | 出口 | |
| 12 | 3905120000 | 聚乙酸乙烯酯的水分散体 | 出口 | |
| 13 | 3905190000 | 其他初级形状聚乙酸乙烯酯 | 出口 | |
| 14 | 3905210000 | 乙酸乙烯酯共聚物的水分散体 | 出口 | |
| 15 | 3905290000 | 其他初级形状的乙酸乙烯酯共聚物 | 出口 | |
| 16 | 3905300000 | 初级形状的聚乙烯醇 | 出口 | |
| 17 | 3905990000 | 其他乙烯酯或乙烯基的聚合物 | 出口 | |
| 18 | 3906100000 | 初级形状的聚甲基丙烯酸甲酯 | 出口 | |
| 19 | 3906901000 | 聚丙烯酰胺 | 出口 | |
| 20 | 3906909090 | 其他初级形状的丙烯酸聚合物 | 出口 | |
| 21 | 3907109000 | 其他初级形状的聚缩醛 | 出口 | |
| 22 | 3907300001 | 初级形状的环氧树脂 | 出口 | |
| 23 | 3907300090 | 初级形状的环氧树脂 | 出口 | |
| 24 | 3907500000 | 初级形状的醇酸树脂 | 出口 | |
| 25 | 3909100000 | 初级形状的尿素树脂及硫尿树脂 | 出口 | |

续表

| 序号 | 海关商品编码 | 商品名称 | 限制方式 | 管理方式 |
|---|---|---|---|---|
| 26 | 3909200000 | 初级形状的蜜胺树脂 | 出口 | |
| 27 | 3909309000 | 其他初级形状的氨基树脂 | 出口 | |
| 28 | 3909400000 | 初级形状的酚醛树脂 | 出口 | |
| 29 | 3911100000 | 初级形状的石油树脂等 | 出口 | |
| 30 | 3911900001 | 芳基酸与芳基胺预缩聚物 | 出口 | |
| 31 | 3911900003 | 改性三羟乙基脲酸酯类预缩聚物 | 出口 | |
| 32 | 3911900005 | 偏苯三酸酐和异氰酸预缩聚物 | 出口 | |
| 33 | 3911900090 | 其他初级形状的多硫化物、聚砜等 | 出口 | |
| 34 | 3912110001 | 未塑化二醋酸纤维素等 | 出口 | |
| 35 | 3912110090 | 初级形状的未塑化醋酸纤维素 | 出口 | |
| 36 | 3912120000 | 初级形状的已塑化醋酸纤维素 | 出口 | |
| 37 | 3912200000 | 初级形状的硝酸纤维素 | 出口 | |
| 38 | 3912310000 | 初级形状的羧甲基纤维素及其盐 | 出口 | |
| 39 | 3912390000 | 初级形状的其他纤维素醚 | 出口 | |
| 40 | 3912900000 | 初级形状的其他未列名的纤维素 | 出口 | |
| 41 | 3913100000 | 初级形状的藻酸及盐和酯 | 出口 | |
| 42 | 3914000000 | 初级形状的离子交换剂 | 出口 | |
| 43 | 4412101911 | 至少有一表层为濒危非针叶木薄板胶合板 | 出口 | |
| 44 | 4415100010 | 拉敏木制木箱及类似包装容器 | 出口 | |
| 45 | 4415209010 | 拉敏木托板,箱形托盘及装载木板 | 出口 | |
| 46 | 4418109010 | 拉敏木制木窗,落地窗及其框架 | 出口 | |
| 47 | 4418200010 | 拉敏木制的木门及其框架和门槛 | 出口 | |
| 48 | 4418900010 | 拉敏木制其他建筑用木工制品 | 出口 | |
| 49 | 4419009910 | 拉敏木制的餐具及厨房用具 | 出口 | |
| 50 | 4420901010 | 拉敏木制的镶嵌木 | 出口 | |
| 51 | 4420909010 | 拉敏木盒及类似品,非落地木家具 | 出口 | |
| 52 | 4421901010 | 拉敏木纡子筒管卷轴线轴及类似品 | 出口 | |

续表

| 序号 | 海关商品编码 | 商品名称 | 限制方式 | 管理方式 |
|---|---|---|---|---|
| 53 | 4421909010 | 拉敏木制的未列名的木制品 | 出口 | |
| 54 | 5106100000 | 非零售用粗梳羊毛纱线 | 出口 | |
| 55 | 5106200000 | 非零售用粗梳混纺羊毛纱线 | 出口 | |
| 56 | 5107100000 | 非供零售用精梳纯羊毛纱线 | 出口 | |
| 57 | 5107200000 | 非供零售用精梳混纺羊毛纱线 | 出口 | |
| 58 | 5108101990 | 非供零售用粗梳其他动物细毛纱线 | 出口 | |
| 59 | 5108109090 | 非供零售用粗梳其他动物细毛纱线 | 出口 | |
| 60 | 6309000000 | 旧衣物 | 出口 | |
| 61 | 7001000010 | 废碎玻璃 | 出口 | |
| 62 | 7002209000 | 其他未加工的玻璃棒 | 出口 | |
| 63 | 7002319000 | 熔凝石英或熔凝硅石制其他玻璃管 | 出口 | |
| 64 | 7002320000 | 其他未加工的玻璃管 | 出口 | |
| 65 | 7002390001 | 光通信用微光组建的玻璃毛细管、定位管 | 出口 | |
| 66 | 7002390090 | 未列名、未加工的玻璃管 | 出口 | |
| 67 | 7005290001 | 浮法玻璃 | 出口 | |
| 68 | 7006000090 | 经其他加工编号 7003-7005 的玻璃 | 出口 | |
| 69 | 7225409100 | 宽度≥600 毫米热轧含硼合金钢材(除热轧外未经进一步加工) | 出口 | |
| 70 | 7226919100 | 宽度<600 毫米热轧含硼合金钢板材(除热轧外未经进一步加工) | 出口 | |
| 71 | 7227901000 | 不规则盘卷的含硼合金钢热轧条杆 | 出口 | |
| 72 | 7228301000 | 含硼合金钢热加工条、杆(除热轧、热拉拔或热挤压外未经进一步加工) | 出口 | |
| 73 | 7407100000 | 精炼铜条、杆、型材及异型材 | 出口 | |
| 74 | 7407109000 | 精炼铜条、杆、型材及异型材 | 出口 | |
| 75 | 7407210000 | 铜锌合金(黄铜)条、杆、型材及异型材 | 出口 | |
| 76 | 7407211100 | 铜锌合金(黄铜)条、杆、型材及异型材 | 出口 | |
| 77 | 7407211900 | 铜锌合金(黄铜)条、杆、型材及异型材 | 出口 | |

续表

| 序号 | 海关商品编码 | 商品名称 | 限制方式 | 管理方式 |
|---|---|---|---|---|
| 78 | 7407219000 | 铜锌合金(黄铜)条、杆、型材及异型材 | 出口 | |
| 79 | 7407290000 | 其他铜合金条、杆、型材及异型材 | 出口 | |
| 80 | 7413000000 | 非绝缘的铜丝绞股线、缆、编带等 | 出口 | |
| 81 | 7504002000 | 合金镍粉及片状粉末 | 出口 | |
| 82 | 7505110000 | 纯镍条、杆、型材 | 出口 | |
| 83 | 7505120000 | 合金镍条、杆、型材 | 出口 | |
| 84 | 7505210000 | 纯镍丝 | 出口 | |
| 85 | 7505220000 | 合金镍丝 | 出口 | |
| 86 | 7506100000 | 纯镍板、片、带、箔 | 出口 | |
| 87 | 7506200000 | 镍合金板、片、带、箔 | 出口 | |
| 88 | 7804110000 | 铅片、带及厚度≤0.2毫米的箔 | 出口 | |
| 89 | 7804190000 | 铅及铅合金板 | 出口 | |
| 90 | 7806001000 | 铅及铅合金条、杆、丝、型材、异型材 | 出口 | |
| 91 | 7904000000 | 锌及锌合金条、杆、型材、丝 | 出口 | |
| 92 | 7905000000 | 锌板、片、带、箔 | 出口 | |
| 93 | 8003000000 | 锡及锡合金条、杆、型材、丝 | 出口 | |
| 94 | 8007002000 | 锡板、片及带,厚度超过0.2毫米 | 出口 | |
| 95 | 8007003000 | 锡箔,厚度(衬背除外)≤0.2毫米,锡粉及片状粉末 | 出口 | |
| 96 | 0207120000 | 冻的整只鸡 | 进口 | 实转 |
| 97 | 0207141100 | 冻的带骨鸡块 | 进口 | 实转 |
| 98 | 0207141900 | 冻的不带骨鸡块 | 进口 | 实转 |
| 99 | 1507100000 | 初榨的豆油 | 进口 | 实转 |
| 100 | 1507900000 | 精制的豆油及其分离品 | 进口 | 实转 |
| 101 | 1508100000 | 初榨的花生油 | 进口 | 实转 |
| 102 | 1508900000 | 精制的花生油及其分离品 | 进口 | 实转 |
| 103 | 1511100000 | 初榨的棕榈油 | 进口 | |
| 104 | 1511901000 | 棕榈液油 | 进口 | |

续表

| 序号 | 海关商品编码 | 商品名称 | 限制方式 | 管理方式 |
|---|---|---|---|---|
| 105 | 1511902001 | 固态棕榈硬脂(50℃≤熔点≤56℃) | 进口 | |
| 106 | 1511902090 | 棕榈硬脂 | 进口 | |
| 107 | 1511909000 | 其他精制棕榈油 | 进口 | |
| 108 | 1512110000 | 初榨的葵花油和红花油 | 进口 | 实转 |
| 109 | 1512210000 | 初榨的棉籽油 | 进口 | 实转 |
| 110 | 1512290000 | 精制的棉籽油及其分离品 | 进口 | 实转 |
| 111 | 1514110000 | 初榨的低芥子酸菜子油 | 进口 | 实转 |
| 112 | 1514190000 | 其他低芥子酸菜子油 | 进口 | 实转 |
| 113 | 1514911000 | 初榨的非低芥子酸菜子油 | 进口 | 实转 |
| 114 | 1514919000 | 初榨的芥子油 | 进口 | 实转 |
| 115 | 1514990000 | 精制非低芥子酸菜子油、芥子油 | 进口 | 实转 |
| 116 | 1515210000 | 初榨的玉米油 | 进口 | 实转 |
| 117 | 1515500000 | 芝麻油及其分离品 | 进口 | 实转 |
| 118 | 1701110001 | 未加香料或着色剂的甘蔗原糖 | 进口 | |
| 119 | 1701110090 | 未加香料或着色剂的甘蔗原糖 | 进口 | |
| 120 | 1701120001 | 未加香料或着色剂的甜菜原糖 | 进口 | |
| 121 | 1701120090 | 未加香料或着色剂的甜菜原糖 | 进口 | |
| 122 | 1701991010 | 砂糖 | 进口 | |
| 123 | 1701991090 | 砂糖 | 进口 | |
| 124 | 1701992001 | 绵白糖 | 进口 | |
| 125 | 1701992090 | 绵白糖 | 进口 | |
| 126 | 3901100001 | 初级形状比重<0.94 的聚乙烯 | 进口 | 实转 |
| 127 | 3901100090 | 初级形状比重<0.94 的聚乙烯 | 进口 | 实转 |
| 128 | 3901200001 | 初级形状比重≥0.94 的聚乙烯 | 进口 | 实转 |
| 129 | 3901200090 | 初级形状比重≥0.94 的聚乙烯 | 进口 | 实转 |
| 130 | 3907601100 | 高黏度聚对苯二甲酸乙二酯切片 | 进口 | 实转 |
| 131 | 3907601900 | 其他聚对苯二甲酸乙二酯切片 | 进口 | 实转 |

续表

| 序号 | 海关商品编码 | 商品名称 | 限制方式 | 管理方式 |
|---|---|---|---|---|
| 132 | 4001100000 | 天然胶乳 | 进口 | 实转 |
| 133 | 4001210000 | 天然橡胶烟胶片 | 进口 | 实转 |
| 134 | 4001220000 | 技术分类天然橡胶(TSNR) | 进口 | 实转 |
| 135 | 4001290000 | 其他初级形状的天然橡胶 | 进口 | 实转 |
| 136 | 5101110001 | 未梳的含脂剪羊毛 | 进口 | |
| 137 | 5101110090 | 未梳的含脂剪羊毛 | 进口 | |
| 138 | 5101190001 | 未梳的其他含脂羊毛 | 进口 | |
| 139 | 5101190090 | 未梳的其他含脂羊毛 | 进口 | |
| 140 | 5101210001 | 未梳的脱脂剪羊毛(未碳化) | 进口 | |
| 141 | 5101210090 | 未梳的脱脂剪羊毛(未碳化) | 进口 | |
| 142 | 5101290001 | 未梳的其他脱脂羊毛(未碳化) | 进口 | |
| 143 | 5101290090 | 未梳的其他脱脂羊毛(未碳化) | 进口 | |
| 144 | 5101300001 | 未梳碳化羊毛 | 进口 | |
| 145 | 5101300090 | 未梳碳化羊毛 | 进口 | |
| 146 | 5103101001 | 羊毛落毛 | 进口 | |
| 147 | 5103101090 | 羊毛落毛 | 进口 | |
| 148 | 5105100001 | 粗梳羊毛 | 进口 | |
| 149 | 5105100090 | 粗梳羊毛 | 进口 | |
| 150 | 5105210001 | 精梳羊毛片毛 | 进口 | |
| 151 | 5105210090 | 精梳羊毛片毛 | 进口 | |
| 152 | 5105290001 | 羊毛条及其他精梳羊毛 | 进口 | |
| 153 | 5105290090 | 羊毛条及其他精梳羊毛 | 进口 | |
| 154 | 5201000001 | 未梳的棉花 | 进口 | |
| 155 | 5201000080 | 未梳的棉花 | 进口 | |
| 156 | 5201000090 | 未梳的棉花 | 进口 | |
| 157 | 5203000001 | 已梳的棉花 | 进口 | |
| 158 | 5203000090 | 已梳的棉花 | 进口 | |

续表

| 序号 | 海关商品编码 | 商品名称 | 限制方式 | 管理方式 |
|---|---|---|---|---|
| 159 | 5205110000 | 非零售粗梳粗支纯棉单纱 | 进口 | |
| 160 | 5205120000 | 非零售粗梳中支纯棉单纱 | 进口 | |
| 161 | 5205130000 | 非零售粗梳细支纯棉单纱 | 进口 | |
| 162 | 5205140000 | 非零售粗梳较细支纯棉单纱 | 进口 | |
| 163 | 5205150000 | 非零售粗梳特细支纯棉单纱 | 进口 | |
| 164 | 5205210000 | 非零售精梳粗支纯棉单纱 | 进口 | |
| 165 | 5205220000 | 非零售精梳中支纯棉单纱 | 进口 | |
| 166 | 5205230000 | 非零售精梳细支纯棉单纱 | 进口 | |
| 167 | 5205240000 | 非零售精梳较细支纯棉单纱 | 进口 | |
| 168 | 5205260000 | 非零售精梳特细支纯棉单纱 | 进口 | |
| 169 | 5205270000 | 非零售精梳超特细支纯棉单纱 | 进口 | |
| 170 | 5205280000 | 非零售精梳微支纯棉单纱 | 进口 | |
| 171 | 5205310000 | 非零售粗梳粗支纯棉多股纱 | 进口 | |
| 172 | 5205340000 | 非零售粗梳较细支纯棉多股纱 | 进口 | |
| 173 | 5205350000 | 非零售粗梳特细支纯棉多股纱 | 进口 | |
| 174 | 5205430000 | 非零售精梳细支纯棉多股纱 | 进口 | |
| 175 | 5205460000 | 非零售精梳特细支纯棉多股纱 | 进口 | |
| 176 | 5205470000 | 非零售精梳超特细支多股纱 | 进口 | |
| 177 | 5205480000 | 非零售精梳微支纯棉多股纱 | 进口 | |
| 178 | 5206110000 | 非零售粗梳粗支混纺棉单纱 | 进口 | |
| 179 | 5206120000 | 非零售粗梳中支混纺棉单纱 | 进口 | |
| 180 | 5206130000 | 非零售粗梳细支混纺棉单纱 | 进口 | |
| 181 | 5206140000 | 非零售粗梳较细支混纺棉单纱 | 进口 | |
| 182 | 5206150000 | 非零售粗梳特细支混纺棉单纱 | 进口 | |
| 183 | 5206210000 | 非零售精梳粗支混纺棉单纱 | 进口 | |
| 184 | 5206220000 | 非零售精梳中支混纺棉单纱 | 进口 | |
| 185 | 5206230000 | 非零售精梳细支混纺棉单纱 | 进口 | |

续表

| 序号 | 海关商品编码 | 商品名称 | 限制方式 | 管理方式 |
| --- | --- | --- | --- | --- |
| 186 | 5206240000 | 非零售精梳较细支混纺棉单纱 | 进口 | |
| 187 | 5206250000 | 非零售精梳特细支混纺棉单纱 | 进口 | |
| 188 | 5206310000 | 非零售粗梳粗支混纺棉多股纱或缆线 | 进口 | |
| 189 | 5206320000 | 非零售粗梳中支混纺棉多股纱 | 进口 | |
| 190 | 5206330000 | 非零售粗梳细支混纺棉多股纱 | 进口 | |
| 191 | 5206340000 | 非零售粗梳较细混纺棉多股纱或缆线 | 进口 | |
| 192 | 5206350000 | 非零售粗梳特细混纺棉多股纱或缆线 | 进口 | |
| 193 | 5206410000 | 非零售精梳粗支混纺棉多股纱 | 进口 | |
| 194 | 5206420000 | 非零售精梳中支混纺棉多股纱 | 进口 | |
| 195 | 5206430000 | 非零售精梳细支混纺棉多股纱 | 进口 | |
| 196 | 5206440000 | 非零售精梳特细支混纺棉多股纱 | 进口 | |
| 197 | 5206450000 | 非零售精梳特细混纺棉多股纱 | 进口 | |
| 198 | 5207100000 | 供零售用纯棉纱线 | 进口 | |
| 199 | 5207900000 | 供零售用混纺棉纱线 | 进口 | |
| 200 | 5208110010 | 未漂白全棉平纹府绸及细平布 | 进口 | |
| 201 | 5208110020 | 未漂白全棉平纹机织平布 | 进口 | |
| 202 | 5208110030 | 未漂白全棉平纹奶酪布 | 进口 | |
| 203 | 5208110040 | 未漂白全棉平纹印染用布 | 进口 | |
| 204 | 5208110050 | 未漂白全棉平纹巴里纱及薄细布 | 进口 | |
| 205 | 5208110060 | 未漂白全棉平纹机织打字布 | 进口 | |
| 206 | 5208110070 | 未漂白全棉医用纱布 | 进口 | |
| 207 | 5208120010 | 未漂白全棉平纹府绸及细平布 | 进口 | |
| 208 | 5208120020 | 未漂白全棉平纹机织平布 | 进口 | |
| 209 | 5208120030 | 未漂白全棉平纹奶酪布 | 进口 | |
| 210 | 5208120040 | 未漂白全棉平纹印染用布 | 进口 | |
| 211 | 5208120050 | 未漂白全棉平纹巴里纱及薄细布 | 进口 | |
| 212 | 5208130000 | 未漂白全棉三、四线斜纹布 | 进口 | |

续表

| 序号 | 海关商品编码 | 商品名称 | 限制方式 | 管理方式 |
|---|---|---|---|---|
| 213 | 5208190010 | 未漂白其他全棉机织缎布 | 进口 | |
| 214 | 5208190020 | 未漂白其他全棉机织斜纹布 | 进口 | |
| 215 | 5208190030 | 未漂白其他全棉机织牛津布 | 进口 | |
| 216 | 5208190090 | 未漂白其他全棉机织物 | 进口 | |
| 217 | 5208210010 | 漂白全棉平纹府绸及细平布 | 进口 | |
| 218 | 5208210020 | 漂白全棉平纹机织平布 | 进口 | |
| 219 | 5208210030 | 漂白全棉平纹奶酪布 | 进口 | |
| 220 | 5208210040 | 漂白全棉平纹印染用布 | 进口 | |
| 221 | 5208210050 | 漂白全棉平纹巴里纱及薄细布 | 进口 | |
| 222 | 5208210060 | 漂白全棉医用纱布 | 进口 | |
| 223 | 5208220010 | 漂白全棉平纹府绸及细平布 | 进口 | |
| 224 | 5208220020 | 漂白全棉平纹机织平布 | 进口 | |
| 225 | 5208220030 | 漂白全棉平纹奶酪布 | 进口 | |
| 226 | 5208220040 | 漂白全棉平纹印染用布 | 进口 | |
| 227 | 5208220050 | 漂白全棉巴里纱及薄细布 | 进口 | |
| 228 | 5208230000 | 漂白的全棉三、四线斜纹布 | 进口 | |
| 229 | 5208290010 | 漂白其他全棉机织缎布 | 进口 | |
| 230 | 5208290020 | 漂白其他全棉机织斜纹布 | 进口 | |
| 231 | 5208290030 | 漂白其他全棉机织牛津布 | 进口 | |
| 232 | 5208290090 | 漂白其他全棉机织物 | 进口 | |
| 233 | 5209110010 | 未漂白全棉平纹府绸及细平布 | 进口 | |
| 234 | 5209110020 | 未漂白的全棉平纹机织平布 | 进口 | |
| 235 | 5209110030 | 未漂白的全棉平纹机织帆布 | 进口 | |
| 236 | 5209120000 | 未漂白的全棉三、四线斜纹布 | 进口 | |
| 237 | 5209190010 | 未漂白的其他全棉机织缎布 | 进口 | |
| 238 | 5209190020 | 未漂白的其他全棉机织斜纹布 | 进口 | |
| 239 | 5209190030 | 未漂白的其他全棉机织帆布 | 进口 | |

续表

| 序号 | 海关商品编码 | 商品名称 | 限制方式 | 管理方式 |
| --- | --- | --- | --- | --- |
| 240 | 5209190090 | 未漂白的其他全棉机织物 | 进口 | |
| 241 | 5209210010 | 漂白全棉平纹府绸及细平布 | 进口 | |
| 242 | 5209210020 | 漂白的全棉平纹机织平布 | 进口 | |
| 243 | 5209210030 | 漂白的全棉平纹机织帆布 | 进口 | |
| 244 | 5209220000 | 漂白的全棉三、四线斜纹布 | 进口 | |
| 245 | 5209290010 | 漂白的其他全棉机织缎布 | 进口 | |
| 246 | 5209290020 | 漂白的其他全棉机织斜纹布 | 进口 | |
| 247 | 5209290030 | 漂白的其他全棉机织帆布 | 进口 | |
| 248 | 5209290090 | 漂白的其他全棉机织物 | 进口 | |
| 249 | 5210110011 | 未漂白与聚酯短纤混纺的棉制府绸 | 进口 | |
| 250 | 5210110012 | 未漂白与聚酯短纤混纺棉机织平布 | 进口 | |
| 251 | 5210110013 | 未漂白与聚酯短纤混纺棉奶酪布 | 进口 | |
| 252 | 5210110014 | 未漂白与聚酯短纤混纺棉印染用布 | 进口 | |
| 253 | 5210110015 | 未漂白与聚酯短纤混纺棉巴里纱 | 进口 | |
| 254 | 5210110091 | 未漂白与其他化纤混纺棉府绸 | 进口 | |
| 255 | 5210110092 | 未漂白与其他化纤混纺棉机织平布 | 进口 | |
| 256 | 5210110093 | 未漂白与其他化纤混纺棉奶酪布 | 进口 | |
| 257 | 5210110094 | 未漂白与其他化纤混纺棉印染用布 | 进口 | |
| 258 | 5210110095 | 未漂白与其他化纤混纺棉巴里纱 | 进口 | |
| 259 | 5210191010 | 未漂白与聚酯短纤混纺 3/4 线或双面棉斜纹布 | 进口 | |
| 260 | 5210191090 | 未漂白与其他化纤混纺 3/4 线或双面棉斜纹布 | 进口 | |
| 261 | 5210199011 | 其他未漂白与聚酯短纤混纺的缎布 | 进口 | |
| 262 | 5210199012 | 其他未漂白与聚酯短纤混纺斜纹布 | 进口 | |
| 263 | 5210199013 | 其他未漂白与聚酯短纤混纺牛津布 | 进口 | |
| 264 | 5210199019 | 其他未漂白与聚酯短纤混纺棉布 | 进口 | |
| 265 | 5210199091 | 其他未漂白与其他化纤混纺缎布 | 进口 | |
| 266 | 5210199092 | 其他未漂白与其他化纤混纺斜纹布 | 进口 | |

续表

| 序号 | 海关商品编码 | 商品名称 | 限制方式 | 管理方式 |
|---|---|---|---|---|
| 267 | 5210199093 | 其他未漂白与其他化纤混牛津布 | 进口 | |
| 268 | 5210199099 | 其他未漂白与其他化纤混纺棉布 | 进口 | |
| 269 | 5210210011 | 漂白与聚酯短纤混纺棉府绸 | 进口 | |
| 270 | 5210210012 | 漂白与聚酯短纤混纺棉机织平布 | 进口 | |
| 271 | 5210210013 | 漂白与聚酯短纤混纺棉奶酪布 | 进口 | |
| 272 | 5210210014 | 漂白与聚酯短纤混纺棉印染布 | 进口 | |
| 273 | 5210210015 | 漂白与聚酯短纤混纺棉巴里纱 | 进口 | |
| 274 | 5210210021 | 漂白与化纤长丝混纺棉府绸 | 进口 | |
| 275 | 5210210022 | 漂白与化纤长丝混纺棉机织平布 | 进口 | |
| 276 | 5210210023 | 漂白与化纤长丝混纺棉奶酪布 | 进口 | |
| 277 | 5210210024 | 漂白与化纤长丝混纺棉印染布 | 进口 | |
| 278 | 5210210025 | 漂白与化纤长丝混纺棉巴里纱 | 进口 | |
| 279 | 5210210091 | 漂白与其他化纤混纺棉府绸 | 进口 | |
| 280 | 5210210092 | 漂白与其他化纤混纺棉机织平布 | 进口 | |
| 281 | 5210210093 | 漂白与其他化纤混纺棉奶酪布 | 进口 | |
| 282 | 5210210094 | 漂白与其他化纤混纺棉印染布 | 进口 | |
| 283 | 5210210095 | 漂白与其他化纤混纺棉巴里纱 | 进口 | |
| 284 | 5210291010 | 漂白与聚酯短纤混纺 3/4 线或双面棉斜纹布 | 进口 | |
| 285 | 5210291020 | 漂白与化纤长丝混纺 3/4 线或双面棉斜纹布 | 进口 | |
| 286 | 5210291090 | 漂白与其他化纤混纺 3/4 线或双面棉斜纹布 | 进口 | |
| 287 | 5210299011 | 其他漂白与聚酯短纤混纺缎布 | 进口 | |
| 288 | 5210299012 | 其他漂白与聚酯短纤混纺斜纹布 | 进口 | |
| 289 | 5210299013 | 其他漂白与聚酯短纤混纺牛津布 | 进口 | |
| 290 | 5210299019 | 其他漂白与聚酯短纤混纺棉布 | 进口 | |
| 291 | 5210299021 | 其他漂白与化纤长丝混纺缎布 | 进口 | |
| 292 | 5210299022 | 其他漂白与化纤长丝混纺斜纹布 | 进口 | |
| 293 | 5210299023 | 其他漂白与化纤长丝混纺牛津布 | 进口 | |

续表

| 序号 | 海关商品编码 | 商品名称 | 限制方式 | 管理方式 |
|---|---|---|---|---|
| 294 | 5210299029 | 其他漂白与化纤长丝混纺棉布 | 进口 | |
| 295 | 5210299091 | 其他漂白与其他化纤混纺缎布 | 进口 | |
| 296 | 5210299092 | 其他漂白与其他化纤混纺斜纹布 | 进口 | |
| 297 | 5210299093 | 其他漂白与其他化纤混纺牛津布 | 进口 | |
| 298 | 5210299099 | 其他漂白与其他化纤混纺棉布 | 进口 | |
| 299 | 5211110011 | 未漂白与聚酯短纤混纺棉府绸 | 进口 | |
| 300 | 5211110012 | 未漂白与聚酯短纤混纺棉机织平布 | 进口 | |
| 301 | 5211110019 | 未漂白与聚酯短纤混纺棉平纹帆布 | 进口 | |
| 302 | 5211110091 | 未漂白与其他化纤混纺棉府绸 | 进口 | |
| 303 | 5211110092 | 未漂白与其他化纤混纺棉机织平布 | 进口 | |
| 304 | 5211110099 | 未漂白与其他化纤混纺棉平纹帆布 | 进口 | |
| 305 | 5211120010 | 未漂白聚酯短纤混纺斜纹棉布 | 进口 | |
| 306 | 5211120090 | 未漂白其他化纤混纺斜纹棉布 | 进口 | |
| 307 | 5211190011 | 未漂白与聚酯短纤混纺其他棉缎布 | 进口 | |
| 308 | 5211190012 | 未漂白与聚酯短纤混纺其他棉斜纹布 | 进口 | |
| 309 | 5211190013 | 未漂白与聚酯短纤混纺其他棉帆布 | 进口 | |
| 310 | 5211190019 | 未漂白与聚酯短纤混纺其他棉布 | 进口 | |
| 311 | 5211190091 | 未漂白与其他化纤混纺其他棉缎布 | 进口 | |
| 312 | 5211190092 | 未漂白与其他化纤混纺其他棉斜纹布 | 进口 | |
| 313 | 5211190093 | 未漂白与其他化纤混纺其他棉帆布 | 进口 | |
| 314 | 5211190099 | 未漂白与其他化纤混纺其他棉布 | 进口 | |
| 315 | 5211200000 | 漂白主要或仅与其他化纤混纺的棉机织布 | 进口 | |
| 316 | 5212110011 | 未漂白的其他混纺棉布 | 进口 | |
| 317 | 5212110019 | 未漂白的其他混纺棉布 | 进口 | |
| 318 | 5212110021 | 未漂白的其他混纺棉布 | 进口 | |
| 319 | 5212110029 | 未漂白的其他混纺棉布 | 进口 | |
| 320 | 5212110030 | 未漂白的其他混纺府绸及细平布 | 进口 | |

续表

| 序号 | 海关商品编码 | 商品名称 | 限制方式 | 管理方式 |
| --- | --- | --- | --- | --- |
| 321 | 5212110040 | 未漂白的其他混纺棉机织平布 | 进口 | |
| 322 | 5212110050 | 未漂白的其他混纺棉印染布 | 进口 | |
| 323 | 5212110060 | 未漂白其他混纺棉奶酪布,薄细布,巴里纱 | 进口 | |
| 324 | 5212110070 | 未漂白的其他混纺棉缎布 | 进口 | |
| 325 | 5212110081 | 未漂白的其他混纺斜纹棉布 | 进口 | |
| 326 | 5212110089 | 未漂白的其他混纺棉牛津布 | 进口 | |
| 327 | 5212110090 | 未漂白的其他混纺棉布 | 进口 | |
| 328 | 5212120011 | 漂白的其他混纺棉布 | 进口 | |
| 329 | 5212120019 | 漂白的其他混纺棉布 | 进口 | |
| 330 | 5212120021 | 漂白的其他混纺棉布 | 进口 | |
| 331 | 5212120029 | 漂白的其他混纺棉布 | 进口 | |
| 332 | 5212120030 | 漂白的其他混纺府绸及平细布 | 进口 | |
| 333 | 5212120040 | 漂白的其他混纺棉机织平布 | 进口 | |
| 334 | 5212120050 | 漂白的其他混纺棉印染布 | 进口 | |
| 335 | 5212120060 | 漂白其他混纺棉奶酪布/薄细布/纱 | 进口 | |
| 336 | 5212120071 | 漂白的其他混纺棉缎布 | 进口 | |
| 337 | 5212120072 | 漂白的其他混纺斜纹棉布 | 进口 | |
| 338 | 5212120079 | 漂白的其他混纺棉牛津布 | 进口 | |
| 339 | 5212120090 | 漂白的其他混纺棉机织物 | 进口 | |
| 340 | 5212210011 | 未漂白其他混纺棉布 | 进口 | |
| 341 | 5212210019 | 未漂白其他混纺棉布 | 进口 | |
| 342 | 5212210021 | 未漂白其他混纺棉布 | 进口 | |
| 343 | 5212210029 | 未漂白其他混纺棉布 | 进口 | |
| 344 | 5212210030 | 未漂白其他混纺府绸及平细布 | 进口 | |
| 345 | 5212210040 | 未漂白其他混纺棉机织平布 | 进口 | |
| 346 | 5212210050 | 未漂白其他混纺棉帆布 | 进口 | |
| 347 | 5212210060 | 未漂白其他混纺棉缎布 | 进口 | |

续表

| 序号 | 海关商品编码 | 商品名称 | 限制方式 | 管理方式 |
|---|---|---|---|---|
| 348 | 5212210070 | 未漂白其他混纺斜纹棉布 | 进口 | |
| 349 | 5212210090 | 未漂白其他混纺棉布 | 进口 | |
| 350 | 5212220011 | 漂白的其他混纺棉布 | 进口 | |
| 351 | 5212220019 | 漂白的其他混纺棉布 | 进口 | |
| 352 | 5212220021 | 漂白的其他混纺棉布 | 进口 | |
| 353 | 5212220029 | 漂白的其他混纺棉布 | 进口 | |
| 354 | 5212220030 | 漂白的其他混纺府绸及细平布 | 进口 | |
| 355 | 5212220040 | 漂白的其他混纺棉机织平布 | 进口 | |
| 356 | 5212220050 | 漂白的其他混纺棉帆布 | 进口 | |
| 357 | 5212220060 | 漂白的其他混纺棉缎布 | 进口 | |
| 358 | 5212220070 | 漂白的其他混纺棉斜纹布 | 进口 | |
| 359 | 5212220090 | 漂白的其他混纺棉布 | 进口 | |
| 360 | 5402200010 | 非零售聚酯高强力纱 | 进口 | |
| 361 | 5402200020 | 非零售聚酯高强力纱 | 进口 | |
| 362 | 5402200090 | 非零售聚酯高强力多股纱 | 进口 | |
| 363 | 5402331000 | 非零售聚酯弹力丝 | 进口 | |
| 364 | 5402339000 | 非零售聚酯变形纱线 | 进口 | |
| 365 | 5402460000 | 其他部分定向聚酯单纱 | 进口 | |
| 366 | 5402470000 | 其他聚酯单纱 | 进口 | |
| 367 | 5402520000 | 非零售加捻的其他聚酯纱线 | 进口 | |
| 368 | 5402620000 | 非零售聚酯多股纱线 | 进口 | |
| 369 | 5501200000 | 聚酯长丝丝束 | 进口 | |
| 370 | 5501300000 | 聚丙烯腈长丝丝束 | 进口 | |
| 371 | 5502009000 | 其他人造纤维长丝丝束 | 进口 | |
| 372 | 5503200000 | 未梳的聚酯短纤 | 进口 | |
| 373 | 5503300000 | 未梳的聚丙烯腈短纤维 | 进口 | |
| 374 | 5504101000 | 未梳的竹制粘胶短纤 | 进口 | |

续表

| 序号 | 海关商品编码 | 商品名称 | 限制方式 | 管理方式 |
|---|---|---|---|---|
| 375 | 5504109000 | 其他未梳的粘胶短纤 | 进口 | |
| 376 | 5504900000 | 未梳的其他人造纤维短纤 | 进口 | |
| 377 | 5506200000 | 已梳的聚酯短纤 | 进口 | |
| 378 | 5506300000 | 已梳的聚丙烯腈及其变性短纤 | 进口 | |
| 379 | 5507000000 | 已梳的人造纤维短纤 | 进口 | |
| 380 | 5509210000 | 非零售纯聚酯短纤单纱 | 进口 | |
| 381 | 5509220010 | 非零售聚酯短纤多股纱线或缆线 | 进口 | |
| 382 | 5509220090 | 非零售其他聚酯短纤多股纱线缆线 | 进口 | |
| 383 | 5509310000 | 非零售纯聚丙烯腈短纤单纱 | 进口 | |
| 384 | 5509320000 | 非零售纯聚丙烯腈短纤多股纱线 | 进口 | |
| 385 | 5509510000 | 非零售与人纤短纤混纺聚酯短纤纱 | 进口 | |
| 386 | 5509520000 | 非零售与毛混纺聚酯短纤纱线 | 进口 | |
| 387 | 5509530000 | 非零售与棉混纺聚酯短纤纱线 | 进口 | |
| 388 | 5509590000 | 非零售与其他混纺聚酯短纤纱线 | 进口 | |
| 389 | 5509610000 | 非零售与毛混纺腈纶短纤纱线 | 进口 | |
| 390 | 5509620000 | 非零售与棉混纺腈纶短纤纱线 | 进口 | |
| 391 | 5509690000 | 非零售与其他混纺腈纶短纤纱线 | 进口 | |
| 392 | 5510110000 | 非零售其他纯人造纤维短纤单纱 | 进口 | |
| 393 | 5510120000 | 非零售其他纯人纤短纤多股纱线 | 进口 | |
| 394 | 5510200000 | 非零售与毛混纺其他人纤短纤纱线 | 进口 | |
| 395 | 5510300000 | 非零售与棉混纺其他人纤短纤纱线 | 进口 | |
| 396 | 5510900000 | 非零售与其他混纺人纤短纤纱线 | 进口 | |
| 397 | 7208511000 | 厚度>50mm 的其他热轧非卷材 | 进口 | 实转 |
| 398 | 7208512000 | 20mm<厚≤50mm 的其他热轧非卷材 | 进口 | 实转 |
| 399 | 7208519000 | 10mm<厚≤20mm 的其他热轧非卷材 | 进口 | 实转 |
| 400 | 7210110000 | 镀(涂)锡的非合金钢厚宽平板轧材 | 进口 | 实转 |
| 401 | 7210120000 | 镀(涂)锡的非合金钢薄宽平板轧材 | 进口 | 实转 |

续表

| 序号 | 海关商品编码 | 商品名称 | 限制方式 | 管理方式 |
|---|---|---|---|---|
| 402 | 7210200000 | 镀或涂铅的铁或非合金钢平板轧材 | 进口 | 实转 |
| 403 | 7210410000 | 镀锌的瓦楞形铁或非合金钢宽板材 | 进口 | 实转 |
| 404 | 7210490000 | 镀锌的其他形铁或非合金钢宽板材 | 进口 | 实转 |
| 405 | 7210500000 | 镀或涂氧化铬的铁或非合金钢宽板材 | 进口 | 实转 |
| 406 | 7210610000 | 镀或涂铝锌合金的铁宽平板轧材 | 进口 | 实转 |
| 407 | 7210690000 | 其他镀或涂铝的铁宽平板轧材 | 进口 | 实转 |
| 408 | 7210700000 | 涂漆或涂塑的铁或非合金钢宽板材 | 进口 | 实转 |
| 409 | 7210701000 | 涂漆或涂塑的铁或非合金钢宽板材 | 进口 | 实转 |
| 410 | 7210900000 | 涂镀其他材料铁或非合金钢宽板材 | 进口 | 实转 |
| 411 | 7212100000 | 镀(涂)锡的铁或非合金钢窄板材 | 进口 | 实转 |
| 412 | 7212300000 | 其他镀或涂锌的铁窄板材 | 进口 | 实转 |
| 413 | 7212400000 | 涂漆或涂塑的铁或非合金钢窄板材 | 进口 | 实转 |
| 414 | 7212500000 | 涂镀其他材料铁或非合金钢窄板材 | 进口 | 实转 |
| 415 | 7212600000 | 经包覆的铁或非合金钢窄板材 | 进口 | 实转 |
| 416 | 7219110000 | 厚度>10 mm 热轧不锈钢卷板 | 进口 | 实转 |
| 417 | 7219120000 | 4.75mm≤厚≤10mm 热轧不锈钢卷板 | 进口 | 实转 |
| 418 | 7219131200 | 3mm≤厚<4.75mm 未经酸洗的其他热轧不锈钢卷板 | 进口 | 实转 |
| 419 | 7219131900 | 3mm≤厚<4.75mm 未经酸洗的其他热轧不锈钢卷板 | 进口 | 实转 |
| 420 | 7219132200 | 3mm≤厚<4.75mm 经酸洗的热轧不锈钢卷板 | 进口 | 实转 |
| 421 | 7219132900 | 3mm≤厚<4.75mm 经酸洗的其他热轧不锈钢卷板 | 进口 | 实转 |
| 422 | 7219141200 | 厚度<3mm 未经酸洗的热轧不锈钢卷板 | 进口 | 实转 |
| 423 | 7219141900 | 厚度<3mm 未经酸洗的其他热轧不锈钢卷板 | 进口 | 实转 |
| 424 | 7219142200 | 厚度<3mm 经酸洗的热轧不锈钢卷板 | 进口 | 实转 |
| 425 | 7219142900 | 厚度<3mm 经酸洗的其他热轧不锈钢卷板 | 进口 | 实转 |
| 426 | 7219210000 | 厚度>10mm 热轧不锈钢平板 | 进口 | 实转 |
| 427 | 7219220000 | 4.75mm≤厚≤10mm 热轧不锈钢平板 | 进口 | 实转 |
| 428 | 7219230000 | 3mm≤厚<4.75mm 热轧不锈钢平板 | 进口 | 实转 |

续表

| 序号 | 海关商品编码 | 商品名称 | 限制方式 | 管理方式 |
|---|---|---|---|---|
| 429 | 7219241000 | 1mm<厚度<3mm 热轧不锈钢平板 | 进口 | 实转 |
| 430 | 7219242000 | 0.5mm≤厚≤1mm 热轧不锈钢平板 | 进口 | 实转 |
| 431 | 7219243000 | 厚度<0.5mm 热轧不锈钢平板 | 进口 | 实转 |
| 432 | 7219310000 | 厚度≥4.75mm 冷轧不锈钢板 | 进口 | 实转 |
| 433 | 7219320000 | 3mm≤厚<4.75mm 冷轧不锈钢板材 | 进口 | 实转 |
| 434 | 7219330000 | 1mm<厚<3mm 冷轧不锈钢板材 | 进口 | 实转 |
| 435 | 7219331000 | 1mm<厚<3mm 冷轧不锈钢板材 | 进口 | 实转 |
| 436 | 7219339000 | 1mm<厚<3mm 冷轧不锈钢板材 | 进口 | 实转 |
| 437 | 7219340000 | 0.5mm≤厚≤1mm 冷轧不锈钢板材 | 进口 | 实转 |
| 438 | 7219350000 | 厚度<0.5mm 冷轧不锈钢板材 | 进口 | 实转 |
| 439 | 7219900000 | 其他不锈钢冷轧板材 | 进口 | 实转 |
| 440 | 7220110000 | 热轧不锈钢带材厚度≥4.75mm | 进口 | 实转 |
| 441 | 7220120000 | 热轧不锈钢带材厚度<4.75mm | 进口 | 实转 |
| 442 | 7220201000 | 宽度小于 300mm 冷轧不锈钢带材 | 进口 | 实转 |
| 443 | 7220202000 | 除冷轧外未经进一步加工,宽度<600mm | 进口 | 实转 |
| 444 | 7220203000 | 不锈钢带材 | 进口 | 实转 |
| 445 | 7220204000 | 除冷轧外未经进一步加工,宽度<600mm | 进口 | 实转 |
| 446 | 7220209000 | 300mm≤宽<600mm 冷轧不锈钢带材 | 进口 | 实转 |
| 447 | 7220900000 | 其他不锈钢带材 | 进口 | 实转 |
| 448 | 7602000090 | 其他铝废碎料 | 进口 | |
| 449 | 9504100000 | 电视电子游戏机(指与电视接收机配套使用的) | 进口 | 实转 |
| 450 | 9504301000 | 用特定支付方式使其工作的电子游戏机(用硬币、钞票、银行卡、代币或其他支付方式使其工作的) | 进口 | 实转 |
| 451 | 9504901000 | 其他电子游戏机 | 进口 | 实转 |

# 参考文献


[1] 海关总署报关员资格考试教材编写委员会.报关员资格全国统一考试教材[M].北京:中国海关出版社,2013.

[2] 报关水平测试教材编写委员会.报关基础知识[M].北京:中国海关出版社,2015.

[3] 罗兴武.报关实务[M].北京:机械工业出版社,2013.

[4] “关务通·监管通关系列”编委会.通关实务操作与技巧——货物、运输工具篇[M].北京:中国海关出版社,2013.

[5] “关务通·监管通关系列”编委会.通关典型案例启示录[M].北京:中国海关出版社,2013.

[6] “关务通·加贸系列”编委会.加工贸易实务操作与技巧[M].北京:中国海关出版社,2013.

[7] 章艳华,徐炜.报关综合实训[M].北京:中国海关出版社,2014.

[8] 唐卫红.进出口报关实务[M].南京:南京大学出版社,2016.

[9] 李细满,郭丽.报关综合业务[M].北京:电子工业出版社,2014.

[10] 聂相玲.报关实务与操作[M].北京:中国财政经济出版社,2015.